Jason

Flynn

Celia

CATHERINE MANN

Jason

HARLEQUIN

Titre original : BOSSMAN'S BABY SCANDAL

Traduction française de ROSA BACHIR

HARLEQUIN®
est une marque déposée par Harlequin

Ce roman a déjà été publié en août 2011

HARLEQUIN
83-85, boulevard Vincent Auriol, 75646 PARIS CEDEX 13.
Service Lectrices — Tél. : 01 45 82 47 47
www.harlequin.fr
ISBN 978-2-2803-5332-8

Prologue

New York, quatre mois plus tôt

Comment un homme pouvait-il être à la fois si proche d'elle et si distant ? Lauren Presley n'avait pas vraiment de réponse à cette question. Une chose était sûre pourtant : même si Jason était toujours allongé sur elle et à moitié déshabillé, ses pensées étaient, de toute évidence, bien loin.

Elle avait donc la ferme intention de le mettre à la porte dès qu'elle pourrait de nouveau respirer.

Le cuir doux de son canapé turquoise collait contre ses jambes, et la sueur perlait sur son front, après leur étreinte passionnée — et imprévue. Heureusement, sa société d'arts graphiques étant fermée aujourd'hui, les bureaux étaient donc déserts.

Tout lui semblait étrange, en suspens, comme dans un tableau de Salvador Dalí. Elle ne pouvait en vouloir à Jason de regretter aussi ouvertement leur moment d'égarement, puisqu'elle-même était assez effrayée par la vitesse à laquelle ils avaient atterri sur ce canapé. Jason Reagert était un publicitaire pour qui elle travaillait souvent, et ils venaient peut-être de gâcher leur collaboration. Il fallait qu'elle se sorte de cette situation embarrassante avec sa fierté intacte.

Un bourdonnement étouffé résonna dans le bureau silencieux. Lauren se tendit aussitôt.

— Ton pantalon vibre, observa-t-elle.

Jason se redressa, l'air dubitatif. Ses cheveux épais et coupés court étaient décoiffés, lui donnant un air encore plus sexy.

— Je te demande pardon ?

Elle posa la main sur la poche de son pantalon.

— Je t'assure, il vibre.

— Mince.

Quand il se redressa, Lauren sentit un air frais passer sur ses jambes nues. Jason sortit son téléphone, puis s'assit à côté d'elle.

— Ça tombe vraiment mal, marmonna-t-il.

Evitant son regard, elle se redressa à son tour et tira sur sa robe fourreau de soie noire.

— Tes mots doux après l'amour laissent à désirer.

— Navré, dit-il en se rhabillant. C'est mon alarme.

— Une alarme pour te rappeler quoi ?

Elle se leva, et se mit en quête de ses escarpins léopard Manolo Blahnik préférés. Malheureusement, elle ne pourrait plus jamais les porter sans penser à cette soirée imprévue et stupide.

— Mon avion pour la Californie.

Ah, oui. Il partait à l'autre bout du pays.

Il quittait son poste pour aller voir si l'herbe était plus verte en Californie. Son futur emploi chez Maddox Communications, à San Francisco, était une énorme opportunité. Tout à l'heure, quand elle l'avait serré dans ses bras pour lui dire au revoir, après qu'ils eurent terminé un dernier projet, elle avait été désarçonnée par la tristesse qu'elle avait ressentie, à la perspective de son départ imminent.

Elle avait contemplé son beau visage tout en réprimant ses larmes, et l'instant d'après... ils s'étaient embrassés... et ensuite... Une vague de plaisir l'envahit quand elle repensa à la langue audacieuse de Jason, à ses mains puissantes et chaudes sur sa peau. Déjà, son corps brûlait d'être possédé de nouveau. Elle rêvait d'attraper cette cravate qu'elle n'avait jamais vraiment réussi à retirer, et d'attirer Jason tout contre elle.

Non, c'était une mauvaise idée. Tout en essayant de rassembler le peu de maîtrise qui lui restait, elle détourna les yeux de son visage, aux pommettes saillantes et à la bouche si tentante. Elle ignorait comment son désir pour lui était né, et elle n'était pas sûre de savoir comment l'éteindre, maintenant que Jason s'en allait.

Elle repéra ses chaussures sous le bureau, et accueillit volontiers cette occasion de mettre un peu d'espace entre

Jason et elle. Elle s'agenouilla, puis se mit à quatre pattes pour attraper un premier escarpin, mais l'autre resta désespérément hors d'atteinte.

— Lauren…

Jason s'arrêta juste à côté d'elle, la rendant encore plus consciente de sa position équivoque.

— Je n'ai pas pour habitude de…

— Arrête, coupa-t-elle. Tu n'as pas besoin de dire quoi que ce soit.

Elle s'assit sur ses talons, et se sentit rougir. La malédiction des rousses.

— Je t'appellerai…

— Non ! s'écria-t-elle en se levant d'un bond. Ne fais pas de promesses que tu n'es pas certain de pouvoir tenir.

— Tu pourrais m'appeler, toi, fit-il valoir en empoignant sa veste.

— Et à quoi cela nous mènerait-il ?

Elle le regarda bien en face, et observa la beauté élégante et classique de cet homme de bonne famille, durcie par ses années de service dans la Marine.

— Tu pars pour la Californie, et moi je vis à New York. Ce n'est pas comme si nous avions une vraie relation, nous ne sommes que des connaissances professionnelles qui se sont laissé emporter. Rien qui vaille la peine qu'on chamboule nos vies.

Secouant ses longs cheveux, elle ouvrit la porte du bureau.

Jason posa une main contre le chambranle, l'air surpris.

— Tu m'envoies sur les roses ?

Apparemment, on ne disait pas souvent non à Jason Reagert. D'ailleurs, elle-même avait été drôlement prompte à lui céder. Mais elle comptait bien changer d'attitude, à partir de cette minute.

— Je suis juste réaliste, Jason.

Elle le regarda droit dans les yeux, le menton levé, car Jason faisait une bonne tête de plus qu'elle.

Plus tard, quand il serait loin, elle irait se terrer dans son joli appartement de l'Upper East Side. Ou, mieux, elle se réfugierait au musée d'Art moderne toute la journée, pour se plonger dans le monde de ses œuvres préférées. Son métier de graphiste était tout pour elle, il fallait qu'elle garde cela en tête. Cette société, fondée grâce à l'héritage inattendu que lui avait légué sa chère tante Eliza, était sa grande chance de réaliser ses rêves. Et de prouver à sa mère qu'elle n'avait pas besoin d'épouser un homme riche pour assurer son avenir. Elle valait mieux que cela.

Il était hors de question de laisser un homme la détourner de son objectif.

Enfin, Jason hocha la tête.

— D'accord, si c'est vraiment ce que tu veux.

Il replaça une mèche de ses cheveux derrière son oreille, et caressa sa joue.

— Au revoir, Lauren.

Son visage, solennel et implacable, lui évoqua un portrait de maître hollandais.

Veste sur l'épaule, il se retourna d'un mouvement viril et élégant, et elle faillit l'appeler pour le retenir.

Lorsqu'elle avait appris qu'il quittait New York, elle avait ressenti, à sa grande surprise, une pointe de regret. Mais ce n'était rien comparé à la douleur qui la tenaillait, maintenant qu'elle le regardait passer la porte.

1

San Francisco, aujourd'hui

En quittant New York, Jason avait cru pouvoir oublier aisément Lauren Presley. Mais la tâche s'était avérée bien plus ardue que prévu. Toutefois, jusqu'à il y a une minute, il avait essayé de toutes ses forces.

Dans le bar où il se trouvait, le bruit des verres qui s'entrechoquaient, le brouhaha des conversations animées et la musique tonitruante des années 1980 lui parurent soudain assourdissants. Il leva les yeux de l'image qui venait de lui parvenir sur son téléphone pour regarder la jeune femme avec laquelle il flirtait depuis une demi-heure. Puis il revint vers la photo, montrant Lauren Presley en train de fêter la nouvelle année.

Une Lauren Presley enceinte, indiscutablement.

Il n'était pas souvent à court de mots, lui qui se targuait d'être un grand publicitaire. Pourtant, à cet instant, rien ne venait. Peut-être parce que son cerveau était soudain empli d'images de cette rencontre impulsive dans le bureau de Lauren. Leur aventure inattendue — et inoubliable — avait-elle engendré un bébé ?

Difficile à dire. Durant ces quatre derniers mois, il n'avait pas repris contact avec Lauren, mais elle ne l'avait pas appelé non plus. Encore moins pour lui annoncer une grossesse.

Il cligna des yeux, et eut de nouveau conscience du lieu où il se trouvait. Les murs roses ornés de miroirs jetaient une lumière douce sur la photo, qu'un ami new-yorkais venait de lui envoyer. Il s'efforça de garder un air neutre pendant qu'il réfléchissait à ce qu'il devait faire. Comment allait-il prendre contact avec Lauren ? Pour sûr, elle avait été prompte à le bouter hors de sa vie, la dernière fois qu'ils s'étaient vus.

Un type qui dansait le bouscula, et Jason s'empressa de cacher l'écran de son téléphone à la clientèle qui se massait dans le bar à cocktails de Stockton Street.

Le Rosa Lounge était un lieu à la fois pittoresque et raffiné, avec son bar de marbre blanc, ses hautes tables de verre teinté et ses chaises noires de bois laqué. Puisque le lieu n'était qu'à quelques enjambées de Maddox Communications, les employés s'y réunissaient souvent, notamment quand ils remportaient un gros marché ou terminaient une campagne majeure.

Cette réunion était donnée en son honneur, se rappela-t-il en serrant son téléphone. Quel moment mal choisi pour être le centre des attentions !

— Allô, Jason ? Ici la Terre.

Celia Taylor claqua des doigts devant son visage, un martini citron vert dans son autre main.

Tant bien que mal, il reporta son attention sur la jeune femme. Elle était publicitaire chez Maddox Communications, elle aussi. Dieu merci, il n'avait pas encore entamé sa bière. Ce n'était pas le moment d'avoir l'esprit embrumé par l'alcool.

— Oui, pardon. Je suis là.

Il rangea le téléphone dans la veste de son costume Armani. Mais il eut l'impression que la photo le brûlait à travers l'étoffe.

— Je t'offre un autre verre ? proposa-t-il.

Il avait été sur le point de lui offrir davantage — un dîner en tête à tête — au moment où son téléphone avait vibré. La technologie s'invitait parfois à de drôles de moments.

— Non, ça ira, dit Celia en tapotant son ongle verni contre son verre. Ce doit être un mail professionnel très important. Je pourrais me sentir insultée par le fait que je n'ai pas toute ton attention, mais, en réalité, je suis juste jalouse que ce ne soit pas mon téléphone qui sonne.

Elle rejeta sa chevelure d'un roux flamboyant par-dessus son épaule.

Une rousse. Aux yeux verts.

Comme Lauren.

Eh bien, il s'était bercé d'illusions en croyant avoir réussi à chasser Lauren de ses pensées ce soir ! Au contraire, il avait jeté son dévolu sur la seule rousse de la pièce. Bien sûr, Lauren avait des cheveux auburn, plus foncés, et des courbes plus voluptueuses. Courbes qui l'avaient rendu fou quand il les avait explorées…

Il posa sa bouteille un peu brusquement sur la table ; sa décision était prise. Il fallait qu'il soit fixé, et vite.

Mais il ne voulait pas non plus se mettre Celia à dos. C'était une femme sincèrement gentille, qui n'arborait un air dur que pour être prise au sérieux dans son travail. Elle méritait mieux que d'être le substitut d'une autre femme.

— Désolé de t'abandonner, mais il faut vraiment que je rappelle cette personne.

Elle pencha la tête sur le côté, et fronça le nez, l'air dérouté.

— Oui, bien sûr, dit-elle avec un haussement d'épaules. On se voit plus tard.

Elle agita la main puis se dirigea vers un autre collègue, Gavin.

Jason se faufila sur le côté de la foule de cadres en costume, cherchant le meilleur moyen de filer pour passer quelques appels.

Malheureusement, quelqu'un l'agrippa par l'épaule. Il se retourna et se retrouva face aux deux frères Maddox, dirigeants de Maddox Communications. Brock, le P-DG, et Flynn, son vice-président.

Ce dernier fit signe aux employés de se joindre à eux, puis leva son verre.

— A l'homme de la soirée, Jason Reagert ! Félicitations pour avoir décroché le contrat Prentice. Tu fais la fierté de Maddox Comm.

— A notre prodige, ajouta.Asher Williams, le directeur financier.

— Reagert est un champion, renchérit Gavin.

— Imbattable, commenta Brock, pendant que son assistante, Ella, levait aussi son verre.

Jason sourit pour préserver les apparences. Avoir décroché un contrat avec le groupe Prentice, plus grand vendeur de vêtements du pays, était sans nul doute un joli coup, mais qui n'était pas seulement dû à son talent. Quand Jason était arrivé en Californie, à l'automne, Walter Prentice venait de laisser tomber sa précédente agence publicitaire pour violation de clauses morales. La raison ? Le publicitaire en charge de sa campagne avait eu le tort de fréquenter une plage nudiste.

Prentice, ultraconservateur, avait la réputation de renvoyer les gens pour un rien. Un cadre qui sortait avec deux femmes en même temps avait également fait les frais de sa rigidité morale, se rappela Jason en jetant un regard vers Celia.

Brock plongea un morceau de *quesadilla* au porc dans une sauce à la mangue. Ce bourreau de travail avait manifestement sauté le déjeuner.

— J'ai parlé avec Prentice aujourd'hui, et il a tenu à chanter tes louanges. C'était très malin de lui raconter tes souvenirs de guerre.

Jason était sur les charbons ardents, il n'avait qu'une idée en tête : sortir d'ici. Et puis, il n'avait pas partagé ces histoires de militaires pour se mettre en avant. Il s'était juste découvert un point commun avec le neveu de Prentice, qui avait servi dans la Marine à peu près au même moment que lui.

— Je ne faisais qu'entretenir la conversation avec un client, dit-il.

Flynn leva de nouveau son verre.

— Tu es un héros, mon gars. La façon dont tes camarades et toi avez affronté ces pirates… c'était épique.

Après son diplôme universitaire, il avait donné six ans de sa vie à la Marine. Il avait été rattaché à une équipe de forces spéciales en qualité d'officier plongeur, avec une spécialité en déminage. Bien sûr, il avait contribué à capturer quelques pirates, et avait sauvé quelques vies, mais ni plus ni moins que ses compagnons d'armes.

— Je ne faisais que mon travail, comme tout le monde.

Brock termina sa *quesadilla* avant d'ajouter :

— Prentice te tient vraiment en haute estime. Tiens-toi à carreau dans ta vie personnelle, et tu iras loin, grâce à lui. Ce gros contrat ne pouvait pas mieux tomber, surtout avec Golden Gate Promotions qui nous surveille de près.

Golden Gate était leur principal concurrent. C'était aussi une agence familiale cotée, toujours dirigée par son fondateur, Athos Koteas. Jason mesurait bien la menace que ce rival représentait. Son emploi chez Maddox était tout pour lui. Il ne laisserait rien ni personne gâcher cela.

Dans sa poche, son téléphone vibra de nouveau. Son ami lui envoyait-il une autre photo ? Aussitôt, l'image de Lauren enceinte s'imposa à lui. Certes, il aimait les enfants, et il en voulait.

Un jour.

Flynn approcha, coupant court à ses réflexions.

— C'est un sacré coup de maître, d'avoir présenté un projet gagnant après que ce tocard a été viré.

— Oui, ajouta Brock, le sourire narquois. Ce n'était pas malin de sa part d'avoir traîné sur cette plage en nu intégral.

Parmi les employés de MC, les rires fusèrent. Jason tira sur le col de sa chemise, car il se rappelait que Walter Prentice avait, selon la rumeur, déshérité sa propre petite-fille parce qu'elle avait refusé d'épouser le père de son enfant. Prentice appliquait dans sa vie le slogan de sa compagnie : *La famille avant tout.*

Seule la compétence professionnelle devrait compter, bon sang ! se dit Jason. Chez Maddox Communications, on le surnommait déjà le *golden boy*, un titre qu'il avait obtenu grâce à son dur labeur, et qu'il ferait tout pour garder. Le mot-clé de sa réussite ? Le *travail*. Il s'était démené comme un fou pour se hisser au sommet, bien décidé à décoller l'étiquette de fils de bonne famille qui l'avait poursuivi si longtemps. Par conséquent, il était hors de question qu'un geste impulsif, commis quatre mois plus tôt, gâche son succès bien mérité.

Il avait refusé de rejoindre le groupe publicitaire de son père, et avait bénéficié d'une bourse du Rotary Club de la Marine pour financer ses études. Après avoir effectué ses six ans de service, il s'était lancé seul dans le monde de la publicité. Au début de sa carrière, à New York, il avait encore senti l'ombre de son père planer sur lui. Ce poste à San Francisco lui avait permis de mettre un pays entier entre sa famille et lui.

A cet instant, il trouva la solution à ses problèmes.

Dès qu'il serait sorti de ce bar, il prendrait le vol de nuit pour New York. Demain matin, il serait sur le seuil de Lauren Presley, et s'expliquerait avec elle, face à face. Si ce bébé était bien le sien, Lauren devrait venir en Californie, tout simplement. Ainsi, toutes les éventuelles rumeurs seraient étouffées.

Car il la présenterait comme sa fiancée.

Le vent glacial de janvier dissuadait la plupart des gens de mettre le nez dehors. En temps normal, Lauren serait restée chez elle, bien au chaud, pour soigner ses nombreuses plantes. Mais le froid aidait à calmer ses nausées. Aussi s'affairait-elle sur le toit de son immeuble, et vérifiait-elle l'entretien du jardin dont elle s'occupait depuis quelques années.

S'agenouillant, elle resserra une bâche de plastique le long des bords d'une jardinière, au son des moteurs vrombissants et des klaxons qui annonçaient le réveil de la Grosse Pomme. En hiver, la ville revêtait les tons neutres d'une peinture d'Andrew Wyeth, un monde fait de blancs et de noirs, de gris et de bruns. Le béton glacé la piquait à travers son jean, et une brise froide venant de l'East River l'envahissait. Pour se réchauffer un peu, elle serra son manteau de laine, et plia ses doigts engourdis dans ses gants de jardinage.

Elle avait le ventre noué, et ce n'était pas seulement dû à la grossesse.

Elle venait de recevoir un appel affolé de son amie Stephanie, l'informant que son mari avait envoyé à Jason une photo d'elle, prise lors du réveillon de la nouvelle année, la semaine dernière. Une photo sur laquelle sa grossesse était évidente.

Et maintenant, Jason était en route pour New York.

Aucune bouffée d'air froid n'arriverait à contenir la nausée qui l'envahit cette fois. Son monde était en train de s'écrouler. Jason était sur le point de lui demander des explications concernant le bébé dont elle n'avait pas réussi à lui parler, et qui devait naître dans cinq mois. Et pour couronner le tout, sa société était au bord de la faillite.

Elle s'adossa à la fontaine de béton. De l'eau avait gelé à la base, et des stalactites ornaient la crinière du lion de pierre. Une semaine plus tôt, elle avait appris que son comptable, Dave, avait profité de ce qu'elle était en congé maladie pour détourner un demi-million de dollars. Elle ne l'avait découvert que lorsqu'elle avait engagé une comptable intérimaire pour remplacer Dave, parti en « vacances ». Maintenant, tout ce qu'elle savait, c'était qu'il ne reviendrait pas de l'île paradisiaque sur laquelle il s'était réfugié grâce aux fonds qu'il lui avait volés. Les autorités avaient peu d'espoir de le retrouver — lui ou l'argent dérobé.

Elle posa la main sur son ventre. Ce futur enfant était totalement dépendant d'elle, et elle avait gâché sa vie en beauté. Quel genre de mère serait-elle ? Le genre lâche, à se cacher sur les toits.

En l'espace de quelques mois, tant de choses avaient changé ! La palette de couleurs du printemps et de l'été lui manquait, mais son œil d'artiste appréciait l'austérité monochrome d'un paysage hivernal.

Elle entendit la porte du toit grincer, une seconde avant qu'une longue ombre ne s'étende au-dessus d'elle. Avant même de lever les yeux, elle sut.

Jason était là. Il était inutile de reporter leur confrontation plus longtemps.

Elle regarda par-dessus son épaule et ressentit… un frisson d'excitation.

La longue silhouette de Jason se mariait bien avec le décor froid. Sa carrure athlétique, ses cheveux bruns balayés par le vent le rendaient encore plus impressionnant. Il se tenait là, immobile et implacable.

Elle se détourna et rangea ses outils de jardin dans leur sac.

— Bonjour, Jason.

Elle l'entendit approcher un peu plus, mais il ne répondit pas.

— J'imagine que c'est le portier qui t'a dit que j'étais là, bredouilla-t-elle.

— Tu devrais être plus prudente, dit-il en s'agenouillant à côté d'elle.

— Et toi, tu ne devrais pas espionner les gens.

— Et si ce n'était pas moi qui étais arrivé ? Cette porte craque très fort, et pourtant tu étais plongée dans un autre monde.

— C'est vrai, tu as raison. J'étais… préoccupée.

Par son arrivée imminente, par le bébé, et par le fait qu'elle avait embauché un escroc. Elle qui avait crié sur les toits qu'elle était prête à conquérir le monde !

Elle entendait d'ici ses parents désapprouver tout dans sa vie. Enfin, tout, sauf Jason. Il était exactement le genre de mari que sa mère, très mondaine, aurait choisi pour elle. Un homme de bonne famille, fortuné et séduisant.

Cela dit, presque toutes les mères seraient heureuses d'avoir Jason Reagert pour gendre. Mais Jason était également têtu, et autoritaire. Or elle avait acquis son indépendance trop durement pour envisager une relation avec lui. C'était sans doute pour cette raison qu'elle avait réussi à ne pas le contacter durant ces quatre derniers mois.

Elle serra le sac de jardinage contre elle.

— Qu'est-ce que tu fais ici ? Tu aurais pu te contenter de téléphoner.

— Toi aussi, tu aurais pu me téléphoner.

Il fixa son ventre une seconde, puis soutint son regard.

— Quand j'ai parlé avec un ami new-yorkais hier soir, il m'a dit que tu travaillais de chez toi parce que tu ne te sentais pas très bien. Est-ce que ça va ? Et le bébé ?

Voilà. Il venait de parler de leur bébé simplement. Sans dispute, sans cris. Elle qui avait souffert des relations tumultueuses de ses parents — avant et après leur divorce —, elle devrait se sentir soulagée. Pourtant, ses doigts tremblaient. Elle hissa le sac sur son épaule et se leva.

— J'ai juste des nausées, dit-elle en fourrant les mains dans ses poches. Le médecin dit que je vais bien. Je suis simplement plus productive en travaillant de chez moi. Le pire est passé.

— Je suis heureux de l'apprendre.

Les nausées avaient été handicapantes durant quelques mois. Confier ne serait-ce que les tâches courantes à d'autres avait été un déchirement, mais elle n'avait pas eu d'autre choix. Dommage que cela lui ait coûté autant d'argent, en fin de compte.

— J'ai commencé à retourner au bureau à mi-temps, la semaine dernière.

— Es-tu sûre d'être prête ? On dirait que tu as maigri.

Une lueur protectrice brillait dans ses yeux. Il prit une chaise en fer et la lui approcha.

Elle le regarda avec prudence avant de s'asseoir.

— Que sais-tu exactement sur cette grossesse ?

— Est-ce important ?

Il ôta son imperméable et le posa galamment sur ses épaules. Le parfum familier de son après-rasage sur l'étoffe chaude était une trop grande tentation. Elle lui rendit le vêtement, parce qu'elle ne pouvait pas se permettre d'autres complications dans sa vie. Pas en ce moment.

— J'imagine que non, tu sais déjà l'essentiel.

Il s'approcha d'elle, le regard si intense qu'elle en eut des frissons, comme le soir où ils avaient fait l'amour.

Troublée, elle se força à regarder ailleurs.

— Merci de ne pas avoir mis en doute ta paternité, dit-elle.

— Je te dirais bien merci de m'avoir informé, mais tu ne m'as rien dit.

Il y avait une note de colère dans sa voix.

— J'aurais fini par le faire, se défendit-elle.

Du moins, avant que l'enfant termine ses études universitaires.

— Le bébé ne doit naître que dans cinq mois, fit-elle valoir.

— Je veux faire partie de la vie de mon bébé, à chaque instant. A partir de maintenant, nous allons veiller sur lui ensemble.

Elle lui jeta un regard étonné.

— Tu reviens à New York ?

— Non.

Il remonta le col de son manteau. Son visage hâlé prouvait qu'il s'était déjà habitué aux températures plus clémentes de la Californie.

— Allons poursuivre cette conversation chez toi.

Ce fut à cet instant qu'un soupçon s'infiltra en elle.

— Tu ne reviens pas à New York, mais tu veux que nous élevions le bébé ensemble. Tu ne t'attends tout de même pas à ce que je vienne vivre à San Francisco ?

Le silence de Jason confirma ses doutes.

— Je ne vais nulle part avec toi, assena-t-elle, la colère montant en elle. Ni dans mon appartement ni en Californie. Tu crois vraiment que je changerais de vie pour toi ? Que j'abandonnerais ma société dans laquelle j'ai mis tout mon cœur et toute mon âme ?

Si, du moins, il lui restait une société à diriger.

— Oui — le mot jaillit de sa bouche dans une bouffée de vapeur blanche et froide —, oui, je veux que tu viennes à San Francisco. Je veux que nous soyons ensemble pour élever le bébé. Qu'est-ce qui est plus important ? Ta société, ou ton enfant ?

Mais que croyait-il ? Elle voulait crier qu'elle avait fait passer le bien-être de son enfant en premier, et que cela lui avait peut-être coûté son entreprise. Oh, si c'était à refaire, elle agirait de la même façon. Elle regrettait juste de ne pas avoir confié ses fonds à une personne fiable, voilà tout.

— Jason, pourquoi es-tu si pressé ?

Elle reportait un peu de sa colère et de sa peur de l'avenir sur Jason, elle en était consciente.

— Le bébé ne naîtra pas avant des mois. Si tu me disais pourquoi tu es là ?

Son visage se ferma, masquant toute frustration, et il eut soudain l'air aussi glacial que le lion gelé de la fontaine.

— Je ne vois pas de quoi tu parles.

— Il doit bien y avoir une raison à cette soudaine détermination à m'emmener dans le même Etat que toi.

La brise siffla plus fort, étouffant presque les bruits de la rue.

— Ta mère a-t-elle été abandonnée par un pauvre type ? Une femme t'a-t-elle déjà fait un enfant dans le dos dans le passé ?

— Tu as une imagination débordante, dit-il en riant. Je peux t'assurer que je n'ai vécu aucun de ces scénarios torturés dans mon passé.

Son rire était communicatif — et détournait son attention.

— Ce n'est pas une vraie réponse.

— Je ne suis pas là pour me disputer avec toi.

Il avança, et son parfum frais taquina ses sens déjà aiguisés par la grossesse.

La chaleur qui émanait de lui, en contraste avec le froid amer, était réconfortante. Elle avait tant envie de se blottir contre son torse, de sentir ses muscles ondoyer sous ses mains. Une onde de chaleur se propagea rapidement au creux de son ventre, comme toujours quand il était près d'elle, et encore plus maintenant qu'elle savait à quel point le sexe pouvait être magique entre eux.

Elle avança les mains vers lui pour le repousser, mais s'arrêta à quelques centimètres de son torse. Si elle le touchait, elle craignait de finir dans ses bras.

— Tu vas trop vite pour moi. J'ai besoin de temps pour réfléchir.

— Eh bien, j'ai quelque chose pour t'aider à te décider.

Il glissa une main dans sa poche et en sortit un écrin de velours noir. Quand il en ouvrit le couvercle, elle resta interdite devant son contenu.

Un anneau de platine, surmonté d'un diamant.

2

Tenant toujours l'écrin dans sa main, Jason attendait la réponse de Lauren. Faire ouvrir une bijouterie en dehors des horaires normaux avait été un vrai défi, mais il l'avait relevé, juste à temps pour attraper le vol de nuit.

La stupéfaction de Lauren n'était pas bon signe, mais il avait l'habitude de surmonter les obstacles. Le vent agita les feuilles sèches sur le sol. Le temps était si froid, si différent de la soirée estivale durant laquelle ils avaient passé des heures à travailler, dans le bureau de Lauren. Cette fameuse soirée…

Il lui tendit le bijou, conscient qu'il se montrait impatient, mais son temps était compté.

— Alors ? Quel est le verdict ?

— Eh, pas si vite !

Elle écarta ses longs cheveux raides de son visage et poussa un long soupir.

— Je suis encore sous le choc de ton idée de m'emmener en Californie, et maintenant, tu ajoutes une bague de fiançailles dans l'histoire ?

— Est-ce que j'ai l'air de plaisanter ?

Le soleil matinal se reflétait sur le solitaire de trois carats.

— Tu t'attends vraiment à ce que je t'épouse juste parce que je suis enceinte ? s'exclama-t-elle, laissant tomber son sac au sol. C'est d'un archaïsme !

A vrai dire, il n'avait pas pensé au mariage. Il songeait davantage à des fiançailles, pour faire taire toute rumeur. Elle aussi pourrait souffrir de ces rumeurs éventuelles, d'ailleurs. Mais s'il lui avouait ses pensées de but en blanc, il doutait que son plan fonctionne.

— Si le fait d'accepter un mariage va trop vite pour toi, je me contenterai de fiançailles, à l'essai.

— A l'essai ? Tu perds la tête, et moi je suis en train de geler sur place. Mais tu as raison sur un point. Nous devrions poursuivre cette conversation chez moi.

Il empoigna le sac de toile qu'elle avait laissé derrière elle et la suivit dans l'escalier menant au troisième étage. Cet immeuble était sûr, selon les normes new-yorkaises, mais, étrangement, cela ne lui semblait plus suffisant. Et puis, où un enfant pourrait-il jouer, dans un appartement avec une seule chambre ?

Il avait eu beaucoup de temps pour réfléchir dans l'avion, et il avait à présent une certitude : il ne voulait pas être un père à distance. Il voulait être là pour son enfant. Certes, il travaillait beaucoup, mais il ne serait pas comme son propre père, qui s'était attendu à ce que son fils lui ressemble en tout point, sans pour autant passer assez de temps avec lui pour le connaître réellement.

Il fallait qu'il persuade Lauren d'aller en Californie, et pas seulement à cause du contrat Prentice. Il rangea la bague dans sa poche — pour l'instant.

Lauren ouvrit sa porte d'entrée. Son appartement reflétait sa personnalité, vivante et chaleureuse. Avec ses fleurs, ses plantes et ses cadres en tissu coloré, il était comme une oasis au cœur de l'hiver. Chaque espace était peint d'une couleur différente — le salon, jaune vanille, et la cuisine, vert olive.

Et une touche de rose apparaissait par la porte entrouverte de sa chambre. Il était déjà venu chez elle, mais n'avait jamais vu sa chambre. Une situation à laquelle il comptait bien remédier.

Il posa le sac sur la console de l'entrée, et la suivit à l'intérieur.

— Lauren, nous étions amis pendant des mois, et nous sommes manifestement attirés l'un par l'autre. Peux-tu honnêtement dire que tu n'as jamais envisagé un avenir entre nous ? dit-il en fixant son ventre.

— Jamais.

Elle accrocha son manteau sur un portemanteau constitué de poignées de porte anciennes montées sur une planche de bois.

— Maintenant, pourrais-tu en venir au fait, s'il te plaît ? dit-elle. Nous pourrons parler des considérations techniques plus tard, après la naissance du bébé, mais pour l'instant, il faut que je me prépare à aller travailler.

— Eh bien, avec toi au moins, les hommes ne risquent pas de voir leur ego croître démesurément.

Cela ne semblait pas le meilleur moment de faire allusion à la vitesse à laquelle elle l'avait jeté hors de son bureau, quatre mois plus tôt. Et puis, elle semblait épuisée. De petites rides de fatigue marquaient son front.

— Tu es sûre que tu vas bien ? s'enquit-il.

— Très bien, affirma-t-elle en se dirigeant vers la cuisine.

Mais elle avait hésité une seconde de trop pour qu'il soit convaincu.

Il épia ses mouvements tandis qu'elle se versait un verre de lait. Ses cheveux auburn se balançaient le long de son dos, et il eut envie de les toucher, pour savoir s'ils étaient aussi doux que dans son souvenir.

— Il y a quelque chose que tu ne me dis pas, insista-t-il.

— Je te promets que le bébé et moi sommes en parfaite santé.

Elle leva un verre comme pour porter un toast, en lui tournant toujours le dos.

Elle lui cachait quelque chose, il en mettrait sa main au feu, mais il sentait aussi qu'elle n'allait rien lui dire de plus maintenant. Mieux valait s'en tenir là pour l'instant, et plaider sa cause plus tard.

Il était un homme de communication, après tout. Il savait quand et comment présenter une idée, et pour l'instant il fallait attendre. Le bon moment viendrait.

Il sortit l'écrin de sa poche et le posa sur le comptoir de bois.

— Garde-la pour l'instant. Nous n'avons pas à nous décider aujourd'hui.

Elle fixa la boîte comme si elle contenait un serpent venimeux.

— Je sais déjà qu'il est hors de question que je me fiance avec toi, et encore moins que je t'épouse.

— Je comprends. Garde-la pour notre enfant, au moins.

Se tournant vers lui, elle s'appuya contre le comptoir. Son T-shirt parsemé de taches de peinture s'étirait sur son ventre arrondi. Et ses seins épanouis.

— Tu sembles sûr que ce sera une fille.

Il fixa son ventre, et ressentit une étrange émotion quand l'image d'une petite fille aux boucles rousses emplit son esprit. Le bébé était bien réel, et grandissait en Lauren à quelques centimètres de lui. Il avait à peine eu le temps d'assimiler l'idée qu'il allait être père. Ses mains brûlaient de toucher son ventre, d'explorer son nouveau corps.

Pour sentir le bébé donner des coups de pied ?

A cette idée, il eut soudain la gorge nouée.

— Ce pourrait être un garçon, qui un jour aura besoin d'une bague de fiançailles pour l'offrir à une fille, argumenta-t-elle.

Lorsqu'elle pencha la tête sur le côté, ses cheveux soyeux glissèrent sur sa poitrine.

— Tu veux un garçon ? Il semble que la plupart des hommes préfèrent avoir un garçon en premier.

— Est-ce ainsi que les choses étaient avec ton père ? demanda-t-il.

Son propre père avait sans nul doute voulu une mini-version de lui-même, quelqu'un pour imiter chacun de ses gestes, de ses décisions, de ses pensées. Mais elle ne voyait pas en quoi cela importait.

— Il ne s'agit pas de mon père, dit-elle d'un ton cassant qui le surprit.

— D'accord.

Il céda à la tentation de caresser une mèche de ses cheveux, puis retira sa main avant qu'elle puisse protester.

— La grossesse te rend encore plus belle, mais tu sembles fatiguée. Et je crois que tu dois partir travailler.

Il déposa un baiser sur son front, résistant à l'envie de s'attarder, et se dirigea droit vers la porte.

— Au revoir, Lauren. Nous parlerons plus tard.

Il sortit dans le couloir, le visage confus de Lauren gravé dans son esprit.

Il avait bien fait de reculer pour l'instant, et de la laisser s'interroger, se félicita-t-il. Elle était désarçonnée, et il pouvait jouer là-dessus.

Ce n'était pas parce qu'elle avait refusé sa proposition qu'il allait s'avouer vaincu. Quand il reprendrait le dernier vol pour

San Francisco dimanche, Lauren l'accompagnerait. Il n'en doutait pas un seul instant.

Lauren ouvrit la porte de verre menant à ses bureaux, situés au quatrième étage. Ils n'étaient pas immenses, mais lui suffisaient. Derrière le bureau du réceptionniste, situé dans le hall d'entrée, se trouvait celui de sa comptable. Et fond du couloir, une salle de réunion jouxtait son propre bureau. La pièce dans laquelle Jason et elle avaient conçu leur enfant.

Elle avait l'estomac noué et, cette fois, ce n'était pas à cause de son état.

La petite boîte de velours semblait peser une tonne dans son sac — qu'elle avait confectionné elle-même avec un vieux sweat-shirt déniché dans un dépôt-vente. Si elle avait emporté le solitaire avec elle, c'était parce qu'elle avait prévu de donner rendez-vous à Jason pour le déjeuner, afin de lui rendre sa bague. Des fiançailles, quelle idée ridicule !

Elle avait déjà assez de problèmes à résoudre, de toute façon, comme, par exemple, trouver une façon de sauver son affaire de la faillite.

Franco, son secrétaire, lui tendit une pile de Post-it.

— Mademoiselle Presley, vos messages.

— Merci, Franco, dit-elle en s'efforçant de sourire.

Elle passa en revue l'épaisse pile de papiers. Des appels de clients potentiels, mais aussi de créanciers.

Franco se leva et lissa sa cravate.

— Avant que vous n'alliez dans votre bureau…

— Oui ? répondit-elle tout en ouvrant la porte.

Un parfum fleuri s'échappa aussitôt de la pièce.

— Elles ont été livrées il y a un instant, expliqua Franco avec un haussement d'épaules. Et…

Mais elle n'écoutait déjà plus, trop sidérée par ce qu'elle venait de découvrir : la pièce était remplie de plusieurs vases de roses blanches ornés de rubans blanc et bleu. Sur le bureau, elle aperçut une carafe de jus de fruits et un panier de muffins.

En se tournant vers Franco, elle distingua un mouvement près de l'accueil. Jason était adossé au mur, et la fixait avec des yeux incandescents. Comment avait-elle pu ne pas remarquer sa présence ? Et pourquoi Franco ne l'avait-il pas prévenue ?... A moins qu'il ait essayé et qu'elle n'ait pas compris.

Elle fit signe à Jason de la rejoindre dans son bureau.

— Viens. Autant que tu partages ce petit déjeuner avec moi.

Il avança lentement vers elle, avec la grâce féline d'un prédateur. Franco, la nouvelle comptable et deux étudiantes stagiaires les observèrent avec une curiosité non dissimulée.

— Je voulais m'assurer que la mère de mon enfant était bien nourrie, dit-il en glissant un bras autour de sa taille.

Bonté divine, il venait de crier leur relation sur tous les toits ! A ses employés, et aux trois clients qui patientaient. Ce qu'il pouvait être présomptueux !

— Le bébé et moi allons bien, merci.

Elle le poussa discrètement dans le dos.

— Puis-je te parler dans mon bureau, s'il te plaît ?

— Bien sûr, chérie, murmura-t-il avec un sourire charmeur qui fit glousser les deux stagiaires.

Elle ferma la porte de son bureau. Elle était seule avec Jason, songea-t-elle. Près de ce canapé turquoise qui lui rappelait tant de souvenirs.

Quand elle ouvrit les stores de métal blanc, le soleil inonda la pièce. Mais cela ne suffit pas à calmer sa colère.

— Qu'est-ce que c'était que ce petit numéro ?

— Je fais juste savoir aux gens que je tiens à toi et à notre enfant.

Il saisit un muffin aux myrtilles.

— Petit déjeuner ?

— J'en ai déjà pris un. Tu ne crois pas que tu aurais dû t'informer pour savoir si j'avais déjà parlé du bébé à mes employés ?

— Tu leur en as parlé, puisque tu as pris un congé maladie.

— Soit. Mais les clients qui étaient dans la salle d'attente n'étaient pas au courant, et c'était à moi d'annoncer la nouvelle quand je me serais sentie prête, enfin !

— Tu as raison, excuse-moi.

Il approcha le muffin assez près de son visage pour qu'elle puisse humer son parfum.

— Tu n'as pas envie d'y goûter ? Ils viennent de sortir du four.

Elle avait bien envie de lui dire ce qu'il pouvait faire de ses muffins. Malheureusement, elle mourait déjà de faim et, en regardant ces myrtilles gorgées de jus, et cette pâte délicieusement dorée, elle saliva d'envie. Si elle adorait son bébé, parfois, elle avait vraiment du mal avec ces hormones qui semblaient avoir un contrôle si puissant sur son corps.

Ce même déchaînement hormonal qui lui faisait monter les larmes aux yeux. Ces fleurs, ce petit déjeuner, c'était le genre de petits cadeaux qu'un futur père faisait à sa compagne, dans les couples normaux. Ces derniers mois avaient été si pénibles, sans le soutien d'un partenaire ! Elle n'avait même pas envie de penser à quel point ces mois à venir — ces années — pourraient être difficiles.

Pour l'instant, elle voulait juste savourer son muffin.

Elle avança malgré elle, jusqu'à ce qu'elle soit tout près de Jason. Ravalant ses larmes, elle respira les parfums mêlés de Jason, des roses et du gâteau. Tous sentaient divinement bon.

Jason prit un morceau de gâteau et le porta à ses lèvres. Elle les entrouvrit sans même réfléchir. Elle venait de lui céder, un peu comme elle l'avait fait sur ce canapé, quatre mois plus tôt.

Qu'y avait-il chez cet homme qui la faisait agir de façon si étrange ? Elle n'était pourtant pas impulsive, comme sa mère, si lunatique et si extravagante. Elle gardait le contrôle de ses émotions.

Sauf lors de cette mémorable soirée avec Jason.

Quand elle prit le morceau moelleux dans sa bouche, ses papilles explosèrent de plaisir. Jason suivit le tracé de sa lèvre inférieure, provoquant un tourbillon de désir en elle, jusqu'à ce que ses seins se durcissent sous sa robe de laine couleur chocolat. Elle se mit sur la pointe des pieds, à un murmure de sa bouche…

A cet instant, on frappa à la porte.

— Oui ? répondit-elle d'un ton impatient.

Elle ne bougea pas. Jason non plus, mais il la fixait d'un regard brûlant qui l'électrisa.

Les coups à la porte se répétèrent, plus insistants cette fois. Lauren s'éclaircit la voix.

— Oui ? Qu'y a-t-il ? demanda-t-elle en reculant, ne sachant pas vraiment à qui elle destinait cette question.

Jason eut un sourire malicieux et sexy, qui dévoila clairement ses pensées. Il voulait lui faire l'amour. Ici. Maintenant.

Elle s'efforça de reprendre contenance, puis ouvrit la porte.

C'était sa nouvelle comptable, qu'elle avait engagée pour se sortir de son bourbier. La dame d'âge respectable portait une pile de dossiers. Voilà ce qu'on pouvait appeler un retour brutal à la réalité.

— J'arrive dans cinq minutes, chuchota-t-elle.

Elle n'avait pas envie que Jason entende leur conversation.

La comptable serra les dossiers contre elle. Son regard acéré semblait dire qu'avec elle, aucun dollar ne serait détourné.

— Bien, bien. Nous pourrons revoir le plan financier préliminaire, j'ai dressé une liste des créanciers les plus pressants.

— Bien sûr.

Les nerfs à vif, elle risqua un regard vers Jason. Il fallait qu'elle le fasse sortir de son bureau.

— Jason, nous devons reporter cette discussion à plus tard. Ce soir, après le travail.

Mais c'était sans compter sur la perspicacité de Jason.

— Des créanciers ?

— Ce n'est pas ton problème, esquiva-t-elle.

La façon dont il bomba le torse lui était devenue familière, à force de travailler avec lui.

— Tu es la mère de mon enfant. Si quelque chose te concerne, c'est aussi mon problème.

Elle se tourna vers sa comptable.

— Je vous retrouve dans votre bureau dans cinq minutes.

Elle referma la porte et s'y appuya, faisant face à Jason. L'inquiétude sincère dans ses yeux la désarçonna. Elle était tellement sur la défensive ces jours-ci qu'elle avait oublié à quel point il pouvait se montrer attentionné et serviable.

L'année passée, plus d'une fois, elle l'avait vu prendre la défense d'autrui — un collègue injustement licencié, une femme harcelée par son ex-petit ami, notamment. Il avait même travaillé bénévolement pour une société, quand il avait appris que le fils du propriétaire avait besoin de soins médicaux très onéreux.

Jason Reagert était peut-être autoritaire et directif, mais il avait bon cœur. Pas étonnant qu'il ait servi dans la Marine durant tant d'années.

Elle pouvait bien lui avouer son problème, après tout. Si elle ne pouvait pas parler de cela à l'homme qui lui avait fait un bébé, à qui d'autre ?

— L'information sera bientôt publique quand j'aurai déposé plainte, alors, autant que tu sois au courant. Mon comptable précédent, celui que j'avais engagé avant cette dame, a détourné un demi-million de dollars de ma société.

— Quand ça ? demanda-t-il, l'air soucieux.

— Pendant que je travaillais de chez moi.

Elle alla s'asseoir sur le canapé, se sentant lasse tout à coup.

— J'avais des soupçons à propos de Dave juste avant d'être malade, et je comptais le renvoyer. Puis j'ai passé une semaine à l'hôpital, pour cause de déshydratation. J'étais soulagée quand il m'a donné sa démission. Je lui ai même accordé deux semaines de congés payés ! Trois jours plus tard, j'engageais une nouvelle comptable, celle que j'aurais dû embaucher à l'origine, mais que j'avais écartée parce qu'elle m'aurait coûté plus cher.

Elle haussa les épaules.

— J'imagine que l'on récolte ce que l'on sème.

Il s'assit à côté d'elle, sans la toucher. Sans l'oppresser, pour la première fois depuis son retour.

— Je suis vraiment navré.

— Moi aussi.

— Pas étonnant que tu aies semblé si préoccupée ce matin.

Il joignit les mains entre ses genoux, et sa Rolex étincela dans la lumière qui filtrait à travers les stores.

— Tu n'as pas besoin de ce genre de problèmes, surtout dans ton état. Laisse-moi t'aider.

Et elle venait de se dire qu'il ne l'oppressait pas ?

— Pas si vite, Jason. J'ai peut-être des soucis, mais je les réglerai.

— Il n'y a pas de mal à accepter de l'aide.

Il étendit le bras sur le dossier du canapé, l'enveloppant de sa chaleur et de son parfum, à défaut de ses bras.

— En fait, c'est pour ça que je suis venu. J'ai besoin de ton aide.

— A quel sujet ? demanda-t-elle d'un ton méfiant.

Elle ne savait trop que penser. Voulait-il sincèrement l'aider ? Ou souhaitait-il juste parvenir à ses fins, en habile homme d'affaires qu'il était ?

— Je suis nouveau chez Maddox Communications, et les temps sont durs. Aucun emploi n'est sûr.

Son regard semblait sincère.

— Je peux le comprendre, répondit-elle avec prudence.

— J'ignore ce que tu sais sur MC…

Elle n'avait jamais travaillé avec Maddox auparavant, mais, selon la rumeur, ils comptaient à leur actif de gros clients.

— Je sais que c'est une agence familiale. Dirigée par deux frères, c'est ça ?

— Exact. Brock Maddox est le P-DG, et Flynn, son vice-président. Le principal obstacle qui les empêche de dominer le marché de la côte Ouest, c'est Golden Gate Promotions.

Elle sentit sa tension se dissiper un peu. Elle était plus à l'aise maintenant qu'ils parlaient travail.

— Une autre agence familiale, si je ne m'abuse. Athos Koteas est encore aux commandes. Je n'ai pas travaillé avec lui, mais j'ai entendu dire que c'était un redoutable homme d'affaires. Absolument impitoyable.

— Mais il a du succès. C'est un immigrant grec qui a eu une réussite fracassante dans le pays. Ses connexions européennes lui ont donné une longueur d'avance, dans le contexte de crise actuel. Maintenant, il essaie de voler les clients de Maddox, dit-il, une lueur de colère dans les yeux. Il a fait courir certaines rumeurs, pour que MC paraisse indigne de confiance, et l'agence a perdu des affaires. Au grand dam de Brock.

— Tu regrettes d'être allé en Californie ?

— Pas du tout. Les choses vont mieux maintenant. J'ai amené quelques nouveaux clients, une grosse affaire en particulier. Mais ce client semble très conservateur. Tu as peut-être entendu parler de lui. Walter Prentice.

Elle ne put s'empêcher d'être impressionnée.

— Félicitations, Jason, c'est fabuleux. Avec Prentice, c'est le coup de ta carrière.

— Sauf que sa devise est « La famille avant tout ». Prentice a renvoyé son dernier publicitaire parce qu'il fréquentait une plage nudiste.

Secouant la tête, il retira son bras.

— Et il a déshérité sa petite-fille parce qu'elle a refusé d'épouser le père de son bébé.

Soudain, elle eut un affreux doute. Il ne pouvait tout de même pas suggérer… ?

— Tu veux me faire avaler qu'ils vont te renvoyer juste parce que ton ex-petite amie est enceinte ?

D'accord, elle n'avait jamais été sa petite amie. Mais tout de même.

— C'est une plaisanterie, dit-elle, s'adossant au canapé.

— Je suis on ne peut plus sérieux. Ce type nous offre une campagne d'un montant à sept chiffres, en ces temps économiques difficiles. Il a le droit de dicter ses règles et de choisir qui il veut.

Elle jeta un coup d'œil vers son sac, qui contenait la bague — une bague qui n'avait rien de romantique. Elle ne lui avait même pas été offerte de manière chevaleresque. Jason voulait juste garder son job.

Elle eut alors l'impression que son cœur était pris dans un étau de glace.

— Tu es ambitieux à ce point, conclut-elle.

— Pas toi ? rétorqua-t-il en se penchant vers elle. Toi et moi, nous sommes pareils. Nous voulons tous les deux prouver à nos familles que nous pouvons réussir sans leur concours. Alors, travaillons ensemble pour le bien de notre enfant.

— Laisse mes parents en dehors de ça ! protesta-t-elle sans réfléchir.

Mais son cœur était blessé, alors qu'elle ne devrait pas se laisser atteindre. Elle savait qu'il ne fallait rien attendre de Jason, non ? Il n'avait jamais été question de sentiments entre eux.

A dire vrai, elle préférerait mener une vie stable, sans débordements émotionnels. Une vie différente de celle de sa mère.

— Bien, concéda-t-il. Il ne s'agit pas de tes parents. Mais, en assurant notre avenir, nous assurerons celui de notre enfant. J'ai besoin que tu acceptes des fiançailles temporaires, jusqu'à ce que je termine la campagne Prentice. Je te donnerai l'argent dont tu as besoin pour remettre ton affaire à flot.

Elle ne put s'empêcher d'être intéressée. Une réaction instinctive qui l'inquiéta et qu'elle s'efforça de refouler.

— Je n'ai pas besoin de ton argent, affirma-t-elle, se levant nerveusement. J'ai juste besoin de temps.

— Appelle ça un prêt, si cela te met plus à l'aise. Un demi-million, c'est ça ?

Elle joua avec la bretelle de son sac, songeant au solitaire qui se trouvait à l'intérieur. L'offre financière de Jason donnait à tout ceci une horrible apparence.

— Tu sais ce qui m'aiderait vraiment à me sentir mieux ?

Il avança vers elle, calmement.

— Je t'écoute.

— Que tu prennes ton argent et que tu…

Mais il ne la laissa pas terminer.

— D'accord, d'accord, j'ai compris. Tu n'as pas envie de sauver ta société.

Furieuse, elle plongea la main dans son sac et en sortit la bague.

— Je ne veux pas que l'on me fasse la charité.

— Il ne s'agit pas de charité. C'est un marché que je te propose.

Elle lui tendit le bijou.

— Comment peux-tu être si certain que ce gros client saura que le bébé est de toi ? Nous pourrions garder le secret.

De nouveau, il la toisa d'un regard sans appel.

— Il est hors de question que je renie mon enfant ne serait-ce qu'un jour. Je suis peut-être ambitieux, mais il y a des limites. Celle-ci est non négociable.

Elle se passa une main sur le front.

— Cela fait trop de choses à la fois. Je ne sais tout simplement pas…

— Bien, laissons ce sujet de côté pour l'instant.

Il massa doucement ses épaules, un geste qu'elle trouva

excitant, mais aussi apaisant. Elle était si tendue et anxieuse ces derniers temps que tout son corps était noué.

— De toute façon, nous avons d'autres soucis plus urgents, comme faire des projets pour le bébé. Je passe te prendre après le travail.

Elle tenta de ne pas s'abandonner à son étreinte réconfortante, et de ne pas céder à sa proposition.

— Penses-tu que pour une fois, tu pourrais demander plutôt qu'ordonner ? demanda-t-elle.

Avec douceur, il prit la bague et la posa sur le bureau. Puis il serra sa main, le premier vrai contact depuis la fameuse nuit qu'ils avaient passée ensemble.

— Que dirais-tu d'aller dîner après le travail ? proposa-t-il.

— Pour parler du bébé.

Il hocha la tête. Il la tenait toujours par les épaules, mais avec douceur cette fois, sans volonté de la dominer.

Elle aurait dû refuser. Mais il fallait bien qu'ils parlent, à un moment ou à un autre.

— Passe me prendre à 19 heures.

Tandis qu'elle le regardait sortir de son bureau, elle ne put s'empêcher de se demander si elle ne venait pas de commettre une erreur plus grande encore que le diamant contenu dans cette boîte.

3

Le téléphone coincé sous le menton, Lauren sauta sur un pied tout en tirant sur sa botte mauve.

— Bonjour, maman, dit-elle avant de s'asseoir sur le bord du lit. Qu'est-ce que je peux faire pour toi ?

— Lauren, ma chérie, je ne cesse de t'appeler, et tu ne décroches jamais, que ce soit à ton bureau, chez toi ou sur ton portable, babilla sa mère à mille à l'heure.

Son accent Nouvelle-Angleterre était plus prononcé, ce qui signifiait qu'elle était sur les nerfs.

— Je commence à me dire que tu m'évites.

— Pourquoi ferais-je une chose pareille ?

Elle avait parlé à sa mère à peine deux jours plus tôt. Depuis, Jacqueline Presley lui avait laissé environ trente-sept messages. Lauren avait déjà du mal à gérer les humeurs de sa mère en temps ordinaire… mais ces temps-ci étaient loin d'être ordinaires.

— J'ignore ce que tu fais, Lauren, je ne sais rien sur toi ces derniers temps.

Sa mère marqua une pause. Pour respirer ? ou pour rassembler ses pensées ?

— As-tu parlé à ton père ?

Lauren réprima un soupir d'agacement. Son père était un sujet explosif qu'il valait mieux éviter.

— Non, maman, je n'ai pas accordé à papa une minute de plus de mon temps qu'à toi.

— Inutile d'être si cassante. Je ne sais pas pourquoi tu es si tendue. Parfois, tu es exactement comme la sœur de ton père, et elle a fini toute seule. Et obèse.

Exactement ce qu'elle avait besoin d'entendre, l'obsession

de sa mère pour sa ligne. Lauren avait sans doute été la seule fille de dix ans sur la planète à connaître toutes les toiles de Botero. Et à les craindre.

— Je ne voulais pas te fâcher, maman.

Perchée au bord du matelas, elle remonta la fermeture d'une botte, puis de l'autre, et consulta l'horloge. Jason allait arriver d'une minute à l'autre. Elle avait à peine eu le temps d'enfiler une paire de leggings noirs et un long sweat-shirt en rentrant du travail.

— C'est la folie au bureau.

— Tu n'as pas à te tuer à la tâche pour essayer de prouver ta valeur à ta mère.

Un cliquetis métallique résonna dans l'écouteur. Jacqueline jouait sans doute avec la chaîne de ses lunettes.

— Je peux demander à ton père de te céder une part de ton héritage dès maintenant. Ou tu aurais simplement pu investir l'argent de tante Eliza, ce qui t'aurait assuré une confortable rente et permis de poursuivre ta vraie passion, la peinture.

Lauren sentit son cœur se serrer. Une réaction fréquente lorsqu'elle parlait avec sa mère, surtout quand celle-ci allait sur ce terrain…

— Tu pourrais être une artiste aussi douée que je l'étais, Lauren, si tu t'y mettais sérieusement.

Elle serra nerveusement son couvre-lit en satin damassé. Sa débâcle professionnelle ne faisait que renforcer les arguments de sa mère. Elle se sentait nauséeuse tout à coup.

— Maman…

— Je serai en ville la semaine prochaine, coupa Jacqueline. Nous pourrions déjeuner ensemble.

Il ne manquait plus que cela. Une fois que sa mère était lancée sur le sujet de l'existence de Lauren et de tout ce qui n'allait pas dans la vie de sa fille venait toujours le moment où elle lui proposait une liste de tous les beaux partis qu'elle avait rencontrés récemment. Des hommes que Lauren adorerait, assurait-elle toujours. Des hommes comme Jason.

Sa mère allait faire une syncope quand elle apprendrait sa grossesse.

— Maman, j'ai été ravie de discuter avec toi, mais il faut vraiment que j'y aille, annonça-t-elle en se levant.

— Tu sors ce soir ?

Si elle démentait, sa mère continuerait à parler. Le mieux était d'être honnête.

— J'ai un dîner avec un associé. Un dîner professionnel.

— Je t'en prie, chérie, vas-y, va te faire belle. Et souviens-toi, le rose ne te va pas du tout. A plus tard !

Lauren raccrocha d'un geste rageur. Elle jeta le téléphone sur le lit, puis fit les cent pas en se tordant les mains, comme si cela pouvait dissiper sa colère.

Et sa douleur.

Après toutes ces années, elle aurait dû s'habituer. Sa mère était bipolaire, elle l'avait toujours su. Cette conversation n'aurait pas dû être si terrible, au regard de ses autres problèmes actuels. Mais elle savait que sa mère était tout près du point de rupture. Une contrariété, et elle basculerait dans une phase maniaque. Puisqu'elle refusait toute thérapie ces derniers temps, les hauts et les bas étaient plus extrêmes.

Le fait d'apprendre qu'elle allait devenir grand-mère constituerait plus qu'une contrariété pour Jacqueline Presley. Si l'on ajoutait à cela le détournement de fonds, qui sait comment elle allait réagir. Une chose était certaine, elle ne prendrait pas la nouvelle avec calme.

Comme elle passait devant un pot de fougères sous la fenêtre, Lauren arracha une feuille séchée. Quel effet cela faisait-il d'avoir une mère vers qui se tourner en cas de problème ? Elle posa la main sur son ventre en songeant à son enfant. Elle ferait tout son possible pour être un soutien pour lui, quoi qu'il arrive.

Si seulement elle pouvait avoir quelques semaines de répit. Pour reprendre ses esprits, pour faire des projets, et remettre sa vie sur les rails.

L'écrin noir attira son attention comme un aimant. Quand elle avait jeté son sac sur le lit, la boîte avait roulé sur le matelas. Elle avança, comme malgré elle.

La proposition de fiançailles temporaires de Jason tournait en boucle dans son esprit. Une offre tentante. Et dangereuse.

Pouvait-elle risquer de partir en Californie, et de vivre tout près de lui pour une période indéterminée ?

D'un autre côté, avec sa vie à New York prête à imploser et sa grossesse, pouvait-elle se permettre de refuser ?

Jason jeta un regard à Lauren, qui se tenait à côté de lui, sur le siège passager. Ils se dirigeaient vers une petite ville à environ quarante minutes de New York. Elle avait l'air fatiguée mais sereine, la tête appuyée contre le dossier de son siège, son sac étrange posé dans son giron, contre son ventre légèrement arrondi.

Le ventre qui abritait leur bébé.

Il avait enfin réussi à avoir Lauren pendant quelques heures, et il comptait tirer le meilleur parti du temps qu'elle lui accordait. Il avait réfléchi à ses arguments et à la stratégie à adopter, et avait abordé cette soirée comme un contrat à décrocher absolument.

Oui, il préférait songer à la situation de façon logique, plutôt que d'analyser pourquoi il avait tant envie de la convaincre. Quand il pensait à l'escroc qui avait volé Lauren, il écumait de rage. Elle était si talentueuse ! Il l'avait vu dès leur premier rencontre.

Il serra le levier de vitesse de la luxueuse berline. Il ressentait soudain le besoin de faire plus que la protéger. Il voulait agir. Et ce besoin était plus fort que tout ce qu'il avait connu jusqu'ici, même durant ses années dans la Marine.

Cela dit, il aurait été plus facile de plaider sa cause si Lauren avait été réveillée. Elle s'était endormie comme un bébé avant même qu'ils sortent de la ville. Si elle ne se réveillait pas quand ils seraient parvenus à destination, il n'était pas sûr d'avoir le cœur de la réveiller. Avec tous les problèmes qui l'assaillaient, elle avait besoin de sommeil. Et reposée, elle serait sans doute mieux disposée.

Les lampadaires de style rétro qui bordaient la route projetaient de faibles halos de lumière, suffisants pour éclairer les petites boutiques et échoppes de la ville. Des flocons de neige tourbillonnaient devant les rayons de ses phares, et quelques rares voitures passaient de l'autre côté de la route à deux voies.

Soudain, la douce sonnerie du téléphone de Lauren brisa le silence. S'il sortait l'appareil de son sac, il craignait de la réveiller.

Elle s'agita, puis se réveilla en sursaut, en clignant rapidement des yeux. Elle empoigna son sac et sortit le portable au moment où la sonnerie s'arrêta. Quand elle lut le numéro affiché sur l'écran, elle sembla soucieuse.

— Il faut que tu rappelles cette personne ? demanda-t-il.

Elle secoua la tête et rangea le téléphone dans sa poche.

— Non, ça va. Je rappellerai plus tard.

— Si tu as des impératifs professionnels, je comprendrai.

— Ce n'est pas le travail.

Elle joua avec la bretelle de son sac ; visiblement, cet appel la préoccupait.

— C'est ma mère. Elle me téléphone. Très souvent.

A en juger par le ton de sa voix, elle n'appréciait pas ces appels. Mais au moins, sa mère et elle se parlaient. Lui n'avait pas adressé la parole à ses parents depuis que son père l'avait déshérité, affirmant que Jason avait brisé le cœur de sa mère en tournant le dos à tout ce qu'ils avaient fait pour lui. Mais il ne voulait pas songer à cela ! Il préférait se concentrer sur Lauren.

— Qu'a dit ta famille à propos du bébé ?

— Je ne leur en ai pas encore parlé, dit-elle en posant son sac par terre.

Il trouva cela étrange.

— Elle t'appelle, mais elle ne te rend pas visite ?

— Nous ne nous sommes pas vues depuis un mois. A ce moment-là, mon ventre ne se voyait pas encore.

— Ils vont bientôt être au courant. Si moi je l'ai su en étant à l'autre bout du pays… J'irai avec toi quand tu leur annonceras la nouvelle.

— Qui a dit que tu étais invité, monsieur Ego Démesuré ? dit-elle avec un rire narquois. Et puis d'ailleurs, ils sont divorcés.

Il ralentit quand ils approchèrent d'un virage, en prenant bien soin de ne pas dépasser la vitesse autorisée. Il avait un chargement précieux à bord.

— Je pensais que nous allions essayer d'unir nos forces, pour le bien du bébé.

— Je m’excuse.

Elle semblait sincèrement désolée et croisa les bras en regardant par la vitre. Des arbres se succédaient dans le quartier historique de la ville, devant les traditionnelles maisons de grès rouge cernées de clôtures blanches.

— Je suis perturbée par le travail, et je m’en prends à toi.

Il voulut lui rappeler qu’il pouvait régler ses problèmes professionnels en un éclair, mais il décida de ne pas tenter le diable. Il devait se montrer prudent.

— Tu n’espères tout de même pas cacher le fait que je suis le père du bébé ? Tes parents finiront par l’apprendre. S’ils doivent être perturbés, ce serait mieux de parer aux attaques. Nous leur annoncerons ensemble, en les prenant par surprise, puis nous partirons avant qu’ils aient une chance de poser des questions.

— Cela me semble très bien en théorie, mais les chances de réunir mes deux parents dans la même pièce sont proches de zéro. Et à la seconde où l’un d’eux sera au courant, il prendra son téléphone pour faire des reproches à l’autre.

Elle secoua la tête, en croisant et en décroisant ses jambes avec agitation. Ses bottes d’une étonnante teinte mauve attirèrent son regard, et éveillèrent son intérêt.

— C’est juste que je ne veux pas me mettre dans cette situation si je peux l’éviter, conclut-elle.

Il ne se rappelait pas qu’elle ait mentionné ses parents auparavant. Ils avaient surtout parlé de travail, et de la vie nocturne à New York. A bien y réfléchir, il avait toujours été attiré par Lauren, mais cela n’avait jamais semblé le bon moment pour eux. Quand il l’avait connue, elle était en couple. Puis, quand elle avait rompu, c’était lui qui n’était plus libre. C’était à peine s’il se souvenait de cette autre femme, à présent.

— On dirait que la séparation de tes parents t’a vraiment fait souffrir.

— Autrefois, peut-être. Mais je ne les laisse plus avoir ce genre de pouvoir sur moi.

— En es-tu sûre ?

Elle ne répondit pas et fixa son sac.

— Ce n’est pas parce qu’ils ont eu une relation conflictuelle que nous aurons les mêmes problèmes, observa-t-il.

Son regard se fit aussi glacial que la neige au-dehors.

— Et ce n'est pas parce que nous avons couché ensemble que tu peux prétendre lire dans mon esprit.

— D'accord, je l'ai mérité.

Plus que tout, ce qu'il préférait chez Lauren, c'était son cran. Maintenant qu'il y songeait, il aimait beaucoup de choses chez elle. Sa vivacité d'esprit, son ambition, et même son besoin de remplir le moindre mètre carré de son appartement avec de la végétation. Et puis la façon dont, malgré son apparente froideur, elle s'enflammait au moment où il s'y attendait le moins.

— C'est tout ? Tu renonces ?

Ses lèvres pleines affichèrent une moue adorable, ce qui lui donna envie de se pencher pour…

Non, encore une fois, mieux valait ne pas tenter le diable. Surtout quand il savait qu'il ne se contenterait pas d'un simple baiser.

— Tu m'as demandé de laisser tomber le sujet. Je fais ce que tu me dis.

Très précisément. Les détails étaient importants, quand l'enjeu était si élevé.

Il ralentit, car ils approchaient de leur destination, un petit restaurant rustique dont il avait entendu grand bien.

— Je t'ai vu à l'œuvre, dit-elle, le regard méfiant. Tu n'abandonnes jamais, tu changes juste de tactique. Souviens-toi quand tu es devenu fou de mon dessin à l'encre représentant un voilier, tu sais, celui que tu as voulu utiliser pour la publicité de ce parfum, alors que le client voulait un cow-boy et n'en démordait pas ?

Oui, maintenant, ce voilier était imprimé sur des milliers de flacons d'eau de toilette partout dans le monde — et le dessin original était chez lui, encadré dans son bureau. Mais tout cela était hors sujet.

— Il ne s'agit pas seulement de travail. Je veux que tu sois en paix et heureuse.

C'était assez honnête, et puisqu'il en était à dire la vérité…

— Et il s'avère que je te désire. Tu étais belle auparavant, mais maintenant, tu es absolument époustouflante.

— Du calme, Casanova, dit-elle, mais en souriant cette fois. Tu as déjà réussi à coucher avec moi.

— Cela fait longtemps.

Quatre longs mois, et pourtant, il n'avait pas réussi à l'oublier. Il avait même dû se forcer pour offrir un verre à une autre femme. Un verre, pour l'amour du ciel ! Même pas un dîner.

Contenant son irritation, il se concentra sur Lauren. Elle avait sorti son téléphone et tapotait sur le clavier.

— Ta mère ?

— Non, je vérifie l'historique des appels. Voyons voir… Quatre mois, et pas un seul appel de toi. Il ne semble pas que tu te consumes d'amour pour moi.

Avait-elle été furieuse qu'il ne lui ait pas téléphoné ? Il avait envisagé de la rappeler, mais elle avait été si prompte à le chasser de son bureau, ce soir-là. Peut-être l'avait-il mal comprise. Lui qui se piquait de savoir cerner les gens, cette fois, il ne verrait pas d'inconvénient à s'être trompé un peu.

Peut-être voulait-elle donner une suite à leur aventure sans lendemain ? Dieu sait qu'il avait désiré plus à ce moment-là, et qu'il voulait plus maintenant. Les effluves fleuris de son parfum taquinaient ses sens, et son corps voluptueux semblait si chaud… Certes, la grossesse compliquait les choses entre eux. Mais peut-être que le sexe les simplifierait de nouveau.

Un désir brut l'envahit soudain.

— Tu as été très claire sur le fait que nos projets d'avenir ne s'accordaient pas.

— Cela n'a pas changé.

— Tout a changé.

Le cuir de son siège craqua quand il se pencha vers elle.

Elle ne recula pas, et il constata que son regard émeraude était assombri de désir. Pourtant, il attendit, prenant le temps d'inspirer une bouffée de son parfum frais.

Il glissa un bras autour de ses épaules. Ce simple geste lui rappela la sensation de son corps contre le sien, de ses courbes épousant ses muscles.

Au prix d'un violent effort, il se retint de l'embrasser.

— Ce bébé éclaire d'un jour tout à fait nouveau les priorités, et plus tôt tu l'accepteras, plus tôt nous pourrons passer aux choses agréables.

Elle recula avec un soupir de frustration.

— Tu ne penses qu'à ça !

Il n'allait pas commettre deux fois la même erreur. S'il y avait une chance pour qu'elle veuille reprendre leur liaison, il n'allait pas tout gâcher en la pressant trop, ou en abandonnant trop tôt. Il comprit alors qu'il allait devoir la courtiser. En bonne et due forme.

Il releva son col, et sortit pour aller lui ouvrir sa portière.

— Mettons cette conversation en suspens pendant le dîner. J'ai une surprise pour toi.

Il ne doutait pas que le restaurant qu'il avait choisi pour elle la charmerait. Pourvu que son talent de persuasion soit suffisant pour influencer la femme insaisissable qu'elle était.

Les enjeux étaient trop importants pour envisager un échec.

Quand donc avait-elle perdu la maîtrise d'elle-même ?

Lauren agrippa la rampe du perron de son immeuble, une maison new-yorkaise typique en grès rouge. Le dîner avec Jason avait été fabuleux. Le restaurant italien familial empli de plantes que Jason avait choisi l'avait totalement séduite. Situé dans une ancienne ferme, l'établissement était folklorique et chaleureux. Le fait que Jason ait remarqué qu'elle adorait les plantes la touchait. De toute évidence, il faisait des efforts.

Elle grimpa les marches, consciente qu'il la suivait. Bien sûr qu'il faisait des efforts, il voulait obtenir ce qu'il voulait. Et cela, il ne fallait pas qu'elle l'oublie. Jason Reagert était un homme ambitieux. Tout le monde dans le métier savait que rien ne pouvait l'arrêter quand il décidait quelque chose. Elle avait trouvé sa détermination admirable, en tant que collaboratrice et amie.

Mais maintenant qu'elle était devenue sa cible, elle révisait son jugement. Ce qui aurait pu être une soirée agréable et intime la perturbait, parce que cela lui donnait envie d'avoir bien plus. Une vraie vie de famille avec le père de son enfant.

Non. Elle n'était pas prête à aller si loin. La bague allait rester dans son sac encore quelque temps.

— Merci pour ce dîner charmant, dit-elle quand ils furent devant la porte d'entrée. Tu as réussi à me faire oublier tous mes problèmes financiers pendant quelques heures.

Il remonta son col. Ses cheveux brillaient sous la lumière des lampadaires.

— Tu as besoin de manger. Content d'avoir pu te rendre service.

— Tu ne vas pas utiliser ce que je viens dire comme argument pour me vendre tes fausses fiançailles ?

— Tu sais quelle est ma position. Qu'y a-t-il de plus à dire ?

Il la suivit dans le couloir. A l'évidence, il n'était guère pressé de prendre congé.

— Et avant que tu ne me plantes là, je vais te conduire jusqu'à ton appartement, pour m'assurer que tu ne risques rien.

— Pour mon bien ?

Elle désigna d'un geste l'entrée. Un couple discutait, et la vieille dame du 2A s'apprêtait à sortir son caniche. Aucun risque de se faire agresser, il y avait trop de témoins.

— Pour te protéger de ce méchant chiot, dit-il en souriant.

Sa barbe naissante lui donnait un air de mauvais garçon qui allait bien avec la lueur malicieuse dans ses yeux.

Avec un haussement d'épaules, elle se dirigea vers l'escalier, en essayant de ne pas songer à ce que ce serait de monter trois étages quand elle entrerait dans son troisième trimestre de grossesse.

— Dans ce cas, suis-moi.

— Je ne te demanderai pas de m'offrir un dernier verre ou quoi que ce soit. Cependant, si tu m'invites, je te porterai à l'intérieur pour une nuit que tu n'oublieras pas.

— J'avais oublié à quel point tu peux être persuasif.

— Et moi, je n'ai pas oublié combien tu sens bon.

Il la caressa du regard.

— T'ai-je dit à quel point j'aime ce parfum de fleurs fraîches sur toi ? dit-il. Ce dîner signifiait autant pour moi que pour toi.

— Le dîner était agréable, et j'apprécie que tu aies choisi

un si joli endroit pour me conquérir, mais je n'aime pas être manipulée. Je préférerais que tu sois honnête envers moi.

Ils parvinrent au troisième étage.

— J'oublie parfois que toi et moi travaillons dans le même domaine, dit-il en souriant.

— Sois franc avec moi, tout simplement.

— Je pense en être capable.

Pouvait-elle le croire ? S'appuyant contre sa porte, elle chercha à détecter dans ses yeux un signe, un indice qui lui révélerait un peu de ses pensées plus profondes et de ses sentiments. Elle y vit… un désir brûlant.

Ce n'était pas une surprise, mais cela la troubla tout de même plus que de raison. Ses propres émotions étaient un tel tourbillon qu'elle avait l'impression que le moindre bouleversement la mènerait au chaos. Sans réfléchir, elle retira des flocons de neige sur le col de Jason. Elle se sentit tressaillir à son contact. Son propre pouls s'accéléra aussitôt.

Elle était en train de commettre une erreur, elle le savait, mais alors qu'elle se demandait ce qui allait se passer ensuite, elle sentit un coup dans son ventre.

— Oh ! s'exclama-t-elle en sursautant.

Elle posa une main sur son ventre.

— Est-ce que ça va ? s'enquit-il, inquiet. Donne-moi ta clé, je vais ouvrir. Il faut que tu t'allonges.

— Non, ça va très bien.

Elle recula avant de succomber à la tentation de s'appuyer contre lui. Les mouvements rapides du bébé la ramenèrent à la réalité.

— C'est simplement notre bébé qui s'exerce après ce fabuleux poulet à l'origan.

Il regarda son ventre. Et avança une main tremblante. Emue par sa soudaine timidité, elle n'eut pas le cœur de lui refuser cet instant magique.

— Tu veux le toucher ?

Il hocha la tête.

Elle lui prit la main, et la posa à l'endroit où elle avait senti le bébé bouger.

— Je ne suis pas sûre que tu pourras le sentir — c'est encore un peu tôt.

Et elle ne l'inviterait certainement pas à toucher son ventre nu. Aussitôt, une interrogation lui traversa l'esprit : serait-il présent aux rendez-vous chez le médecin ? Il était encore trop tôt pour y penser. Une chose à la fois.

— Attends, un peu à gauche, le guida-t-elle. Juste là.

— Je crois que je…

Il écarquilla les yeux.

— Oui ! Je l'ai senti !

— Parfois, je reste juste allongée dans mon lit, à sentir le bébé bouger. Et il peut se passer une heure sans que je m'en rende compte. C'est fou, non ?

— Je ne m'imaginais pas que cela pouvait être comme ça. Je n'ai jamais…

Il soutint son regard et, pour la première fois, ne chercha pas à masquer son émotion.

— Merci, dit-il.

Tous les bruits autour d'eux s'évanouirent, noyés par le bruit de son pouls qui battait dans ses oreilles. Elle prit la main de Jason, sans trop savoir ce qu'elle avait envie de faire.

Perchée sur ses talons hauts, elle était presque à la même hauteur que lui. Il suffirait qu'il se penche un peu, ou qu'elle se mette sur la pointe des pieds… Un seul baiser. Rien de plus. Un simple… contact de ses lèvres sur les siennes. Elle sentait déjà son souffle sur elle, et elle avait tant envie qu'il l'embrasse. Pourquoi s'inquiéter de savoir si cela les mènerait plus loin ou non ?

Inexorablement, elle approcha, et lui mordilla la lèvre inférieure. Il gémit, puis lui donna le baiser espéré, à pleine bouche. Impossible de dire qui avait entrouvert les lèvres en premier, car le désir les submergea tous les deux.

Ils s'étaient embrassés dans son bureau avant d'atterrir sur le canapé. Mais cela avait été plus impulsif, moins personnel. Ce soir, après leur dîner, ce baiser revêtait un caractère merveilleusement romantique. Elle n'avait qu'une envie, s'abandonner et apprécier l'instant.

Elle caressa ses cheveux encore parsemés de flocons de neige.

— Lauren, murmura-t-il tout en déposant une pluie des baisers sur son visage, cela va un peu trop loin pour que nous restions dans un couloir. Si nous entrions ?

Le voulait-elle ? Un peu perdue, elle recula un instant pour le regarder dans les yeux.

A cet instant, la porte de son appartement s'ouvrit, la faisant sursauter. Aussitôt, Jason avança devant elle de façon protectrice. Elle sentit ses muscles se tendre sous ses mains, comme s'il était aux aguets, prêt à prendre sa défense.

Quand elle se retourna pour voir qui était chez elle, elle ne put s'empêcher de grimacer.

— Maman.

4

Lauren regarda sa mère, qui attendait dans l'embrasure de la porte, et tenta de ne pas céder à la panique. Combien de temps faudrait-il à ces yeux maternels perspicaces pour remarquer le ventre arrondi malgré le sweat-shirt trop large ? Comme elle regrettait maintenant de ne pas avoir informé ses parents plus tôt.

Mais les regrets ne résoudraient rien. Il fallait qu'elle trouve un moyen de gérer la situation. D'abord, elle allait déterminer l'humeur de sa mère, d'après la tenue qu'elle portait.

Jacqueline Presley avait toujours un style bien à elle, un étrange mélange d'extravagant, de classique et d'avant-garde. Elle portait son traditionnel tailleur Chanel — aujourd'hui, le violet —, mais associé à des bijoux fantaisie au thème animalier. Une famille de lézards en rubis grimpait sur un côté de sa veste. Sa cape émeraude aux franges argentées était encore drapée de manière désordonnée sur son bras, ce qui indiquait qu'elle venait d'arriver.

Comment avait-elle fait pour convaincre le gardien de l'immeuble de la laisser entrer ?

Lauren avait d'autres soucis plus urgents, de toute façon. Les vêtements de sa mère indiquaient qu'elle était dans une phase normale, mais ses cheveux ébouriffés, ses ongles rongés et ses mains tremblantes témoignaient d'une tendance maniaque. Bien sûr, c'étaient des signes mineurs, mais Lauren avait appris depuis longtemps à interpréter chaque détail, à lire les nuances, à se préparer à tout.

Tandis qu'elle cherchait quoi dire, Jason s'avança.

— Bonjour, madame Presley. Je suis Jason Reagert, dit-il en lui tendant la main.

— Reagert ? dit-elle, acceptant sa poignée de main. Etes-vous de la famille de J.D. Reagert, de Reagert Comm ?

Le sourire de Jason se figea.

— C'est mon père, madame.

— Oh, mais appelez-moi Jacqueline.

Elle lui prit le bras et l'attira vers le salon, sans même un regard pour Lauren.

Que diable se passait-il ?

Elle qui avait craint que sa mère ne remarque sa grossesse, voilà qu'elle l'ignorait totalement. Mais ce n'était guère étonnant, Jason représentait tout ce que sa mère désirait chez un gendre, songea-t-elle en refermant la porte.

Le rire de Jacqueline résonna dans la pièce au plafond voûté. Sa mère avait beaucoup de qualités, et elle pouvait être tout à fait charmante quand elle le voulait. Et durant les périodes où elle avait pris des médicaments, la vie avait été stable, heureuse. Lauren ne pouvait pas vraiment dire que sa mère ait jamais été « normale », car elle était d'un tempérament artiste et fantasque, mais, quand elle prenait soin de sa santé, ses excentricités étaient plutôt agréables.

Lauren espérait de tout cœur que sa mère était dans une de ces périodes.

Elle mit son sac contre son ventre et rejoignit Jason et sa mère, qui lui tournaient toujours le dos. Jason recula une chaise pour sa mère, à la table de la salle à manger. Elle aurait préféré s'installer plus confortablement dans le salon, mais d'un autre côté s'asseoir à une table lui permettrait de cacher plus facilement sa grossesse.

Jason avait-il pensé à la même chose ? La lueur aiguisée et vigilante dans ses yeux indiquait qu'il savait parfaitement ce qui se passait. Soudain, elle comprit. Jason la protégeait de sa mère. Voilà pourquoi il avait offert de prendre l'écharpe de cette dernière, et pourquoi il lui posait des questions sur son voyage. Il avait manœuvré pour que le ventre de Lauren ne soit pas visible, et avait accaparé exprès l'attention de Jacqueline…

Pourraient-ils vraiment s'en sortir sans que sa mère apprenne sa grossesse de manière brutale ce soir ? Cela semblait de plus en plus envisageable, car Jacqueline semblait enchantée de discuter avec Jason de son nouveau travail en Californie. Aucun d'eux ne jeta ne serait-ce qu'un regard vers Lauren. Jacqueline était même trop occupée à attirer l'attention sur elle pour jouer avec sa chaîne à lunettes.

Comme c'était étrange, d'avoir quelqu'un pour interférer entre sa mère et elle. Elle n'avait jamais connu cela — son père avait plutôt concentré son énergie à se cacher plutôt qu'à jouer les médiateurs. Lauren s'était fait une raison, au fil du temps. A présent, elle était une adulte.

Néanmoins, c'était bon de pouvoir respirer. Bien sûr, Jason ne lui offrait qu'un répit temporaire. Jacqueline finirait par apprendre la nouvelle, mais au moins dans des circonstances que Lauren choisirait.

Quinze minutes de conversation anodine plus tard, Jason serra la main de Jacqueline.

— Jacqueline, ça a été un plaisir de discuter avec vous. J'espère que vous ne me trouverez pas trop directif, mais je viens d'arriver de Californie exprès pour voir Lauren, et je dois repartir bientôt…

Sa mère tendit sa cape à Jason pour qu'il l'aide à la mettre sur ses épaules.

— Oh, je ne veux surtout pas déranger les deux tourtereaux. Je vais retourner à ma suite, au Waldorf.

S'enroulant dans sa cape, elle se tourna vers Lauren.

— Nous irons déjeuner, ma chérie, toi et moi, dès que ton ami retournera en Californie.

— Bien sûr, maman. Il faut vraiment que nous discutions.

— Je connais un endroit génial, qui sert toutes sortes de légumes biologiques. Cela t'aiderait à atténuer la rétention d'eau, ton visage est un peu bouffi.

Jacqueline se pencha pour l'embrasser sur la joue.

— Jason est une belle prise, chuchota-t-elle. Ne gâche pas tout cette fois, trésor.

Lauren ajusta son sac sur son ventre.

— Bien sûr, maman.

Elle n'avait aucune envie d'avoir une conversation avec sa mère sur le fait d'attraper une « belle prise », surtout devant Jason. Elle pouvait même laisser passer le commentaire « visage bouffi », si cela lui permettait de mettre un terme à cette visite. En y réfléchissant, sa mère verrait sans doute ce bébé comme une chance de ferrer ce beau poisson.

Lauren frissonna de dégoût, à l'idée que son bébé soit utilisé de la sorte.

Elle réprima son dégoût et regarda sa mère filer vers la porte avec un geste de la main par-dessus l'épaule, sans même se retourner, pendant que Jason l'escortait dans le couloir.

Une fois seule, Lauren s'affala sur sa chaise, et laissa tomber son sac sur le sol. Elle caressa la légère courbe de son ventre, et le bébé bougea sous sa main. Jamais elle ne considérerait son enfant comme un simple moyen de s'élever socialement.

Une larme roula jusqu'à son menton.

Voilà que ses hormones lui jouaient encore des tours. Elle ne s'était même pas rendu compte qu'elle pleurait. Quand elle entendit la porte grincer, annonçant le retour de Jason, elle essuya prestement ses yeux, en espérant avoir effacé toute trace de mascara.

— Je ne sais comment te remercier, dit-elle avec un sourire forcé.

— De quoi ? dit-il en s'asseyant.

— De t'être chargé de ma mère, et de ne pas avoir parlé du bébé ou de mes problèmes au travail.

— Je veux surtout te faciliter la vie, à toi comme à notre bébé.

Notre bébé.

Ces mots provoquèrent un frisson en elle. D'excitation, ou de peur ?

Elle songea à leur baiser dans le couloir, à la rapidité avec laquelle elle pourrait atterrir droit dans ses bras, dans son lit. Jason avait le don de lui faire perdre le contrôle, et cela l'effrayait plus que tout.

Elle joignit les mains pour s'empêcher de le toucher.

— Tu as été génial. Vraiment. Le fait que tu sois venu ici dès que tu as su pour le bébé, le dîner, la façon dont tu as géré maman. Je t'en suis reconnaissante.

Et il avait fait bien d'autres choses encore, cependant, elle ne pouvait oublier ces mois de silence. Tôt ou tard, il faudrait qu'ils parlent de cette nuit. Cela lui semblait moins difficile maintenant, par comparaison avec le champ de mines qu'elle venait d'éviter avec sa mère.

— Tu ne m'as pas demandé comment j'ai pu tomber enceinte.

Il se frotta la mâchoire et s'adossa contre sa chaise.

— Je suppose que le préservatif était inefficace. Nous étions assez occupés ce soir-là…

Des souvenirs de leur étreinte enfiévrée assaillirent son esprit, alors que son corps bourdonnait encore après leur baiser dans le couloir. Elle s'agita sur sa chaise, soudain incapable de trouver une position confortable.

— J'apprécie que tu n'aies pas douté de moi.

— Nous nous connaissions depuis un an, et nous avions travaillé ensemble la plupart du temps, le mois précédant mon départ. Et je sais que tu ne fréquentais personne d'autre au moment où nous… eh bien… avons fini sur le canapé de ton bureau.

— Je ne te fréquentais pas non plus, d'ailleurs.

Pourtant, ils avaient couché ensemble, sur une impulsion. Pour la première fois de sa vie, elle n'avait pas réfléchi avant d'agir. Elle n'avait eu que deux relations dans sa vie, avec deux hommes qu'elle avait sérieusement songé à épouser.

Il caressa son bras de bas en haut.

— Nous ne sortions peut-être pas ensemble, mais je t'avais remarquée, ça oui.

Sa main ralentit, et sa caresse se fit moins apaisante, plus sensuelle.

Elle le désirait tant.

Trop.

Elle recula, avant de commettre un acte qu'elle regretterait plus tard, comme de se jeter sur lui et de lui faire l'amour. Dieu, pourquoi personne ne l'avait-il prévenue que, durant la grossesse, les hormones étaient si incontrôlables ? Une minute, elle pleurait, et l'instant d'après, elle avait envie de sauter sur Jason.

Comme s'il devinait ses réticences, il s'appuya contre la table, lui donnant l'espace dont elle avait besoin. Mais la fragrance acidulée de son après-rasage taquinait encore ses sens.

Elle s'éclaircit la gorge, et choisit un sujet dont elle était sûre qu'il éteindrait toute passion.

— Comment as-tu réussi à monter toute cette scène avec ma mère ? C'était parfait.

Il la regarda intensément, l'espace d'un battement de cœur, avant de se caler sur sa chaise.

— Il y a quelque temps, j'ai conclu un marché pour une nouvelle ligne de maquillage, dit-il, apparemment disposé à la suivre dans ce brusque changement de sujet. Le mannequin vedette attendait un bébé. Le client voulait malgré tout qu'elle apparaisse sur les produits, mais sans son ventre rond. Nous avons déployé des trésors d'ingéniosité durant la séance photo.

— Eh bien, je te suis reconnaissante d'avoir mis à profit cette expérience pour moi.

Elle joua machinalement avec les bords de son sweat-shirt, les larmes menaçant de nouveau de couler.

— Je sais que je ne fais que reculer pour mieux sauter, avoua-t-elle.

Il lui tendit une serviette en lin qui se trouvait sur la table.

— Le fait d'annoncer à ta mère qu'elle va être grand-mère pour la première fois doit être un événement heureux. C'est à toi de choisir l'endroit et le lieu.

— Merci de ta compréhension.

Elle accepta la serviette et tapota ses yeux, en maudissant une fois de plus son émotivité exacerbée. Le poids de tous ces récents événements l'écrasait. Et Jason lui avait offert de l'aider à les porter.

Qu'avait-elle à perdre, en allant en Californie avec lui ? Ce ne serait que pour quelques semaines, le temps de remettre de l'ordre dans sa vie, et de trouver des solutions pour leur future vie de parents.

— D'accord, Jason.

— D'accord pour quoi ?

Elle inspira profondément et croisa les mains.

— Je vais aller en Californie avec toi, pendant deux semaines, et faire comme si nous étions fiancés.

Il afficha un bref éclair de surprise, puis prit l'air calme et professionnel qu'elle l'avait souvent vu arborer.

— Deux semaines ?

— Je ne peux pas laisser ma société indéfiniment.

Et surtout, si elle restait plus longtemps, elle craignait de prendre goût à la vie de couple avec lui, même factice.

— Regarde ce qui s'est passé quand j'ai quitté la société deux semaines, à cause de mes nausées. Mon comptable a pris la poudre d'escampette en emportant un demi-million avec lui.

— Tu marques un point. Et tu es d'accord pour accepter mon offre d'investir de l'argent dans ton affaire ?

Son visage s'était durci, et semblait plus anguleux maintenant qu'il négociait.

— C'est un prêt. Avec taux d'intérêt et plan de remboursement.

C'était le moins qu'il fallait pour qu'elle accepte cette idée folle.

— Sans ça, je ne me sentirais pas à l'aise, d'autant plus que je n'accepte pas de vivre en Californie pour toujours.

— Nous pourrions dire que cet argent est un investissement pour notre enfant.

— Jason, n'abuse pas. Même si un demi-million, ce n'est pas beaucoup pour toi, c'est une question de principe.

— Bien, concéda-t-il. J'entends.

— J'accepterai un taux d'intérêt préférentiel, toutefois.

Elle ne laisserait pas sa fierté la pousser à la faillite, tout de même.

— C'est une bonne décision professionnelle. Je ne vais pas argumenter, puisque je t'ai déjà proposé cet argent.

— Je serai plus attentive cette fois, quand je choisirai la personne qui veillera sur ma société en mon absence. J'avais pensé à engager un directeur adjoint quand j'ai eu mes premières nausées, mais j'ai choisi de ne pas le faire pour économiser de l'argent. C'est une erreur que je ne commettrai plus.

Elle avait obtenu une seconde chance, une chance qu'elle ne pouvait se permettre de gâcher. Son enfant méritait d'avoir une mère forte et capable.

Elle pointa un doigt vers Jason.

— Mais je suis sérieuse quand je dis deux semaines. Je suis déjà assez nerveuse à l'idée de quitter mon bureau aussi longtemps.

— D'accord, tu reviens à New York dans deux semaines,

mais nous continuons à prétendre que nous sommes fiancés, pour calmer ta mère ainsi que mon client.

Il prit sa main et la serra contre son torse. Elle pouvait sentir sa chaleur à travers l'étoffe de sa chemise et ce contact la troubla.

— Après quelques mois, reprit-il, nous n'aurons qu'à prétendre que le fait de vivre séparés a eu raison de notre couple.

Cette dernière remarque la mit mal à l'aise, comme si elle la contrariait, mais elle prit le parti d'en rire.

— Hé, nous venons à peine de nous fiancer.

Il caressa du pouce l'intérieur de son poignet, et elle tressaillit.

— Cesse de me taquiner, ajouta-t-elle.

Et toi, cesse d'attiser mon désir.

Il serra sa main, et la caressa du regard.

— Mais tu as le plus magnifique des sourires. Je suis peut-être un goujat égoïste, mais j'aime te voir sourire.

Elle retira sa main.

— J'ai une condition unique et non négociable.

— Enonce-la. Je ferai tout pour la réaliser.

Elle serra les bras de sa chaise comme pour se donner du courage.

— En aucune circonstance, nous ne coucherons ensemble.

Elle avait accepté d'aller en Californie pour sauver sa société, et pour aider Jason à assurer sa carrière. Mais elle refusait de le laisser la déstabiliser une seconde fois. Si elle avait une liaison avec Jason, elle perdrait le contrôle.

Cependant, tandis qu'elle observait ses vastes épaules, et son regard brûlant, elle prit conscience qu'elle allait sans doute souffrir plus que lui de la condition qu'elle venait de poser.

Jason avait été certain d'obtenir gain de cause. Mais cela ne diminua pas la joie qu'il éprouva à se garer devant sa maison de San Francisco, avec Lauren assise sur le siège passager. Certes, elle avait ajouté cette condition d'abstinence à leur marché, une exigence frustrante. Mais guère surprenante. Ni insurmontable. Il avait vu l'excitation dans ses yeux, le durcissement de ses tétons sous son sweat-shirt.

Donc, il avait bon espoir de la faire changer d'avis.

Leur journée de voyage s'était bien passée. Il avait deux semaines pour conquérir Lauren, et il n'allait pas tout gâcher le premier jour en se montrant trop impulsif et entreprenant. Pour l'heure, son projet était d'accueillir Lauren dans sa maison victorienne et de rendre son séjour aussi agréable que possible.

Lauren appuya la main contre sa vitre, et écarquilla les yeux.

— Tu as une maison !

— Eh bien, oui, je ne vis pas dans ma voiture.

Elle rit tout en étudiant la maison tandis qu'ils atteignaient le garage.

— Je m'attendais à ce que tu vives dans une résidence pour célibataires branchés.

Elle se pencha contre la vitre et poussa un cri de surprise.

— Regarde-moi ces jardinières ! Il y a déjà des fleurs, en janvier. Tout semble si… familial.

Il n'avait jamais vu les choses ainsi, et il n'était pas sûr d'être à l'aise avec cette image.

— Quand j'étais dans la Marine, j'ai passé beaucoup de temps dans des cabines de bateau exiguës. Je suis prêt à avoir un espace bien à moi, maintenant.

— Les bébés font du bruit, et ils prennent beaucoup de place.

— A moins que tu ne sois enceinte d'une douzaine de marins, je ne pense pas que nous aurons un problème d'espace, dit-il avec un clin d'œil.

Après lui avoir ouvert galamment sa portière, il l'escorta dans l'allée menant à la maison.

C'était une maison ancienne d'une valeur d'un million de dollars. Il avait acheté cette propriété pour son emplacement, tout près du centre de la ville. Tandis qu'il montait les marches du perron, il redécouvrit certains détails à travers le regard artiste de Lauren. La maison victorienne, aux murs gris bordés de blanc, avait été récemment rénovée. A l'intérieur, un parquet de chêne recouvrait le sol de toutes les pièces. Les moulures du plafond étaient d'époque, comme les fenêtres avec des vitraux. Une telle demeure était un investissement qu'il n'avait pas voulu laisser passer.

— C'est absolument magnifique.

Emerveillée, Lauren pivota sur ses talons, sa robe ample

tourbillonnant autour de ses chevilles. Ses courbes voluptueuses et sa beauté lui firent l'effet d'un coup de poing, et il eut du mal à reprendre sa respiration.

— J'aime l'idée d'être au centre-ville et de pouvoir profiter de tout.

— Cela veut-il dire que tu n'es plus accro au travail ?

Elle caressa du bout des doigts la cheminée de marbre, et observa la pièce avec un regard approbateur.

Il s'était douté que la maison lui plairait. Quand il l'avait achetée, il n'avait bien sûr pas prévu qu'elle y vive avec lui, mais c'était une chance que la demeure plaise à Lauren. Ou cela voulait-il dire qu'ils avaient des goûts communs ?

— Mon temps libre est très limité. C'est pour ça que je voulais que les restaurants et les lieux de divertissement nocturne soient facilement accessibles.

— Une vraie merveille.

Il posa les bagages de Lauren au pied de l'escalier.

— Le couple qui vivait ici auparavant l'a rénovée entièrement, y compris l'électricité et la plomberie. Ils ont même fait refaire la cuisine et les salles de bains.

— Comment as-tu fait pour l'avoir ? demanda-t-elle, ses cheveux auburn dansant dans son dos quand elle se retourna vers lui.

— Apparemment, les travaux ont créé des tensions, et ils ont fini par divorcer. C'était comme s'ils s'étaient arrêtés en plein milieu d'un projet. Dans la salle de bains à l'étage, j'ai trouvé dans la baignoire tout le matériel pour décoller du papier peint.

Il avait travaillé si dur pour décrocher le contrat avec Prentice qu'il n'avait trouvé le temps de débarrasser cette salle de bains que la semaine précédente.

— Aucun d'eux n'avait les moyens de conserver la maison, alors ils l'ont vendue, reprit-il.

Elle eut l'air sincèrement peinée.

— Comme c'est triste.

Elle mit une main sur sa taille, ce qui eut pour effet de mettre en valeur ses courbes généreuses.

— Tu n'as pas peur d'être affectée par tout ce mauvais karma ?

— Je redoutais surtout de payer beaucoup plus cher pour une maison équivalente dans la même rue.

— Oui, j'imagine, dit-elle, sa voix douce résonnant dans le vaste espace. Tu n'as pas de meubles ?

Il jeta un coup d'œil aux murs nus et aux pièces vides. Quelques cartons de déménagement étaient encore empilés dans les coins. Il ne sortait que ce dont il avait besoin, au fur et à mesure.

— Je n'ai pas encore eu le temps d'acheter quoi que ce soit, et mon précédent logement était meublé. Alors, quand je suis arrivé, j'ai juste acheté les meubles de base. Je me suis dit qu'il valait mieux que j'attende plutôt que d'acquérir des choses que je regretterais plus tard.

Il lui fit signe de le suivre.

— Viens dans la cuisine. Il y a de quoi s'asseoir, et de la nourriture.

— Tu pourrais engager un décorateur, dit-elle tout en le suivant.

L'exclamation de surprise de Lauren quand elle découvrit la spacieuse cuisine le fit sourire.

— Tu vois, la décoration peut attendre, j'ai tout ce dont j'ai besoin.

Il se dirigea vers le comptoir qui séparait la cuisine de la salle à manger, pendant qu'elle s'installait sur un des deux tabourets de bar.

— Un fauteuil inclinable, un écran plat, continua-t-il. Il y a une chambre à l'étage avec un matelas très confortable.

Elle serra les lèvres et posa les coudes sur le comptoir de granite.

— Où vais-je dormir ?

— Dans mon lit, évidemment.

Rien que de prononcer ces mots, il sentit se réveiller le puissant désir qu'il éprouvait pour elle.

— Qu'est-ce que tu aimerais ? dit-il en ouvrant le réfrigérateur et en prenant l'air parfaitement innocent. Une eau minérale ? Des fruits ?

— Les deux, merci.

Elle se leva et lui prit la bouteille et la grappe de raisin des mains. Un peu trop précipitamment, nota-t-il, amusé.

— Eh bien, j'espère pour toi que ta chambre d'amis est pourvue d'un lit confortable ou d'un canapé.

Il voyait bien qu'elle était agacée par son petit jeu, mais il adorait la façon dont elle n'en laissait rien paraître et dont elle lui renvoyait la balle. C'était une femme fine et sûre d'elle, qui n'avait pas besoin de s'énerver pour parvenir à ses fins.

— Je n'ai pas de meubles dans la chambre d'amis. Je dormirai dans le fauteuil pour l'instant, et je me ferai livrer un autre matelas.

— C'est vraiment dommage pour toi, parce que je ne vais pas avoir pitié de toi ni t'inviter à partager le lit.

— Sans-cœur.

Il la prit par la taille et porta un grain de raisin à ses lèvres. Il la sentit se raidir, mais elle ne le repoussa pas.

— Je suis certaine d'avoir été très claire sur les modalités de notre installation, avant que nous quittions New York.

Elle saisit le grain le raisin et le croqua.

— Tu ne peux pas m'en vouloir d'avoir essayé, dit-il.

Il caressa son dos, en guettant un signe de trouble — les pupilles dilatées, le pouls battant sur son cou.

— Jason, nous ne pouvons pas coucher ensemble pendant quelques semaines, et ensuite retourner à une relation cordiale, cela n'a pas de sens. Nous avons un enfant à qui nous devons songer, nous ne pouvons pas nous permettre de prendre des risques.

Puisqu'elle ne l'avait pas repoussé, il approcha un peu, jusqu'à ce qu'elle soit calée entre ses genoux.

— Tu ne crois pas que notre enfant aimerait nous voir ensemble ?

— Serais-tu, comme par magie, soudainement prêt pour une relation sérieuse ? Parce que tu étais très loin de l'être, il y a quatre mois.

Son regard vacilla tandis qu'elle prononçait ces paroles.

— Bien sûr que je suis prêt, affirma-t-il. Pourquoi ne le serais-je pas ?

— Comme c'est touchant.

Elle se dégagea en riant et se dirigea vers l'escalier.

— Hé, je fais des efforts, se défendit-il en lui emboîtant le pas. C'est un territoire inconnu pour moi aussi.

Elle empoigna son sac à roulettes.

— Je vais me coucher. Seule. Profite bien de ton fauteuil.

Ce n'était pas un problème, car il doutait de pouvoir trouver le sommeil, de toute façon.

— Je le ferai, promis. Je suis un grand dormeur.

Puis il se leva et lui prit le sac des mains.

— Et je suis aussi le genre d'homme qui ne peut pas laisser une femme — qui plus est, enceinte — porter elle-même ses bagages.

Avant qu'elle puisse protester, il passa devant elle. Il avait Lauren chez lui, et il avait deux semaines pour la conquérir. Et une fois que ce serait fait, il comptait bien s'assurer qu'elle ne le raye pas de sa vie une nouvelle fois.

5

La chambre était si vide que Lauren fut envahie par un immense sentiment de solitude.

Elle s'appuya un instant contre la porte close pour essayer de rassembler ses esprits. Dans le couloir, les pas de Jason s'évanouissaient. Elle avait empilé trop de meubles et de plantes dans son appartement de Manhattan, elle en convenait. Mais cette maison était au-delà du dépouillement.

Un matelas posé sur un sommier.

Une lampe et un réveil sur une table de chevet en cuivre.

Et un placard plein de vêtements bien rangés.

Elle jeta son sac sur la couette aux tons marron et bleus. Comme pour la narguer, la boîte avec la bague de fiançailles roula sur le lit. Elle l'observa un instant avant de la poser sur la table de chevet impersonnelle.

Elle refusait d'éprouver de la compassion pour Jason. Dans le monde des affaires, c'était un requin, et les enjeux étaient trop grands pour qu'elle baisse sa garde. Mais quelque chose dans cet endroit la rendait triste, et lui donnait envie d'apporter des fleurs, de la couleur et du bruit dans le monde de Jason.

La maison entière paraissait abandonnée, ce qui était d'autant plus désolant que les pièces semblaient réclamer à grands cris des fêtes, des réunions de famille, de l'amour et de l'attention. Certes, Jason avait bien deux tabourets de bar dans la cuisine. Mais peut-être les avaient-ils trouvés sur place.

Refusant de s'appesantir plus longtemps sur le sort de Jason, elle s'agenouilla pour sortir de sa valise la nuisette de soie ivoire qui lui allait encore. Mais pour combien de temps ? se demanda-t-elle en passant une main sur la courbe grandissante de son ventre. Dans son état, elle n'avait plus rien d'une femme fatale.

Elle observa les murs nus, le bow-window, devant lequel elle verrait bien deux chaises confortables. C'était l'endroit rêvé pour admirer un lever de soleil à deux. Mais hormis les tabourets de bar, aucun signe n'indiquait que Jason avait amené une femme ici.

Elle était donc la première.

Pendant les six derniers mois que Jason avait passés à New York, elle n'avait fréquenté personne d'autre — mais lui, si. Il avait rompu quelques semaines avant son départ. Jamais elle n'aurait couché avec un homme déjà en couple, aussi forte son attirance fût-elle.

Elle retira ses vêtements froissés par le voyage et passa la nuisette. L'étoffe soyeuse taquina ses seins, et ses tétons se durcirent douloureusement. Il serait si facile de descendre l'escalier pour apaiser son désir…

Elle jeta un coup d'œil vers la porte, et envisagea un instant de suivre son instinct. Elle fit même un pas en avant. Mais de manière tout à fait ironique, son pied s'accrocha dans la bandoulière de sa sacoche d'ordinateur.

Son ordinateur. Son travail. Il fallait qu'elle garde en tête le motif principal de sa venue ici — sauver son entreprise, et sa fierté.

Dommage qu'un ordinateur portable et un sentiment de fierté soient des compagnons de lit si froids.

Lorsque Jason pénétra dans la chambre de Lauren, la première chose qu'il remarqua fut la bague de fiançailles posée sur la table de chevet. Elle n'avait donc toujours pas glissé le bijou à son doigt. D'accord, elle avait accepté de jouer les fiancées, et l'avait même accompagné en Californie, mais elle ne s'était pas engagée à cent pour cent dans son plan.

Il posa le plateau du petit déjeuner sur le coin du matelas, et prit le temps d'observer Lauren, endormie entre ses draps. Il s'attarda sur ses cheveux auburn, étalés sur l'oreiller, et sa nuisette de soie, remontée sur ses cuisses. Il se souvenait très bien de la douceur de ses jambes, de leur force quand elles avaient été enroulées autour de sa taille, le poussant avec insistance à aller plus loin en elle. Maintenant qu'elle était ici, avec lui, il se rendait compte qu'il lui serait très difficile de ne pas la toucher, mais le jeu en valait la chandelle.

Il s'assit au bord du lit et s'autorisa à écarter les cheveux qui barraient son joli visage. Il ne voulait pas la réveiller, mais il ne voulait pas non plus la laisser seule dans cet endroit inconnu sans s'assurer qu'elle allait bien.

— Réveille-toi, petite marmotte.

Quand elle roula sur le dos et s'étira, la nuisette se tendit sur son ventre arrondi. Quand il avait senti le bébé bouger quelques jours plus tôt, la sensation avait été… sidérante.

Persuader Lauren de rester était devenu d'autant plus important depuis.

Elle entrouvrit les yeux, puis sourit et posa la main sur son bras. Ce simple contact, si furtif, presque un effleurement, eut pourtant raison de ses résolutions et il posa les lèvres sur ses yeux. Sa peau était si douce qu'il embrassa aussi le bout de son nez, de son menton. Il aurait aimé descendre plus bas, bien plus bas, mais elle n'était pas vraiment réveillée, or il voulait qu'elle soit consciente et consentante la prochaine fois qu'ils feraient l'amour.

Elle s'agita lentement, avec sensualité, et une décharge de désir le parcourut, qui ne fit que se renforcer quand Lauren poussa un doux soupir. Il appuya le front contre le sien.

Mais, soudain, elle se figea, et ouvrit de grands yeux.

— Jason…

Elle le repoussa et recula au bord du lit.

Voilà, elle était bien réveillée à présent.

— Je t'avais dit de rester loin de mon lit.

Il se redressa, envahi par la frustration. Patience…

— Tu es dans *mon* lit, tu te souviens ?

— Un point purement technique.

D'une main, elle tira sur sa nuisette, et de l'autre remonta le drap sur elle.

— Je me souviens que tu étais plus matinale, observa-t-il en soulevant le plateau.

— Ça, c'était quand je n'avais pas de nausées.

Elle observa le petit déjeuner, composé d'un jus de fruits, de lait, de toasts et d'œufs brouillés.

— Merci, en tout cas. C'est gentil.

— Je suis navré que tu aies mal au cœur.

— Ça va mieux ces jours-ci. Au moins, je garde ce que je mange.

Elle prit un toast et le mordilla.

Il était content de la voir manger, car sa pâleur l'avait un peu inquiété lorsqu'il était venu la trouver chez elle à New York. Satisfait, il se leva et, pour la première fois depuis son arrivée à San Francisco, regretta de devoir aller travailler.

— Je serai là pour le déjeuner.

— Inutile, je peux me débrouiller seule, dit-elle avant d'avaler une gorgée de lait. J'ai du travail sur mon ordinateur, et j'ai des appels à passer.

— D'accord. Dans ce cas, je te retrouve pour le dîner. Demain, il faut que je te présente à mon patron. Et cette semaine, il donne une grande soirée.

— Ah, je vais rencontrer les gens qui n'apprécient pas le fait que ta petite amie soit enceinte. Comme il me tarde !

— En fait, c'est mon client qui a un problème, pas mes collègues.

Il sortit une cravate de son placard, et la noua autour de son cou.

— Ah, oui, le type vieux jeu.

Tout en enfilant sa veste, il se fit la remarque que l'intimité du moment qu'ils étaient en train de partager le troublait. On aurait dit un couple de jeunes mariés. Dire que Lauren n'était chez lui que depuis une nuit…

— C'est son argent, il le dépense comme il le souhaite. Si nous voulons garder cette campagne, alors nous devons suivre ses règles, surtout avec Golden Gate Promotions qui ne nous lâche pas. La femme d'affaires que tu es comprend cela, j'imagine.

— Tout à fait.

— Cela aiderait vraiment à convaincre les gens que nous sommes fiancés, si tu voulais bien porter ceci.

Ouvrant l'écrin, il le posa sur le plateau.

Quand on voulait remporter un contrat, tout était dans la présentation. S'il avait posé l'écrin sur sa paume, cela aurait ressemblé à une vraie demande en mariage. Il espérait qu'en le posant nonchalamment sur le plateau, il aurait l'air moins insistant.

Elle toucha la boîte du bout de l'index.

— Tu ne songes tout de même pas à épouser quelqu'un juste pour faire plaisir à un client ?

Lauren était intelligente et perspicace, deux qualités qu'il préférait chez elle. Il était inutile de lui mentir.

— Pour être franc, Lauren, je ne sais pas encore jusqu'où je vais aller. J'aborde les choses au jour le jour, en m'efforçant de prendre la meilleure décision possible pour assurer l'avenir du bébé, ce qui signifie stabiliser ton travail et le mien. Le fait de rendre ces fiançailles le plus officielles possible — notamment en montrant cette bague — sera un grand pas en ce sens. Cela pourrait également calmer ta mère, tu ne l'aurais plus sur le dos.

Elle lui donna un léger coup de poing dans le bras.

— Ça, c'est un coup bas.

— J'ai une mission à accomplir, se défendit-il, tapotant la petite boîte de velours.

Elle entoura ses genoux et regarda la bague comme si c'était une bombe, et non un diamant de trois carats sans défaut.

Il se retint de rire. D'autant que ce n'était pas si drôle.

— Qu'est-ce que je dirai si quelqu'un me demande pour quand est le mariage ? demanda-t-elle.

Il tourna la tête des deux côtés, pour évacuer la tension qui nouait déjà sa nuque, alors qu'il était à peine 7 heures.

— Dis-leur que c'est ta mère qui organise le mariage. Ou que nous cherchons une date qui s'accorde à nos emplois du temps. Ou encore, que nous songeons à nous envoler pour Las Vegas, et que nous les tiendrons au courant.

Elle prit la bague et la leva à la lumière du soleil.

— Tu es vraiment très doué pour mentir.

Mentir ? Il se targuait de toujours s'en tenir à la vérité, même s'il faisait de son mieux pour que d'autres croient à sa vérité.

— Je suis juste un publicitaire qui vante son produit.

Elle resta silencieuse, mais, il le devina à son regard, elle pensait qu'il se mentait à lui-même.

Lauren sortait de la douche quand elle entendit le téléphone sonner. Elle s'enroula prestement dans une serviette et courut vers la chambre. L'idée que cela puisse être Jason la mettait dans un état qui lui faisait presque honte. Elle n'était tout de même plus une adolescente énamourée.

Haletante, elle saisit le téléphone sur la table de chevet.

— Allô ?

— Lauren, commença sa mère d'une voix forte et aiguë, je viens d'avoir un appel de l'avocat qui gère les biens de ta tante Eliza.

Elle se laissa tomber sur le bord du lit, l'estomac noué. Elle regrettait amèrement maintenant de ne pas avoir vérifié le nom de son interlocuteur.

— Pourquoi t'a-t-il appelée au lieu de me contacter directement ?

Y avait-il un problème ? Non, juste que l'argent hérité de tante Eliza avait déjà été transféré — et volé par un comptable malhonnête. Mais cela, elle était incapable de le dire à sa mère. Physiquement incapable.

— Il dit qu'il n'arrive pas à te joindre. Où es-tu ?

— Je suis en voyage d'affaires, mais j'ai mon téléphone portable, comme tu le vois, et je vérifie mes e-mails. Je vais lui passer un coup de fil. Merci de m'avoir prévenue, dit-elle rapidement, espérant que la conversation s'arrêterait là.

— Ma chérie, il dit aussi que tu as des problèmes financiers.

Il lui fallait absolument répondre avec prudence. Ses parents avaient beaucoup d'argent, et n'hésitaient pas à le partager avec elle, ce qui était généreux. Sauf qu'ensuite, ils se donnaient le droit de s'immiscer dans sa vie. Et, à la vérité, elle n'avait pas envie d'être une rentière, profitant toute son existence de la fortune de papa-maman, sans jamais rien accomplir par elle-même.

— Les choses sont un peu tendues au bureau, mais je suis en train de régler la situation.

— Tendues ? La plupart des entreprises périclitent au cours de leur première année, tu sais.

La chaîne à lunettes de sa mère tinta en fond sonore.

— Oui, maman, je connais les statistiques.

Et elle priait pour que sa société ne s'ajoute pas à la liste de ces faillites.

— Merci de m'avoir transmis le message.

— Je vais demander à mon comptable de t'appeler, insista sa mère. Garde bien ton téléphone près de toi.

Lauren réprima un soupir.

— Merci, maman, mais je peux me débrouiller seule.

Et elle y arriverait, songea-t-elle en dépit du frisson glacé qui la parcourait.

— Tu n'as jamais été douée avec l'argent, ma chérie.

Elle se mordilla la lèvre. Un peu trop fort. Mais cela faisait toujours moins mal que la pique de sa mère.

— Te souviens-tu de la fois où tu as dépensé toutes tes économies pour cette montre ? continua Jacqueline.

— Maman (les mots sortirent tous seuls alors qu'elle savait bien qu'il était inutile d'argumenter) j'étais en primaire. Mes économies se résumaient à une tirelire en forme de cochon.

La voix de Jacqueline se brisa dans un sanglot.

— Bien sûr, bien sûr. Je me fais du souci pour toi, voilà tout.

Sa mère poussa quelques soupirs tremblants avant de reprendre :

— Inutile de m'agresser. Tu es exactement comme ton père, toujours à critiquer tout ce que je fais.

— Maman, je suis navrée…

— Oui, eh bien, au moins, j'ai un endroit où aller me détendre. Je t'ai parlé de ma nouvelle résidence de vacances ?

Elle ferma les yeux. Les changements d'humeur de sa mère ne dataient pas d'hier, pourtant, elle les trouvait toujours aussi épuisants. Elle se contenta d'écouter et d'acquiescer pendant que sa mère lui décrivait les détails du dernier endroit dont elle s'était entichée.

Un nouvel endroit où personne ne la connaissait, car c'était bien là le problème de sa mère, partout où elle passait, elle se mettait les gens à dos et devait donc ensuite changer de destination. Tandis qu'elle écoutait d'une oreille, Lauren fixa la petite boîte de velours.

Jason avait été d'un grand secours, quand il s'était chargé de sa mère. Il l'avait également aidée à régler ses ennuis financiers. Il essayait vraiment de comprendre ce dont elle avait besoin, cela ne faisait aucun doute, jusqu'aux petits détails comme les fleurs dans sa chambre, et les toasts au petit déjeuner.

Certes, il ne voulait se fiancer avec elle que pour rassurer son client, mais qu'avait-elle à perdre en portant cette bague ? Rien qu'en glissant cet anneau à son doigt, elle pourrait lui permettre de garder son travail, ce qui assurerait un meilleur avenir à leur bébé. Ce serait un moyen de lui renvoyer l'ascenseur, puisqu'il faisait déjà tout ce qu'il pouvait pour l'aider à remettre sa société à flot.

Elle prit la boîte en main. La bague étincelait sur son lit de velours, comme pour lui faire un signe.

Ce n'était qu'une formalité, quand on y songeait. Elle était ici, dans la maison de Jason, enceinte de son enfant. Quelle importance qu'elle porte ce solitaire ?

Le téléphone calé sous le menton, elle glissa la bague à son annulaire et ferma le poing. Elle savait que c'était la meilleure chose à faire, pourtant, le fait de la voir à son doigt la rendit si nerveuse qu'elle en eut la nausée.

Jason voulait que tout le monde sache à son travail qu'ils étaient fiancés. Il lui avait laissé le temps de reprendre ses marques, alors même que le délai pouvait lui coûter. Alors, pourquoi attendre ? Elle pourrait rencontrer ses collègues et même surprendre Jason en allant le retrouver pour un déjeuner impromptu, qui marquerait le premier pas vers une relation plus cordiale, pour le bien du bébé.

Sa décision prise, elle se leva.

— Maman, j'ai été ravie de parler avec toi, mais j'ai un déjeuner que je ne peux pas rater.

Par la vitre du taxi, Lauren observa les hauts immeubles blancs d'Union Square, un quartier commercial chic. Quelque part dans cette jungle de béton et de palmiers se trouvaient les bureaux de Maddox Communications. Elle s'était renseignée sur MC avant de quitter la maison. Elle était une femme d'affaires à part entière, et elle savait s'armer du mieux possible avant d'affronter de nouveaux adversaires.

Le patriarche de la famille, James, avait fondé Maddox Communications un demi-siècle plus tôt. Il avait épousé Carol Flynn, qui lui avait donné deux fils, Brock et Flynn. Quand James était décédé huit ans plus tôt, Brock avait repris les rênes de la société, tandis que son frère prenait la place de vice-président.

Elle se pencha pour lire les panneaux indicateurs, en cherchant Powell Street. Enfin, le taxi s'arrêta devant le Maddox, un immeuble de sept étages, de style Beaux-Arts, construit au début du siècle dernier. L'article qu'elle avait trouvé sur Internet indiquait que le bâtiment était voué à la démolition quand James Maddox l'avait racheté. Il l'avait restauré avec amour dans les années 1970 et, à présent, le bâtiment valait, disait-on, dix fois son prix d'achat.

Elle donna un généreux pourboire au chauffeur avant de se diriger vers les grandes portes qui s'ouvrirent aussitôt devant elle. Approchant de l'ascenseur, elle consulta le plan des lieux. Le premier étage abritait un restaurant branché, l'Iron Grille, et plusieurs boutiques. Les deuxième, troisième et quatrième étages étaient loués à d'autres sociétés.

Quant aux cinquième et sixième étages, ils abritaient les bureaux de l'agence. Les clients et visiteurs de Maddox Communications étaient invités à se rendre au sixième niveau.

Les portes de la cabine s'ouvrirent directement sur un luxueux hall de réception, au parquet de chêne noir et aux murs blancs ornés d'œuvres d'art, dont elle admira le goût et la sobriété. Sur les deux écrans géants placés de chaque côté du hall, des publicités conçues par Maddox Communications défilaient.

C'était de toute évidence une entreprise prestigieuse et prospère. Jason avait vraiment décroché un poste de rêve. Tandis qu'elle se faisait cette réflexion, un sentiment de fierté la saisit. Elle savait à quel point ce pouvait être difficile de sortir de l'ombre de parents influents pour tracer sa propre voie.

— Bienvenue chez Maddox Communications, dit la réceptionniste avec un sourire. Puis-je vous renseigner ?

Sur une plaque dorée, Lauren lut le prénom de la jeune femme aux cheveux bruns et courts.

— Bonjour, Shelby, dit-elle en souriant. Je suis Lauren Presley, et je suis venue voir Jason Reagert.

— Oui, si vous voulez bien patienter, dit-elle en désignant de grands canapés de cuir couleur crème.

Une fois assise, Lauren passa nerveusement le pouce sur sa bague de fiançailles. Shelby l'observa avec une curiosité évidente. Soudain, Lauren n'était plus si sûre que cette visite-surprise soit une bonne idée, finalement.

Quel genre de jeu avait-elle cru jouer ? Elle avait voulu montrer à Jason qu'elle était une personne responsable, sur qui il pouvait compter, et elle n'avait réussi qu'à avoir l'air instable et impulsive.

Peut-être devrait-elle partir ? Elle mit son sac devant son ventre, s'apprêtant à se lever.

Une ombre apparut dans le couloir.

Ce n'était pas Jason, mais un homme imposant, aux cheveux noirs et à la mine austère. Il s'arrêta et échangea quelques mots avec Shelby à voix basse. Elle en profita pour s'éclipser discrètement, mais ne fut pas assez rapide. L'inconnu se dirigeait déjà vers elle.

— Bonjour, je suis Brock Maddox, dit-il en lui tendant la main.

C'était donc le grand patron.

— Je crois que vous êtes venue voir notre prodige.

Elle lui rendit sa poignée de main, légèrement gênée, mais surtout très contrariée d'avoir raté l'occasion de s'échapper.

— Lauren Presley, dit-elle en lui serrant la main, une amie de Jason. Je suis designer graphique, nous avons collaboré sur plusieurs projets à New York.

Il jeta un bref coup d'œil à son ventre. De toute évidence, elle ne pourrait cacher son état bien longtemps.

— Etes-vous à San Francisco pour le travail ou pour le plaisir ?

— Les deux, dit-elle d'un ton anodin. Shelby était justement sur le point de prévenir Jason de mon arrivée.

— Suivez-moi, vous lui ferez la surprise.

Il se dirigea dans le couloir, en l'entretenant de choses anodines qu'elle entendit à peine.

A présent, elle était forcée d'aller jusqu'au bout de son idée stupide. Elle tenta de se calmer tandis qu'il s'arrêtait devant une porte, sur laquelle une plaque de cuivre au nom de Jason était apposée.

Prenant une grande inspiration, elle ouvrit la porte. Et s'arrêta net.

Jason, dos tourné, était en compagnie d'une femme.

Une magnifique rousse souriante, qui avait la main posée de façon intime sur son bras.

Son anxiété se transforma en colère noire, à laquelle se mêla un sentiment inattendu de possessivité.

Il ne voyait pas une autre femme, tout de même ? Pour un homme qui craignait de causer un scandale, il jouait avec le feu ! A bien des égards.

Elle redressa les épaules, le cœur envahi par un froid glacial. Tandis qu'elle observait le couple installé dans le bureau luxueux orné de nombreuses marines, elle se demanda comment elle avait pu nourrir le moindre espoir, juste parce que Jason lui avait apporté un petit déjeuner au lit.

Dieu, ce qu'elle pouvait être naïve ! Elle en avait assez de laisser les gens la piétiner sans broncher — sa mère, son comptable, et maintenant Jason.

Elle fit tourner la bague sur son doigt. Au moins, s'agissant du père de son bébé, elle venait d'avoir un déclic salutaire et pouvait encore rectifier le tir.

Mais alors même qu'elle songeait à s'enfuir, drapée dans sa dignité, elle eut une autre idée. C'était lui qui l'avait emmenée ici, non ? Donc, puisqu'il voulait une fiancée, eh bien, il allait en avoir une.

— Bonjour, chéri, dit-elle, posant la main sur son ventre. Je meurs de faim. Es-tu prêt pour aller déjeuner ?

6

Il ne manquait plus que ça !

En reconnaissant la voix de Lauren, Jason se leva précipitamment et s'éloigna de Celia — il l'aurait fait de toute façon, juste avant que Lauren n'arrive dans son bureau. Que faisait-elle ici, d'ailleurs ? Et pour ne rien arranger, Brock était juste derrière elle, l'air plus renfrogné que jamais.

Ils étaient arrivés au pire moment. Celia était passée lui demander s'il voulait prendre un verre après le travail, et il était en train de peaufiner un petit discours pour clarifier les choses quand la porte s'était ouverte.

Il fallait qu'il limite les dégâts, et vite.

Lauren entra dans le bureau, ses yeux verts lançant des éclairs. Sa robe fluide turquoise tourbillonnait autour de ses chevilles, et flattait ses courbes. Elle était d'une sensualité et d'une assurance incroyables.

Quand elle tendit sa main gauche à Celia, à sa grande surprise, il vit la bague de fiançailles briller à son annulaire.

— Lauren Presley, la fiancée de Jason, je viens d'arriver de New York. Nous nous marions ce soir.

— Vous vous *mariez* ? s'écria Celia d'une voix aiguë.

— *Ce soir ?* renchérit Jason.

Il avait besoin de reprendre son souffle, car Lauren enchaînait les déclarations fracassantes à un rythme éreintant.

Brock haussa un sourcil et se pencha, visiblement désireux de ne pas perdre une miette de la scène.

— Je sais que lorsqu'on se marie à Las Vegas, c'est censé être un secret.

Elle se dirigea vers Jason et lui prit le bras, comme si elle était follement amoureuse de lui.

— Désolée d'avoir vendu la mèche, chéri, mais je suis tellement heureuse ! Nous prenons un avion ce soir. Un peu bateau, je sais, mais… (elle caressa son ventre) il est évident que nous n'avons pas tout le temps devant nous pour organiser une grande cérémonie, à moins que je ne porte une tente en guise de robe le jour du mariage.

Brock fourra les mains dans ses poches, le visage impassible.

— Nous ne nous doutions de rien ici. Félicitations, dit ce dernier d'un ton un peu sec.

— Merci, dit Jason en ajustant nerveusement sa cravate.

— Le secret, c'est ma faute, monsieur Maddox, dit-elle avec un sourire contrit. J'ai tendance à être très discrète sur ma vie sociale. Je m'efforce de m'ouvrir davantage.

Elle sourit à Jason, et enfonça les ongles dans son bras, seule indication que son enthousiasme n'était pas authentique.

— Les as-tu prévenus que tu serais en retard demain matin ? susurra-t-elle.

Il lui tapota la main pour qu'elle desserre un peu ses ongles.

— Euh, pas encore.

— Eh bien, apparemment, vous avez des choses à régler, intervint Brock. Nous sommes tous impatients de fêter cela à votre retour. Félicitations, une fois encore.

Il tint la porte à Celia, qui le suivit, les yeux ronds.

Une fois la porte refermée, Jason se tourna vers Lauren, et l'observa avec prudence. Il devait bien avouer que la petite scène de Lauren, quand bien même elle aurait été motivée par de l'agacement, avait porté ses fruits. Il aurait même dû lui en être reconnaissant. Mais elle semblait vraiment furieuse. Il remarqua même qu'elle avait la main drôlement proche de la boussole ancienne en étain dont il se servait comme presse-papiers. Etait-elle du genre à jeter des objets à la tête des gens ? Elle était d'habitude si calme qu'il ne s'attendait pas à ce type de comportement de sa part. Mais il ne s'était pas attendu non plus à ce qu'elle annonce publiquement qu'ils allaient à Las Vegas dans quelques heures pour sa passer la bague au doigt.

Il effaça la distance entre eux, en guettant sur son visage le moindre signe qui trahisse son humeur.

— Tu étais sérieuse en parlant de ce mariage express ?

— On ne peut plus sérieuse.

Elle reposa le presse-papiers avec force.

— C'est génial, vraiment génial, dit-il.

Il ignorait ce qui avait pu causer ce changement d'avis. En fait, il ignorait même ce qui l'avait poussée à venir au bureau, mais il n'avait pas l'intention de se disputer avec elle. Avec douceur, il repoussa ses cheveux sur son épaule, de façon intime.

— Tu n'as aucune raison d'être jalouse de Celia.

— Qui a dit que j'étais jalouse ? rétorqua-t-elle d'un ton brusque.

— Tu es perturbée, à l'évidence.

Il lui massa doucement la nuque, espérant l'apaiser, mais elle écarta sa main d'un geste vif.

— Je n'aime pas qu'on se moque de moi.

— Il n'y a rien entre Celia et moi.

Et c'était la vérité.

— Est-ce qu'elle le sait ?

— J'étais en train de m'en assurer quand tu es arrivée.

Son regard se fit encore plus soupçonneux.

— Donc, il y a bien quelque chose entre vous.

— Hé, minute ! protesta-t-il, en se mettant à faire les cent pas. Tu me fais marcher sur la tête. Quand je me démène pour te charmer, tu me jettes ma bague à la figure. Mais quand tu crois que je flirte avec une autre femme — à tort —, tu es prête à te marier avec moi ?

— Dès que tu auras fait tes bagages et réservé les billets d'avion.

Elle vint se poster devant lui, l'arrêtant dans sa course. Elle avait la mâchoire serrée, ce qui faisait ressortir ses lèvres pleines et attirantes, et ses yeux brillaient.

Elle était si sexy quand elle était en colère…

Mais elle le plongeait dans la confusion.

— Si tu es si furieuse contre moi, pourquoi as-tu annoncé au monde que nous allions nous marier à Las Vegas ?

Elle se rapprocha encore plus près de lui, si près même qu'elle n'était plus qu'à un souffle de ses lèvres.

— Avant, je craignais que nos sentiments ne s'emmêlent. Mais crois-moi, tu as calmé toutes mes craintes d'avoir le cœur brisé et de vivre un mariage chaotique et désastreux comme celui de mes parents. Désormais, je sais, sans l'ombre d'un doute, qu'il n'y a pas la moindre chance pour que je tombe amoureuse de toi. Donc, nous allons à Las Vegas.

Lauren avait tenu bon durant toutes les présentations aux employés de Maddox Communications. Et pendant le trajet jusqu'à la voiture de Jason. Au moins, il ne lui avait posé aucune autre question.

Elle avait même réussi à ne pas pleurer durant le vol, et pendant la parodie de cérémonie, ce qui avait été difficile car Jason avait réussi à trouver une chapelle qui proposait un jardin comme décor. A présent, le rituel touchait à sa fin.

— Je vous déclare désormais mari et femme. Vous pouvez embrasser la mariée.

L'employé de la chapelle ferma son livre de vœux, et passa la main sur la couverture fleurie. Sa chemise hawaïenne était un petit peu excessive, mais il y avait des plantes et des fleurs partout, exactement comme elle l'aurait voulu, ce qui la rendait d'autant plus émotive.

Jason déposa un baiser sur ses lèvres — rien de trop théâtral ni de trop prudent. C'était un baiser parfait. Le contact de ses lèvres, même s'il était léger, provoqua une onde de chaleur en elle.

Et une montée de larmes.

Jason enlaça sa taille, et caressa légèrement le creux de son dos. Ce fut suffisant pour qu'elle se cambre contre lui. Quand elle était si proche de lui, son corps finissait toujours par la trahir.

Elle se dégagea, et baissa rapidement les yeux.

— Excuse-moi.

Il fallait qu'elle s'échappe, avant de se mettre dans l'embarras en s'effondrant en larmes devant Jason. La journée entière avait été comme un grand tour sur des montagnes russes. Et en quelque sorte, elle avait suivi le mouvement, sans jamais se demander si elle pourrait éventuellement descendre ou ralentir la cadence infernale.

Qu'avait-elle fait ?

Elle se réfugia dans une espèce de salle de repos, décorée de palmiers en pots et de fougères suspendues. Là, elle s'enfonça dans un canapé de rotin et prit les mouchoirs mis à disposition sur une table basse. Et enfin, elle s'autorisa à laisser couler ses larmes. Des larmes qu'elle avait contenues depuis qu'elle avait découvert qu'elle aurait un bébé toute seule. Des larmes d'inquiétude, pour son bébé, pour sa société, pour sa mère, aussi.

Et des larmes pour Jason ?

C'était le jour de son mariage, et même si elle aurait aimé en savourer les côtés agréables sans inquiétude, elle ne pouvait se permettre de laisser libre cours à ses désirs si facilement.

Elle ferait ce qu'il fallait pour sauver sa société. Et, oui, elle aiderait Jason à avancer dans sa carrière, parce que c'était dans l'intérêt de leur enfant. Mais une fois que ce mariage de pacotille serait terminé, elle en aurait fini avec Jason Reagert.

Mais d'abord, elle devait aller au bout de sa nuit de noces.

Jason avait un monceau de travail qui attendait dans son ordinateur, posé à côté de son siège. En temps normal, il profitait des trajets en avion pour rattraper son retard.

Mais ce soir, il n'avait pas le moindre intérêt pour le contenu de son disque dur.

Il s'enfonça dans le large fauteuil de cuir, et observa sa nouvelle épouse, allongée sur son siège, en train de parler dans le téléphone de l'avion. Elle venait d'annoncer à son père leur mariage-surprise, et lui avait fait jurer de ne pas dire à Jacqueline qu'il avait été prévenu en premier.

Et même si ce n'était pas une nuit de noces traditionnelle, loin s'en fallait, il rêvait de partager une suite nuptiale avec Lauren.

Le monomoteur était spacieux, et pourvu d'une petite cuisine, mais n'offrait pas d'autre couchage que leurs sièges inclinables.

Son épouse — un éclair de surprise le parcourut à ce mot

— composa un nouveau numéro, puis lissa les plis de sa robe turquoise.

— Bonjour, maman, dit-elle, de petites rides de fatigue apparaissant au coin de ses yeux. Pardon de te déranger si tard, mais j'ai des nouvelles vraiment importantes à t'annoncer.

Le regard qu'elle lui lança lui fit l'effet d'une caresse brûlante.

— Tu te souviens de Jason Reagert… oui… tu l'as rencontré chez moi la semaine dernière. Eh bien, il est plus qu'un ami. Nous venons de nous marier à Las Vegas…

Jason toucha le sobre anneau d'or à son doigt. La chapelle lui en avait fourni un au dernier moment, et il avait cru que la bague serait juste un accessoire destiné à sceller leur accord. Mais il se rendait compte que c'était plus que ça.

— Oui, maman, disait Lauren en hochant la tête, je sais que tu aurais aimé être prévenue et assister à la cérémonie. Mais nous n'avions pas beaucoup de temps. Prépare-toi, j'ai une autre grande nouvelle. Nous attendons un bébé…

Un cri s'échappa de l'écouteur, suivi par un long monologue incompréhensible. Lauren lui adressa un clin d'œil avant de reprendre la parole.

— Je dois accoucher dans un peu moins de cinq mois à présent… Non, je ne connais pas encore le sexe du bébé… Euh, une lune de miel ? C'est que nous avons beaucoup de travail…

Elle fut interrompue pour la dixième fois au moins.

— Maman, c'est vraiment…

Elle soupira, et plissa les yeux, pendant qu'à l'autre bout du fil, Jacqueline parlait de plus en plus fort.

C'en était trop. Il fallait qu'il fasse quelque chose.

D'un geste déterminé, il lui prit le téléphone des mains. Lauren eut un cri de surprise, mais il ne se laissa pas perturber.

— Jacqueline ? C'est votre nouveau gendre, Jason, et je suis sur le point de faire valoir mes droits conjugaux. Nous allons éteindre ce téléphone jusqu'à demain midi au moins.

— Mais attendez…, protesta-t-elle.

— Bonne nuit, Jacqueline.

Et il éteignit le téléphone.

— Eh bien ! fit Lauren. Je ne sais comment te remercier.

Elle semblait vraiment soulagée. Si seulement il pouvait continuer à lui éviter ce genre de désagréments.

— Est-ce que tu vas bien ? demanda-t-il.

Elle afficha un sourire tremblant.

— Au moins, maintenant, c'est fait.

— Mais est-ce que tu vas bien ? insista-t-il.

— Bien sûr.

Elle faisait tant d'efforts pour reprendre contenance qu'il voulut la prendre dans ses bras pour la réconforter.

La protéger.

Pourtant, quelque chose en elle lui disait de garder ses distances. C'était comme si elle avait construit des barrières invisibles entre eux deux. Elle semblait distante.

A l'évidence, le fait d'appeler ses parents l'avait bouleversée. Ce n'étaient pas de simples tensions familiales comme il en avait connu.

— Que se passe-t-il vraiment avec ta mère ?

— Je ne vois pas ce que tu veux dire, esquiva-t-elle, jouant avec la bretelle de son sac.

— Manifestement, ce coup de fil t'effrayait.

Il lui caressa le menton, et tourna son visage vers le sien.

— Je me rends compte que ta mère est, comment dire, excessive, mais je pense que tu ne me dis pas tout.

— Tu as raison, autant que tu sois au courant. Tu le découvriras de toute façon, avec le temps, puisqu'elle est la grand-mère de ton enfant.

Elle agrippa les bras de son siège et les serra si fort que ses articulations blanchirent.

— Ma mère a été déclarée bipolaire quand elle avait vingt-deux ans.

Mon Dieu ! Il ne s'était pas du tout attendu à cela.

— Je suis vraiment navré. Nous nous connaissons depuis un moment, pourtant tu ne m'en as jamais parlé.

A la décharge de Lauren, il avait été tout aussi discret sur son propre passé, ce qui expliquait sans doute pourquoi il ne l'avait pas interrogée trop avant sur le sien.

Elle lui lança un regard désabusé.

— Ce n'est pas le genre de choses dont on parle au travail

ou autour d'un verre. « Tiens, au fait, ma mère est maniaco-dépressive. »

Et s'il avait pris le temps de lui parler davantage, l'année dernière, de l'écouter vraiment, au lieu de discuter travail et d'échanger des badineries désinvoltes ? Auraient-ils pu devenir suffisamment proches pour qu'elle se confie ? Pas si sûr. Après tout, il avait fallu un mariage forcé pour qu'elle finisse par s'ouvrir un peu.

— Tu dis qu'on l'a diagnostiquée à vingt-deux ans ?

— Elle a suivi différents traitements, par périodes.

Il devina que cette question était douloureuse. Jacqueline devait sans doute refuser de se soigner.

— Quand j'étais enfant, il y a eu de bons moments. Mais ces dernières années, elle a décidé qu'elle ne voulait plus aucun traitement — ni médicaments ni séances de thérapie.

Elle lissait sa robe sans cesse, comme si cela l'aidait à remettre de l'ordre dans ses pensées.

— Ne te méprends pas, je ne suis pas en train de geindre. C'était difficile de grandir avec ses changements d'humeur, bien sûr, mais j'imagine que je suis aussi une personne plus forte grâce à elle.

Il admirait la façon qu'elle avait de voir les choses de manière positive, mais il soupçonnait aussi que c'était pour cela que personne ne remarquait quand elle avait besoin d'aide.

— Malgré tout, cela a dû être très difficile quand tu étais petite, de ne jamais savoir à quoi t'attendre.

Elle tira sur un fil qui dépassait de l'ourlet de sa robe, et se mordilla la lèvre.

— Autrefois, je craignais de devenir comme elle. Puisqu'elle semble toujours nier son problème, peut-être que je refuse la vérité, moi aussi ? J'ai même vu des psychiatres pour passer des tests.

— Et qu'ont-ils dit ?

Elle marqua un temps d'hésitation. Puis elle sourit avant de reprendre :

— Tu ne sembles pas prêt à fuir par la porte.

— Etant donné que nous sommes dans un avion, ce serait drôlement téméraire.

Dieu merci, elle rit. Un rire doux comme une caresse. Et de nouveau, il fut frappé par l'attraction qu'elle exerçait sur lui. Tout en elle semblait l'exciter.

Mais il ne se laisserait pas distraire pour l'instant. A en juger par son air vulnérable, elle avait besoin qu'il la rassure, maintenant, et il était bien décidé à ne pas lui faire faux bond.

— Lauren… (il mesura ses mots avec autant de prudence que s'il essayait d'obtenir un contrat d'un million de dollars), j'ai travaillé avec toi durant un an, et je n'ai rien vu qui me pousse à penser que tu as des problèmes similaires. Je ne suis pas médecin, mais je te connais suffisamment pour être certain que s'il y avait un problème, tu ferais tout ce qui est en ton pouvoir pour le régler.

Elle déglutit, puis cligna des yeux pour refouler ses larmes.

— Merci, Jason, j'apprécie. J'en suis persuadée moi aussi. Mais quand les gens apprennent sa maladie, j'ai l'impression qu'ils me regardent différemment, comme s'ils ne me prenaient plus au sérieux juste parce que…

— Hé, dit-il en posant la main sur son bras, je te prends au sérieux, moi.

Et c'était le cas, sur le plan personnel comme professionnel. Il faisait confiance à son propre jugement et, durant un an, il avait vu à quel point Lauren était quelqu'un de stable et de posé. Au point qu'il se demandait même comment briser son calme stoïcisme.

— Merci, répéta-t-elle.

Elle serra sa main. Sa bague de fiançailles et son alliance brillaient sous la lumière douce de la cabine.

— Jusqu'ici, les médecins m'ont tous dit qu'ils ne voyaient aucun signe de bipolarité en moi. La maladie apparaît en général à l'adolescence ou à la vingtaine. Je sais qu'il n'y a aucune garantie, mais tu ne m'entendras pas me plaindre d'avoir trente ans.

— Cela a dû être un soulagement de le savoir.

— Plus que tu ne l'imagines.

Elle posa la main sur son ventre.

— Mais je m'inquiète de nouveau. Si j'avais transmis le gène à notre enfant ?

Comment répondre à cette interrogation ? Il avait à peine assimilé le fait qu'il allait être père. Il avait surtout songé à assurer l'avenir du bébé, à convaincre Lauren de venir en Californie, à leur éviter des déboires professionnels à tous les deux.

Il y avait tant d'aspects de la vie de son enfant dont il pourrait s'inquiéter. Et il y avait des choses qu'il ne pouvait absolument pas contrôler. Son énergie serait mieux dépensée s'il la consacrait à ce qu'il *pouvait* contrôler.

— Tu es au courant. Je le suis aussi. Nous serons vigilants, et nous fournirons à notre enfant toute l'aide dont il ou elle aura besoin, si le cas se présente.

Il serra sa main, et se réjouit de sentir son pouls s'affoler sous son pouce. Ou étaient-ce ses propres battements de cœur qui s'accéléraient, au contact de sa peau soyeuse ?

— Tu sais, ma famille compte beaucoup de diabétiques, et j'ai une sœur dyslexique, dit-il. Peu de familles ont une histoire médicale parfaite.

Une larme roula sur la joue de Lauren.

— Tu peux être à la fois si merveilleusement logique et gentil à la fois.

— Gentil ? C'est une grande première.

— Je suis sérieuse, dit-elle. Tu as su exactement quoi dire, et je devine que tu pensais chaque mot.

— Ce matin, tu m'as dit que j'étais le publicitaire typique, doué pour vendre, même si pour cela je dois recourir au mensonge.

Il ne savait pas au juste pourquoi il la mettait en garde, juste au moment où elle voyait enfin des qualités en lui. Depuis quand se sabotait-il ?

Et, à cet instant, il comprit. Lauren comptait trop pour lui, voilà pourquoi il se devait d'être totalement honnête envers elle. Etait-il possible qu'il veuille plus d'elle qu'une nuit de noces ?

Il se força à se concentrer sur ce qu'elle venait de dire. Difficile, quand il avait l'impression que le sol roulait sous ses pieds, alors que l'avion était parfaitement stable.

Elle lui caressa doucement le visage.

— Peut-être que je commence à faire davantage confiance à mon instinct, et mon instinct me dit que tu es un homme bien.

Et, sans crier gare, elle posa les lèvres contre les siennes.

Quand elle plongea les mains dans ses cheveux, il inclina la tête pour approfondir leur baiser. Le doux abandon de ses lèvres contre les siennes attisa un feu à peine contenu en lui. Il désirait Lauren — au point d'en rêver la nuit — depuis leur aventure. Il avait eu beau tenter de se convaincre qu'il était simplement accaparé par son nouveau travail, personne n'avait attiré son regard ou son attention comme Lauren.

Personne.

Elle se blottit contre lui, ne faisant qu'attiser son désir. Il brûlait de la caresser de nouveau. D'être peau contre peau, d'explorer chaque creux et chaque vallée de son corps, de la regarder vibrer de passion sous ses caresses.

Il en avait les mains tremblantes, rien que d'y penser.

Il la sentit sourire contre sa bouche, puis elle recula. Ce baiser n'était pas une invitation à consommer leur mariage, mais c'était un pas dans la bonne direction.

— Bonne nuit, Jason, murmura-t-elle, avant de se caler sur son siège.

Elle battit des cils et, presque aussitôt, s'endormit.

Lui, en revanche, était bien réveillé. Il essaya de trouver une position confortable, mais la brûlure du désir ne le quittait pas, le mettant au supplice.

A présent, il prenait conscience d'une chose. Il s'était tellement concentré sur le fait de glisser la bague au doigt de Lauren qu'il n'avait pas songé un instant que le plus dur restait à faire.

Faire en sorte que l'alliance reste à son doigt.

7

Assise sur le rebord de son lit, Lauren s'apprêtait à passer sa nuit de noces. Seule.

Ou, du moins, ce qu'il en restait. Quand leur avion avait atterri, le soleil pointait en effet déjà à l'horizon, peignant une douce lumière aux nuances jaunes et orangées dans le ciel. Elle aurait aimé admirer le lever de soleil avec Jason, mais il était déjà en train de se préparer à partir au bureau — une réunion qu'il ne pouvait manquer, avait-il dit. Il avait promis de rentrer tôt, mais, pour ne pas avoir l'air trop en demande, elle lui avait assuré que de toute façon, elle aussi avait beaucoup de travail.

Etrange mariage. Etrange lune de miel. Néanmoins, aucun d'eux ne pouvait se permettre de prendre des jours de congé. Ils luttaient tous les deux pour consolider leur carrière. C'était idiot de vouloir davantage.

Pourtant, elle ne pouvait s'empêcher de se demander comment elle allait pouvoir reprendre sa vie d'avant, après ce qu'ils venaient de vivre.

Trop agitée pour retourner dormir, elle enleva ses chaussures et s'aventura dans le couloir à l'étage. Elle n'osa pas s'approcher de la pièce dans laquelle Jason se douchait, car elle n'était pas sûre de pouvoir résister à la tentation de le rejoindre, dans cette salle de bains magnifiquement rénovée. Jusqu'ici, tout ce qu'elle avait vu dans la maison était luxueux, depuis la cuisine jusqu'aux trois salles de bains, en passant par la suite principale, dotée d'un salon. Elle n'avait pas encore vu les autres pièces, mais elle les imaginait tout aussi élégantes.

Elle entra dans la pièce juste à côté de la suite. *Vide.* Juste un parquet, des moulures au plafond, et quelques cartons. Avec sa vue imprenable, elle ferait une chambre d'amis idéale.

La pièce suivante avait un plafond voûté. Lauren s'imagina aussitôt y peindre des anges comme ceux de la chapelle Sixtine. Un décor idéal pour une chambre d'enfant... Soudain troublée par la tournure que prenaient ses pensées, elle ferma la porte précipitamment derrière elle.

Il ne restait plus qu'une pièce. Celle-ci était meublée. Rien de remarquable. Juste un bureau en merisier avec un ordinateur, une imprimante, et un téléphone-fax. Et un fauteuil de cuir.

Sur l'écran de l'ordinateur, une scène nautique défilait. Jason avait dit vouloir profiter des loisirs qu'offrait San Francisco, mais les seuls objets personnels qu'elle voyait dans sa maison étaient des costumes et des outils de travail. Même si elle comprenait la satisfaction que le travail apportait, une part d'elle-même avait très envie d'apporter dans la maison de Jason — dans son monde — un peu de vie. Avec des meubles chaleureux. Des plantes.

Des rayons de soleil s'infiltrèrent à travers les rideaux, lui rappelant que le jour se levait et qu'elle n'avait pas fermé l'œil de la nuit. Elle avait besoin de sommeil, pour le bébé, si ce n'était pour elle-même.

Elle allait tourner les talons quand un cadre au mur attira son attention. Elle revint dans la pièce, et s'approcha. Quand elle découvrit ce qu'il représentait, elle sentit une étrange émotion lui nouer le ventre...

C'était bien le dessin à l'encre du voilier qu'elle avait créé pour une eau de toilette.

D'une main tremblante, elle suivit les contours de son œuvre, et songea à Jason. Quatre mois plus tôt, il avait quitté son bureau sans aucune protestation, et ne l'avait jamais rappelée. Certes, c'était elle qui lui avait demandé de partir, elle qui l'avait repoussé.

Mais se pouvait-il qu'il ait pensé à elle, tout aussi souvent qu'elle avait rêvé de lui ?

*
* *

Dans la salle de conférences de MC, Jason ruminait. Il n'avait toujours pas trouvé le moyen de garder Lauren à San Francisco. Cela le rendait si nerveux qu'il faisait tourner son stylo sur la grande table ovale, et pivotait imperceptiblement dans son fauteuil de cuir rouge.

Gavin Spencer, un autre publicitaire de MC, fixa son stylo en mouvement et haussa un sourcil.

Jason sursauta. Il se sentait comme un gamin pris la main dans le sac, tout cela parce qu'il avait envie de rentrer chez lui avec sa nouvelle épouse.

Mais, au lieu de cela, il était obligé d'assister à cette réunion. Située au centre du sixième étage, la salle de conférences était un immense espace. Les quatre murs de verre transparent pouvaient s'opacifier grâce à une commande électrique. La présentation du jour était projetée sur un des murs, qui faisait office d'écran géant.

Brock cliqua sur l'image finale de son diaporama avant de se tourner vers l'assemblée.

— C'est tout pour l'instant.

Il se tourna vers son assistante, Ella Linton.

— Ella, vous enverrez les détails de ma présentation à tout le monde ?

La jeune femme eut un hochement de tête efficace.

— Ce sera fait, monsieur Maddox.

Brock alluma les lumières et se tourna vers Jason.

— Jason ?

Pourvu que son P-DG ne lui demande pas sur quoi portait la dernière image…

— Oui ?

— Permets-moi d'être le premier à te féliciter officiellement pour ton mariage. Tout le monde se joint à moi pour vous souhaiter, à Lauren et à toi, une longue vie de bonheur.

Brock applaudit, et toute l'assemblée l'imita.

Lorsque les acclamations et les applaudissements s'évanouirent, Flynn se leva.

— Nous sommes tous impatients de mieux connaître ton épouse, au prochain dîner de l'agence.

— Nous y serons.

La soirée serait plus formelle que leurs réunions au Rosa Lounge. Les épouses étaient censées y assister. Le travail de publicitaire exigeait beaucoup d'investissement et de temps, même si cela interférait avec la vie privée. A ce qu'il avait entendu dire, le mariage de Flynn n'avait pas résisté à toute cette pression.

Comment les gens parvenaient-ils à trouver l'équilibre entre travail et vie de couple ? En ces temps concurrentiels, beaucoup de gens étaient prêts à lui voler sa part. Le fait de garder sa place était devenu encore plus important, maintenant qu'il avait une femme et un bébé qui dépendaient de lui.

Gavin lui donna une tape sur l'épaule.

— Qu'est-ce que tu fais encore ici, alors que ta jolie épouse est toute seule ?

— N'espionne pas mes contrats pendant mon absence, dit-il, et il ne plaisantait qu'à moitié.

— Ça ne me viendrait même pas à l'idée, dit Gavin, mais son esprit de compétition affleurait sous ses paroles.

Toutefois, si l'ambition de son collègue permettait à MC de rester au sommet, c'était tant mieux pour tout le monde.

Jason se leva, impatient de partir. Son emploi du temps était chargé, mais un après-midi de repos le lendemain de son mariage semblait plus que raisonnable. En fait, cela semblerait même suspect s'il restait au bureau.

— Je pars tôt aujourd'hui. Mais Lauren et moi comptons prendre notre lune de miel plus tard. Elle comprend l'importance de la campagne Prentice. En fait, elle est impatiente de rencontrer Walter Prentice à la grande soirée.

Brock l'étudia attentivement.

— Il vaudrait peut-être mieux le rencontrer dans un cadre moins formel, pourquoi pas en prenant un verre après le travail au Rosa Lounge cette semaine ?

— J'en parlerai à Lauren et je te tiendrai au courant.

— On dirait que tu as trouvé la perle rare, commenta Brock. Et c'est une femme d'affaires avisée, par-dessus le marché.

— C'est vrai, Lauren est une femme exceptionnelle. Je suis heureux qu'elle ait accepté de me suivre en Californie, surtout quand on sait qu'elle a sa propre société sur la côte Est.

Voilà. Il avait posé les jalons du retour de Lauren à New York, comme il avait promis de le faire. Mais il ne comptait pas la laisser repartir sans se battre.

La laisser repartir ?

Il pensait surtout au bébé. Enfin, c'était ce dont il essayait de se persuader. Parce qu'il voulait être un père à plein temps, comme son père ne l'avait jamais été pour sa sœur et lui.

Mais soudain, il refusa de se mentir plus longtemps. Il voulait garder Lauren auprès de lui, avant tout. Elle s'adaptait si bien à sa vie. Ils avaient déjà prouvé qu'ils s'entendaient à merveille comme amis, et comme collègues.

Et sur le plan sexuel, l'alchimie était évidente.

Lauren devrait vivre en Californie, avec lui. Il pourrait l'aider dans sa carrière, et dans ses relations avec sa famille. Ils pourraient avoir une vie de rêve. Tout ce qu'il lui restait à faire, c'était d'en convaincre Lauren.

Mais, songea-t-il soudain, elle savait aussi bien que lui qu'il y avait une alchimie entre eux. Il avait consacré tous ses efforts à la séduire, alors qu'il devrait œuvrer à la convaincre sur un plan pratique, en lui montrant les façons dont leurs vies respectives pouvaient s'accorder. En réalité, il ne devait pas concentrer tous ses efforts à l'attirer dans son lit, mais surtout à la persuader qu'ils pourraient fonder une vraie famille.

Alors, il allait calmer ses ardeurs, et tenter une approche nettement plus romantique.

Lauren sortit de la salle de bains et serra le col de son peignoir. Le dîner avec Jason l'avait épuisée nerveusement. Ils étaient rentrés du travail avec de délicieux plats tex-mex et, durant tout le repas, leurs jambes s'étaient effleurées. Une véritable torture qui n'avait fait qu'accroître sa frustration. Elle avait espéré qu'une bonne douche l'aurait aidée à éteindre son désir. Mais au contraire, cela n'avait fait que l'attiser. Tandis que l'eau coulait sur son corps, elle n'avait fait que penser à lui. Elle l'avait imaginé s'asseyant sur le siège en face de la douche.

Puis elle s'était vue se mettre à califourchon sur lui.

Une goutte d'eau ruisselant de ses cheveux glissa entre ses

seins, lourds et douloureux. Elle l'essuya d'un geste rageur et s'efforça de penser à tout autre chose qu'au corps de Jason nu contre le sien.

Mais en entrant dans le salon, elle s'arrêta net. Agenouillé devant la cheminée, Jason attisait un feu avec un tisonnier. Les muscles de ses cuisses se dessinaient nettement sous la toile bleu délavé de son jean. Elle mourait d'envie de faire courir ses doigts sur ses muscles, d'explorer la force de son corps, la douceur de sa peau. Et le feu en elle s'embrasa comme celui du foyer, brûlant et incontrôlable. Elle avança, pieds nus sur le sol froid.

Inconscient de sa présence, Jason se leva et sortit d'un carton d'emballage une épaisse couette rayée. En un tournemain, il l'étala sur le sol, devant le feu crépitant.

— Tu as laissé tomber le fauteuil et choisi de dormir par terre ?

Il lui sourit par-dessus son épaule.

— Tu semblais en forme pendant le dîner, alors je me suis dit que tu aurais peut-être envie de discuter ce soir.

— Discuter ? Tu as envie de discuter ?

— Oui. Pourquoi pas ?

Le dessin du voilier accroché dans le bureau lui donna le courage d'entrer dans le jeu de Jason. Il avait concocté une mise en scène romantique dont l'intention était évidente. Dans le coin, elle aperçut le même plateau laqué noir sur lequel il avait pris l'habitude de lui apporter son petit déjeuner. Quelques ustensiles de cuisine y étaient posés. Et à côté, deux verres à vin. Pleins.

— C'est du jus de raisin, commenta-t-il. Je me suis dit que tu devrais au moins apprécier le raisin californien sous cette forme, puisque tu ne peux pas goûter aux merveilleux vins de la région pour l'instant.

Coinçant le peignoir entre ses genoux, elle s'assit sur la couette.

— Comment était ta journée ? Tout le monde t'a cuisiné pour avoir des détails de notre mariage à Las Vegas ?

— C'est de la curiosité naturelle. J'ai reçu beaucoup de félicitations. Tout le monde veut te connaître mieux, bien sûr. Il y a une soirée ce week-end pour fêter le contrat Prentice.

— Je serai là, bien sûr. C'est pour ça que nous nous sommes lancés dans ce mariage, non ?

Il remua les bûches, et marqua une longue pause.

— Les collègues vont aussi prendre un verre dans un bar non loin du bureau, de temps en temps. Nous ne sommes pas obligés d'y aller cette semaine, si cela fait trop pour toi. Après tout, toi aussi tu as de longues journées.

— Cela ne me pose pas de problème de passer du temps avec les gens de MC.

Sauf avec Celia. Maintenant qu'elle y songeait, ce serait même très embarrassant de tomber sur elle. Soudain, elle n'avait plus envie de parler de travail.

— Je dois avouer que ta décoration pour le moins minimaliste fonctionne bien… enfin, il y a l'exception de ton bureau meublé, à l'étage.

Elle le guetta du coin de l'œil, pour détecter la moindre réaction de sa part.

— J'ai apporté quelques affaires de New York avec moi.

Il fit un signe de tête vers les cartons.

— Des draps. De la vaisselle. Mes vêtements, et quelques livres.

— Ton bureau.

Et le voilier qu'elle avait dessiné.

— Oui.

Il tapota la couette.

— C'était mon couvre-lit, à New York.

— Parfait pour les froides soirées d'hiver, mais guère adapté par les températures plus douces de San Francisco, alors tu l'avais laissé dans son carton.

Une fois de plus, elle fut intriguée par le mode de vie de Jason. Pourquoi se contentait-il de vivre au jour le jour ?

— Exactement. Il ne fait pas froid ici.

— Mais assez pour faire un feu ce soir.

Elle avança pour respirer le parfum boisé et puissant d'un vrai feu de cheminée.

— Et assez chaud pour jardiner.

La pièce baignait maintenant dans une douce chaleur, et elle remarqua que Jason relevait ses manches.

— Je me demandais si tu voulais bien jeter un coup d'œil aux parterres de fleurs, et me faire quelques suggestions, dit-il.

Aussitôt, une foule d'idées lui vinrent à l'esprit. Elle verrait bien des vignes grimpantes sur un treillis, tout à fait comme celui qu'elle pouvait imaginer dans le jardin arrière, autour d'un Jacuzzi. Mais elle se rappela aussitôt que ce n'était pas chez elle. Elle n'allait pas rester éternellement et, pour l'heure, elle n'était pas sûre de pouvoir supporter d'avoir d'autres choses à regretter quand elle retournerait à New York.

— Tu ne devrais pas plutôt engager un paysagiste ?

— Je préférerais que ma talentueuse épouse dessine un plan et mette le paysagiste au travail. Mais seulement si tu as le temps, bien sûr.

Il baissa la tête, comme s'il essayait de capter son regard.

— Je suis sérieux, Lauren.

Elle allait sans doute le regretter plus tard, mais…

— D'accord, je vais jeter un coup d'œil et esquisser quelques idées.

Elle fixa son alliance et son solitaire et décida de mettre les choses au clair :

— Ce sera amusant d'imaginer des choses que le bébé aimera quand nous viendrons en visite.

— Génial, dit-il avec un sourire — une autre chose qui lui manquerait quand elle partirait.

Il sortit de derrière un carton un petit sac d'épicerie.

— J'ai apporté de quoi accompagner le jus de raisin, si tu as faim.

— J'ai toujours faim le soir, en ce moment.

Le bébé bougea en elle, comme s'il anticipait déjà les réjouissances à venir.

— Je suis content que tu n'aies plus de nausées.

Il sortit des biscuits au miel, des marshmallows… et des chocolats Godiva.

Elle en eut aussitôt l'eau à la bouche. Elle regarda avec avidité tous les ingrédients qu'il tenait dans ses mains.

— Des sandwichs marshmallow-chocolat ? demanda-t-elle.

— Sauf si tu n'en as pas envie. Je sais que les femmes enceintes ont des fringales particulières.

Il plaqua la boîte dorée contre lui.

— Je peux manger les chocolats tout seul.

— Pas si tu veux rester en vie.

Elle agrippa la boîte de chocolats, déchira le ruban, et glissa une truffe dans sa bouche.

— Divin ! s'exclama-t-elle.

— J'en déduis que tu veux un sandwich, dit-il, l'air malicieux.

— Ou trois, dit-elle, se détendant sur la couette.

Elle croisa les jambes, et s'adossa contre un carton. Cette soirée était aussi agréable que le feu dans la cheminée. Jason superposa un chocolat et une guimauve entre deux biscuits, et glissa avec adresse le sandwich sur une plaque de gril.

Elle regarda faire, émue malgré elle par tant de prévenance. Il était étrange de voir cet homme d'affaires coriace et sûr de lui préparer avec concentration un sandwich de sucreries. Elle avait beau connaître Jason depuis plus d'un an, il ne cessait de la surprendre davantage de jour en jour. Elle repensa à la conversation qu'ils avaient eue sur la maladie de Jacqueline. Là aussi, sa compréhension et sa gentillesse l'avaient touchée.

— Merci pour tout.

Il la regarda par-dessus son épaule.

— Attends de goûter, avant de me remercier.

— Je voulais dire, d'avoir été si compréhensif au sujet de ma mère.

— Navré que ce coup de fil t'ait perturbée.

La lumière du feu éclaira son regard, dans lequel brillait un intérêt sincère.

— Si seulement je pouvais faire quelque chose.

— Ce n'est rien. Je n'ai plus vraiment besoin de son approbation.

— Mais elle a encore le pouvoir de te blesser, observa-t-il avec un peu trop de perspicacité.

— J'imagine qu'il y a une part en soi qui ne cesse jamais de rechercher la reconnaissance de sa mère. Le problème, c'est que ma mère ne m'approuve que si je mène *son* style de vie. *Ses* rêves.

Elle laissa échapper un rire sans joie.

— Et ses rêves sont d'une ambition démesurée.

— L'ambition, ça a du bon.

Il posa l'en-cas sucré sur une petite assiette, le chocolat et le marshmallow coulant sur les côtés, et la lui tendit.

— Non, je veux dire, vraiment démesurée, dit-elle en prenant l'assiette. Ma mère a des rêves aussi élevés que l'Everest. Deux jours après mes leçons de claquettes, elle me voyait déjà à Broadway. Si je faisais un plongeon dans la piscine, elle parlait de jeux Olympiques.

— C'est beaucoup de pression pour un enfant.

— Elle avait le même genre de projets pour elle-même et pour son art. Elle disait toujours que le fait d'épouser papa (elle plongea le doigt dans le mélange fondant et chaud) et de tomber enceinte de moi lui a coûté une grande carrière à Paris.

— Ta mère est une artiste ?

— Elle a un don étonnant, mais elle est d'une grande exigence. Donc, elle pense que je galvaude mon talent.

Elle dut lécher la mixture un tout petit peu trop longtemps, car elle vit Jason tirer sur le col de sa chemise comme s'il avait du mal à respirer. Pour être tout à fait honnête, cette réaction la flatta et lui redonna espoir.

Il suivait des yeux le moindre de ses mouvements, d'un regard assombri.

Quelle femme enceinte ne serait pas heureuse de se sentir désirable et sexy ?

— Tu as une brillante carrière.

— Si brillante que mon comptable dépense tous mes fonds sur une île paradisiaque.

Elle mordit dans sa friandise, et lécha ses lèvres. Le gémissement qu'elle entendit venait-il d'elle ou de Jason ?

— Ce genre de choses arrive. Et tu t'en remets, la rassura-t-il.

Il s'agita sur la couverture, ce qui ne fit qu'attirer son attention sur son érection. Une nouvelle onde de chaleur monta en elle.

Bien vite refroidie par la seule pensée de sa mère.

— Je me pose beaucoup de questions, avoua-t-elle. J'étudie chaque décision que j'ai prise pour détecter des erreurs, une négligence. Un manque de concentration.

Elle reposa la friandise sur l'assiette. La soirée ne lui semblait plus si drôle, à présent.

— Et tes parents ? demanda-t-elle. Les as-tu prévenus que tu allais être père ?

— Je ne leur parle pas, dit-il tout en préparant un deuxième sandwich.

— C'est triste.

Il eut l'air sincèrement surpris.

— Pourquoi serait-ce triste ? Tu ne serais pas contente d'éviter les confrontations avec ta mère ?

Certes, sa mère lui apportait beaucoup de frustrations, et la blessait même parfois, mais elle ne s'imaginait pas couper les ponts avec elle. Qu'est-ce qui avait conduit Jason à rompre si brutalement avec sa famille ?

— Elle reste ma mère, dit-elle.

Quoique, elle devait l'admettre, la distance supplémentaire que la Californie avait instaurée entre elle et Jacqueline était plutôt rassurante.

— Tu es drôlement tolérante — sauf quand il s'agit de moi, bien sûr.

Songeant à la scène qu'elle lui avait faite au bureau, elle grimaça.

— Je croyais que tu n'avais rien fait de mal avec Celia.

— Je parlais de la façon dont je t'ai quittée il y a quatre mois.

Il posa son assiette et s'approcha d'elle.

— J'aurais dû manquer ce fichu vol et rester discuter avec toi.

— Je t'avais dit de t'en aller.

Il écarta les cheveux qui barraient sa joue, provoquant des petits frissons dans son sillage.

— J'aurais dû te demander si tu le pensais vraiment.

— A ce moment-là, oui, j'étais sérieuse.

Elle avait été si terrifiée de perdre tout contrôle avec lui qu'elle lui avait montré la porte aussi vite qu'elle avait pu. Elle avait cru qu'il avait ressenti la même chose. Et que, comme elle, il n'avait baissé sa garde que parce qu'il avait été sûr de partir.

— Et maintenant, Lauren ?

Maintenant, elle était plongée en pleine confusion, mais une chose était sûre : elle ne pouvait plus le rayer de sa vie.

— Nous sommes liés à jamais par le bébé.

L'air entre eux devint électrique. Le parfum de Jason, le feu de cheminée, l'intimité de cette conversation, c'en était trop. Il fallait qu'elle change de sujet. Tout de suite.

Alors, elle sortit de la poche de son peignoir une photo de sa dernière échographie.

— Je t'ai apporté quelque chose.

Il observa le cliché, puis l'interrogea du regard.

— C'est notre bébé ?

Elle opina, bien décidée à ne pas laisser les larmes couler.

Jason caressa la photo du bout des doigts.

— Sais-tu si c'est une fille ou un garçon ?

— On n'a pas pu me le dire. Le bébé a joué les timides, mais le médecin m'a dit qu'on pourrait le savoir à la prochaine échographie. Que préférerais-tu ?

— Fille ou garçon, je serai heureux de toute façon.

Il riva son regard au sien. Rien que le fait d'avoir sa totale attention était sexy et enivrant.

— J'ai simplement besoin de savoir que vous êtes tous les deux en bonne santé.

Avec douceur, il caressa le bas de son dos, comme s'il avait deviné qu'une douleur persistante s'y logeait souvent. Sa prévenance réveilla une autre douleur en elle, exquise celle-là. Tout ce que Jason avait dit et fait ce soir lui faisait remettre en question sa décision de rentrer à New York, et lui donnait envie d'abandonner tout ce pour quoi elle avait travaillé dur, rien que pour une autre chance avec lui…

Elle se redressa et tenta de rassembler le peu de maîtrise qui lui restait.

— Le bébé et moi allons bien. Tu n'as pas à t'inquiéter.

D'un geste tremblant, elle saisit son assiette et se leva.

— Merci encore pour le pique-nique, mais il faut que j'aille me coucher.

Il la regarda partir, un doux rire aux lèvres qui la suivit jusqu'en haut de l'escalier. Pourquoi fallait-il qu'il soit absolument parfait ce soir, et qu'il lui fasse entrevoir l'existence rêvée qu'ils pourraient mener ensemble, si elle restait à San Francisco ?

Elle referma la porte de sa chambre, mais cela ne suffit pas à éteindre le feu au creux de son ventre.

Il n'y avait qu'une seule façon d'oublier son désir pour Jason.

L'assouvir.

Mais serait-elle assez courageuse pour prendre ce risque ?

8

Le Rosa Lounge n'était pas du tout comme elle s'y attendait.

Jason lui avait dit que c'était un bar à cocktails, et elle avait imaginé un endroit haut de gamme, de style new-yorkais. Au lieu de cela, elle venait de découvrir le style rétro-funky de San Francisco.

L'éclairage rose fuchsia projetait une lumière tamisée étonnante, tandis que les touches de noir et de blanc ajoutaient une note chic à l'ensemble. L'artiste en elle appréciait ces contrastes audacieux.

De plus, la nourriture était exquise. Elle plongea un triangle de fromage grillé dans une coupelle de soupe à la tomate. A présent que ses nausées étaient de l'histoire ancienne, son appétit semblait vouloir rattraper le temps perdu. Elle mordit dans une bouchée. Succulent, comme les autres mets qu'elle avait goûtés. Toutefois, rien ne valait les en-cas de Jason.

D'ailleurs, rien dans ce séjour à San Francisco ne tournait comme elle l'avait prévu. Oserait-elle s'exposer à d'autres surprises et entamer une liaison avec Jason ? L'idée lui semblait effrayante, et même stupide, puisqu'elle portait déjà son enfant. Mais le bébé était là, maintenant, et elle ne savait comment dépasser cette barrière pour simplement suivre son désir.

Une main sur son épaule la tira de ses pensées.

— Oui ? demanda-t-elle en se tournant rapidement.

— Bonsoir, nous n'avons pas encore eu l'occasion d'échanger quelques mots. Je suis Ella Linton, l'assistante de Brock.

La jolie brune, d'une beauté discrète et sans prétention, lui tendit la main.

— Lauren Presley… je veux dire, Reagert. Je ne suis pas encore habituée à mon nouveau nom.

— Bien sûr, dit Ella en souriant. Les mariages express vous laissent moins de temps pour vous préparer aux changements à venir.

Un mariage express qui était devenu public après sa scène chez MC. Lauren se retourna vers le bar. Naturellement, Celia était bien loin, installée à une haute table de l'autre côté de la salle.

— Jason et moi nous connaissons depuis un an, précisa-t-elle à l'assistante.

— Pardon si mon commentaire sonnait mal. Je ne voulais pas sembler indiscrète ou sous-entendre quoi que ce soit.

Ses yeux bleus brillaient de sincérité — et de curiosité.

— Nous sommes tous simplement curieux de connaître mieux la femme qui a réussi à passer la corde au cou de Jason Reagert.

Une nouvelle bouffée de colère envahit Lauren.

— Vous voulez dire, puisque Celia Taylor lui faisait du charme il y a encore quelques jours ?

— Eh bien, Lauren, s'exclama Ella, on peut dire que vous ne mâchez pas vos mots.

— Si je ne m'abuse, vous aviez tous une place aux premières loges, ce jour-là. Mon arrivée était un peu trop théâtrale, je sais.

Seigneur, elle voulait sortir de toute cette histoire en préservant sa fierté. Tout en inventant un mensonge plausible pour couvrir Jason.

— J'imagine que je sors les griffes quand il s'agit de mon mari.

Elle regretta aussitôt ces paroles. D'autant plus qu'elle ne pouvait nier que c'était la stricte vérité. Elle tourna la tête dans la direction de Celia. La jolie rousse un peu trop flamboyante à son goût sourit de manière tendue à un homme qui tentait manifestement de la séduire, puis regarda vers la porte. Il était évident qu'elle voulait fuir, mais ne savait comment faire. En apparence, la jeune femme semblait sûre d'elle, mais son agitation ne collait guère avec cette image.

— Lauren, dit Ella en posant la main sur son bras, personne ne vous reproche d'avoir été en colère. Celia est magnifique, et beaucoup se sont demandé si elle s'était servie de ses charmes pour arriver là où elle est.

Malgré elle, Lauren ressentit un élan de sympathie envers Celia. Elle savait comme il était difficile d'avancer dans le monde des affaires quand ce genre de rumeurs vous précédait.

— C'est pour le moins vexant.

Ella sirota son Martini, et l'observa par-dessus le bord de son verre.

— A moins que ce ne soit la vérité. Je veux dire, c'est un monde très compétitif. Restez sur vos gardes.

Ella avait raison. Lauren devait faire preuve de prudence, notamment devant l'assistante de Brock.

Car elle avait un gros secret à cacher. Le fait que son mariage était factice.

— Merci du conseil, Ella. J'apprécie votre prévenance, et je suis sûre que Jason appréciera aussi.

— Je vous en prie.

Au même moment, Jason se glissa derrière elles.

— Bonsoir, mesdames. Puis-je vous offrir un autre verre ?

Lauren avait reconnu son eau de toilette aux notes chaudes avant même qu'il n'ouvre la bouche.

— Ça ira pour moi, merci.

— Pour moi aussi, dit Ella en levant son Martini blanc.

Jason serra Lauren contre lui.

— Vous vous amusez toutes les deux ?

Lauren leva les yeux vers lui.

— J'apprends les potins de chez MC, par une personne bien renseignée.

Jason sourit.

— Ella, bien sûr.

L'assistante rit, puis regarda l'assiette de Lauren.

— Je crois que je vais me commander la même chose. J'ai été ravie de discuter avec vous.

Une fois qu'elle se fut éloignée, Lauren se retourna vers Jason, en prenant soin de garder son assiette en équilibre.

— Je pense que tout se passe bien.

— C'est un euphémisme. Tu as fait des merveilles ce soir.

Si nous nous détendions un peu ? Tu veux t'asseoir et manger ? Ou danser ?

Elle faillit choisir la nourriture, mais la chaleur des mains de Jason sur sa taille avait réveillé un autre appétit.

Après tout, que pouvait-il lui arriver sur la piste ?

Après trois airs endiablés, Jason prit Lauren dans ses bras pour danser un slow. Il la sentit se raidir imperceptiblement, puis poussa un soupir de capitulation. La sueur qui perlait sur son front suscita en lui des images érotiques. En fait, dès qu'il voyait Lauren, il avait ce genre de pensées, et plus encore quand il la tenait contre lui.

Cette femme était la tentation personnifiée.

Ce slow lui fournissait l'occasion rêvée d'avancer dans son entreprise de séduction, tout en restant dans la retenue.

— Merci d'être si géniale ce soir, dit-il en appuyant son front contre le sien.

— Je remplis juste ma part du contrat.

Ses jambes effleuraient les siennes, et ses seins appuyaient contre son torse.

D'accord, peut-être que ce slow, ce n'était pas une bonne idée, tout compte fait.

— Tu es vraiment étonnante, et pas seulement d'un point de vue professionnel.

Il pencha la tête, et posa ses lèvres sur les siennes. Pas assez longtemps pour se donner en spectacle, mais suffisamment pour qu'elle s'adoucisse contre lui, pendant que lui se tendait de désir. Les lèvres de Lauren avaient encore la saveur citronnée de son eau pétillante.

Un couple les bouscula, et il releva la tête, non sans regret.

— Essaierais-tu de me séduire ? dit-elle.

Elle avait la voix rauque et sexy, et sa poitrine se soulevait et s'abaissait à un rythme rapide.

Il glissa les mains le long de sa taille.

— Je t'ai juste embrassée.

— Tu appelles ça un simple baiser ?

— Je crois que tu viens de me faire un compliment.

Les joues roses, elle lui donna une tape sur le torse.

— Tu savais parfaitement ce que tu faisais, et quel effet cela avait sur moi.

— Tu as aimé le baiser, conclut-il en l'étreignant.

— Une évidence, dit-elle en se balançant contre lui. Mon corps est traître quand il s'agit de toi. Alors, essaies-tu de me séduire, oui ou non ?

Une réponse trop évidente le mènerait à l'échec. Il fallait tenter une approche plus subtile, plus romantique.

— Qui a dit qu'un baiser menait forcément plus loin ?

Elle le dévisagea, manifestement désarçonnée.

— Quoi ?

— Tu n'es pas de cet avis ?

— Si, si, bien sûr. C'est juste que je ne m'attendais pas à entendre cela de ta part. Un homme.

— Je t'assure que je suis vraiment un homme.

— Je sais, oui.

Elle appuya légèrement son ventre arrondi contre lui.

— T'embrasser (il effleura de nouveau ses lèvres dans un baiser prometteur) m'apporte beaucoup de plaisir.

Et de tourment. Mais il ne voulait pas perdre un terrain précieux en mentionnant ce fait.

Ash, le directeur financier de MC, s'avança sur la piste de danse en compagnie de sa nouvelle petite amie, une étudiante. Ash se souvenait-il que trois semaines plus tôt, dans ce même bar, Jason et lui s'étaient réjouis d'être des célibataires endurcis ? Certes, Ash avait déjà un mariage raté à son actif.

En caressant son alliance, Jason s'avisa une fois de plus que la patience était une vertu. Pour garder Lauren, il lui faudrait faire preuve de finesse. Ils avaient déjà essayé la manière irréfléchie, en se jetant dans les bras l'un de l'autre, et cela ne s'était pas bien terminé pour lui.

Or il ne commettait pas deux fois la même erreur.

Lorsque le slow se termina, il l'entraîna aussitôt hors de la piste.

— Que dirais-tu de rouler jusqu'à Twin Peaks pour admirer les lumières de la ville ? chuchota-t-il contre son oreille. C'est l'endroit parfait pour un flirt. Je promets de ne pas profiter de toi pendant notre premier rendez-vous.

— Cela t'a peut-être échappé, dit-elle en riant, mais nous avons déjà couché ensemble.

— Crois-moi, je m'en souviens.

Dans les moindres détails. Et il voulait réitérer l'expérience. Mais pour cela, il devait s'en tenir à son plan.

— J'en déduis que tu refuses ma proposition, reprit-il. C'est vraiment dommage.

Elle fronça les sourcils, confuse.

— Jason, je ne te comprends pas ce soir. Je ne suis pas sûre de ce que tu attends ou de ce que tu veux…

— Chut, dit-il, posant un doigt contre ses lèvres. Et au fait, je n'ai pas parlé de sexe, ce soir. Je suis publicitaire, tu te souviens ? Tu dois prêter grande attention à mes paroles.

Il recula et embrassa sa main avant de la relâcher.

— Merci pour cette merveilleuse danse, madame Reagert. Je vais penser à vous toute la nuit… pendant que je dormirai dans mon fauteuil.

Deux jours plus tard, Lauren se mêlait aux gens à la soirée Maddox Communications. Cette fête lui rappelait vraiment toutes les choses qu'elle aimait dans son travail. Le développement d'un réseau de relations, l'échange d'idées avec les meilleurs professionnels, notamment. Elle était comme un poisson dans l'eau.

Et en même temps, cette soirée était une frustration de plus.

Car elle lui rappelait de manière criante pourquoi elle devait retourner à son travail à New York. Et, d'un autre côté, son désir pour Jason n'avait jamais été aussi puissant. Il la tourmentait avec ses contacts « fortuits » et ses baisers inopinés. Elle se consumait littéralement pour lui.

Après les airs de jazz joués pendant le dîner, l'orchestre passa aux classiques du rock. Elle n'était pas sûre de pouvoir supporter une autre danse avec Jason. Sauf qu'il n'y avait pas que sur la piste qu'ils étaient en harmonie. Avec tous les événements de ces quatre derniers mois, elle avait presque oublié quelle équipe étonnante ils formaient, sur le plan professionnel. La réunion de ce soir le lui rappelait avec force.

Tout en se balançant légèrement au rythme de la musique, elle se dirigea vers le bar pour commander un autre verre. Pour la première fois ce soir, Jason et elles se trouvaient à des côtés opposés de la pièce. Mais elle sentait son regard sur elle. Sa robe de satin couleur cuivre tourbillonnait autour de ses chevilles, et chaque contact de l'étoffe taquinait ses sens déjà excités. Le haut brodé de perles lui paraissait soudain irritant et inconfortable contre ses seins. Elle avait vraiment besoin de reprendre ses esprits, et d'oublier l'effet que lui faisait Jason, même d'un simple regard.

La fête avait lieu dans un yacht-club, qui offrait une magnifique vue de la baie de San Francisco. A travers les portes vitrées, elle distinguait le Golden Gate dans le brouillard.

C'était une soirée éclatante, avec ses invités triés sur le volet et son organisation sans faille. Ella, l'assistante de Brock, allait et venait pour s'assurer que tout se passait sans accroc.

Ayant grandi dans le Connecticut, Lauren avait côtoyé des familles influentes, et des acteurs majeurs de la vie politique. Et pourtant, ce soir, elle était impressionnée. Les Maddox avaient sorti le grand jeu.

Le repas avait été excellent : du flétan noir en croûte à la mousse de fruits aérienne. Elle avait tout simplement adoré. Dommage qu'elle ne puisse pas en emporter un peu à la maison.

Les meilleurs vins californiens coulaient à flots. Et même si elle ne pouvait pas en boire le moindre verre, leurs bouquets parfumés flottaient dans l'air. En attendant qu'un serveur arrive, elle sirota le reste de son eau pétillante.

— Madame Reagert, puis-je vous offrir un autre verre ?

Lauren se retourna, et découvrit derrière elle non pas un serveur, mais le client de Jason, Walter Prentice. Apparemment, même cet homme très guindé et un peu rigide savourait un bon vin de temps en temps.

— Merci, monsieur Prentice. J'allais justement en commander un.

— Dans ce cas, laissez-moi vous aider.

Il claqua des doigts et, comme par magie, un serveur apparut aussitôt pour prendre sa commande, et remplir le verre de son épouse, Angela.

Une fois qu'elle eut pris son verre, Lauren sourit en guise de remerciement.

Prentice se balança sur ses talons.

— Les talents chez Maddox sont très prometteurs. La compétition était serrée entre eux et Golden Gate Promotions, et je suis heureux de travailler avec un groupe de jeunes gens si impliqués et si brillants.

— Je ne connais pas encore tout le monde, répondit-elle, mais ils se montrent merveilleusement accueillants.

— Rappelez-moi votre nom, ma chère, dit Angela en posant une main sur son bras.

— Lauren Presley, euh, Reagert maintenant, bien sûr, rectifia-t-elle en souriant. Mais je n'ai aucun lien avec Elvis.

— J'imagine qu'on vous pose souvent la question, dit Walter en riant.

— Assez, oui.

Elle songea à ce qu'elle savait de Prentice, et se rappela le slogan de sa compagnie. *La famille avant tout.*

— Et pourtant, ma famille est du Connecticut, bien loin de Graceland.

— Les paysages du Connecticut sont magnifiques. J'y possède une maison, en bord de mer.

Ce milliardaire avait sans doute des résidences sur toutes les côtes du pays.

— Vous avez connu Jason à New York ? reprit-il, montrant ainsi que la conversation n'était pas aussi anodine.

— Oui, je possède une société d'arts graphiques. Nous avons collaboré sur quelques campagnes, et notre relation est née de là.

C'était vrai, même si les détails auraient pu causer une apoplexie à Prentice.

— Comment allez-vous diriger votre société depuis l'autre bout du pays, maintenant que Jason et vous êtes mariés ? demanda Angela.

— J'espère que vous ne comptez pas vivre une de ces relations longue distance, dit Prentice, les sourcils froncés. Ça ne fonctionne jamais, vous savez. C'est pourquoi j'emmène ma femme et mes enfants partout avec moi.

Pas étonnant qu'Angela ait l'air si fatigué.

— On peut accomplir nombre de choses avec un bon directeur adjoint, un ordinateur et un téléphone, fit valoir Lauren.

Elle avait déjà songé à différentes solutions, en fait. Car, pour que Jason fasse partie de la vie du bébé, il leur faudrait faire beaucoup d'allers-retours, surtout pendant les premières années. Et ils devraient aussi passer du temps ensemble. Beaucoup de temps.

Elle regarda Jason, qui discutait avec Flynn. Ce dernier, avec sa carrure imposante, attirait l'attention de plus d'une femme dans la salle, mais Lauren préférait l'allure plus subtile de Jason, ses muscles de nageur, déliés et élégants. Elle pouvait presque sentir le sel et le soleil sur sa peau.

— Vous êtes une femme d'affaires moderne, commenta Prentice.

Etait-ce un compliment ou une critique ? Elle n'aurait su le dire.

Mais Angela posa de nouveau la main sur son bras.

— Félicitations encore une fois, ma chère, pour votre mariage et votre futur bébé. Walter et moi sommes très heureux pour vous.

— Absolument, dit Walter en levant son verre. A présent, voulez-vous bien nous excuser, madame Reagert ?

— Bien sûr. J'ai été ravie de discuter avec vous.

Quand le couple s'éloigna, elle se détendit un peu. Jason avait raison, tout se passait à merveille. Elle caressa son alliance en regardant s'éloigner les Prentice, mariés depuis quarante ans. Comment était-ce de rester avec la même personne pendant la moitié de sa vie ? Si les Prentice semblaient avoir tout pour être heureux, les yeux tristes d'Angela rappelaient à Lauren tout ce qu'elle avait laissé à New York.

Secouant la tête, elle se retourna et tomba nez à nez avec… la femme qu'elle avait évitée presque toute la soirée.

Celia Taylor.

La jeune femme grimaça, visiblement aussi peu ravie qu'elle.

Lauren envisagea de marmonner une excuse et de filer, puis

se ravisa. Fuir ne ferait qu'alimenter les rumeurs éventuelles. Et puis, n'y avait-il pas déjà assez de rumeurs qui flottaient autour de Celia ? Lauren devrait la détester, pourtant, elle éprouvait de la compassion envers elle. Le monde du travail pouvait être cruel pour les jolies femmes.

Aussi afficha-t-elle un grand sourire — qu'elle voulut sincère.

— Bonsoir, Celia. Je vous cherchais, justement. Je suis encore nouvelle en ville, et je me demandais si vous pouviez me conseiller un bon coiffeur.

Quelle excuse minable ! Elle qui avait voulu éviter les sujets futiles. Pourquoi n'avait-elle pas songé à lui parler de son travail ? Ou à lui demander conseil sur un sujet professionnel ? Ou encore, à la questionner sur les galeries d'art en ville ? Mais puisqu'elle avait initié cette conversation, elle irait jusqu'au bout. Elle tenait absolument à dissiper tout malaise avec la collègue de Jason.

Celia cligna des yeux, et frotta son nez parfait.

— Oui, bien sûr, je vous enverrai le nom de mon salon.

— Merci, j'apprécie.

Elle aurait aussi besoin de trouver un nouveau gynécologue-obstétricien, aussi, si elle devait revenir voir Jason. Ou si elle restait plus longtemps que prévu…

— Je suis navrée pour l'autre jour, chuchota Celia en se penchant vers elle.

Son eau de toilette onéreuse était sûrement agréable, mais Lauren la trouva un peu trop capiteuse. C'était sûrement la grossesse. Et non le fait qu'à cet instant, elle détestait cette femme rien que parce qu'elle existait.

N'était-ce pas totalement ridicule ? Celia Taylor n'avait rien fait de mal. Si Lauren était jalouse, c'était son problème, pas celui de Celia.

— Vraiment, il n'y a pas de raison de vous sentir mal à l'aise, dit Lauren.

— Je voulais juste m'assurer que vous saviez qu'il n'y a rien entre Jason et moi. Je veux dire, je lui demandais juste ce qu'il comptait faire après le travail… s'il allait au Rosa Lounge avec les autres.

Celia ne lui aurait pas posé la question, si elle avait su que

Jason avait une petite amie. Sauf qu'il n'en avait pas. Pas vraiment, du moins. Si Jason n'avait pas reçu cette photo d'elle, enceinte, aurait-il accepté d'aller prendre un verre avec Celia ?

La jalousie la tenailla de plus belle. A l'évidence, le fait que ce ne soit pas la faute de Celia ne changeait rien à l'affaire.

— Il n'y a pas de problème, je vous assure. C'est moi qui ai insisté pour garder notre relation secrète. S'il y a quelqu'un à blâmer pour ce malentendu, c'est moi.

Celia poussa un long soupir.

— Je suis si soulagée d'entendre ça ! Je déteste les rumeurs de bureau. Lauren, vous êtes vraiment une gentille personne.

Alors, pourquoi était-elle obsédée par Celia, qui n'avait pas à porter une tente en guise de robe pour cacher son ventre ? Et qui ne souffrait certainement pas de rétention d'eau ?

Et pourquoi tenait-elle à impressionner les Prentice ? Ou à trouver un obstétricien à San Francisco ?

La réponse à toutes ces questions, elle la connaissait parfaitement. C'était parce que, qu'elle le veuille ou non, elle était attirée par Jason. Pendant quatre mois, elle avait essayé de l'oublier — sans succès. Et le fait de l'ignorer n'avait pas fonctionné non plus.

Elle le chercha des yeux dans la salle bondée, et le repéra rapidement. Jason leva aussitôt le menton, comme s'il avait senti son regard sur lui. Il tourna imperceptiblement la tête, et la fixa intensément. De délicieux picotements la parcoururent et une foule d'images plus troublantes les unes que les autres envahirent son esprit.

Elle ne pouvait fuir la vérité plus longtemps. Son désir pour Jason n'avait pas diminué d'un iota. Le nier ne faisait qu'accroître son tourment.

Elle connaissait l'effet du déferlement d'hormones pendant la grossesse, et peut-être cela jouait-il un peu. Mais pour l'essentiel, son désir n'était pas dû à son état. Pour preuve, elle n'avait pas éprouvé la moindre attirance pour les autres hommes qui avaient croisé son chemin ce soir, et Dieu savait qu'il y avait beaucoup d'hommes séduisants et influents dans cette pièce.

Mais elle ne voulait que Jason.

Cette prise de conscience lui fit l'effet d'un éléctrochoc et elle prit enfin sa décision : celle d'arrêter de lutter contre son désir. Oui, c'était décidé, elle allait s'abandonner à tous les fantasmes que son mari lui inspirait.

9

Le dîner chez MC avait été un franc succès, comme Jason l'avait espéré.

Alors, pourquoi était-il si contrarié ?

Après avoir fermé la porte de la maison, il fourra les mains dans les poches de son pantalon de smoking, et observa sa séduisante épouse, à l'autre bout du salon. Pas de doute, c'était elle, la cause de sa frustration.

Le trajet en voiture s'était déroulé dans une ambiance étrange. Il lui avait montré des endroits pittoresques dignes d'intérêt, espérant qu'elle prendrait conscience des bons côtés de la vie californienne, mais elle avait gardé le silence la majeure partie du temps, en le fixant avec une intensité déstabilisante.

Assise à la fenêtre, elle semblait songeuse. La lumière du clair de lune se reflétait sur les perles de son décolleté, qui mettait en valeur ses seins généreux. La taille Empire de sa robe ne laissait rien entrevoir de sa grossesse, et ses cheveux étaient relevés en chignon. Elle était d'une beauté et d'une élégance sans égales. Elle était parfaite.

Ils pourraient être si heureux, ensemble. L'idée de partager la vie de Lauren lui paraissait de plus en plus évidente.

Toute la soirée, des hommes l'avaient dévorée du regard, le rendant presque fou de jalousie. Il aurait voulu leur crier qu'elle était avec lui. Qu'elle portait *son* bébé. Mais il n'avait pas pour habitude de se conduire comme un imbécile possessif.

Et puis, il était trop fier d'elle. Ces derniers temps, il avait presque oublié quelle femme d'affaires avisée elle était, mais cette soirée le lui avait rappelé avec éclat. Lauren avait conquis non seulement Prentice, mais beaucoup d'autres invités influents.

Grâce à son talent et à son charme, elle avait établi de nombreux contacts. Des contacts dont il pourrait profiter lui aussi. A sa grande surprise, il avait découvert que l'assurance sereine de son épouse l'excitait autant que son corps débordant de sensualité.

Il se rapprocha d'elle et posa les mains sur ses épaules nues.

— Tu étais étonnante ce soir. Prentice te mangeait littéralement dans la main.

Elle se tourna vers lui, et une mèche de cheveux, échappée de son chignon, caressa son visage comme il aurait aimé le faire.

— Il semble beaucoup plus sympathique que je ne m'y attendais, après la façon dont tu me l'avais décrit.

— Il t'a appréciée, c'est sûr, dit-il en enroulant les bras autour d'elle.

Encouragé par le fait qu'elle ne protestait pas, il posa les mains sur son ventre. Le bébé roula doucement sous ses doigts, puis s'arrêta.

— Son épouse aussi, d'ailleurs, ajouta-t-il.

— Elle m'a paru triste et fatiguée.

Elle s'appuya contre lui, et il respira le doux parfum de ses cheveux.

— Je ne peux m'empêcher de me demander si le style de vie de son mari lui convient autant qu'à lui.

— Et toi ? Aimes-tu ce genre d'événements ?

Il la regarda non sans inquiétude. Ce genre de soirées constituaient une part importante de sa vie professionnelle. Si Lauren n'en était pas friande, cela pourrait leur poser un réel problème. Un problème comme en avait connu Flynn, dont le mariage avait sombré en partie à cause des exigences de sa carrière.

— Tu plaisantes ? Tu me connais depuis un an, tu sais que j'adore ça.

Elle se pelotonna contre lui, de sorte que son postérieur se nicha de manière intime contre son ventre. Dans cette position, elle ne pouvait ignorer son érection.

— En tout cas, tu sais garder ton calme sous la pression, observa-t-il.

En cet instant, il ne pouvait en dire autant, tant il était tendu. Mais il voulait juste savourer le fait de l'avoir dans ses bras.

— A quoi penses-tu ? demanda-t-elle.

Il décida d'être honnête.

— Au fait que je n'arrive pas à te quitter des yeux. Tu es absolument magnifique.

— C'est gentil, mais inutile de me flatter, dit-elle avant de poser les mains sur les siennes. Je sais que ma taille disparaîtra dans quelques semaines.

— Je ne suis pas le seul à t'avoir dévoré du regard.

De nouveau, un sentiment de possessivité primaire le parcourut.

— Tu es sexy en diable. C'est vrai ce qu'on dit sur le rayonnement des femmes enceintes.

Il remonta les mains et effleura ses seins.

— Toute la semaine, j'ai rêvé de te toucher.

Avec un petit rire, elle se retourna dans ses bras, lui offrant ainsi une vue plongeante sur son décolleté laiteux.

— Ah, alors tout est dans le bonnet supplémentaire, dit-elle.

— Un bonnet supplémentaire ?

Tant pis s'il passait pour un homme primaire, mais il ne pouvait absolument pas détacher ses yeux de sa poitrine. Pas plus qu'il ne pouvait arrêter les pensées érotiques qui assaillaient son esprit. Il avait tant envie de déshabiller Lauren, de contempler chaque centimètre de ce corps qu'il n'avait qu'entraperçu lors de leur unique aventure.

— Sais-tu ce que je donnerais pour t'ôter cette robe ? Mon Dieu, Lauren, je sais que tu tenais à faire chambre à part, mais je suis sur le point de mourir de désir. Je ne sais pas combien de temps encore je pourrai m'empêcher de te toucher.

Elle joua avec sa cravate, et caressa doucement son cou.

— J'ai peut-être revu ma position.

Ses mots furent comme un coup de fouet. Il avait espéré séduire Lauren, mais pas aussi vite. La soirée lui aurait-elle ouvert les yeux ? Se pouvait-il qu'elle ait vu, comme lui, à quel point ils étaient compatibles ?

Quoi qu'il en soit, il n'allait certainement pas laisser passer cette occasion incroyable.

Il l'embrassa sur l'oreille.

— *Peut-être* revu ta position ?

Elle se retourna, et enroula les bras autour de son cou.

— *Sûrement* revu ma position.

Poussant un soupir de soulagement, il l'embrassa, à pleine bouche, enfin. Et Lauren lui rendit son baiser, sans retenue. Avec audace, même. Toutes ces longues nuits à se réveiller, tendu de désir inassouvi, après avoir rêvé d'elle, et voilà qu'enfin elle s'offrait à lui.

Elle agrippa ses épaules, avec force et insistance, comme une femme qui savait exactement ce qu'elle voulait. Elle remonta jusqu'à son col puis plongea les mains dans ses cheveux et l'attira vers elle.

Lorsqu'il l'étreignit, son sexe en érection appuya contre son ventre, lui rappelant aussitôt qu'il devait tout de même se montrer prudent.

— Quelle est la meilleure façon de faire l'amour sans risque pour le bébé et toi ?

De ses doigts habiles, elle écarta sa veste de smoking.

— A quatre mois et demi, ce n'est pas encore un problème. Et avec le temps, il suffira de trouver des positions inventives. Peut-être que nous devrions nous entraîner dès maintenant ?

— Tu es en train de faire naître des images folles dans mon esprit.

D'elle maintenant… d'elle dans quelques mois. Seraient-ils encore ensemble, à ce moment-là ? Il avait une chance de la faire changer d'avis et de la convaincre de rester, et il comptait bien la saisir, parce qu'il se rendait compte qu'une autre nuit avec Lauren serait loin de lui suffire.

— Ta voix est si sexy qu'elle suffit à m'exciter, dit-il.

— Les mots peuvent être aphrodisiaques, aussi. J'ai des fantasmes que j'aimerais te raconter.

D'une main, il ferma les rideaux.

— T'écouter parler de n'importe quoi est plus aphrodisiaque que de manger des huîtres tous les jours.

Elle poussa un doux soupir, puis se mordilla la lèvre. Lentement, il ouvrit la fermeture Eclair de sa robe, et le vêtement glissa, dévoilant…

Il en eut la bouche sèche.

Lauren portait un soutien-gorge de dentelle sans bretelles, assorti à un minuscule slip qui s'arrêtait juste sous la courbe de son ventre. Des fils dorés étaient entrelacés dans la dentelle blanche, attirant son regard sur ses courbes attirantes et sa peau laiteuse. Il caressa son ventre, et songea qu'il n'y avait rien de plus beau que Lauren portant leur enfant en elle. Elle était comme une déesse, et son pouvoir sur lui était tel qu'elle pourrait le mettre à genoux.

Les yeux assombris d'une excitation non dissimulée, elle retira les épingles de son chignon et secoua ses cheveux, qui retombèrent en cascade sur ses épaules.

— L'un de nous est beaucoup trop habillé. Enlève tes vêtements, tu veux ? Depuis le temps que je rêve que tu poses nu pour moi.

— Que je pose ? dit-il tout en déboutonnant sa chemise.

— J'ai pris des cours pour dessiner le corps masculin pendant mes études, tu sais.

— Je ne suis pas sûr d'aimer l'idée que des hommes en tenue d'Adam te tournent autour.

Taquine, elle fit glisser son ongle le long de son torse.

— Alors, déshabille-toi.

— Heureux de pouvoir te satisfaire.

Les yeux rivés aux siens, il retira sa chemise. Le désir le tenaillait, et il avait hâte d'être en elle, mais il avait surtout envie de la contempler encore. Ils avaient fait l'amour si vite, si fébrilement, la première fois, qu'il n'avait pas eu l'occasion de la voir vraiment.

En revanche, ce qu'il avait ressenti, enfoui entre les replis brûlants et soyeux de son sexe, était gravé dans son esprit.

Fou de désir, il acheva de se déshabiller, puis lui tendit la main. Elle la saisit et, de son autre main, effleura son torse. Son cœur se serra sous sa caresse.

Puis, l'attirant à lui, il dégrafa son soutien-gorge, et le laissa glisser au sol.

Elle se cambra contre lui, en appuyant ses seins généreux avec un gémissement de plaisir.

— Je ne peux pas attendre plus longtemps, dit-elle. Pourrions-nous aller plus lentement cette fois ?

— Tout le plaisir sera pour moi.

Cette fois au moins, il était sûr qu'elle n'allait pas le mettre à la porte après leurs ébats.

Sans plus attendre, il la plaqua contre le mur. Elle l'embrassa, le mordilla, promena ses ongles le long de son dos, tout en lui racontant ses fantasmes — torrides. Elle avait autant envie de lui que lui d'elle, se réjouit-il en faisant glisser son slip le long de ses cuisses soyeuses.

Dès qu'elle fut nue, elle leva une jambe et l'enroula autour de sa taille. Il n'eut pas besoin d'autre invitation. D'une main experte, il se mit à explorer ses replis secrets, et constata qu'ils étaient déjà moites et gorgés d'envie. Plongeant la tête entre ses seins, il aspira un de ses tétons dans sa bouche. Bientôt, il le sentit se durcir entre ses lèvres, et une nouvelle vague de désir afflua en lui, faisant pulser son sexe contre le ventre de Lauren.

Quand elle saisit son sexe dur entre ses mains et commença à le caresser lentement, il devina son intention.

— Maintenant ? Ici ? Tu es sûre ?

Même si, dans ses yeux, il reconnaissait le même désir sauvage que la première fois, il avait besoin de l'entendre l'exprimer.

Elle resserra légèrement son étreinte.

— Si tu ne me prends pas tout de suite, dit-elle en serrant son sexe un peu plus fort, je vais exploser sans toi dans environ quatre-vingt-dix secondes.

— Quatre-vingt-dix secondes ?

— Quatre-vingt-neuf, rectifia-t-elle en passant le pouce sur le bout de son pénis.

Alors, il la hissa autour de sa taille, et la positionna au-dessus de son sexe… Accrochée à ses épaules, elle descendit lentement sur lui…

Les sensations étaient comme dans son souvenir, mais décuplées. Rien n'aurait pu être plus puissant que ce qu'il ressentait à cet instant.

Une fois qu'il fut totalement en elle, elle blottit sa tête contre son épaule.

— Tout va bien ? demanda-t-il, parvenant à peine à se contenir.

Plus rien n'existait que la douceur soyeuse et la chaleur de son corps. Voilà à quoi se réduisait son monde en cet instant.

— Soixante et onze secondes, murmura-t-elle d'une voix saccadée, et le décompte continue.

Elle commença à onduler des hanches contre lui, en un mouvement ensorcelant. Il n'eut pas besoin d'autre encouragement.

Il s'enfonça en elle, pendant qu'elle ondulait sur lui et laissait échapper des gémissements enfiévrés, d'une voix de plus en plus haletante. Elle avait les yeux brillants et les joues rosies, il le savait parce qu'il était incapable de détourner son regard d'elle. Cette fois, il n'allait pas manquer l'occasion de la voir prendre du plaisir.

Quand elle rejeta la tête en arrière, les yeux clos, il admira la courbe gracieuse de son cou. La sueur perlait sur son front, et elle se mordillait la lèvre. Ses gémissements se firent de plus en plus aigus, jusqu'à ce qu'elle pousse un cri d'extase. Elle resserra les jambes autour de lui, comme un étau, et cria sa libération sans retenue.

Qui eût cru que sa femme réservée serait du genre à crier de la sorte ? Le fait de savoir que c'était lui qui avait provoqué ces sons exquis accrut son plaisir et, à son tour, il fut balayé par un orgasme explosif et libérateur.

Le front appuyé contre le mur, il s'effondra contre elle. La sueur les liait peau à peau, comme s'ils ne faisaient plus qu'un. Mais pour combien de temps ?

En à peine quatre-vingt-dix secondes, il avait pris conscience d'une chose.

Il ne pourrait jamais laisser Lauren repartir.

Seigneur, il fallait qu'elle s'échappe.

Dans la spacieuse cabine de douche, Lauren était assise à califourchon sur Jason, tandis que le jet d'eau chaude coulait sur eux. Elle embrassa son épaule mouillée, tandis que son sexe pulsait encore en elle.

Elle aussi était encore secouée de frissons post-orgasmiques. Son esprit était empli d'images de Jason lui faisant l'amour toute la nuit, avec ses mains, sa bouche, son corps. Elle se repassait aussi en boucle ses paroles. Sans cesse il lui avait répété à quel point il la désirait, à quel point elle l'excitait, à quel point il ne pouvait attendre pour la posséder encore. Elle s'était totalement abandonnée à lui.

Et cela l'effrayait terriblement.

Elle commençait à avoir froid, pourtant, elle n'arrivait pas à quitter le giron de Jason.

Leur aventure d'un soir avait été très agréable. Mais ce n'était rien comparé à ce qu'ils venaient de vivre. Une passion dévastatrice, désordonnée et époustouflante, qui pourrait bien lui faire perdre la raison, et lui faire oublier la vie indépendante qu'elle avait bâtie avec tant de mal. Elle avait travaillé très dur pour se libérer du cadre familial étouffant dans lequel elle avait grandi. Aurait-elle la force de s'affirmer avec Jason, alors qu'il pouvait la transformer si rapidement en une esclave des sens ?

Quand ils étaient entrés dans la douche ensemble, elle avait cru qu'ils ne pourraient pas refaire l'amour aussi vite, mais il lui avait assuré qu'ils pourraient assouvir encore un de ses fantasmes avant l'aube. Bientôt, les caresses de ses mains sur son corps savonné l'avaient projetée dans une autre spirale de plaisir, et les cris de leur orgasme simultané avaient résonné entre les murs.

Cette nuit, il lui avait aussi fait l'amour lentement, intensément. Cette nuit était bien différente de leurs ébats frénétiques sur le canapé de son bureau à New York, après lesquels il l'avait quittée si rapidement qu'elle était restée sur sa faim.

Mais ce soir, il lui avait fait découvrir des niveaux de plaisir inexplorés, et venait de lui donner un nouvel orgasme sidérant, après une nuit d'amour déjà incroyable de sensualité. Et cela lui faisait peur. Si peur qu'elle frissonna contre lui.

— Tu as froid, dit-il en embrassant sa joue. Laisse-moi prendre soin de toi.

Il la souleva doucement, puis la posa sur le siège face à lui, avant de fermer les robinets de cuivre couverts de vapeur. Saisissant un drap de bain sur le sèche-serviette, il le lui tendit.

— Merci.

Elle ne prit pas la peine d'expliquer que ses frissons n'étaient pas causés par le froid.

Une fois la serviette enroulée autour d'elle, elle s'approcha de la petite cheminée de la salle de bains. Même si ce n'était pas une cheminée à bois mais à gaz, les flammes chaudes étaient un luxe agréable. Elle avait eu le privilège de grandir dans une maison luxueuse, néanmoins cette salle de bains l'impressionnait.

Les malheureux jeunes gens qui s'étaient séparés en rénovant cette maison avaient consacré beaucoup de temps et de soins à leurs travaux. Avaient-ils eu la chance de profiter de leur demeure un tant soit peu, avant que leur mariage ne se désagrège ?

Tout en s'essuyant le dos, Jason lui donna un baiser ferme et bref, la tirant de ses sombres pensées.

— J'adorerais rester, mais je suis en retard pour le travail.

— La faute à mes fantasmes, dit-elle avec une légèreté qu'elle était loin de ressentir.

Plus vite elle se débarrasserait de lui, plus vite elle pourrait remettre de l'ordre dans ses émotions entremêlées. Elle arrivait à peine à penser, pour l'instant, encore moins à être raisonnable.

Comment l'être, quand elle pouvait admirer le corps nu et musclé de Jason, qui se dirigeait vers le dressing ? Car dans cette salle de bains spacieuse, un mur avait été abattu pour créer ce dressing. Il fallait de l'audace pour casser hardiment des murs et opérer un changement irréversible, dans l'espoir que tout tournerait comme on l'avait rêvé — audace qu'elle était quasiment sûre de ne pas avoir.

Elle démêla ses cheveux avec ses doigts pendant que Jason s'habillait.

Lorsqu'il la rejoignit, il était habillé de pied en cap et portait même son attaché-case.

— Désolé de devoir travailler un samedi, mais je serai de retour vers 18 heures. J'ai des projets pour la soirée, alors ne t'embarrasse pas à préparer le dîner. Je penserai à toi toute la journée.

Il lui donna un autre baiser, plus long cette fois — plus aimant ? La saveur de son dentifrice et les notes citronnées de son après-rasage mirent ses sens en alerte. Ça, Jason savait embrasser. Et étrangement, ce baiser revêtait encore plus de sens que les autres, précisément parce qu'il ne mènerait pas plus loin. La tendre attention que Jason venait d'accorder à ses lèvres, pour recréer un lien, était tout aussi intime que la fusion de leurs corps.

Quand la porte se ferma derrière lui, Lauren se laissa glisser sur le siège de la douche et essaya de rassembler ses esprits. Même si elle trouvait la force de retourner à New York, elle reviendrait avec le bébé, pour que Jason passe du temps avec son enfant. Et Jason leur rendrait visite, lui aussi.

Comment pourrait-elle être dans la même pièce que lui sans éprouver de désir ? C'était impossible. Elle le désirerait. De plus en plus.

Mais pour combien de temps ? Un feu aussi ardent devrait bien finir par s'éteindre.

Oui, mais s'il ne s'éteignait pas ?

Elle avait été témoin des ravages de la passion sur ses parents. Il était hors de question qu'elle vive de pareils tourments.

10

Jason faisait des progrès, il le sentait aussi sûrement que la piqûre des embruns salés de la baie sur sa peau.

Tandis qu'ils longeaient la jetée, après avoir partagé un délicieux dîner au yacht-club, il glissa son bras autour des épaules de Lauren. Il s'en voulait un peu d'avoir fait attendre une femme enceinte une heure de plus pour manger.

Il détestait être en retard, mais, cet après-midi, il n'avait pas pu faire autrement. Prentice avait soudain changé d'avis sur la star qui devait incarner une ligne de maillots de bain. Sans parler des quatre autres nouveaux contrats avec lesquels Jason jonglait. Au moins, Lauren et lui avaient réussi à sortir un samedi soir, pour un vrai rendez-vous. Et il comptait bien profiter de chaque minute pour lui montrer les nombreux atouts de la vie à San Francisco.

Quoi de mieux pour lui faire découvrir un maximum de sites touristiques qu'un bateau ?

— Un bateau ? Tu possèdes un bateau ? s'exclama-t-elle, ralentissant le pas.

Au-dessus de leur tête, la sauvagine s'ébattait. Les marais alentour abritaient une abondante population d'oiseaux migrateurs durant l'hiver.

— Ah, j'ai oublié de t'en parler ? dit-il d'un ton faussement innocent.

— Oui, j'en suis certaine. Je n'aurais pas oublié un tel bateau, dit-elle en désignant de la main son voilier de cinq mètres.

— J'en ai eu un bon prix d'un type dont l'affaire était en difficulté. Ce bateau sur mesure était sur l'eau depuis à peine quelques semaines quand il s'est rendu compte qu'il devrait le vendre pour éviter la faillite.

— Alors, il est presque neuf ?

— Il a moins de six mois.

Remontant la fermeture de son coupe-vent, Jason sentait déjà le tangage apaisant sous ses pieds. Il espérait que Lauren n'avait pas le mal de mer. Ce n'était pas une cause de rupture, mais ce serait fâcheux, étant donné que la voile était sa seule vraie forme de loisir.

— Tu aimerais faire un tour ?

— Euh, oui. Pourquoi pas ? dit-elle, manifestement surprise par ce changement de plan.

Avait-elle un problème avec l'impulsivité ? Ce n'était en tout cas pas l'image qu'elle donnait, vu la façon dont ils faisaient l'amour, où et quand cela leur prenait. Sur le trajet vers le restaurant, il avait dû s'arrêter sur une route déserte pour ne pas risquer un accident. Elle s'était montrée gourmande et frénétique, pour son plus grand plaisir.

Maintenant qu'il y songeait, c'était peut-être aussi pour cela qu'ils avaient dîné tard.

Il l'aida à monter à bord, en remerciant d'un signe de tête l'employé du club qui avait préparé les voiles, afin qu'ils puissent partir tout de suite. Une fois à bord, Lauren sembla tout à fait à l'aise. D'un pas assuré, elle s'installa sur un transat, et offrit son visage au vent.

Le battement des voiles et des cordes était une musique apaisante, après sa dure journée de travail. Lauren semblait se satisfaire du silence — chose qu'il appréciait. La plupart des gens de sa connaissance ressentaient le besoin de remplir les blancs.

Il prit la barre et engagea le bateau hors de la baie. Le clair de lune et les lumières de la côte éclairaient les boutiques de Fisherman's Wharf et l'île d'Alcatraz. C'était vraiment une belle manière de découvrir les richesses de San Francisco.

Après une heure de croisière le long de la baie, il jeta l'ancre et rejoignit Lauren, assise sur le pont. Les lumières du bateau éclairaient la crête des vagues et le front de mer empli de promeneurs.

Jason posa une couverture sur les épaules de Lauren, et se plaça derrière elle.

— Tu as froid ?

Elle secoua la tête contre son torse.

— Non, ça va. J'ai mis plusieurs couches de vêtements, comme tu me l'avais conseillé avant que nous ne sortions. Mais laisse-moi la couverture, dit-elle en se pelotonnant entre ses plis. Le temps se rafraîchit.

Il l'attira contre lui, savourant la sensation de son corps collé au sien.

— Est-ce que tu as eu une journée productive ?

— Pas particulièrement créative, mais chargée. Je m'occupe de payer mes créanciers, puisque ton prêt a été encaissé.

Elle posa la main sur son genou.

— Merci encore. Ma société signifie beaucoup pour moi.

— Inutile de me remercier, dit-il, et il était sincère. Tu vas me rembourser, tu te souviens ?

— Oui, dit-elle en riant. A un taux d'intérêt ridiculement bas.

Il espérait qu'ils pourraient bientôt effacer cette fichue dette. Il avait voulu l'aider, et maintenant, à son grand désarroi, elle semblait ne rien vouloir accepter de lui. Avec un peu de chance, le détective privé qu'il avait engagé pour retrouver le comptable de Lauren arriverait bientôt à un résultat. Si Lauren récupérait son argent, sa société serait stable, ce qui lui permettrait d'être plus flexible.

Il savait bien qu'elle n'accepterait plus d'argent de lui, mais peut-être pourrait-il la convaincre de conserver le prêt original pour leur enfant, et de développer sa société ? Elle pourrait, par exemple, ouvrir une succursale à San Francisco. C'était la meilleure solution pour le bébé, non ?

Et pour lui.

Elle se tourna vers lui, le vent ramenant sa longue queue-de-cheval devant son visage.

— Je suis contente que tu aies proposé cette croisière. Comme tu le sais, je suis un peu sous tension ces derniers temps.

— La mer a un effet relaxant.

Pour sa part, il avait l'impression d'être transporté dans un autre monde. Les vagues léchaient les flancs du bateau, et des poissons sautaient à quelques mètres à peine d'eux. Les lumières de quelques autres bateaux brillaient au loin, mais aucun n'était assez près pour qu'ils puissent en distinguer les détails.

— Tu pourrais vivre ici, observa-t-elle. Le bateau a plus de meubles que ta maison.

Cette dernière remarque lui rappela qu'il ne restait plus qu'une semaine avant qu'elle ne reparte pour New York. Le moment était venu de tenter une avancée.

— Peut-être que dimanche, nous pourrions nous balader dans le quartier de Fisherman's Wharf, et acheter quelques meubles.

— Je ne sais pas, dit-elle en caressant son genou et en fixant l'horizon. Qu'est-ce qui t'a décidé à quitter la Marine ? Quand Prentice a dit pendant le dîner que tu t'étais comporté en héros pendant un incident avec des pirates, tu es devenu très silencieux.

Il se tendit devant cette soudaine incursion dans son passé. Mais il était si bien dans les bras de Lauren qu'il n'eut pas le cœur de la repousser.

— Je faisais juste mon travail. Je n'en ai parlé à Prentice que parce qu'il a un neveu en service.

— Qu'est-il arrivé ?

Son passé de militaire lui semblait si loin à présent. Mais c'était une partie de sa vie, qui lui avait inculqué la discipline, la capacité de concentration et le goût du dépassement, qualités dont son père avait toujours dit qu'il en aurait besoin, mais qu'il avait été trop absent pour lui enseigner lui-même. Il sentit le bébé rouler sous ses mains, et se promit aussitôt de faire mieux que son propre père. D'être présent pour son enfant.

— C'était une prise d'otages, au large de la Malaisie. Nous avons été appelés en renfort.

— Nous ?

— J'étais officier-plongeur et démineur, rattaché à une équipe de forces spéciales.

— Démineur ? Tu as manipulé des bombes ?

— Entre autres, oui.

Elle tressaillit entre ses bras.

— Ça semble effrayant.

Effrayant ? Les premiers jours, oui, mais les dernières

années, les frissons de peur ne le saisissaient qu'une fois la mission terminée.

— Il y a eu des moments difficiles, c'est vrai. Mais nous étions bien entraînés et préparés, pour pouvoir nous montrer imperturbables durant nos missions.

— Ton travail doit te sembler bien tranquille en comparaison.

— Différent, seulement. Parfois, la Marine me manque. Mais la publicité, c'est ce que j'ai toujours voulu faire. J'étais si décidé à être différent de mon père que j'ai poursuivi d'autres rêves pendant quelque temps, mais en fin de compte, je suis revenu à ce qui coule dans mes veines.

— Tu as su te faire un prénom et ne pas rester dans l'ombre de ton père, ici comme à New York. Tu ne dois ta réussite qu'à toi-même.

Il était touché que Lauren ait remarqué cela. Il avait fourni beaucoup d'efforts pour réussir seul, en tout cas.

— J'ai obtenu une bourse du Rotary Club de la Marine, puisque je n'avais le droit de toucher à l'héritage de mes grands-parents qu'à l'âge de vingt-cinq ans. Après mon diplôme, je devais effectuer des années de service en échange. Je me plais à penser que je me serais enrôlé malgré tout, même si je n'avais pas eu besoin de cette bourse.

— Tes parents refusaient de payer tes études ?

— Oh, ils auraient volontiers payé, mais la contrepartie aurait été trop conséquente.

— C'est-à-dire ?

— Aller dans la même université que mon père, et rejoindre l'agence familiale. J'apprécie tous les avantages que la fortune de ma famille m'a apportés, mais je refusais d'être un enfant gâté toute ma vie.

— Tu as prouvé ta valeur, sans l'ombre d'un doute.

— C'est un processus en cours.

Un processus qui durait toute la vie, en réalité.

Il songea à la mère de Lauren, qui avait tant dénigré le talent de sa fille parce qu'elle le jugeait inférieur au sien. Peut-être Lauren comprenait-elle les problèmes qu'il avait avec ses parents mieux qu'il ne l'avait mesuré.

— Globalement, je suis heureux ici, de mon travail et de mon cadre de vie.

— Etant donné ton amour de la mer, San Francisco est un lieu idéal, bien plus que New York et ses hivers froids.

— Je fais de la plongée depuis mon enfance. C'est plus pratique d'avoir un bateau que de perdre du temps à rejoindre un lieu de vacances.

Il posa le menton sur le sommet de sa tête.

— Les bateaux naufragés sont passionnants à explorer, et les récifs de corail sont d'une beauté à couper le souffle. J'aimerais te les faire découvrir, quand le bébé sera né.

— Jason (elle lui pinça légèrement la cuisse), encore une fois, tu vas trop loin. Je dois bientôt partir, n'oublie pas.

Elle était si belle entre ses bras, songea-t-il en l'étreignant un peu plus fort.

— Nous ne pouvons pas vivre au jour le jour éternellement. Il faudra bien que nous fassions des projets, à un moment donné, fit-il valoir.

Elle se retourna dans ses bras, le visage illuminé par le clair de lune.

— Tu sais quoi ? J'ai un projet, un projet vraiment génial, concernant la façon dont nous devrions passer la nuit ensemble.

Mais pourquoi Lauren refusait-elle de voir qu'il était sérieux ? Il voulait qu'elle comprenne que leurs personnalités s'accordaient à merveille, et pas seulement sur le plan charnel.

Une lueur de détermination dans le regard, elle le plaqua au sol, avant même qu'il puisse réagir, et tira la couverture sur eux.

— Je pense que nous devrions nous blottir sous cette couverture, et voir qui fera crier l'autre de plaisir en premier.

Lauren regarda longuement Jason, allongé sous elle, puis, lentement, l'embrassa. Elle avait décidé de laisser libre cours à son désir, et l'expression stupéfiée de Jason lui avait donné l'avantage dont elle avait besoin. Mais déjà, il reprenait le contrôle. En poussant un râle, il la fit rouler sous lui, puis remit la couverture sur eux.

Toute cette conversation sur leur avenir lui avait donné envie de fuir, tant elle l'effrayait. Mais au final, elle avait décidé d'agir. Et de le faire taire de la meilleure façon possible.

Elle n'avait pas envie de discuter du futur. Jason savait pertinemment qu'elle avait ses rêves, sa société, son chemin à tracer dans le monde. Et puis, en dépit de tout, elle avait besoin de veiller sur sa mère, qui n'avait personne d'autre qu'elle pour s'assurer qu'elle ne sombre pas complètement.

Elle avait de multiples raisons de rentrer à New York.

Quel que soit son désir pour Jason, son envie de rester auprès de lui, son temps ici était compté. Elle n'avait plus qu'une semaine pour emmagasiner des souvenirs, ensuite, elle devrait instaurer des limites, si Jason et elle voulaient avoir une chance d'élever leur enfant dans la paix.

Pour l'heure, elle avait seulement envie de profiter de l'instant présent, de savourer la sensation du long corps de Jason sur le sien, de mémoriser le son de sa voix rauque de désir.

Le bateau ondulait doucement, et les vagues imitaient le mouvement de leurs corps qui se frottaient l'un contre l'autre. Elle tira sur ses vêtements avec des mains empressées. De son côté, il lui retira fébrilement son jean. Dès qu'ils furent à moitié nus, elle enroula la main autour de son sexe dressé, et le guida jusqu'à elle, n'y tenant plus.

Enfin, il la pénétra d'un puissant coup de reins. Son parfum épicé se mêlait à l'air salé et à son propre parfum fleuri, excitant ses sens déjà aiguisés.

Elle serra ses fesses pour l'inciter à aller plus vite, plus fort, aussi loin que son ventre arrondi le permettait. Glissant la main entre eux, il caressa son clitoris, tout en continuant d'aller et venir en elle.

Déjà, ils adoptaient un rythme instinctif qui leur était propre. Cela témoignait d'une compréhension des besoins de l'autre qui l'excitait et l'effrayait en même temps. Jason lui donnait envie de faire des choses indécentes, audacieuses, comme de faire l'amour en plein air, sur le pont d'un bateau.

Il mordilla son oreille, tout en continuant de tracer des cercles de plus en plus rapides autour du centre de son sexe. La rugosité de ses doigts amplifiait la force des sensations qu'il faisait naître en elle.

— Alors, Lauren, qui va crier en premier ?

Elle serra les jambes autour de lui, et parvint à lui arracher un gémissement.

— Je ne sais pas, susurra-t-elle. A toi de me le dire.

Il se souleva un peu pour la regarder, le visage tendu de retenue.

— Je pense que nous allons crier en même temps.

La promesse d'un orgasme simultané l'excita encore davantage. Il captura le cri qu'elle poussa dans sa bouche, tandis qu'elle accueillait le râle d'extase qui montait du fond de sa gorge. Le plaisir se déversa dans ses veines avec une explosion de couleurs, la laissant vidée, languide.

Prenant une profonde inspiration, Jason s'étendit à côté d'elle. Puis, sans un mot, il l'attira contre lui et étendit la couverture sur eux.

Sur la côte, les lumières de San Francisco scintillaient. Chaque fois qu'une vague venait lécher la coque, elle sentait sa résolution faiblir. Si Jason avait l'intention de la persuader de la douceur de vivre à San Francisco, eh bien, il avait réussi.

Toutefois, même si elle était conquise, et séduite par l'existence qu'il lui faisait entrevoir, une pensée l'obsédait. Jason n'avait jamais parlé de sentiments entre eux. Il ne lui avait jamais dit qu'il l'aimait.

Elle, de son côté, ne pouvait dissiper le sentiment dérangeant qu'elle était en train de tomber amoureuse de Jason.

Irrévocablement amoureuse.

11

Jason rejoignit à grandes enjambées le pont inférieur, après avoir vérifié que tout était en ordre. Le fait d'avoir Lauren dans un lit jusqu'au matin était un plaisir rare, dont il comptait profiter au maximum.

Enfin, s'il arrivait à tenir la distance. Son épouse était presque insatiable, songea-t-il en souriant.

Poussant la porte menant à la cabine principale, il s'arrêta net. Les draps étaient froissés, mais le lit était vide. Où diable Lauren était-elle passée ?

Il retourna vers la cuisine, et alluma la lumière. Comme il le pensait, Lauren était là, recroquevillée dans un coin du sofa, les yeux rouges de larmes non versées. Vêtue d'un de ses T-shirts de la Marine, elle avait les genoux ramenés contre sa poitrine.

— Lauren ? Est-ce que tout va bien ?

Elle se redressa rapidement, et afficha un sourire un peu trop éclatant pour être convaincant.

— Bien sûr. Pourquoi ça n'irait pas ? Je viens de faire l'amour sous les étoiles, et je parie que je vais recommencer avant que la nuit ne s'achève.

C'était un pari qu'elle gagnerait, bientôt. Mais pas encore. Pas avant qu'il n'ait découvert ce qui l'avait bouleversée.

Il s'assit à côté d'elle. Pas trop près, toutefois. Elle semblait si tendue qu'elle s'effondrerait sans doute au moindre contact.

— Tu sembles distraite. Cela fait peut-être de moi un égoïste, mais quand j'ai une femme dans mon lit — toi en particulier —, je veux sa totale attention.

— Il n'y a rien de grave.

Elle tira sur le bord de son T-shirt avec des doigts nerveux. Cela ne lui ressemblait pas, elle d'habitude si calme.

— Tu es perturbée, à l'évidence, insista-t-il en posant la main sur la sienne. Pourquoi ne me dis-tu pas ce qui te tracasse ?

Elle sortit de sous sa jambe son téléphone portable. Puis, d'un air détaché, elle le lança à l'autre bout du sofa. Le léger tangage du bateau fit tomber l'appareil sur le sol.

— Ma mère a téléphoné.

Sa mère ? Mais il était plus de minuit ici, ce qui signifiait qu'il était plus de 3 heures du matin à New York. Pourquoi sa mère avait-elle appelé Lauren si tard ? C'était manquer d'égards envers sa fille enceinte, qui aurait très bien pu dormir à poings fermés.

Et puis il comprit. Jacqueline était sans doute dans une phase maniaque. Il ne savait pas grand-chose des troubles bipolaires — un fait qu'il comptait rectifier dès que possible —, mais il se doutait que l'appel de Jacqueline avait dû être éprouvant.

S'il ne pouvait guère changer le passé de Lauren, il pouvait essayer d'alléger un peu son présent.

— Eh bien, tu aurais dû taper au plafond, et je serais venu à ta rescousse.

— Merci, vraiment, dit-elle avec un sourire tremblant, mais tu ne peux pas éternellement répondre à ma place.

— Qu'a-t-elle dit ?

— Rien de vraiment horrible. Son appel tombe mal, c'est tout.

Elle se pencha vers lui. C'était un bon début.

— Elle est paniquée par la perspective que j'aie un bébé. Le mariage était une bonne chose à ses yeux — mais pas le bébé. Ou plutôt, le fait de devoir se marier à cause de lui.

Il enroula une mèche de ses cheveux autour de son doigt.

— Toi-même, tu trouvais cela archaïque, non ?

Elle serra les lèvres.

— Elle m'a dit d'exiger de grosses indemnités de divorce et, après avoir raccroché, elle m'a envoyé le numéro de son avocat par SMS.

Il eut soudain une envie furieuse de jeter le téléphone par-dessus bord.

— Ce n'était pas vraiment un appel maternel réconfortant, hein ? dit-il, serrant les poings de colère contenue.

— Je ne devrais pas être affectée, je le sais bien. Ce n'est pas comme si nous avions prévu de rester mariés. Simplement, je n'ai pas aimé la façon dont elle s'attendait à ce que je te dépouille de ta fortune. Elle m'a fait penser à ce demi-million de dollars que tu m'as prêté, et je me suis sentie très mal.

Elle tapa du poing contre les coussins.

— J'aurais dû tenir bon, et laisser mon entreprise couler, si c'était la façon dont les choses devaient se passer. J'ai tout gâché.

— Hé, attends !

Il la prit par les épaules et la fit pivoter vers lui. En aucun cas, il ne la laisserait douter d'elle-même de cette façon. Quelle mère était Jacqueline pour avoir fait une entaille aussi profonde dans la confiance de sa fille ?

— Reprenons tout point par point. D'abord, ton comptable t'a volée. Cela arrive tous les jours à des gens très compétents et très malins dans le monde des affaires. Tu sais, même des villes se font escroquer ! Deuxièmement, nous sommes liés par ce bébé, ce qui signifie que nous devons faire équipe et nous entraider. Si j'avais de gros soucis, j'attendrais évidemment de toi que tu me viennes en aide. Tu comprends ? dit-il en lui prenant le menton. Est-ce que tu m'entends ?

Elle hocha la tête, et afficha un sourire un peu plus assuré.

— Oui, je t'entends, et je dois admettre que tes paroles me réconfortent.

— Et pour finir, cesse de donner de l'importance à ce que ta mère pense. Je refuse qu'elle perturbe la mère de mon enfant.

Cela, il l'avait dit pour sa propre satisfaction autant que pour celle de Lauren.

— Ce point n'est pas aussi raisonnable que les deux premiers, tu sais.

Oui, et il se sentait un peu hypocrite, puisque lui-même avait été trop sensible à l'opinion de son père la majeure partie de sa vie.

— Peut-être que quand il s'agit de toi, je ne suis pas aussi raisonnable que j'aimerais.

Un doux euphémisme.

— A présent, viens te coucher, dit-il.

Le sourire qu'elle lui adressa était sensuel et franc, cette fois.

— Essaierais-tu de me séduire ?

— Mon Dieu, Lauren, dit-il en passant un bras autour de ses épaules, tu ne penses qu'à ça !

Elle lui mordilla le menton.

— M'invites-tu à refaire l'amour, oui ou non ?

A dire vrai, il voulait même bien plus que cela.

— Je te demande de dormir avec moi.

— Bien sûr, très bonne idée, dit-elle d'un ton désinvolte.

Il réprima un soupir de dépit. Elle était passée totalement à côté de ce qu'il avait essayé de dire.

Il tenta de se convaincre que c'était lui qui se montrait trop impatient. Et pourtant, alors qu'ils se glissaient sous les couvertures et que Lauren se collait contre lui, il eut le sentiment qu'elle était encore sur ses gardes. La réalité le frappa de plein fouet : elle ne faisait qu'assouvir des fantasmes sexuels, sans s'impliquer sur le plan émotionnel.

Cependant, maintenant qu'il mesurait à quel point elle avait souffert dans le passé, il commençait à comprendre.

Lauren cherchait désespérément à fuir le chaos de la vraie vie.

Lauren fixait la lune et les étoiles, à côté de Jason, endormi depuis longtemps. N'importe quelle autre nuit, le doux balancement du voilier l'aurait bercée, et elle se serait endormie en un clin d'œil. Mais ce soir, elle était trop abattue pour trouver le sommeil.

Tirant la couverture sur eux, elle glissa une jambe entre celles de Jason, et apprécia la douce chaleur que ce contact lui procura. Si seulement ils pouvaient rester sur ce bateau, et naviguer un peu plus loin, jusqu'à un endroit où son téléphone portable ne capterait pas de réseau.

Non, elle ne pleurerait pas. Elle ne se le permettrait pas. Ces appels de sa mère en plein milieu de la nuit ne dataient pas d'hier, après tout. Et puis, elle avait eu tort de ne pas avoir parlé du bébé à Jacqueline plus tôt, elle devait donc assumer les conséquences. Malgré tout, elle avait espéré que, pour une fois…

Fermant les yeux très fort, elle se reprit. Elle devrait pourtant savoir, après toutes ces années de hauts et de bas, qu'elle ne devait rien espérer de sa mère. C'était stupide d'être triste parce qu'elle aurait aimé choisir des meubles d'enfant avec sa mère. Ou parce qu'au lieu de lui suggérer des prénoms de bébé, Jacqueline lui avait donné le nom d'un avocat spécialiste du divorce.

Elle se blottit contre Jason. Dans son sommeil, il laissa glisser son bras sur sa taille. Elle accepta un peu du réconfort qu'elle n'avait pas pu accepter tout à l'heure, tant il lui avait été impossible de baisser sa garde.

Sur le long terme, il valait bien mieux ne pas s'impliquer. Ainsi, quand Jason et elle devraient se dire au revoir, son cœur ne serait pas complètement brisé.

— Bon sang, Jason, un modèle est censé être immobile ! Tu rends les choses bien plus difficiles qu'elles ne doivent l'être.

Lauren avait sans doute raison. Mais il ne pensait pas avoir l'étoffe d'un bon modèle. A sa décharge, étant donné qu'il était le sujet *et* la toile, rester immobile était une mission d'autant plus difficile.

Ses muscles tressautaient sous l'effort. Il lui était presque impossible de ne pas bouger, quand Lauren l'observait et le touchait de la sorte.

— Tu n'es pas à court de sirop ? demanda-t-il, espérant un répit.

Ce matin, au milieu de leur petit déjeuner constitué de gaufres belges, Lauren avait fixé les restes de sirop d'érable, une lueur malicieuse dans les yeux. Sans qu'il sache comment, elle avait déniché un pinceau de cuisine, et était revenue avec un bol de sirop chaud. Quand elle lui avait fait signe de rejoindre la salle de bains, il avait obtempéré sans broncher.

Et voilà qu'il posait nu, dans la cabine de douche, pendant que Lauren, aussi dénudée que lui, peignait sur son corps.

Lorsqu'elle agita le pinceau, une goutte de sirop d'érable atterrit sur son pied, et il sursauta.

— Ne bouge pas, ou j'arrête tout.

— Tu es impitoyable.

Elle lui lança un sourire taquin.

— J'assouvis juste un de mes fantasmes.

— Dans ce cas, mon corps est à ta disposition.

Il ferma les yeux, imaginant une vie entière passée à explorer d'autres fantasmes ensemble.

— Je suis tout à toi.

Elle plongea le pinceau dans le bol, posé sur le lavabo, et peignit un trait sur son cœur. Puis elle explora son torse, en traçant des cercles de plus en plus resserrés sur un de ses pectoraux jusqu'à ce qu'elle parvienne à son téton, qu'elle recouvrit par petites touches successives. Déjà, le désir se répandait en lui, et il n'avait qu'une envie, enlacer Lauren et la pénétrer d'un coup de reins puissant. Mais le regard qu'elle lui lança lui indiqua qu'elle arrêterait tout s'il faisait ne serait-ce que tressaillir.

Elle suivit le chemin de ses côtes, pour arriver sur son ventre. Il contracta ses abdominaux et se mordilla la lèvre.

— Tu es chatouilleux ?

— Pas du tout, mentit-il. Qu'est-ce que tu peins, au fait ?

— Un arbre grand et puissant.

Ses coups de pinceau se multipliaient. C'était un arbre très feuillu, apparemment.

— Tu *es* chatouilleux. Alors, le grand homme fort que tu es a tout de même une faiblesse.

— Ce n'est une faiblesse que si je la laisse m'affecter.

— Est-ce que tu me mets au défi ?

Il se contenta de hausser un sourcil en guise de réponse. Quand il vit une lueur taquine dans ses yeux, il se concentra, bien décidé à ne pas flancher.

Elle reprit ses coups de pinceau. Légers. Caressants. De plus en plus indécents.

Elle ne cherchait plus du tout à le faire rire, à présent qu'elle recouvrait de sirop l'extrémité de son sexe dressé. Quand il s'adossa au mur, cette fois, elle ne le sermonna pas. Au contraire, elle afficha un sourire sensuel et satisfait, puis entreprit de recouvrir entièrement son sexe de sirop.

Puis, souriant de plus belle, elle s'agenouilla. Quand elle passa la langue sur le sommet de son sexe, il eut le souffle coupé.

Une myriade de sensations le submergea tandis qu'elle léchait jusqu'à la dernière goutte du sirop qu'elle avait appliqué avec tant de soin. Le gémissement d'appréciation qu'elle poussa le fit gémir à son tour. Tout son corps pulsait d'excitation, à présent.

Il entendit le pinceau tomber sur le carrelage bleu de la cabine de douche, puis sentit la main de Lauren se refermer autour de son sexe. La mâchoire serrée, il appuya les paumes contre le mur, pour éviter de perdre l'équilibre — et le tangage du bateau n'y était pour rien. Si Lauren continuait, il perdrait totalement le contrôle.

A regret, il l'agrippa par la taille, et la fit reculer. Mais lorsqu'il vit ses pupilles dilatées, et ses joues rosies, il fut ravi de constater qu'elle était dans le même état d'excitation que lui. Il ouvrit le robinet et entraîna Lauren sous le jet avec lui. Des gouttelettes glacées bombardèrent sa peau déjà mise à mal par la séance de peinture, mais, bientôt, l'eau se réchauffa.

Plaquant sa bouche sur celle de Lauren, il savoura son goût exquis, mélange de sirop, de désir et de chaleur, avec l'impression que jamais il ne serait rassasié. Il adorait se doucher avec elle, avec ou sans sirop d'érable sur le corps.

Peut-être qu'après cette douche, il pourrait lui arracher la promesse de rester plus longtemps… et encore plus longtemps… jusqu'à ce qu'ils finissent par vivre ensemble.

L'eau s'écoulait sur leur corps pour disparaître dans un tourbillon brunâtre. Il hissa la jambe de Lauren au-dessus de sa taille, et taquina de ses doigts habiles son sexe moite. Haletante, elle s'appuya contre lui pour garder l'équilibre. Au bout de quelques instants, elle ondula de manière effrénée, en poussant des gémissements saccadés, cherchant à l'évidence à aller au bout de ce supplice exquis.

— Reste, reste ici à San Francisco.

Les mots lui avaient échappé. Il avait pourtant prévu d'attendre encore pour les prononcer.

Désireux de lui faire oublier ce qu'il venait de dire, il plaqua sa bouche sur la sienne. Ce n'était qu'une phrase stupide, prononcée dans le feu de l'action.

Mais il sentit Lauren se figer.

— Qu'est-ce que tu viens de dire ? murmura-t-elle, les cils ourlés de perles d'eau.

— Nous en reparlerons plus tard.

Il posa les mains sur ses épaules, puis sur ses seins lisses, en espérant la distraire. Mais pourquoi avait-il fallu qu'il dise ces mots maintenant ? Il savait pourtant que dans une campagne publicitaire, la clé de la réussite était de choisir le bon moment. Or convaincre Lauren était la campagne la plus importante de sa vie. C'était *la* campagne de sa vie.

Elle recula.

— J'ai entendu ce que tu as dit.

Son visage était à présent fermé, et ne donnait que peu d'indices sur ses pensées. En tout cas, elle mettait un terme à leur récréation.

— Je ne comprends pas pourquoi tu changes les règles, dit-elle.

Mais pourquoi parlait-elle de ces fichues règles ? Leur relation allait bien au-delà maintenant.

— C'est toi qui as révisé la clause de chasteté. Et je ne sais pas pour toi, mais pour moi, ces nuits passées avec toi changent tout. Je veux plus.

Elle se mordilla la lèvre, l'air incertain. L'espoir monta en lui, et il l'attira entre ses jambes avec douceur, pour ne pas la brusquer.

Elle toucha sa joue, l'air triste.

— Pourquoi ? Pourquoi veux-tu plus ?

Ce n'était pas la réponse qu'il attendait, mais, au moins, elle avait accepté de discuter. Il tenta de trouver des arguments pour la faire changer d'avis, en vain. Il avait utilisé ses meilleures munitions dès la minute où il était entré dans l'appartement de Lauren, une semaine plus tôt. Cependant, il devait bien y avoir quelque chose à…

Son téléphone vibra sur le comptoir de la cuisine, mais il l'ignora. Il répondrait plus tard.

Mais, après quelques secondes, l'appareil vibra de nouveau. Lauren se dégagea et enroula une serviette autour d'elle.

— Tu devrais répondre.

— Non, dit-il, l'agrippant par le coude. Nous sommes au

milieu d'une conversation capitale. Je veux que le bébé et toi soyez auprès de moi. Je paierai les frais de déménagement pour installer ta société ici, je ferai tout ce que je peux pour te faciliter la transition, parce que, pour être clair, je veux bâtir une vie de famille avec toi, ici, à San Francisco.

La frustration lui nouait la gorge. Il voulait tant convaincre Lauren.

— Bon sang, Lauren, c'est la solution la plus logique !

Dès qu'il eut prononcé cette phrase, il sut qu'il était très loin d'avoir trouvé le bon argument et qu'il s'était montré maladroit. Qu'allait-elle répondre à cela ?

Etait-elle donc si obstinée ? Ou trop fière ? Un mauvais pressentiment s'empara de lui.

— Cette conversation est finie, dit-elle.

Elle alla chercher le téléphone, et le lui apporta.

Comme elle ne lui laissait pas le choix, il prit le maudit appareil, avec l'intention de l'éteindre. Mais il se ravisa quand il découvrit l'adresse électronique affichée sur l'écran.

C'était celle du détective privé qu'il avait engagé pour retrouver le comptable de Lauren.

Il accéda au message.

J'ai localisé le suspect, son compte off-shore aux îles Caïman et ses autres possessions dignes d'intérêt. Les détails sont prêts à être communiqués à la police. Merci de me dire comment vous souhaitez procéder.

Il ne pouvait pas cacher ces informations à Lauren, quand bien même cela augmentait les chances qu'elle retourne à New York.

Il avait échoué et cela lui laissait un goût amer et un sentiment d'une infinie tristesse.

Désormais, Lauren n'avait plus besoin de son argent. Plus rien ne la retenait à San Francisco.

Lauren n'avait aucune raison de rester. Jason ne l'aimait pas, et rien ne la portait à croire que son amant à la logique si implacable l'aimerait un jour.

Installée à côté de lui dans son véhicule, elle observait les maisons qui défilaient derrière la vitre tandis qu'ils remontaient la rue pour rejoindre la demeure de Jason. Sa demeure à elle, aussi, pour quelques jours encore. Elle avait promis de rester deux semaines, et elle tiendrait parole, même si elle n'avait plus besoin de l'argent de Jason.

Tout à l'heure, après avoir lu le message sur son téléphone, Jason lui avait avoué avoir engagé un détective. Celui-ci avait retrouvé le comptable véreux et l'argent de sa société, placé sur un compte des îles Caïman. Les autorités étaient sur le point d'interpeller le coupable, et avaient fait geler tous ses avoirs, disséminés dans plusieurs pays. Peu importait que la police ait accès au compte off-shore ou pas, ou que le comptable soit extradé rapidement ou pas ; cet escroc avait assez d'argent ailleurs pour qu'elle soit sûre de récupérer ses fonds, tôt ou tard.

Dans une semaine, elle retrouverait son petit appartement, sa société, et les températures hivernales de Manhattan. Grâce à Jason et à son détective privé, elle allait pouvoir retrouver sa vie d'avant, et rembourser sa dette jusqu'au dernier *cent*. Tout se déroulait comme elle l'avait souhaité.

Alors, pourquoi éprouvait-elle un tel sentiment de vide ?

Cette dernière semaine dans la maison de Jason s'annonçait longue et triste. Comment avait-elle pu penser un instant qu'elle pourrait assouvir ses désirs avec lui, et s'en sortir le cœur indemne ?

Jason conduisait en silence. La matinée était fraîche, mais bien moins que le nœud de tension dans sa poitrine qui lui glaçait le cœur. Elle voulait se réfugier dans sa chambre au plus vite, afin d'être loin de Jason. Afin de ne plus être tentée d'oublier sa vie planifiée avec soin pour accepter d'emménager avec un homme qui ne lui avait jamais dit qu'il l'aimait.

Et elle, l'aimait-elle ?

Oui, elle l'aimait. C'était une certitude qui se renforçait de jour en jour. Mais qui l'effrayait encore jusqu'au tréfonds de son âme. Elle avait vu ce que l'amour avait fait à ses parents, et ne voulait pas connaître le même sort. A l'évidence, Jason gardait ses émotions aussi prudemment qu'elle, car il n'avait jamais dit ressentir quelque chose de si compliqué et de si perturbant — de si merveilleux — que de l'amour pour elle.

Et si elle prenait le risque de lui avouer ses sentiments ? Peut-être qu'après le dîner, au coin du feu, elle trouverait le courage de tenter sa chance… Qu'avait-elle à perdre de toute façon ?

Enfin, Jason arriva au bout de la rue. Elle plissa les yeux pour contrer le soleil matinal, et distingua une luxueuse berline garée juste devant la maison. Qui était-ce ? Quand Jason marmonna un juron, elle se redressa avec curiosité, et regarda par la vitre. Un homme grand, aux cheveux de jais, était appuyé contre la voiture. Son visage se précisa à mesure qu'ils approchaient.

Brock Maddox les attendait. Et ça ne pouvait pas être bon signe.

Visiblement inquiet, Jason se gara juste derrière lui.

— Je te retrouve à l'intérieur, dit-il avant de sortir. Bonjour, Brock, que puis-je faire pour toi ?

Lauren ferma sa portière, et se tint un peu à l'écart sur le trottoir, trop curieuse de savoir pourquoi Brock était ici.

— Prentice n'est pas content, commença Brock en fourrant les mains dans ses poches.

— De quoi parles-tu ? demanda Jason, l'air soucieux.

— De ce faux mariage que vous avez essayé de nous vendre, tous les deux.

Elle se raidit aussitôt. Elle était peut-être déchirée par sa décision de retourner à New York, mais en aucun cas elle ne voulait que cela coûte son travail à Jason. Elle s'approcha de lui, et posa une main tremblante au creux de son bras.

— Qui a dit qu'il était faux ? risqua-t-elle.

Brock les observa tous les deux, comme s'il hésitait à l'inclure dans la conversation. Il ne semblait pas vouloir entrer, cependant, pour poursuivre cette entrevue à l'intérieur. Maddox était un homme froid, distant, et peut-être même indifférent à son prochain. Etait-ce ce genre d'homme que Jason finirait par devenir ?

Cette éventualité lui donna la chair de poule, et elle frotta ses bras nus. Au moins, il n'y avait pas grand monde dans la rue à cette heure-ci. Quatre maisons plus loin, les membres d'une petite famille, tous habillés sur leur trente et un, montaient dans une voiture, sans doute pour se rendre à l'église. En les observant, elle eut la gorge nouée.

— Tout ce que tu auras à me dire, Lauren peut l'entendre, affirma Jason.

Ils s'en étaient toujours bien sortis, quand il s'agissait de travail, songea-t-elle. Mais sur le plan personnel…

— D'accord, concéda Brock. Le monde de la finance est une petite communauté, tu sais. Tu croyais vraiment que ta transaction d'un demi-million de dollars passerait inaperçue ? La rumeur est partie de Wall Street et est arrivée jusqu'ici, en passant par Golden Gate Promotions, bien sûr. Le comptable de Lauren s'est enfui avec son capital, qui s'élève aussi, comme par hasard, à un demi-million de dollars.

A l'idée que Brock ait vu si clair dans leur jeu, elle fut prise d'un élan de panique. Jason, lui, avait toujours le visage impassible. Apparemment, il était bien plus doué qu'elle pour masquer sa peur.

— Je suppose que tu as renfloué Lauren, en échange d'un mariage de façade, pour empêcher Prentice d'aller fouiner dans ta vie personnelle.

Au bord de la panique, elle chercha les mots justes, les mots qui lui permettraient de sauver la carrière de Jason. Quelle ironie, tout de même. Au moment où elle retrouvait son univers, celui de Jason s'effondrait.

— Notre mariage n'a peut-être pas commencé de manière traditionnelle, mais les choses ont changé entre nous, plaida-t-elle.

Non pas que cela regarde Brock le moins du monde. Comment Jason arrivait-il à évoluer dans un environnement de travail si conservateur, si étouffant ? Si intrusif, même ? Elle était si déterminée à l'aider qu'elle envisagea d'avouer de but en blanc ses sentiments pour lui.

— Alors, Lauren reste ? demanda Brock.

Jason hésita une seconde de trop.

— Elle n'a pas réservé de billet de retour.

— Il te faudra trouver mieux que ça, commenta Brock en fronçant les sourcils. Je sais déjà que la police est sur le coup, et qu'ils ont mis la main sur ce comptable il y a environ une heure. C'est bien ça ?

— Ma femme et moi partageons nos finances. Son affaire est la mienne. Qu'y a-t-il de mal à ce que j'investisse dans sa société ?

— Ce n'est pas ainsi que Prentice voit les choses. Il n'est pas très enclin à faire confiance à un homme qui a payé une femme pour prendre part à un mariage factice juste pour garder un contrat.

Elle ne perdait pas une miette de la conversation et, plus elle en entendait, plus la colère l'envahissait. Elle s'apprêtait à dire à Brock d'aller au diable, mais se retint, pour Jason. D'ailleurs, pour une fois, les ragots étaient tout à fait exacts.

Jason redressa les épaules, adoptant un port militaire.

— Que comptes-tu faire ?

— C'est ta campagne. C'est toi qui l'as décrochée, alors c'est à toi de trouver une solution. Je ne vais pas te mentir, nous n'avons jamais eu autant besoin d'un client comme Prentice qu'en ce moment.

— Je comprends, et je veux faire au mieux pour MC.

Brock jeta un coup d'œil à Lauren, puis revint à Jason.

— Il est évident que tu es prêt à aller très loin pour ta carrière, et si j'admire ton ambition, j'attends aussi de toi que tu couvres mieux tes arrières, à l'avenir.

Il se frotta la mâchoire.

— Je m'en veux de ne pas avoir compris votre manège plus tôt, conclut-il.

Jason se pinça l'arête du nez. Visiblement, il était en proie à une intense réflexion.

Tout en l'observant, Lauren se sentit stupide. Jason semblait vraiment perturbé et cela lui rappela que toute cette histoire entre eux n'était qu'un arrangement professionnel. Elle était bêtement tombée amoureuse de son ambitieux mari et, maintenant, elle avait le cœur en lambeaux. Dieu merci, elle ne lui avait pas avoué ses sentiments.

Brock sortit les clés de sa voiture et les fit cliqueter dans sa main.

— C'est tout pour l'instant. Je voulais juste t'informer en personne, et te donner le temps de trouver un moyen de sauver ta peau. Prentice a ordonné une réunion pour demain après-midi. Je t'attends dans mon bureau à la première heure pour établir un plan de défense.

Il adressa un bref signe de tête à Lauren avant de monter dans sa voiture, avec une contenance toute professionnelle.

— J'imagine que la mascarade est finie, dit-il sans la regarder. Tu n'auras même pas besoin d'attendre la semaine prochaine pour rentrer à New York.

C'était ce qu'elle avait souhaité. Ce qu'elle avait prévu dès le départ. Elle observa la famille, au bas de la rue, et son regard s'attarda sur le père, qui attachait son bébé sur son siège auto.

Si elle avait tout ce qu'elle souhaitait, alors pourquoi cela faisait-il si mal d'observer cette petite famille ?

12

Jason sortit du bureau de Brock, avec qui il venait de préparer une stratégie pour la réunion de crise avec Prentice, cet après-midi. Il avait le cerveau si engourdi qu'il se sentait comme en pilotage automatique. Il avait perdu Lauren, et il ne verrait son enfant que de loin en loin, pendant les vacances et quelques week-ends.

Hier soir, Lauren et lui avaient de nouveau fait chambre à part. Lui dans son fauteuil, elle dans le lit. Et elle lui avait bien fait comprendre qu'elle préférait qu'il parte avant qu'elle ne se réveille. Elle le tiendrait au courant pour le bébé, avait-elle promis, mais elle tenait à éviter les adieux déchirants.

Brock lui avait donné tout un discours à mémoriser. Un tissu de mensonges tortueux, mais plutôt bien construits. S'il se débrouillait bien, il y avait de bonnes chances pour que Prentice les avale.

Son travail était tout ce qui lui restait, à présent. Un plus grand bureau, avec une plus jolie vue, voilà tout ce qu'il avait à espérer de la vie.

Dans le couloir, Flynn, qui l'attendait manifestement, vint à sa rencontre.

— Viens, marchons un peu, lança-t-il en le prenant par les épaules. Si nous prenions quelque chose à manger et que nous allions dans mon bureau ?

Comme s'il avait le choix ! Il soupçonnait Flynn de jouer le rôle du gentil policier, maintenant que Brock avait joué celui du méchant. Toutefois, Jason avait l'impression que ce n'était pas un jeu, tant ces rôles reflétaient leurs vraies personnalités.

Il suivit Flynn jusqu'à l'ascenseur, qui les amena au cinquième étage. Ce niveau abritait les autres services de MC : relations publiques, création artistique, finances. Les bureaux étaient plus petits que ceux de l'étage supérieur, mais tout aussi modernes, avec leurs murs immaculés et leurs bureaux en acrylique. Flynn sourit aux gens qu'ils croisaient, appelant chacun par son prénom, s'arrêtant pour parler brièvement à quelques employés. Une attitude qui tranchait avec celle de Brock.

Enfin, ils arrivèrent dans la grande salle de restauration, équipée d'une cuisine moderne. Brock Maddox veillait à ce que le réfrigérateur soit toujours bien garni, car les brain-stormings créatifs pouvaient durer de longues heures.

Flynn ouvrit le réfrigérateur et sortit deux plats de nourriture chinoise.

— Tu veux de l'eau ou du soda ? demanda-t-il.

— De l'eau, merci.

L'approche de Flynn était incontestablement plus décontractée que celle de son frère, qui ne lui avait même pas offert une chaise, tout à l'heure. Ils se dirigèrent enfin vers le bureau de Flynn. C'était autrefois celui de Brock, du vivant de leur père. Flynn l'avait récupéré, et en avait fait une pièce bien plus chaleureuse que l'actuel bureau de Brock. Des plantes, un bureau de verre et des canapés crème constituaient le décor.

Exactement le genre d'endroit que Lauren aimerait.

Bon sang, allait-il penser à elle à la moindre occasion, désormais ? Il ferait mieux de l'oublier, et vite. Car, quand il rentrerait chez lui tout à l'heure, elle serait loin.

Et s'il dormait ici ce soir, sur le canapé de son propre bureau ? Ainsi, il pourrait échapper au parfum de Lauren sur ses draps. Il se noierait dans le travail, et sauverait sa carrière.

Flynn s'installa à son bureau et lui fit signe de s'asseoir. Il lui tendit une assiette de poulet aigre-doux et une paire de baguettes.

— Tu tiens le coup, après le savon que t'a passé mon frère ?

— Il a le droit d'être furieux. Il me faudra beaucoup de doigté, et de chance aussi, pour convaincre Walter Prentice cet après-midi.

Flynn plongea sa paire de baguettes dans son carton.

— Brock peut se montrer dur parfois, mais c'est parce qu'il

vit pour son travail. Il adorait notre père, et il veut préserver sa mémoire à travers l'agence. MC est toute sa vie. Je n'approuve pas son attitude, mais je le comprends.

Il posa ses pieds sur le bureau et mordit dans un nem.

— Pour ma part, j'ai une vision plus nonchalante de la vie, comme dirait mon frère.

Jason se fit la réflexion que son père se serait bien entendu avec Brock. Pour Flynn, ce ne devait pas être facile d'avoir un aîné aussi rigide. Cependant, même si les choses étaient tendues entre les deux frères, Jason ne courrait pas le risque de prendre parti pour l'un ou l'autre.

— L'ambiance est tendue en ce moment, dit Flynn, mais les finances de l'agence se portent plutôt bien. Il n'y a pas de raisons de s'inquiéter. Une fois que nous ferons descendre Koteas de son piédestal, nous aurons la mainmise sur toute la côte Est.

— Si tu le dis.

Ce n'était pas du tout le tableau que Brock lui avait dressé. Toutefois, il ne devrait pas s'étonner, les frères Maddox étaient rarement d'accord.

— La tension entre Brock et moi est-elle si évidente ?

Pour toute réponse, Jason haussa les épaules.

— Brock et moi devons œuvrer à ce que cela ne se voie pas. C'est mauvais pour les affaires si nous n'avons pas l'air unis.

Il retira ses pieds de son bureau et reprit une position plus professionnelle.

— J'imagine que tu te demandes pourquoi je t'ai amené ici.

— Parce que je suis la star du jour ?

Et pas pour de bonnes raisons.

Flynn prit un air sérieux, ce qui accentua la ressemblance entre Brock et lui.

— Laissons le sujet MC de côté une minute, dit-il.

Flynn passa nerveusement les mains dans ses cheveux. Il semblait chercher ses mots.

— Bon, je ne sais comment tourner cela autrement, alors je vais être direct. Ne laisse pas ton travail passer avant ton épouse.

Jason posa son plat avec prudence. Il ne s'était pas du tout attendu à cela, et ne savait pas trop comment réagir.

— Lauren repart pour New York cet après-midi.

Il entendait d'ici l'écho dans sa maison vide.

— Je peux donc consacrer tout mon temps à mon travail.

Du moins, jusqu'à ce que le bébé vienne au monde. Car quoi qu'il arrive il comptait être présent.

— Il n'est pas trop tard pour vous, Jason. Vous n'avez encore signé aucun papier de divorce. Tu sais, je parle en connaissance de cause. J'ai laissé ma famille et mon travail s'interposer entre Renee et moi, et, depuis, je l'ai regretté des milliers de fois.

Jason le croyait volontiers, sa voix était teintée d'un regret sincère.

— Tu veux vraiment finir comme Brock ? Qui pense et qui respire MC, au point qu'il vit même ici ?

En effet, tout le monde savait que Brock avait élu résidence dans l'appartement-terrasse de l'immeuble, au dernier étage. Un cadre luxueux, certes, mais Jason préférait tout de même sa propre demeure.

Pourtant, avant que Lauren n'arrive, sa maison vide n'avait rien d'un foyer. Aurait-il pensé un jour à y mettre des plantes, si elle ne le lui avait pas suggéré ?

— Pour Lauren et moi, c'est différent. Nous savions parfaitement ce que nous faisions en nous engageant dans ce mariage, l'un comme l'autre. Nous cherchions juste à limiter les dégâts causés par sa grossesse-surprise, en essayant de trouver la meilleure solution possible.

— Tu ne parles même plus comme le Jason Reagert que je connais. Celui qui ne baisse jamais les bras.

Flynn parlait sans savoir. Jason s'était démené comme un fou une semaine entière pour montrer à Lauren à quel point ils étaient bien assortis, et quelle vie de rêve ils pourraient offrir à leur bébé.

Une semaine entière ?

La prise de conscience était violente. Il ne voulait pas être ce type que Flynn venait de décrire. Un homme loin d'avoir fait tout ce qui était en son pouvoir pour garder la femme qu'il aimait. Car, oui, il aimait Lauren. Il n'avait pas le cœur sec comme son père. Son père ne se serait jamais soucié de savoir si sa femme était heureuse, et n'aurait certainement pas eu la gorgée nouée devant une photo d'échographie.

Une semaine, c'était peut-être peu pour conquérir Lauren, mais c'était assez pour qu'il soit sûr que ses sentiments pour elle étaient réels. Lauren était parfaite pour lui. En tant qu'amie, amante, épouse, et mère de son enfant.

Flynn avait raison. Rien ni personne ne devrait s'interposer entre sa femme et lui. Il ne se pardonnerait jamais de laisser sa vie être dictée par sa carrière. Il irait retrouver Lauren à l'autre bout du pays. Et si, pour être avec elle, il devait quitter son poste et créer sa propre agence à New York, alors il le ferait, sans l'ombre d'une hésitation.

Dès que la réunion avec Prentice serait terminée, il prendrait le premier avion pour New York, et irait retrouver son épouse.

Lorsque le taxi démarra, Lauren observa la maison de Jason dans le rétroviseur. Sa valise était faite, son billet d'avion pour New York, réservé, et son bref mariage, terminé. Même son souhait d'éviter des adieux larmoyants avait été exaucé. Jason était parti au bureau avant qu'elle ne se réveille, comme elle le lui avait demandé.

La ville défilait devant elle, déjà pleine des souvenirs qu'elle avait fabriqués avec Jason en l'espace d'une semaine. Des souvenirs fabuleux. Tous ces moments ensemble se mêlaient dans son esprit comme dans un kaléidoscope doux-amer. Elle aimait Jason, mais comment bâtir une vie avec lui, s'il ne l'aimait pas en retour ?

A l'intérieur de son sac, son téléphone sonna, la faisant sursauter. Etait-ce Jason ? Elle sortit nerveusement l'appareil, et lut le numéro qui s'affichait sur l'écran.

Maman.

L'espace d'un instant, elle envisagea de remettre le téléphone dans son sac. Hier encore, elles avaient discuté de fresques murales pour la chambre d'enfant et, pour l'instant, elle n'avait pas la force de gérer de nouvelles critiques. Mais à quoi bon reporter l'inévitable ?

Elle décrocha, et colla le téléphone contre son oreille.

— Bonjour, maman. Que puis-je pour toi ?

— Je prends juste de tes nouvelles. Comment te sens-tu ?

Lauren se figea sur son siège. Il y avait un calme dans la voix de sa mère qu'elle n'avait pas entendu depuis bien longtemps. D'instinct, elle étouffa l'espoir qui montait en elle. Car, malheureusement, cette accalmie était sans doute annonciatrice d'une phase dépressive.

— Je me sens beaucoup mieux ces jours-ci, maman.

Sur le plan physique, en tout cas. Sur le plan sentimental, elle avait le cœur en lambeaux.

— En fait, je suis prête à reprendre le travail à plein temps. Je me dirige vers New York à cet instant, pour m'occuper de quelques affaires.

Elle lui parlerait du divorce plus tard.

Elle s'attendait à ce que, comme à son habitude, sa mère lui prodigue des conseils non sollicités, et exige de passer des journées entières en sa compagnie.

— C'est fantastique, Lauren. Je suis contente que tu ailles bien.

Jacqueline marqua une pause, puis prit une inspiration tremblante.

— Ecoute, ma chérie, je t'appelle pour une raison précise.

Lauren sentit son ventre se nouer. Même si on ne savait jamais vraiment à quoi s'attendre avec sa mère, en général, il y avait des drames, des larmes et de la colère.

— Je t'écoute.

— C'est très difficile pour moi de te dire cela, alors, s'il te plaît, ne m'interromps pas.

Lauren réprima un rire nerveux. Elle, l'interrompre, alors que, la plupart du temps, elle arrivait à peine à placer un mot ?

— D'accord, maman.

— Très bien. Je suis allée voir mon médecin aujourd'hui. Pas mon médecin généraliste, l'autre, celui que j'avais arrêté de consulter depuis un moment. Nous avons programmé quelques rendez-vous de suivi, également.

Lauren avait l'impression que son sang affluait violemment à son cerveau. Elle avait peine à croire ce qu'elle venait d'entendre et, pourtant, elle avait bien entendu. L'espoir était une chose effrayante.

— Cela me fait plaisir de l'entendre, maman, vraiment plaisir.

— Ne m'interromps pas, chérie.

— Oui, pardon.

Lauren secoua la tête, stupéfiée par la tournure que prenait la conversation.

— Il m'a aussi prescrit un nouveau médicament qui vient de sortir sur le marché, et je vais le prendre. Ce n'est pas facile pour moi de le faire ni même de t'en parler, mais je veux être la meilleure grand-mère possible et, pour cela, il faut que je me soigne. Je veux pouvoir profiter de ton bébé.

Sa chaîne à lunettes tinta dans l'écouteur. Jacqueline était-elle nerveuse ? Sans doute. Cela représentait un immense pas pour elle, de solliciter de l'aide seule, et non parce que sa famille l'y avait poussée. Lauren sentit une soudaine émotion l'envahir.

— Très bien, ma chérie, à présent tu peux parler.

Sa mère avait déjà été suivie par des spécialistes par le passé. Lauren priait pour que cette nouvelle initiative mène à une amélioration à long terme de son état.

— Je mesure à quel point c'était difficile pour toi, et je suis vraiment fière de toi, maman. Merci de m'avoir informée.

Jamais auparavant sa mère n'avait parlé de ses visites chez le médecin et, bien sûr, Lauren avait respecté son choix. Mais Jacqueline avait aussi exigé de ses proches qu'ils fassent comme si son problème n'existait pas.

Le fait qu'elle ait parlé ouvertement de sa démarche, reconnaissant ainsi sa maladie, était un progrès incroyable. Lauren aurait besoin d'un peu de temps pour se faire à cette idée, mais elles avaient fait une avancée majeure, aujourd'hui.

Elle s'éclaircit la gorge.

— Je t'aime, maman.

— Je t'aime aussi, ma chérie, murmura sa mère avant de raccrocher.

Lauren serra le téléphone contre sa poitrine, comme pour maintenir ce nouveau lien ténu avec sa mère un peu plus longtemps. Maintenant que la surprise était passée, elle mesurait encore mieux le courage qu'il avait fallu à Jacqueline pour effectuer une telle démarche.

Puis des doutes l'assaillirent. Si sa mère pouvait avoir assez de cran pour remettre sa vie sur les rails, et pour prendre le contrôle de son propre bonheur, pourquoi elle-même ne pourrait-elle pas en faire autant ?

Elle ne voulait pas quitter San Francisco, songea-t-elle en se redressant. Elle ne voulait pas quitter Jason. Elle était sa femme, elle portait son enfant, et elle l'aimait. Corps et âme.

Alors pourquoi fuyait-elle la promesse d'une vie avec lui ? D'accord, il n'avait pas dit qu'il l'aimait, mais avait-elle pris la peine de lui poser la question, au moins ? Ou de lui parler de ce qu'*elle* ressentait pour lui ?

Elle regarda par la fenêtre la ville qu'elle commençait tout juste à explorer. Un monospace familial remorquant un bateau croisa sa route. Elle songea au yacht de Jason, et à tous les week-ends en mer qu'ils pourraient passer. Des voyages auxquels elle ne s'était pas autorisée à penser, lorsque Jason avait essayé de lui en parler.

Quand le taxi passa devant un restaurant, elle se revit en train de lécher du sirop d'érable sur le corps de Jason. Plus loin, elle aperçut une jardinerie, et s'imagina en train de créer un parterre de fleurs avec Jason. A présent qu'elle s'autorisait à se dire « et si », partout elle voyait la possibilité d'un avenir avec lui.

Elle n'avait accordé à leur relation qu'une semaine. Rien, en somme, à l'échelle d'une vie. Il était temps qu'elle cesse de fuir et de se comporter en lâche. Elle allait se montrer courageuse, comme sa mère venait de le faire. Elle qui avait passé sa vie à ne pas vouloir ressembler à sa mère, elle commençait à réviser son jugement.

Elle tapota sur la vitre de séparation qui l'isolait du chauffeur.

— Pourriez-vous faire demi-tour, s'il vous plaît ? Je ne vais plus à l'aéroport, finalement. Conduisez-moi à Powell Street. L'immeuble Maddox.

Dans la salle de conférences de MC, Jason était installé en tête de table, et songeait au discours de « sauvetage » que Brock lui avait dicté.

Un discours qu'il refusait de prononcer.

S'il voulait reconquérir son épouse, il fallait qu'il commence à agir dès maintenant, même quand elle n'était pas là pour entendre ce qu'il avait à dire.

— Monsieur Prentice, même si je suis heureux de vous avoir pour client, il n'y a rien de plus important pour moi que Lauren et notre bébé. Je préférerais confier votre campagne à un de mes collègues plutôt que de laisser quoi que ce soit s'interposer entre mon épouse et moi.

Walter Prentice s'adossa à son fauteuil de cuir, les yeux plissés, l'air indéchiffrable.

— Vous rendez-vous compte, Reagert, que je pourrais très bien vous prendre au mot et choisir un autre publicitaire ? Je n'aime pas beaucoup les gens qui se font passer pour ce qu'ils ne sont pas.

A cet instant, des acclamations de surprise s'élevèrent autour de la table. Jason se retourna…

Lauren était là, devant la porte, l'air déterminé.

Sa stupéfaction laissa vite place à la prudence. Qu'avait-elle en tête ?

Les fauteuils crissèrent autour de la table, les cadres de *MC* semblaient fascinés par la scène qui se déroulait sous leurs yeux.

Lauren avança jusqu'à lui, et glissa la main au creux de son bras.

— Monsieur Prentice, je peux vous assurer que mon mariage avec Jason est tout à fait réel.

Prentice se redressa sur son siège, l'air contrarié.

— Comptez-vous enlever la vedette de MC pour le ramener à New York ?

— Je n'ai aucune intention d'éloigner Jason de San Francisco.

Elle se blottit contre lui.

— Monsieur Prentice, mon mariage est solide comme le roc. Rien ne me fera quitter Jason.

Elle parlait comme si elle pensait ce qu'elle disait. Si elle jouait la comédie pour le punir d'avoir lancé le premier cette idée de fiançailles…

Mais son regard croisa celui de Lauren.

Et ce qu'il y lut le sidéra. De l'amour. Une vague de soulagement déferla sur lui avec une telle force qu'il oublia presque les gens autour d'eux. Heureusement, Gavin toussota, et Jason se retourna vers Prentice.

— Et ces rumeurs de mariage de convenance ? insista Prentice d'un ton réprobateur. Madame Reagert, avez-vous vraiment encaissé un demi-million de dollars pour vous faire passer pour sa femme ?

Jason avait envie de rétorquer que ce n'était pas ses affaires, mais Lauren lui serra légèrement le bras pour le calmer.

— Monsieur Prentice, apparemment, ce n'est pas un secret que ma société a eu des difficultés, et Jason était prêt à tout faire, absolument tout, pour m'aider. Tout comme je suis prête à tout pour l'aider. Nous nous soutenons toujours, quoi qu'il arrive.

Tous les yeux se tournèrent vers Prentice. Chacun semblait retenir son souffle, et un long silence s'installa tandis que le célèbre homme d'affaires réfléchissait à ce que venait de dire Lauren.

Enfin, Prentice rejeta la tête en arrière, et son rire résonna dans la salle, bientôt suivi par une série de soupirs de soulagement appuyés.

Dont celui de Jason. Lauren venait de le tirer d'affaire. Il s'était préparé à se battre bec et ongles pour elle, et voilà que c'était elle qui venait de le défendre. Elle était merveilleuse !

Prentice donna une tape dans le dos de Jason, puis posa la main sur son épaule avec un air paternel.

— J'aime les gens qui suivent mon slogan, *La famille avant tout*. Lauren et vous en êtes la parfaite illustration.

Il se tourna vers Brock, dont le regard sidéré valait son pesant d'or. Sans nul doute, il ne s'était pas attendu à ce que Prentice soit convaincu aussi facilement. Surtout que la devise personnelle de Brock avait toujours été *Le travail d'abord*.

— Maddox, tonna Prentice, donnez aux jeunes mariés le reste de la semaine. C'est un ordre. Il y a sûrement des choses dans ma campagne que ses collègues pourront gérer, pour que ces deux jeunes gens puissent débuter leur union convenablement.

Toute la salle applaudit et les acclama. Même Brock applaudit, quoique avec un peu moins d'énergie. Lauren était rouge d'embarras, mais, Dieu merci, elle souriait.

Puis, quand tout le monde eut retrouvé son calme, il la

conduisit hors de la salle de conférences pour rejoindre son bureau. Une fois à l'intérieur, il ferma la porte à clé. Le rire de Lauren se mêla au sien pendant qu'il la prenait dans ses bras. Lorsqu'il l'embrassa, elle lui rendit son baiser, sans hésitation, sans retenue. Ils pouvaient enfin donner libre cours à leurs sentiments.

Il la plaqua contre le bureau, ravi d'avoir un jour de congé à passer avec elle. Mais avant tout, il fallait qu'il sache.

— Tu pensais tout ce que tu disais tout à l'heure devant Prentice ?

— Chaque mot, murmura-t-elle entre deux baisers.

— Dieu merci, dit-il, soulagé, parce que je me suis rendu compte aujourd'hui que je ne pouvais pas te laisser partir.

— Dans ce cas, c'est une bonne chose que j'aie décidé de rester.

Elle attrapa sa cravate et l'attira vers elle, le regard malicieux.

— Ce n'est pas très professionnel de faire l'amour sur ton lieu de travail.

— Nous sommes mariés.

Et puis, il fallait bien qu'ils scellent leur engagement, non ?

— Et ce sera très bénéfique sur le plan professionnel. Chaque fois que je m'installerai à mon bureau, je penserai à toi, ce qui me fera travailler plus efficacement, pour retrouver plus vite ma maison, ma famille, et la femme que j'aime.

Les larmes aux yeux, elle lui adressa un sourire tremblant.

— Eh bien, dans ce cas, murmura-t-elle contre sa bouche, porte-moi sur ce bureau.

— Continue de parler ainsi, et ce sera si rapide que personne ne soupçonnera quoi que ce soit.

— Puisque tu ne me laisses jamais insatisfaite, je n'ai pas de problème avec ça. Et puis comme ça, nous rentrerons plus tôt chez nous.

— Chez nous, répéta-t-il.

Il plongea les mains dans ses cheveux soyeux.

— Tu es sûre que cela ne te dérange pas de rester à San Francisco ? Je ne sais pas si tu as entendu ce que j'ai dit avant que tu n'interrompes Prentice. Je lui disais que j'étais prêt à retourner à New York, si c'était la condition pour te rendre heureuse. J'ai les ressources financières pour m'installer où tu voudras. Je ne veux pas te perdre à cause de mon travail.

Son père et lui avaient laissé le travail et leur fierté se dresser entre eux. Il ne répéterait pas cette erreur avec Lauren.

— Oh, Jason, moi aussi ! Je me suis rendu compte que je m'accrochais à cette idée de succès professionnel parce que j'avais peur de perdre le contrôle. Ici, avec toi, c'est l'endroit où je veux être exactement.

— Je ne te mérite pas, dit-il en la serrant contre lui.

— Dans ce cas, tu peux continuer à faire des efforts, plaisanta-t-elle. En fait, j'ai réfléchi. Pourquoi ne pas investir l'argent que tu as injecté dans ma société pour fonder une autre agence ici ?

— J'aime ta façon de penser.

— Nous pourrions travailler ensemble, comme autrefois.

— Nous formions une sacrée bonne équipe.

— C'est toujours le cas.

Et cela continuerait.

— Tu as toujours été incroyable et exceptionnelle, mais, durant cette semaine, j'ai mesuré à quel point je t'aimais. A quel point j'avais besoin de toi. Je suis content que tu aies décidé de rester, mais si tu n'étais pas revenue, je serais allé te chercher. Je ne pouvais pas te laisser me rejeter hors de ta vie une seconde fois.

Une larme roula sur sa joue.

— Je t'aime aussi, tu sais, dit-elle en souriant malgré ses pleurs. A la folie. J'aime la façon dont tu me fais l'amour, et la façon dont tu m'aides et me soutiens, tout en me donnant confiance en moi. J'aurais dû le comprendre plus tôt, mais j'avais trop peur. Tu me fais perdre le contrôle, tu sais.

Son aveu hésitant formait la dernière pièce du puzzle que Lauren était pour lui. Il comprit enfin que, sous la surface calme et maîtrisée, elle cachait une nature passionnée. Le fait de le savoir l'aiderait à appréhender leur relation.

— Je ne veux surtout pas t'effrayer.

— Je fuyais les sentiments intenses que tu faisais naître en moi, parce que je redoutais de devenir comme ma mère, et d'avoir un mariage aussi désastreux que celui de mes parents.

Mais je n'ai plus peur à présent. En fait, nous faisons ressortir le meilleur chez l'autre.

Il était tout à fait de cet avis. Sans Lauren, il n'aurait sans doute jamais songé à fonder une famille, et serait passé à côté de ce grand bonheur.

— On dirait que tu as beaucoup réfléchi ces dernières heures, commenta-t-il.

— Et je ne t'ai pas encore parlé des projets que j'ai pour le jardin !

Elle remonta les mains sur les revers de son col.

— Maintenant que notre journée de travail est finie…

Il la souleva et la fit s'asseoir sur le bord du bureau. Comme toujours, les envies de Lauren étaient en parfaite adéquation avec les siennes.

— Il est vraiment temps de nous accorder une récréation, approuva-t-il.

Epilogue

San Francisco, deux semaines plus tard

Tout en cherchant le regard de Jason, qui était allongé tout contre elle, Lauren ne put s'empêcher de se demander comment un homme pouvait être tout à la fois aussi présent dans son corps et dans son esprit.

Ils venaient de faire l'amour et, comme toujours, elle se sentait comblée. Comblée, mais aussi prête à recommencer au plus vite, juste le temps qu'ils reprennent leur souffle.

— J'ai une idée, dit Jason en remettant une mèche de cheveux derrière son oreille. Si nous baptisions chaque nouveau meuble de cette façon ?

— Cela pourrait s'avérer un peu compliqué, quand ce piano droit ancien que tu as commandé arrivera.

— Au contraire, ce sera l'occasion de mettre en pratique quelques positions inventives.

Avec une fleur fraîchement coupée provenant de leur jardin, il caressa son ventre, dans lequel leur enfant grandissait.

— Les fleurs sont magnifiques, dit-il. Je n'arrive pas à croire que tu aies réussi à faire de cette maison un foyer aussi chaleureux en si peu de temps.

— Et tu n'as encore rien vu.

Elle avait disposé deux topiaires devant la porte d'entrée, et planté des gueules-de-loup dans les jardinières, ce qui était un bon début. Mais elle était impatiente de façonner le jardin plus en détail, avec le temps. Car, désormais, elle avait ce luxe.

Du temps. Avec Jason. Pour la vie entière.

Elle avait engagé un directeur à plein temps pour ses bureaux de New York, et comptait ouvrir une nouvelle branche de sa société à San Francisco. Puisqu'elle récupérerait bientôt son argent, Jason et elle avaient décidé d'utiliser le demi-million qu'il lui avait prêté comme mise de départ pour son expansion californienne. C'était un investissement judicieux pour leur avenir, et pour leur enfant. Elle avait déjà dessiné des plans pour construire son nouveau bureau derrière la maison, dans le même style architectural que cette dernière.

Avec Jason à ses côtés, l'avenir s'annonçait radieux.

Il était son meilleur ami, son amant, son partenaire, et son mari — et il se trouvait aussi être l'amour de sa vie.

Ils avaient même invité la mère de Lauren à visiter des appartements dans le voisinage, afin qu'elle puisse venir voir son petit-fils ou sa petite-fille quand elle le voudrait. Si Jason avait encore du chemin à faire pour se réconcilier avec ses propres parents, elle savait qu'elle ne serait jamais heureuse si elle coupait les ponts avec sa mère, surtout maintenant que Jacqueline semblait prête à accepter de l'aide.

Pour autant, Lauren ne se berçait pas d'illusions. Tout ne serait pas toujours facile avec Jacqueline, c'était le moins qu'on puisse dire, mais, à présent, elle se sentait capable de poser des limites plus fermes, et de redéfinir une relation mère-fille plus saine.

— Je t'aime, Jason, murmura-t-elle contre ses lèvres.

— Je t'aime aussi, répondit-il.

Jamais elle ne se lasserait d'entendre ces mots.

Dire qu'il y a encore quelques semaines, tous deux étaient si bornés et enfermés dans leur existence froide et uniquement dévouée au travail qu'ils avaient failli passer à côté de leur bonheur.

A présent, la devise de Prentice, *La famille avant tout*, s'appliquait parfaitement à eux.

EMILIE ROSE

Flynn

HARLEQUIN

Titre original : EXECUTIVE'S PREGNANCY ULTIMATUM

Traduction française de AGATHE PASSANT

Ce roman a déjà été publié en septembre 2011

83-85, boulevard Vincent Auriol, 75646 PARIS CEDEX 13.
Service Lectrices — Tél. : 01 45 82 47 47
www.harlequin.fr

Prologue

11 janvier

— Comment cela, je suis encore mariée ? ! s'exclama Renée Maddox atterrée.

Les yeux braqués sur son avocat, elle fit un effort pour contenir l'hystérie qui la menaçait de la submerger.

— Que voulez-vous dire ?

Le vieil homme, avec son flegme habituel, s'adossa et croisa les mains sur son gilet.

— Apparemment, votre mari n'a jamais signé les papiers de votre divorce.

— Mais cela fait des années que nous sommes séparés, se défendit-elle. Comment est-ce possible ?

— Le défaut de signature n'est pas si rare, Renée. Il a de multiples raisons. Mais si vous tenez à connaître celle de Flynn, c'est à lui qu'il faut poser la question. Je peux m'en charger, ajouta-t-il avec obligeance. Si vous voulez.

La douleur de l'échec, le désastre auquel son mariage avait conduit, s'abattirent sur elle, avec la même amertume. Elle avait aimé Flynn de toute son âme, vraiment, mais l'amour n'avait pas suffi.

— Non, je ne veux pas lui parler.

— Vous pouvez considérer la situation sous un autre angle, avança l'homme de loi. Etant donné que vous n'êtes pas divorcés, vous avez toujours droit à la moitié des biens de votre mari. Et sa fortune s'est considérablement accrue en sept ans.

— L'argent de Flynn ne m'intéresse pas, affirma-t-elle. Pas plus aujourd'hui qu'hier. Je ne veux rien de lui.

D'un infime pincement de lèvres, son avocat lui manifesta sa réprobation, mais elle n'avait aucune envie de revenir sur la question.

— Je comprends que vous vouliez mettre un terme rapide et définitif à cette affaire, reprit-il, mais les lois californiennes sont très avantageuses. Puisque vous n'avez pas établi de contrat avant le mariage, et puisque le divorce n'est pas prononcé, vous pouvez obtenir beaucoup.

Une inquiétude subite la traversa.

— Est-ce que cela signifie qu'il peut aussi réclamer la moitié de mon entreprise ? Le succès de Saveurs des Anges m'a trop coûté pour que j'accepte de m'en défaire.

— Ne vous inquiétez pas, la rassura-t-il, je ne vous laisserai pas déposséder. Mais revenons au motif de votre visite. Vous pouvez tout à fait reprendre votre nom de jeune fille. Votre statut marital n'est pas un obstacle.

— Mon patronyme est bien le cadet de mes soucis à présent.

Sa décision de reprendre sa destinée en main lui avait paru si simple quand elle avait appelé son avocat. Décidée à tourner définitivement la page de son divorce, elle était venue vérifier auprès de lui son droit de reprendre son nom de jeune fille. Cette étape était la première avant de fonder la famille dont elle avait toujours rêvé. Une famille, songea-t-elle, que Flynn n'avait jamais voulu lui donner.

Le fil de ses pensées fit brusquement resurgir un souvenir vague. Les mains serrées sur le cuir froid des accoudoirs, elle tenta de se rappeler les détails de l'histoire qu'il lui avait confiée dans les vapeurs du champagne, le soir de leur nuit de noces… Un pari d'étudiant saugrenu… Un don de sperme… Une possibilité, lentement, germa dans son esprit et un espoir l'envahit.

Elle désirait un enfant. Lorsqu'elle avait fêté ses trente-deux ans le mois précédent, lasse d'attendre l'arrivée d'un hypothétique prince charmant, elle avait décidé, comme les héroïnes de ses romans préférés, de prendre sa destinée en main et de faire appel à une banque de sperme pour une insémination artificielle.

Cela faisait des semaines qu'elle épluchait les dossiers de

donneurs potentiels, et voilà qu'elle en découvrait un qu'elle connaissait et qu'elle avait aimé. Si elle mettait ce plan à exécution, si elle utilisait le don de Flynn pour avoir son bébé, elle se doutait du nombre de questions — certaines pénibles, d'autres moins — qu'elle aurait à affronter… D'un autre côté, elle avait grandi sans connaître l'identité de son père, parce que sa mère n'avait pas voulu, ou pas pu, lui dire le nom de celui qui l'avait fécondée. Si elle pouvait éviter de reproduire le même schéma…

— Renée, est-ce que ça va ?

Elle releva les yeux sur le visage ridé de l'homme face à elle.

— Très bien, affirma-t-elle. Vous dites que j'ai droit à la moitié de toutes les possessions de Flynn ?

— Oui, toutes.

Son cœur s'emballa, mais elle contint l'excitation qui voulait s'emparer d'elle. L'idée d'avoir un bébé de Flynn était absurde. Et utiliser son sperme sans lui demander son consentement était perfide, elle n'en était pas fière. Mais elle désirait désespérément être mère, et elle ne pouvait pas lui demander son aide. De toute façon, résolut-elle, il avait certainement oublié ce pari d'étudiant.

Ignorant ses scrupules, elle se lança :

— Lorsqu'il était à l'université, Flynn a fait un don dans une banque du sperme. A la suite d'un pari, crut-elle bon d'ajouter. Si cet échantillon existe toujours, est-ce que je peux l'avoir ? Ou en réclamer la moitié ?

Elle admira, une fois de plus, le remarquable sang-froid de son avocat. C'était à peine s'il avait frémi.

— Je ne vois pas ce qui pourrait nous interdire de poursuivre cette option.

— Parfait. Je veux utiliser le sperme de Flynn et, dès que je serai enceinte, je veux divorcer.

1

1er février

Le crayon se cassa net entre les mains de Flynn. Oubliant le dossier qu'il était en train d'étudier, il se leva précipitamment — le téléphone toujours pressé contre son oreille — et fit le tour de son bureau pour fermer sa porte et s'y adosser. Aucun employé des six étages qu'occupait Maddox Communications n'avait besoin d'entendre ce que venait de lui dire la femme au bout du fil, ni la réponse qu'il lui réservait, s'il avait bien compris.

— Excusez-moi, pourriez-vous répéter ?

— Je suis Luisa, du service des relations clients de la clinique d'insémination Horizons Futurs. Votre femme nous a fait une demande pour être inséminée avec votre sperme, répéta la voix comme si elle s'adressait à un idiot.

Ce qu'il avait précisément l'impression d'être.

Parce qu'il n'avait pas de femme. Plus maintenant. Un creux familier s'installa dans sa poitrine.

— Vous parlez de *Renée* Maddox ?

— Oui, M. Maddox. Elle nous a demandé d'utiliser votre échantillon.

L'esprit en déroute, il tenta de se concentrer — au-delà de son absurdité — sur le sens de cette conversation. D'abord, pourquoi Renée tenterait-elle de se faire passer pour sa femme *sept ans* après leur divorce ? C'était elle, à la seconde où leur année de réflexion s'était achevée, qui avait entrepris les démarches officielles pour le quitter. Ensuite, cet échantillon… Il avait presque oublié le dépôt stupide qu'il avait fait à la suite d'un pari, tout aussi stupide, lorsqu'il était étudiant. Ces deux événements n'avaient aucun rapport, et malgré tous ses efforts, il n'arrivait pas à les relier.

— Le don que j'ai fait remonte à quatorze ans, ou presque, avança-t-il l'esprit embrouillé. J'aurais cru que vous l'auriez détruit.

— Non, monsieur. Bien conservé — ce qui est le cas chez Horizons Futurs — le sperme garde toutes ses qualités pendant plus d'une cinquantaine d'années.

— Je vois.

— Le jour de votre dépôt, poursuivit la voix très professionnelle, vous avez stipulé que votre échantillon ne devait être utilisé qu'avec votre consentement écrit. Pour répondre à la demande de votre femme, j'ai donc besoin que vous signiez un formulaire.

Ce n'est pas ma femme, voulut-il protester. Mais il garda sa réflexion pour lui. Maddox Communications, l'agence publicitaire dont il était le vice-président, comptait des annonceurs extrêmement conservateurs parmi sa clientèle. Si cette histoire parvenait à leurs oreilles fragiles, ils risquaient, de peur d'un scandale, de dénoncer leurs contrats. A l'heure de la crise, il ne pouvait pas se permettre ce genre de pertes.

Il parcourut son bureau du regard. Cette pièce était le dernier projet heureux que son ex-femme et lui avaient réalisé ensemble. Lorsqu'il avait quitté son précédent travail, pour rejoindre l'agence familiale désorganisée après le décès de son père, ils avaient choisi tous les deux le grand bureau de verre, le double canapé de cuir couleur crème et la profusion de plantes vertes qui s'épanouissaient sous ses yeux. Il avait réussi à les maintenir en vie, contrairement à son mariage. Ils avaient pourtant formé une bonne équipe.

Autrefois.

— Monsieur Maddox ?

Il allait éclaircir cet appel abracadabrant — et vite — mais en attendant, une chose était sûre. Personne n'utiliserait son échantillon.

— Détruisez mon échantillon.

— Pour cela, répliqua son interlocutrice sans se laisser démonter, il me faut aussi une autorisation écrite.

— Faxez-moi le formulaire. Je le signe et vous le renvoie par retour.

— Votre numéro de fax, je vous prie.

Il le donna, l'esprit ailleurs.

— Ne quittez pas, lui répondit l'employée, je vous envoie le document tout de suite.

Il tentait de se souvenir des mois horribles qui avaient précédé le départ de Renée, mais tout se mélangeait dans un brouillard obscur et douloureux. En six mois, il avait tout perdu, son père — décédé brutalement —, sa carrière d'architecte débutant, et sa femme. Un an après son départ, il avait reçu les papiers du divorce, et sa blessure s'était rouverte, libérant un nouveau flot de rancœur. Contre Renée, bien sûr, qui l'avait quitté si facilement et sans la moindre explication, mais surtout contre lui-même qui n'avait rien tenté pour la retenir. C'était un échec et il détestait les échecs. En particulier ceux dont il était responsable.

Le fax se mit à clignoter, annonçant l'arrivée d'un courrier. Il avança jusqu'à la machine.

— Je l'ai reçu, dit-il à l'employée. Je vous le renvoie dans la minute.

Il raccrocha, et, en moins de temps qu'il ne fallait pour le dire, il prit le formulaire, le lut, le signa et le renvoya à sa destinatrice.

Le dernier souvenir de son divorce remontait à une discussion avec son frère Brock. Les papiers traînaient depuis un mois sur son bureau, parce qu'il n'avait pas le cœur de les renvoyer et de mettre un terme au dernier lien qui l'unissait à Renée. Brock les avait pris en lui disant qu'il allait lui-même les mettre à la poste. Il l'avait laissé faire et n'y avait plus songé.

Soudain, une brusque appréhension le saisit, tandis que le doute s'insinuait dans son esprit. Il n'avait pas reçu la moindre copie du dossier, ni aucun accusé de réception. N'était-il pas censé avoir une notification officielle ?

Il était divorcé, non ?

Il essaya de s'accrocher à cette certitude, mais aussitôt une autre question l'assaillit. En effet, s'il était vraiment divorcé, pourquoi Renée avait-elle menti à la clinique ?

Un nœud se forma dans sa gorge. Renée n'avait jamais été menteuse.

Il tendit la main vers son téléphone pour appeler son avocat, mais il se ravisa. Andrew n'aurait pas l'information sous la main. Il devrait la chercher, puis le rappeler, autrement dit, le faire attendre.

Or il n'avait jamais été patient.

Brock. Brock était plus près.

Il sortit si précipitamment de son bureau que son assistante sursauta.

— Si on me cherche, Cammie, je suis dans le bureau de Brock.

— Voulez-vous que je le prévienne ? Il est peut-être occupé.

— Non. Il va me recevoir.

Il avait intérêt.

D'un pas ferme, il se dirigea de l'autre côté du bâtiment, jusqu'à l'angle où se trouvait le bureau de son frère. Sans ralentir, il salua Ella, l'assistante de Brock, d'un signe de tête et, ignorant son couinement de protestation, ouvrit la porte à la volée.

Son frère, le téléphone à l'oreille, sursauta, puis leva une main devant lui. Flynn secoua la tête, lui répondit en croisant les siennes à hauteur de son visage — un signe clair pour l'obliger à mettre un terme à sa conversation — et referma la porte.

— Un problème ? lui demanda Brock en raccrochant.

— Qu'as-tu fait des papiers de mon divorce ?

Son frère ouvrit la bouche puis la ferma, et Flynn, avec appréhension, lut la surprise puis la consternation dans les mêmes yeux bleus qu'il voyait chaque matin dans le miroir.

Une crampe lui serra l'estomac.

— Tu les as bien mis à la poste, Brock, n'est-ce pas ?

Brock se leva et ouvrit l'un des tiroirs du meuble à côté de la fenêtre. Il se retourna, une enveloppe à la main.

— Non, avoua-t-il avec un soupir.

Il eut l'impression de recevoir un coup de poing en pleine poitrine.

— Comment ça, *non* ?

— J'ai oublié.

— Oublié ? souffla-t-il trop abasourdi pour hurler. Je rêve !

Brock se passa une main sur la nuque et fit la grimace.

— Tu étais tellement brisé par le départ de Renée, commença-t-il, que j'ai… attendu. J'espérais, une fois que vous auriez pris un peu de distance, que tu trouverais le moyen de résoudre le problème qui vous séparait. Je me sentais un peu responsable. J'ai tellement insisté pour te faire quitter un métier que tu adorais et t'obliger à rejoindre l'agence, je me disais que c'était peut-être aussi ma faute. Et puis… j'ai oublié. C'est stupide, je suis désolé, enchaîna-t-il, mais tu sais comme c'était dur après la mort de papa.

Flynn sentit ses jambes le lâcher et s'effondra dans un des fauteuils de cuir en face du bureau de Brock.

Il était toujours marié. Marié à Renée. Et cette idée soulevait en lui un tourbillon d'émotions confuses.

Il les refoula pour se concentrer sur l'essentiel, les faits.

Renée se faisait passer pour sa femme, elle savait donc qu'ils n'étaient pas divorcés. Toute la question était de savoir depuis quand elle le savait. Et pourquoi elle ne l'avait pas appelé pour le lui reprocher, ou au moins mandaté son avocat pour obtenir la séparation qu'elle voulait tant.

— Flynn, est-ce que ça va ?

— Très bien, grommela-t-il.

Flynn n'était pas du genre à s'épancher sur ses malheurs, et ce n'était pas aujourd'hui qu'il allait changer.

Le choc passé, une autre émotion, entièrement différente, prenait le relai. L'espoir. Non, c'était plus que l'espoir. Une espèce d'euphorie l'envahissait, et il se sentait plus léger qu'il ne l'était depuis des siècles.

Lui et Renée étaient toujours mariés !

Après des années de silence, il avait une raison de prendre contact avec elle. Une raison différente que celle de découvrir pourquoi elle avait tenté de lui jouer ce mauvais coup avec cette stupide histoire d'échantillon. Il repoussa cet élément. Pour l'instant, il lui suffisait de savoir qu'ils n'étaient pas divorcés… et qu'elle voulait un enfant *de lui*.

Cette perspective était tellement surréaliste que la tête lui tournait.

— Je vais appeler mon avocat, déclara-t-il. Il me dira au

moins quels sont mes droits. Et je vais prendre quelques jours de congé.

— Toi ? Tu ne prends jamais de vacances, s'étonna Brock. Mais ça tombe mal, reprit-il renfrogné. Je suis désolé de te le dire, Flynn, mais ce n'est vraiment pas le moment de t'absenter.

— Je m'en moque. Je dois régler cette affaire. Tout de suite.

— D'accord, concéda son frère. J'imagine que tu as raison. Encore une fois, je suis désolé. Mais si tu avais manifesté le moindre intérêt pour une autre femme, peut-être que ces papiers me seraient revenus à l'esprit. Ce n'est pas une excuse, mais je n'ai que ça à t'offrir.

Brock le considéra un instant et reprit :

— Qu'est-ce qui t'y a fait penser tout à coup ? Renée a l'intention de se remarier ?

Cette réflexion perturba Flynn. Renée avait certainement eu des aventures depuis leur séparation — c'était son cas —, mais qu'elle puisse avoir une relation sérieuse lui inspirait un sentiment qu'il n'aurait jamais dû éprouver. Il se leva et prit l'enveloppe censée mettre un terme à leur mariage. Il ne savait pas ce qu'il allait faire, mais cette histoire d'insémination ne regardait que lui. Sa famille n'avait aucun besoin d'être informée.

— J'ignore les intentions de Renée, déclara-t-il. Cela fait des années que je ne l'ai pas vue.

C'était elle qui l'avait voulu ainsi, et il avait respecté son choix. Sauf que cette nouvelle donne changeait tout. Il allait la revoir.

Et cette certitude ravivait son euphorie.

— Flynn, je n'ai pas besoin de te demander d'être discret, reprit son frère, je le fais quand même. Si cette histoire fait des vagues, elle risque de nous coûter d'autres clients. Ils s'en iront chez Golden Gate, et tu connais Athos Koteas, il en profitera pour nous siphonner.

L'évocation de leur concurrent le plus sérieux, et le plus acharné, calma un peu l'enthousiasme de Flynn.

— Compris.

Il retourna à son bureau et se dirigea tout droit vers le broyeur de documents. Le soleil qui brillait par la fenêtre attira son regard. Juste au-dessus de la ligne des toits, la sphère radieuse lui inspirait l'image d'un jour nouveau et la promesse d'un nouveau départ. Perdre Renée restait le plus grand regret de sa vie. La négligence de son frère lui donnait l'occasion inattendue de la revoir, et de constater si l'attirance qu'ils avaient un jour éprouvée l'un pour l'autre était toujours vivace.

Si c'était le cas, il ferait tout pour la reconquérir.

Il glissa les feuilles une à une par la fente de la machine et regarda avec plaisir l'engin réduire le symbole de son pire échec en fines lanières de papier. La dernière page disparue, il aurait volontiers porté un toast. Mais au lieu de cela, il s'installa à son ordinateur.

Pour commencer, il devait localiser sa femme.

MADCOM2.

La plaque minéralogique de la voiture stationnée devant chez elle attira tout de suite le regard de Renée. De stupeur, elle faillit emboutir sa boîte aux lettres. Heureusement, elle redressa le volant de son minivan et évita l'accident.

MADCOM. Cet acronyme — et cela ne faisait aucun doute — désignait Maddox Communications, l'agence de publicité florissante des frères Maddox.

Elle s'arrêta à côté du véhicule en question, l'estomac noué car elle connaissait aussi l'identité du conducteur. Le « 2 » désignait Flynn, le second fils de la famille.

Elle s'attendait à cette visite, se rappela-t-elle pour se calmer. Elle l'envisageait même depuis l'instant où elle avait entendu le message de la clinique sur son répondeur. Une employée l'informait, d'une voix aimable et détachée, que sa requête concernant le sperme de son mari lui était refusée. Le service administratif avait dû le joindre. Son avocat l'avait prévenue de cette éventualité.

Mais même prévenue, rien n'aurait pu la préparer à ça. A le voir surgir à côté d'elle avant même qu'elle ait coupé le contact de sa voiture.

Il ouvrit sa portière au moment même où elle dégageait sa clé. Le cœur battant, la gorge sèche, elle s'efforça d'afficher le plus grand calme et attrapa son sac sur le siège passager. Puis elle descendit de voiture en ignorant la main qu'il lui offrait. Elle n'était pas prête à le toucher, elle n'était d'ailleurs pas sûre de pouvoir l'être un jour, même de la plus simple et la plus cordiale façon.

Redoutant la conversation qui s'annonçait, elle releva les yeux pour voir celui qu'elle avait jadis aimé de tout son cœur, et qui l'avait brisée.

Il avait changé. Enfin, à peine. Ses yeux étaient du même bleu incroyable et ses cheveux aussi noirs que l'encre, malgré les quelques fils argentés qui éclairaient ses tempes. Ses épaules étaient aussi larges que dans son souvenir et, sous son costume, elle devinait que son torse était toujours aussi musclé. Sa mâchoire, peut-être, lui semblait un peu plus ciselée.

Les sept années passées avaient toutefois laissé leur trace. Deux sillons encadraient la bouche qu'elle avait tant aimé embrasser et une ride soucieuse qu'elle ne connaissait pas barrait son front. Elle doutait que les minuscules plis qui se déployaient au coin de ses yeux fussent dus au rire, même s'il souriait très souvent au début de leur rencontre. Avant qu'il ne commence à travailler pour Maddox Communications.

Ce souvenir la rembrunit et lui rendit son aplomb.

— Bonjour, Flynn.

— Bonjour Renée. Ou devrais-je dire ma chère épouse ?

En dépit de sa raillerie, le son profond et rauque de sa voix l'effleura comme un vol de papillons.

— Depuis combien de temps le sais-tu ? enchaîna-t-il.

Elle aurait pu feindre la surprise, ou l'ignorance, mais elle n'avait jamais vu l'intérêt de mentir.

— Que nous ne sommes pas divorcés ? Quelques semaines seulement.

— Et tu ne m'as pas appelé.

— Tu ne m'as pas non plus appelée quand tu as décidé de ne pas signer les papiers, rétorqua-t-elle.

Il grimaça, signe qu'elle avait fait mouche.

— C'est plus compliqué que ça, lâcha-t-il.

— Vraiment ? Eh bien éclaire-moi.

Elle se redressa, mais se souvient tout à coup de la glacière pleine de poissons qu'elle venait d'acheter, comme chaque mercredi matin, au marché, et qui l'attendait dans son coffre.

— Tu me raconteras cette passionnante histoire à l'intérieur. Je dois mettre mes poissons au frais.

Elle se dirigea vers l'arrière de son van. Il la suivit et lui frôla la hanche en l'écartant pour prendre la glacière à sa place. Ce contact l'électrisa — exactement comme autrefois — et elle repoussa cette réaction d'un geste agacé. Cela ne voulait rien dire. Elle était guérie de lui, complètement et pour toujours. Ils s'étaient mariés, il avait mis son cœur en pièces, et elle l'avait quitté. Fin de l'histoire. Il ne lui inspirait plus aucun sentiment, sinon la déception et le regret.

— Va ouvrir la porte, lui dit-il.

Elle sursauta et ferma son coffre avant de se hâter sur la petite allée de briques qui conduisait chez elle. Les yeux sur la façade, elle tâcha de la voir à travers le regard de Flynn. Il n'était pas venu ici depuis les premiers jours de leur bref mariage, quand cette maison était encore celle de sa grand-mère. Depuis, elle avait entrepris de nombreux travaux et, au fil des changements, son refuge était devenu le siège accueillant de son activité professionnelle, et son domicile.

Elle avait ajouté de grands parterres de fleurs au pied des orangers et des citronniers, fait installer une fontaine au murmure apaisant et, sous les arcades du porche elles-mêmes fleuries, une vaste balancelle invitait à la détente. Le socle en pierre de la maison comme ses façades de bois avaient été passés au jet l'an passé et la rambarde affichait une belle couleur émeraude.

Mais les changements les plus spectaculaires se trouvaient à l'intérieur.

Elle ouvrit la porte et le guida dans l'entrée, puis le salon, jusqu'à la cuisine, son chef-d'œuvre.

Il s'arrêta sur le seuil.

— Tu t'es agrandie.

— J'avais besoin d'une grande cuisine pour mon travail, alors j'ai intégré la terrasse à l'arrière et j'ai tout réaménagé. La chambre de ma grand-mère est devenue mon bureau. Je...

Elle s'interrompit, subitement consciente de son bavardage ridicule. Au lieu de poursuivre — et bredouiller —, elle laissa son regard glisser sur ses appareils électroménagers professionnels, l'immense surface de son plan de travail en granite, ses placards de laque blanche et ses étagères bien rangées. Comme chaque fois qu'elle y entrait, elle constata que sa cuisine était un rêve. Un vrai rêve de cuisinier. *Son* rêve. Une ambition qu'elle n'avait pu réaliser en étant la femme de Flynn.

— C'est très réussi, constata-t-il. Qu'est-ce qui t'a poussée à devenir traiteur ?

— C'est ce que j'ai toujours voulu faire. Granny m'a encouragée à sauter le pas, et je me suis lancée il y a quatre ans, juste avant sa mort.

A sa surprise et sa mine désolée, elle se souvint qu'il n'était pas au courant du décès de sa grand-mère. Elle aurait dû l'informer, songea-t-elle, prise de remords. Mais à l'époque, la disparition d'Emma l'avait trop affectée pour qu'elle se sente capable, en plus de son chagrin, de le voir aux funérailles.

— Je suis désolé, lui dit-il. Emma était une femme formidable.

— Oui, c'est vrai. Je ne sais pas ce que j'aurais fait sans elle, et elle me manque toujours. Mais je suis sûre qu'elle aurait adoré voir une nouvelle génération de Landers prendre la relève dans la restauration.

— Je suis sûr qu'elle aurait apprécié.

Elle se tourna vers la chaise à barrettes qui trônait près de la fenêtre. Ce siège tout simple avait été le préféré d'Emma. Parfois, il lui semblait qu'elle était assise-là et la regardait s'affairer dans la pièce. Sa grand-mère avait toujours été là pour elle, bien plus que sa propre mère. Quand elle était revenue à Los Angeles, le cœur brisé par Flynn, c'était Emma qui lui avait ouvert les bras, son cœur et le refuge de sa maison aussi longtemps qu'elle en aurait besoin.

— Où veux-tu que je pose la glacière ?

— Devant le réfrigérateur.

Il s'écarta et elle entreprit de transvaser les dix kilos de crevettes et les six gros filets de saumon dans son freezer, puis elle se lava les mains et se tourna vers lui.

— Alors… qu'y avait-il de si compliqué à mettre un timbre sur une enveloppe et envoyer le dossier du divorce à mon avocat ?

— J'avais confié l'enveloppe à Brock. Mais au lieu de l'envoyer, il l'a mise dans un de ses tiroirs. Il croyait nous rendre service en nous accordant un délai de réflexion.

— Un délai de six ans ?

— Elle y serait encore si tu n'avais pas tenté d'obtenir mon sperme.

Il s'adossa au comptoir, croisa les bras, et l'observa.

— Alors comme ça, tu veux encore un enfant de moi.

Son intonation légèrement incertaine la mit sur ses gardes.

— Je veux *un* bébé, précisa-t-elle. Je me suis souvenue que tu avais fait un don de sperme. C'est tout.

— Et tu avais l'intention de t'en servir sans m'en avertir ?

Elle fit la grimace.

— Ce n'est pas très glorieux, admit-elle. Mais les dizaines de dossiers que j'ai eus entre les mains n'arrivaient pas à me rassurer. De toute façon, tu as refusé, trancha-t-elle. Je n'ai plus qu'à revenir à mes candidats anonymes.

Il soutint son regard.

— Pas forcément, déclara-t-il sans ciller.

— Que veux-tu dire ?

— Renée, j'ai toujours voulu te faire un enfant.

— Oh ! s'exclama-t-elle sidérée et tout à coup furieuse. Quel culot ! Je te l'ai demandé, il y a sept ans et demi. Non, se corrigea-t-elle, je t'ai supplié. Tu as refusé.

— Ce n'était pas le bon moment. J'essayais de m'adapter à mon nouveau travail.

— Un travail que tu détestais, qui te rendait malheureux.

— Brock et Maddox avaient besoin de moi.

— Moi aussi, Flynn.

Elle se raidit, atterrée par le déchirement de sa voix qu'elle n'était pas parvenue à masquer. Mais la tristesse qu'elle avait éprouvée en voyant leur amour se défaire la frappait toujours avec la même vigueur, même au bout de sept longues années.

— J'avais besoin de l'homme dont j'étais tombée amoureuse, reprit-elle la gorge nouée, besoin de l'homme que j'avais épousé. Je voulais t'aider à traverser le chagrin causé par la mort de ton père, mais ce travail à l'agence te détruisait. Tu as abandonné ton rêve de devenir architecte, tu t'es renfermé et tu es devenu un étranger. Nous ne parlions plus. Nous ne faisions plus l'amour. Le plus souvent, tu ne dormais même plus à la maison.

— Je travaillais, je ne te trompais pas.

— Regarder notre amour disparaître puis mourir était au-dessus de mes forces.

— Quand est-il mort ?

— C'est à toi de me le dire.

En ce qui la concernait, il s'était évaporé au terme d'une nouvelle nuit passée à l'attendre. Ne sachant pas comment oublier son chagrin, elle s'était servi un verre de vin, et puis un autre. Mais au moment de tendre la main une troisième fois vers la bouteille, l'image de sa mère l'avait arrêtée et un étau terrible lui avait noué la gorge. Elle s'était vue, si elle continuait, finir comme elle, amère, malheureuse et alcoolique. La certitude de sa déchéance avait été si forte qu'elle avait compris, malgré l'amour qu'elle éprouvait pour Flynn — à cause même de cet amour — qu'elle devait le quitter. Sinon, elle finirait par boire et il finirait par la détester comme tous les amants de sa mère l'avaient méprisée avant de la quitter.

Ses souvenirs d'enfance, la succession de disputes violentes, de portes claquées sur le départ d'« oncles » qui ne revenaient jamais, étaient trop douloureux. Elle ne voulait pas reproduire ce schéma et elle refusait d'élever un enfant dans cette ambiance.

— Je t'ai aimée, reprit-il, jusqu'au jour où tu m'as quitté. Si tu nous avais laissé une chance, nous aurions passé le cap.

— Non, pas avec ce travail qui te minait et qui nous détruisait tous les deux.

D'une main ferme, elle balaya ces souvenirs pénibles.

— J'ai demandé à mon avocat de remettre notre divorce à jour. Comme la dernière fois, je ne veux rien de toi.

— Sauf un enfant.

Un rêve de plus qu'elle avait abandonné. Autrefois, ils avaient prévu d'avoir une grande famille, au moins trois enfants, peut-être quatre, parce qu'elle avait souffert d'être fille unique. Mais ces réminiscences étaient inutiles.

— Je t'ai dit que j'allais recourir à d'autres donneurs.

— Tu n'es pas obligée. Tu peux toujours avoir mon bébé.

— La clinique m'a dit que ton échantillon avait été détruit. Tu as l'intention de faire un nouveau don ?

— Je ne parle pas de sperme congelé ou d'insémination artificielle.

Elle sentit sa gorge s'assécher.

— Alors… de quoi parles-tu, Flynn ?

— De te faire un enfant, par la méthode habituelle.

La perspective — complètement déroutante — de refaire — comme il le suggérait — l'amour avec lui la fit tituber. Elle dut s'appuyer contre le mur. Mais un élan de désir, indéniable, l'avait traversée. Ils avaient été si bien ensemble, se souvint-elle. Jamais elle n'avait retrouvé l'extraordinaire plénitude, ni le bonheur qu'elle avait connus avec lui.

Mais elle ne pouvait pas prendre le risque de retomber dans ses bras.

— N'y pense même pas ! s'exclama-t-elle. Je n'ai jamais eu d'aventures d'un soir et ce n'est pas aujourd'hui que je vais commencer.

— Ce n'est pas une aventure d'un soir, nous sommes toujours mariés, et je sais combien tu regrettes de ne pas connaître ton père. De cette façon, tu sauras qui est celui de ton enfant. En plus, tu connais mes antécédents médicaux.

C'était tentant, dangereux. Et suspect.

— Pourquoi ferais-tu une chose pareille ? lui demanda-t-elle, soupçonneuse.

— J'ai trente-cinq ans, il est temps pour moi aussi de fonder une famille.

Sa méfiance tourna cette fois à l'inquiétude.

— Je ne cherche pas quelqu'un pour élever mon enfant.

— Combien de temps travailles-tu chaque semaine, répliqua-t-il. Cinquante, soixante heures ? Où trouveras-tu celui d'être mère ?

Comment savait-il qu'elle travaillait autant ? Il avait mené une enquête avant de venir ?

— Je me débrouillerai, rétorqua-t-elle.

— Comme Lorraine ?

Cette allusion aux défaillances de sa mère l'atteignit en plein cœur.

— Cet argument est bas, Flynn, même de ta part.

Aujourd'hui encore, sa mère était chef dans les plus grands

restaurants de Los Angeles. Et, comme autrefois, elle rentrait tard tous les soirs, épuisée, et buvait jusqu'à tomber ivre morte. A l'instar de bien des alcooliques, elle avait su cacher son addiction à ses employeurs et au reste du monde. Seule sa famille en avait souffert.

— Ce que je veux dire, Renée, reprit-il en cherchant à l'adoucir, c'est qu'il est plus facile d'élever un enfant à deux. Et c'est mieux pour l'enfant de connaître et d'avoir ses deux parents. C'est aussi une bonne précaution au cas où il arriverait quelque chose à l'un d'entre nous.

Horrifiée, elle recula.

— Nous sommes peut-être toujours mariés, se défendit-elle, mais plus pour longtemps.

— Si nous faisons cet enfant tous les deux, poursuivit-il sans l'écouter, je veux partager tous les instants de la grossesse et de l'accouchement. Je veux aussi que nous vivions ensemble jusqu'au premier anniversaire du bébé. Ensuite, nous pourrons divorcer, mais je demanderai une garde alternée. Et nous laisserons ouverte l'option de donner à notre enfant les frères et sœurs que tu n'as jamais eus.

— Des frères et sœurs ! s'exclama-t-elle médusée. Tu es fou !

Ses propos, son exigence, sans parler de son désir, étaient complètement extravagants. Elle ne pouvait pas se laisser séduire.

— Je veux des enfants, Renée, insista-t-il. Je veux une famille.

— Tu n'as donc personne dans ta vie ? Quelqu'un qui plairait à ta mère et qui…

— Je te renvoie la question. Pas d'homme dans les parages ?

— Non.

Elle serait folle de risquer encore son cœur et son équilibre. Elle traversa la cuisine en secouant vigoureusement la tête.

— Je te remercie, Flynn, mais je préfère m'en tenir au catalogue de donneurs.

— Tu préfères t'en remettre à un descriptif aussi fiable qu'une vulgaire petite annonce ?

Cette nouvelle perfidie touchait un autre point sensible. Depuis qu'elle avait opté pour l'insémination artificielle, elle s'était interrogée sur le sérieux des profils fournis par la clinique. Elle s'était convaincue de la sûreté des données médicales, mais elle connaissait assez les sites de rencontre sur internet pour savoir que le contenu des annonces correspondait assez rarement à la réalité.

— Je choisirai avec soin.

— Et quand tu auras décidé, pense aux projets que nous avions conçus, Renée. La maison que nous avons achetée, les travaux que nous avons faits, ceux que nous avions programmés pour les enfants que nous voulions. Le jardin, le chien, ton enfant pourrait avoir tout cela.

Son cœur se serra.

— Tu as gardé la maison ?

— Oui.

Ils avaient consacré les six premiers mois de leur mariage à rénover la magnifique bâtisse qu'il avait achetée sur Pacific Heights. Et elle avait passé les six mois suivants à errer dans les pièces vides, cherchant désespérément le moyen de sauver ce qui restait de leur couple. La seule chose qu'elle avait pu faire, c'était se sauver elle-même.

— Flynn, c'est absurde.

— Pas plus que filer à Vegas pour nous marier. Ça a marché.

— Un temps, Flynn, ça n'a marché qu'un temps. Et si j'en juge à ta voiture, tu travailles toujours chez Maddox. Rien n'a changé.

— L'agence est stable aujourd'hui. Je ne travaille plus comme avant. Reviens t'installer avec moi. Faisons un bébé, Renée.

Elle le dévisagea, les yeux écarquillés.

— M'installer avec toi ? Et mon travail ? Il m'a fallu des années pour développer Saveurs des Anges. Je ne peux pas disparaître et imaginer que ma clientèle va m'attendre. Et je ne peux pas faire la navette entre San Francisco et Los Angeles. Il y a au moins cinq heures de route, sans compter les embouteillages.

— J'ai regardé ton site sur internet. Tu as, paraît-il, une assistante « incroyablement talentueuse ». Confie-lui les rênes de ta cuisine à Los Angeles, et ouvre une succursale à San Francisco. J'ai des relations, je t'aiderai.

Il savait quels leviers mettre en œuvre pour la convaincre, se dit-elle désorientée et tentée malgré elle. Tamara était douée — elle ne doutait pas une seconde de ses compétences pour prendre le relai — et disposer du soutien, et du carnet d'adresses, de Maddox lui permettrait sans doute de débuter très vite sur le marché ultra-compétitif de San Francisco.

Mais le jeu en valait-il la chandelle ?

— Fais-moi un enfant, Renée, insista-t-il. Permets-moi d'être auprès de lui avec toi pour sa première année. Après, je m'engage à divorcer et à couvrir tous les frais.

Une petite part d'elle-même, la plus sentimentale, lui disait d'accepter. Elle avait toujours su que Flynn serait un père merveilleux, le genre de père qu'elle aurait aimé avoir. Mais le laisser de nouveau entrer dans sa vie, risquer la destruction à laquelle elle n'avait échappé qu'au prix d'une rupture brutale, l'effrayait.

D'un autre côté, songea-t-elle tentée, sept ans s'étaient écoulés. Elle était plus mûre, plus forte. Elle était capable de faire face.

Mais soudain, elle eut un sursaut. Elle devait être folle pour envisager cette option.

Folle ou au contraire lucide ? Si elle gardait la tête froide, elle pouvait réussir. Elle devait seulement dicter les règles, et se concentrer sur le résultat. Un bébé. Quelqu'un à aimer, à regarder grandir et retrouver chaque soir. Le seul problème…

— Flynn, on ne peut pas se remettre ensemble juste pour avoir un bébé. C'est absurde.

— Ça pourrait marcher, pour nous deux.

Son regard, aussi troublant que sa voix pressante, l'obligea à fermer les yeux.

— Si j'accepte, reprit-elle en espérant le décourager, je devrai trouver un local à San Francisco.

— Je m'en occuperai.

Elle se frotta les paumes. Son cœur battait la chamade et un nœud lui serrait la gorge.

— Très bien, décida-t-elle brusquement, je vais réfléchir. Mais j'ai des conditions.

— Je t'écoute.

L'éclat victorieux qu'elle surprit dans ses prunelles raviva sa panique.

— Nous aurons… besoin de temps pour nous réhabituer

l'un à l'autre et être sûrs de ne pas commettre une erreur. Nous ne pouvons pas nous jeter au lit sans réfléchir.

— Combien de temps ?

— Je ne sais pas… Un mois. Cela devrait nous permettre de savoir si nous sommes toujours… compatibles.

— D'accord.

— Si ça ne marche pas, s'empressa-t-elle, nous nous séparons et tu signes le divorce.

— Je signerai.

Son empressement à tout accepter ne fit qu'accroître son affolement. Comment pouvait-elle envisager, aussi froidement, de faire un enfant sur un mariage brisé ?

D'accord, se reprit-elle, « froidement » n'était peut-être pas le terme, et elle ne cherchait pas à rallumer des braises depuis longtemps éteintes. Ils étaient d'ailleurs très clairs sur leur divorce. Sans compter qu'ils n'avaient jamais connu le genre de disputes que sa mère avait eu avec ses amants. Leur enfant ne serait jamais un enjeu de pouvoir ou de chantage. Son bébé saurait qu'il avait été voulu, attendu, et personne ne lui dirait qu'il était une erreur de parcours.

— Je veux… ma propre chambre, reprit-elle. Nous nous retrouverons… le moment venu. *Si* nous décidons de mettre notre projet en œuvre.

Elle vit le pli de son front s'approfondir.

— Si c'est ce que tu veux.

— Oui, je le veux.

Elle réprima le souvenir du jour de leur mariage qui tout à coup envahit son esprit. Ce jour-là, lorsqu'elle avait donné son consentement, elle rayonnait de bonheur et de confiance. Le premier de ses rêves venait de se réaliser et la vie s'étendait devant elle, riche des promesses à venir. Elle n'avait pas l'estomac noué, ni l'impression de commettre une effroyable erreur, comme aujourd'hui.

— Autre chose ?

Elle chercha d'autres barrières susceptibles de la protéger, mais tant d'émotions la traversaient qu'elle avait du mal à se concentrer.

— Pas pour l'instant, répondit-elle prudemment. Mais je me réserve le droit de compléter plus tard, si nécessaire.

— J'accepte tes conditions. J'en ai une moi aussi.

Elle se raidit.

— Je t'écoute.

— Je veux que la véritable raison de ton retour reste entre nous. Il est crucial que ma famille, nos amis, mes associés et collaborateurs soient convaincus que nous tentons vraiment de nous réconcilier.

— Pourquoi ?

— J'ai ma fierté, Renée. Je ne veux pas leur dire que nous sommes ensemble seulement le temps de faire un enfant.

Pourrait-elle feindre le bonheur que cela supposait, et jouer la comédie ? Oui, résolut-elle. Pour un bébé, elle était prête à presque tout.

— Je comprends, admit-elle. C'est mieux, surtout si nous avons effectivement un enfant.

— Alors nous sommes d'accord ?

Elle plongea les yeux dans son regard ; malheureusement, ce qu'elle crut y déceler n'avait rien pour la rassurer. Alors, elle se raccrocha à la seule image susceptible de l'aider : le bébé qu'elle allait bientôt avoir, un magnifique bébé aux yeux bleus, aux cheveux noirs, et aux joues rebondies.

Réconfortée, elle acquiesça d'un signe de tête et lui tendit la main. Mais au lieu de s'en saisir, et la serrer, il enroula ses longs doigts autour des siens et l'attira contre lui.

Ses lèvres glissèrent sur les siennes, provoquant une onde de choc insensée, suivie par un déluge de sensations familières. Comme si leurs sept années de séparation n'avaient jamais existé ! Et leurs corps, qui s'étaient toujours parfaitement entendus, reprenaient le fil d'une histoire qui pour eux étaient pourtant bel et bien morte. Ses bras la serraient contre son torse, et elle avait l'impression de retrouver le havre qu'elle n'aurait jamais dû quitter.

Horrifiée par cette sensation, elle mit un terme à leur baiser. Mais quoi qu'elle fasse, elle ne pouvait nier le flot turbulent qui l'avait envahie ni le désir qui la faisait encore frémir.

— Qu'est-ce que ça signifie ?

— Je voulais sceller notre accord.

— Ne t'avise pas de recommencer.

— Je n'ai pas le droit de te toucher ?

— Non ! Pas avant… le moment venu.

— Renée, pour qu'on nous croie, nous allons devoir nous toucher, nous embrasser, faire comme si nous étions amoureux.

— Je suis restauratrice, répliqua-t-elle, pas comédienne.

Il glissa un doigt sur sa joue, effleura la veine qui palpitait au creux de son cou, et descendit jusqu'à l'encolure de son chemisier. Elle frissonna et sentit, avec consternation, ses seins se durcir.

— Ecoute ton corps, murmura-t-il de sa voix chaude. Tu me désires encore, et il le dit.

Il disait vrai — sa réaction était évidente —, elle désirait son mari. Et ce désir, conclut-elle catastrophée, était la pire des choses qui pouvaient lui arriver.

Elle allait devoir se montrer très, très prudente. Sinon, Flynn Maddox lui briserait encore le cœur. Et elle n'était pas sûre, cette fois, de se sauver. Rattrapée par les mêmes démons que sa mère, elle serait une menace pour tout le monde, et surtout pour son bébé.

Quoi que lui dise son corps, elle ne pouvait pas retomber amoureuse de Flynn. Elle allait tout faire pour l'éviter.

2

Rien n'était aussi bon que rentrer à la maison.

Sauf qu'elle n'était pas chez elle, se reprit vivement Renée en arrivant chez Flynn, le vendredi soir.

Les yeux fixés sur la grande maison couleur brique et ses balustrades blanc cassé, elle ravala l'appréhension qui la gagnait.

La porte d'entrée, un double panneau de bois orné de deux vitres ovales biseautées, s'ouvrit et Flynn — dans un vieux jean et un T-shirt délavé — apparut sur le porche. Il avait visiblement guetté son arrivée, et il ressemblait tellement à l'homme dont elle était tombée amoureuse, huit ans et demi auparavant, qu'elle sentit le souffle lui manquer.

Mais elle s'efforça de se rappeler que cet amour était mort. Douloureusement. Et il ne ressusciterait pas. Elle allait y veiller.

Elle le regarda descendre les marches à sa rencontre, traversée par un mélange d'émotions contradictoires. Il s'arrêta, un mètre devant elle.

— Je me charge de ta valise, lui dit-il, prends le reste.

Elle avait laissé son regard s'attarder sur ses lèvres et sursauta.

— Je n'ai que ça.

Elle avait pris le minimum, parce qu'elle était de passage et qu'elle ne voulait pas que Flynn — ou elle-même — se leurre une seconde sur la durée, ou la signification, de son retour.

— Si j'ai besoin d'autre chose, j'irai le prendre en allant voir Tamara.

Elle l'avait prévenu qu'elle retournerait chaque semaine à Los Angeles pour vérifier que tout se passait bien. Ce rappel n'eut pas l'air de lui plaire, mais il ne fit aucun commentaire.

— Veux-tu mettre ta voiture au garage ?

— Non, merci. Tu n'as rien fait de cet espace ?

Pendant leurs travaux, ils avaient longuement débattu de ce qu'ils feraient de l'immense pièce derrière le garage qui leur servait d'atelier. Elle donnait sur l'arrière de la maison, et une si grande baie vitrée s'ouvrait sur le jardin qu'il aurait été dommage de ne pas l'exploiter.

— Pas encore, mais j'ai quelques idées.

Elle leva les yeux sur la façade, les corniches dentelées, le toit escarpé et la tourelle.

— Tu n'as pas changé grand-chose à l'extérieur.

— J'aurais eu tort. On ne touche pas la perfection, et nous l'avions atteinte.

Il se pencha. Ses doigts couvrirent les siens sur la poignée de sa valise, et un frisson la traversa. Il était trop près, et son parfum trop agréable et beaucoup trop familier la troublait. Repoussant les souvenirs qui l'assaillaient, elle lâcha sa valise et s'écarta.

Il monta les marches du porche, et elle lui emboîta le pas. Mais au lieu de le suivre dans la maison, elle s'arrêta en haut des marches et se retourna pour contempler la vue. D'autres maisons du XIXe siècle avaient été restaurées, et leurs couleurs vives dessinaient un arc-en-ciel lumineux le long de la crête. Par des jours comme celui-ci, quand le ciel était dégagé, elle pouvait voir le pont de Golden Gate, Alcatraz et les Marin Headlands, au nord. Le quartier des restaurants et des boutiques était juste au pied de la colline.

— Renée, tu viens ?

Dominant l'anxiété de retrouver ce qui avait été son foyer, elle tourna lentement le dos à la vue et pénétra dans l'entrée.

Une vague de nostalgie s'abattit sur elle. Son départ aurait aussi bien pu dater de la veille, constata-t-elle en regardant les lieux. Les tons qu'ils avaient choisis pour décorer la maison l'accueillaient avec chaleur, exactement comme dans son souvenir. Et la même odeur de vanille et de cannelle, cette odeur qu'elle aimait tant, flottait dans l'air.

Le plancher ciré, toujours aussi magnifique, s'étendait dans toutes les directions ; au milieu de l'entrée, le bel escalier, avec sa rampe délicatement sculptée, grimpait le long du mur. Autrefois, le grand salon occupait tout le côté gauche du rez-de-chaussée, et la salle à manger le côté droit.

Elle se força à revenir au présent.

— Tu as terminé le second étage ?

— Non, je n'avais aucune de raison de le faire.

Cet étage était destiné aux chambres de leurs enfants. Ils en avaient prévu trois et une salle de jeu.

— Tu ne peux pas abandonner, Flynn. Ce sera superbe.

— Maintenant que tu es revenue, nous finirons peut-être.

Nous. Elle rejeta ce terme et ce qu'il signifiait pour s'en tenir à la maison. Elle avait été un véritable symbole pour eux au début de leur mariage.

Elle était à l'abandon quand il l'avait achetée, dix ans plus tôt. Et quand ils s'étaient rencontrés, dans un magasin de bricolage, il rénovait le rez-de-chaussée. Elle était venue chercher une marque de peinture introuvable à Los Angeles. Ils s'étaient croisés dans les rayons, il lui avait demandé conseil, et ensuite, tout s'était enchaîné. Ils avaient consacré beaucoup de leurs premiers rendez-vous, et les six premiers mois de leur mariage, à terminer le rez-de-chaussée, puis le premier étage. Ils étaient sur le point de s'attaquer au second, lorsqu'il avait perdu son père et changé de métier. Les travaux avaient cessé de l'intéresser, comme leur mariage, et elle. Elle avait continué de travailler dans la maison, mais tout avait changé. Sans Flynn, sans son enthousiasme et sa complicité, le cœur lui avait peu à peu manqué. Et quand il avait refusé de faire le bébé qu'elle demandait, elle n'avait pas vu l'intérêt d'achever la première chambre.

Il s'engagea dans l'escalier.

— Tu peux choisir la chambre que tu veux, lui dit-il, celle d'amis… ou la nôtre.

Et dormir dans le grand lit où ils avaient si souvent fait l'amour ? Non merci. Il lui était assez pénible de savoir qu'ils avaient ainsi baptisé toutes les pièces de la maison. Chacune était pleine de souvenirs qu'il lui faudrait ignorer. Inutile d'ajouter ceux de leur chambre à coucher.

— Je vais m'installer dans la chambre de devant, répondit-elle, celle avec le petit balcon.

Celle où ils avaient fait l'amour sur une bâche, au milieu des pots de peinture, et avec un tel enthousiasme que des semaines plus tard elle retrouvait encore de petits éclats de couleur dans ses cheveux. Il ne servait à rien de s'en souvenir. Ce jour-là et la bâche avaient depuis longtemps disparu.

— Tu es sûre ? Elle donne sur la rue.

— Ça m'est égal. De toute façon, l'un d'entre nous doit y dormir. La rue est plutôt calme, et j'ai toujours pensé que le balcon était un endroit merveilleux pour boire son café le matin. Tu dois reconnaître que la vue est splendide.

Il porta sa valise dans la chambre et s'assit sur le lit de fer forgé.

— Tu connais la maison, tu sais où sont les placards. Fais comme chez toi.

— Merci, lui dit-elle, aussi distante que s'il avait été un inconnu et pas l'homme avec lequel elle avait choisi le décor de la pièce, depuis l'édredon jusqu'au tapis sous leurs pieds.

— Quand tu auras défait tes valises, nous irons dîner chez Gianelli. J'ai réservé.

Le petit restaurant italien, son charme et ses plats délicieux, lui revinrent à la mémoire et avec lui, toutes les soirées agréables qu'ils y avaient passées.

— Ne fais pas comme si rien n'avait changé, Flynn. Ce n'est pas vrai.

— Je le sais, mais ceux qui nous connaissent s'attendent à nous voir fêter nos retrouvailles dans notre restaurant préféré.

Il avait raison, et elle avait oublié cet aspect de leur accord. Mais il ne concernait que les autres.

— Nos *prétendues* retrouvailles, le corrigea-t-elle afin de lever toute ambiguïté.

Il inclina la tête, et une vague de résignation s'abattit sur ses épaules. Elle poussa un profond soupir. En acceptant de jouer cette comédie, elle n'avait pas pensé qu'elle devrait retourner dans des endroits où elle ne voulait pas mettre les pieds.

— Laisse-moi une demi-heure.

Au terme de ce délai, elle espérait avoir trouvé le courage de se lancer dans cette étrange aventure.

*
* *

Flynn aimait les plans bien ficelés et jusqu'ici, il devait reconnaître que le sien fonctionnait à merveille. La première étape était franchie, Renée était rentrée à la maison. Certes, elle n'était pas encore dans son lit, mais cela ne tarderait pas.

Comme il l'avait si souvent fait en allant chez Gianelli, il lui prit la main et enlaça ses doigts aux siens. Elle sursauta et tenta de se libérer mais en même temps, elle trébucha sur un escarpement du trottoir. Il en profita pour la retenir, et la serrer contre lui.

Ses grands yeux bleus aux si jolis reflets violets le transpercèrent, furieux.

— Qu'est-ce que tu fais ?

— Je te tiens la main. Nous devons sauver les apparences, tu l'as oublié ?

La sentir si proche lui procurait un sentiment de bien-être, un apaisement qu'il n'avait pas connu depuis longtemps.

— Non.

Il inspira, humant son parfum léger et regrettant de ne pas pouvoir la prendre entre ses bras. Il voulait glisser les mains dans ses longs cheveux blonds et l'embrasser jusqu'à ce qu'elle se love contre lui, comme autrefois. Mais il ne voulait pas la brusquer. Leur premier baiser avait répondu à sa première question et l'avait rassuré. L'alchimie qu'ils avaient connue l'un pour l'autre n'avait pas disparu, et il s'en réjouissait. Tant qu'il pouvait compter sur elle, il avait une chance de réparer ce qu'il avait brisé.

Mais pour l'instant, il la sentait tendue et il chercha un moyen de la distraire.

— J'ai fait quelques recherches pour te trouver un local dans les environs.

Ses magnifiques yeux volèrent aussitôt dans sa direction.

— Alors ?

— Il y a des locations, mais tout dépend de ton budget. Je te montrerai ce que j'ai trouvé en rentrant. Je te parlerai aussi de mes idées pour le sous-sol.

Une vive curiosité illumina ses traits.

— Tu as des projets ? Raconte-moi !

— Non, en rentrant.

— Oh, Flynn, s'il te plaît !

— Pas question, tu attendras.

— Tortionnaire !

Son sourire s'était vite effacé, mais il avait compris qu'elle se souvenait, comme lui, de toutes les fois où elle l'avait supplié de cette façon, quand il la menait au comble du désir et repoussait son plaisir jusqu'aux limites du tolérable. Leur jouissance était alors fabuleuse.

Une bouffée de chaleur l'envahit et il sentit le désir monter en lui. Repoussant ses fantasmes, il se concentra sur le projet qu'il avait en tête depuis qu'elle avait accepté de revenir à San Francisco. Le sous-sol était idéal pour son activité professionnelle, et dessiner les plans de sa future cuisine l'avait empli d'une allégresse qu'il n'avait pas connue depuis longtemps. Il était tellement impatient de lui en parler qu'il avait failli tout lui dire à l'instant même, mais il préférait attendre la fin de la soirée. Il espérait qu'un bon repas, du bon vin, et l'évocation de souvenirs heureux la rendraient plus réceptive.

Il ouvrit la lourde porte du restaurant. Comme convenu, et grâce au texto qu'il avait envoyé, Mama Gianelli les attendait juste à l'entrée. Elle et Renée étaient devenues amies le jour où Renée lui avait demandé conseil pour une recette.

En les voyant, la propriétaire poussa un gloussement de joie et se précipita sur Renée pour la serrer dans ses bras et l'embrasser sur les deux joues.

— Quand Flynn m'a téléphoné pour me dire que vous veniez tous les deux, s'exclama-t-elle, mon cœur a fait un bond ! Je suis tellement heureuse de vous revoir, Renée. Vous et votre beau sourire m'avez tellement manqué.

Ce flot de paroles exubérantes lâchées avec un fort accent italien fit naître un premier vrai sourire sur les lèvres de Renée. Dommage, songea-t-il, qu'il ne lui soit pas adressé, car ce sourire et l'éclat qu'il provoquait dans ses yeux lui avaient aussi beaucoup manqué.

— Moi aussi, je suis heureuse, Mama G.

— Et celui-là, poursuivit la propriétaire en le désignant. Il ne mange pas comme il devrait. Regardez-le, tout en os !

Il resta un instant en retrait, légèrement mal à l'aise, jusqu'au moment où il surprit le regard de Renée passer lentement sur lui. Son air approbateur ne fit qu'accroître son embarras, mais pour une autre raison.

Mama G., heureusement, passa un bras autour de Renée et l'entraîna avec elle.

— Venez, j'ai préparé votre table.

Il les suivit au fond de la salle, et prit le temps d'admirer la silhouette de sa femme. Elle semblait avoir pris un peu de poids, mais ses courbes, soulignées par son pull de coton blanc et la coupe seyante de son pantalon gris, n'en étaient que plus gracieuses. Et ce spectacle réveillait un appétit qu'aucune femme n'avait su ranimer depuis son départ.

— Je vous apporte votre chianti préféré, leur annonça Mama Gianelli en s'écartant.

— Non, pas pour moi, merci, refusa Renée.

Il la regarda, surpris, mais décida de se plier à sa décision.

— Pour moi non plus.

— Comme vous voudrez, leur dit Mama Gianelli. Voilà la carte. Elle n'a pas changé, ou presque.

Elle les contempla un instant, le visage radieux de satisfaction, et les laissa enfin seuls. Renée plongea aussitôt les yeux sur son menu et l'étudia avec attention. Comme elle le connaissait par cœur — chaque fois qu'ils étaient venus elle avait toujours choisi le même plat —, il en déduisit qu'elle cherchait à l'éviter.

— Tu ne commandes pas la même chose que d'habitude ?

— Je crois que je vais tenter le poulet à la romaine, répondit-elle sans lever la tête. Il est farci aux crevettes et à la mozzarella, et sa sauce au citron me tente bien.

— Quel changement !

Cette fois, elle le regarda.

— J'ai changé, Flynn, dit-elle avec sérieux. Je ne suis plus la petite souris craintive et anxieuse de plaire que j'étais.

Etait-ce un avertissement qu'il percevait dans sa voix ?

— Tout le monde change, Renée. Mais le fond de notre caractère reste le même.

La petite-fille des Gianelli arriva à cet instant. Ils passèrent leur commande et, après son départ, il leva son verre d'eau.

— A nous et notre future famille.

Elle hésita, puis leva son verre à son tour.

— Au bébé que nous ferons… peut-être.

Il nota son hésitation, mais au lieu de relever, il lui prit la main.

— Est-ce nécessaire ? demanda-t-elle sur la défensive.

— Nous nous tenions toujours la main en attendant nos plats.

Ses doigts restèrent tendus.

— Pourquoi tiens-tu tellement à nous faire passer pour un couple heureux ?

Ce n'était pas la conversation légère qu'il avait espérée, mais elle avait le droit de connaître les faits.

— Le contexte économique n'est pas facile, commença-t-il. Toutes les entreprises réduisent leurs budgets publicitaires, et la concurrence est rude. Notre plus gros rival, l'agence Golden Gate, nous fait une véritable guerre. Ses directeurs commerciaux n'hésitent pas à piétiner nos plates-bandes et ils n'auraient aucun scrupule à user des pires méthodes pour nous voler nos clients.

— Je ne vois pas le rapport.

— Athos Koteas, leur P.-D.G, fait tout ce qu'il peut pour salir notre image et notre réputation. Il répand des ragots, détourne les faits, lance des rumeurs. Nous ne savons pas d'où il tient ses informations, mais il connaît nos points faibles. A croire qu'il a un espion dans la maison.

— Je ne comprends toujours pas.

— Certains de nos plus gros clients sont ultraconservateurs. Ils sont très à cheval sur les principes et ils détestent le scandale. S'ils apprenaient la teneur de notre marché — dont l'enjeu est un enfant —, je ne donne pas cher de Maddox Communications. D'où la nécessité de ne rien dire.

— Tu ne pourras pas garder le secret indéfiniment.

— Koteas a soixante-dix ans. Il n'est pas éternel. Mais assez parlé de mon travail.

— Au contraire, j'aime que tu m'en parles. Tu ne le faisais jamais avant. Enfin, pas après que tu es entré chez Maddox.

— J'avais bien assez de cette jungle pendant la journée pour ne pas vouloir en parler le soir.

Mais elle avait raison. Quand il travaillait chez Adams Architectes, ses projets l'enthousiasmaient tellement qu'il lui racontait toujours ses journées par le menu.

— Comment va Lorraine ?

Elle eut un mouvement de recul, mais haussa les épaules.

— Ma mère est toujours la même. En ce moment, elle travaille dans un cinq étoiles de Boca Raton.

— Elle change toujours aussi souvent de restaurant ?

— Elle démissionne dès que son penchant pour l'alcool est découvert.

— Son addiction est une vraie plaie. Tu as de la chance d'avoir vécu avec ta grand-mère.

Il caressa sa paume du bout de son pouce. Elle sursauta et retira vivement sa main pour attraper son verre, mais le frisson sur sa peau ne lui avait pas échappé.

— Tu as l'air en pleine forme, Renée. Diriger ton affaire semble te réussir.

— Merci. Il y a des avantages à être indépendant, et je préfère la liberté de créer mes propres recettes plutôt que d'être obligée de suivre celles qu'on m'impose.

Lorsqu'ils s'étaient rencontrés, elle était salariée chez un traiteur célèbre de Los Angeles. Après leur mariage, elle avait démissionné, et il n'avait pas voulu qu'elle travaille.

Il avait eu le temps de réfléchir aux raisons de leur séparation et il avait conclu que sa première erreur avait été de lui demander de s'occuper exclusivement d'eux et de la maison. Contrairement à lui, Renée était issue de la classe laborieuse. Sa grand-mère avait possédé et dirigé un petit restaurant de quartier ; sa mère était devenue un chef connu et talentueux. Ces deux emplois exigeaient une énergie considérable et encore plus d'obstination.

Renée connaissait la dureté du travail, elle avait pratiquement grandi dans une cuisine de restaurant. A quatorze ans, quand il construisait des maquettes et profitait d'une adolescence insouciante, elle mettait les couverts et débarrassait les tables pour gagner un peu d'argent de poche. Elle avait l'habitude de subvenir à ses besoins et elle n'avait jamais aimé lui demander de l'argent pour faire les courses ou sortir.

Les déjeuners, le shopping — sauf s'ils avaient un lien avec leur foyer — ne l'avaient jamais amusée. Elle n'était pas du genre non plus à se prélasser dans les instituts de beauté. Devenir une femme entretenue n'avait pas été facile. Et quand il avait commencé à travailler comme un fou chez Maddox, elle n'avait plus rien eu pour combler ses journées.

Sauf, se rappela-t-il, le désir prématuré d'un enfant.

Leur mariage aurait-il duré s'il l'avait encouragée à trouver un emploi, ou s'il avait dit oui au bébé ? Il s'était posé la question un millier de fois, sans parvenir à y répondre. Tout ce qu'il savait, c'était qu'il n'avait pas voulu d'enfant parce qu'il ne voulait pas être un père absent, comme l'avait été le sien.

Des enfants. Combien en auraient-ils aujourd'hui s'il n'avait pas refusé le premier ? Il repoussa aussi cette réflexion. Il ne servait à rien de revenir sur le passé. La seule chose qu'il pouvait faire, c'était tirer les leçons de ses erreurs et ne pas recommencer.

Renée était revenue et, cette fois, il n'avait pas l'intention de la laisser partir.

Il était beaucoup trop facile d'oublier que leur réconciliation n'était qu'un leurre, songea Renée tandis que Flynn lui ouvrait la porte de sa maison.

Au cours du dîner, il s'était montré attentif, drôle et agréable, exactement comme elle l'avait connu au début de leur rencontre et de leur mariage. Mais il avait déjà changé, se rappela-t-elle, et il recommencerait. De toute manière, ce n'était pas lui le problème. Mais elle.

— J'ai un trousseau de clés pour toi, lui dit-il si près de son oreille qu'elle sursauta.

Elle avança précipitamment dans l'entrée.

— Tu n'as pas dit que tu me montrerais tes idées pour le sous-sol ?

— Mes plans sont dans le bureau, avec les clés. Vas-y, je te rejoins dans une seconde.

Après qu'il eut quitté la cuisine, elle se dirigea vers la pièce qui s'ouvrait sous l'escalier.

Elle constata aussitôt que le bureau avait la même odeur que lui. Elle s'apprêtait à prendre une profonde inspiration pour s'imprégner de cette odeur mais quelque chose attira son attention.

Son immense table à dessin — symbole de la vie et de la passion auxquelles il avait renoncé — trônait toujours devant la grande fenêtre. Elle était surprise qu'il ne s'en soit pas débarrassé. Ces quatre années d'études, et autant de formation, abandonnées lui inspiraient le même sentiment de gâchis. Il avait été si près d'obtenir son diplôme et de réaliser son rêve, si près de devenir architecte… Elle soupira et contempla avec tristesse les rayons de sa bibliothèque. Comme autrefois, elle regorgeait jusqu'au plafond de livres d'architecture, de technique et de design. Au milieu d'eux, une photo attira son regard. Elle approcha et une douloureuse mélancolie lui serra la gorge.

Ils semblaient si heureux devant la petite chapelle blanche de Las Vegas où ils avaient échangé leurs vœux. Leurs sourires étaient rayonnants et leurs regards pleins d'amour. Les liens qui les unissaient n'avaient pas commencé à se déliter. C'était avant, se dit-elle. Avant que les remarques acides de sa belle-mère ne finissent par entamer sa confiance, avant que son beau-père ne meure, avant que Flynn ne change de travail et se détourne d'elle.

Durant cette seconde de félicité radieuse figée sur la photographie, jeune mariée de l'homme qu'elle aimait éperdument, elle ne savait rien du silence et de la solitude qui l'attendaient, des démons qui la guettaient, prêts à surgir et s'abattre sur elle. Découvrir qu'elle avait des pieds d'argile avait été une douloureuse épreuve.

Le bruit d'un bouchon la fit sursauter. Flynn entrait dans la pièce, une bouteille de vin à la main, et deux verres coincés au creux de son bras.

Elle l'arrêta.

— Pas pour moi.

Une ombre de contrariété sur le front, il posa la bouteille et les verres sur une desserte et ses mains fortes entreprirent de sortir le morceau de liège du tire-bouchon.

— Ce riesling était ton préféré, observa-t-il.

— Je ne bois plus une goutte d'alcool, sauf pour déguster le vin destiné à accompagner mes menus. Mais même là, je recrache.

— Tu adorais le vin.

— Plus maintenant.

— C'est à cause de ta mère ?

Sa question n'était pas surprenante. Elle ne lui avait jamais rien dit de cette nuit solitaire où elle avait eu si peur de devenir comme sa mère que sa vie en avait été bouleversée. Et elle s'était juré de ne jamais lui en parler.

— En partie, répondit-elle prudente. Alors, le sous-sol ?

— Une minute.

Il reboucha la bouteille, s'assit à son bureau et ouvrit un tiroir. Elle le regarda sortir un trousseau de clés et le lui tendre. Elle se figea. L'accepter, c'était accomplir un pas de plus en avant, un pas qui la rapprochait du précipice… Repoussant son vertige, elle avança et tendit la main. Le contact du métal froid lui mordit la paume. Elle releva les yeux, mais il ouvrait un autre tiroir, pour en sortir, cette fois, un dossier.

— Ce sont les locations que j'ai trouvées dans le quartier pour installer ton entreprise.

Elle ouvrit la chemise et regarda le premier descriptif. Le prix, encadré et en gras, faillit la faire s'étouffer. Le suivant, constata-t-elle en tournant la page, n'était guère plus encourageant. Elle faillit renoncer, mais elle avait noté sa belle écriture familière dans la marge. Il avait pris le temps de noter pour elle les pour et les contre de chaque proposition. Alors elle poursuivit sa lecture, le cœur serré. Tous les loyers dépassaient largement les sommes qu'elle envisageait d'investir dans sa nouvelle installation. Elle releva les yeux.

— Ces prix ne tiennent pas compte des travaux que tu vas devoir réaliser, lui dit-il comme s'il lisait dans ses pensées. Ni des équipements dont tu vas avoir besoin. Mais tu connais sans doute mieux que moi les sommes que cela représente.

Elle fit rapidement le calcul. Même en puisant dans ses

économies, elle n'avait pas les moyens qu'exigeait un tel projet. Sauf si elle empruntait. Cette perspective, aussitôt, raviva ses doutes.

Etait-elle prête à s'endetter pour un projet dont rien ne lui garantissait le succès ? Le secteur de la restauration était dur, et à San Francisco, la concurrence était encore plus rude... Et si leur accord tournait mal, si elle voulait partir, un tel emprunt ne l'obligerait-il pas à rester ? Elle s'en voulut de ne pas avoir réfléchi davantage. Elle aurait dû se poser ces questions *avant* d'accepter la proposition de Flynn.

— Je ne dispose pas de ce genre de budget, déclara-t-elle.

— Il y a une autre possibilité, avança-t-il, bien moins coûteuse.

Il se leva et retourna la feuille posée sur sa table à dessin.

— Tu as fait des plans, devina-t-elle le cœur battant.

Il croisa son regard et, durant une brève seconde, elle surprit dans la profondeur de ses yeux bleus la magnifique lueur qui l'avait d'abord attirée vers lui dans ce magasin de peinture.

— Regarde.

Même sa voix contenait la pointe de jubilation qui l'avait tant séduite.

Un peu inquiète des réactions que lui inspirait cette réminiscence de l'ancien Flynn, elle approcha. Une cuisine, très semblable à celle qu'elle avait installée dans sa maison de Los Angeles, apparut sous ses yeux. Mais celle-ci était plus grande. Elle disposait de plans de travail plus nombreux, et de plus larges fenêtres. Et elle n'incluait pas seulement un bureau — une vaste pièce séparée où elle pourrait recevoir ses clients —, le plan s'étendait sur un patio extérieur, agrémenté de tables et d'une fontaine.

— Oh, Flynn, s'exclama-t-elle enthousiasmée, c'est magnifique ! Où est-ce ?

— Dans notre sous-sol.

Elle recula.

— Mais je... Nous... Enfin, non, Flynn ! Ce n'est pas...

— Attends, la coupa-t-il en levant la main. Et écoute-moi. Notre sous-sol est grand, vide et il comporte un accès indépendant. Si tu acceptes de t'y installer, tu réduis considérablement tes charges, et tu pourras travailler en bas pendant qu'une nounou s'occupera de notre bébé en haut. Tu pourras le voir quand tu voudras. Vous ne serez pas séparés.

« Notre sous-sol, notre bébé. » Et *sa* panique !

Sa joie retomba plus vite qu'un soufflé. Ces mots suggéraient… Non, ils ne suggéraient pas. Ils annonçaient un engagement sur du long terme. Un engagement qu'elle n'était absolument pas prête à envisager.

— Une transformation pareille pour une installation provisoire est une mauvaise idée, Flynn. Une très mauvaise idée.

— Qui prétend qu'elle doit rester provisoire ?

Sa panique monta d'un cran.

— Moi ! s'écria-t-elle. Parce qu'il n'est pas question que je reste. Même si je réussis à San Francisco et que je décide de garder cette succursale, un an après la naissance, j'engage un directeur et je retourne à Los Angeles. Je te rappelle que nous nous sommes mis d'accord pour divorcer après le premier anniversaire du bébé.

Il la considéra un instant puis sembla se raviser.

— Réfléchis, Renée. Tu ne trouveras rien de moins cher ni de mieux situé qu'ici. C'est un quartier branché, pourvu du type de clientèle que tu recherches. Et notre adresse est assez proche des restaurants et des boutiques les plus connus pour qu'on puisse te localiser très facilement.

Il n'avait pas seulement raison, se dit-elle consternée. Son plan, au sens propre comme au sens figuré — et quelles que soient ses intentions —, était idéal. Tellement idéal qu'elle devait… le refuser.

Elle ouvrit la bouche pour le lui faire savoir, mais pas un mot n'en sortit.

Elle n'avait pas les moyens de s'installer ailleurs et il n'était pas question de s'installer chez lui, mais elle serait folle d'envisager de vivre ici, dans sa maison, sans autre occupation que celle de guetter son retour. Elle avait déjà échoué dans cette voie, elle n'avait aucune envie de recommencer. Même pour un bébé.

Une autre solution lui vint alors à l'esprit… qu'elle repoussa aussitôt.

Elle ne pouvait pas se faire embaucher par un traiteur. D'abord, elle n'aurait pas la liberté d'aller et venir à Los Angeles pour épauler Tamara, et puis personne n'accepterait le risque de se faire voler ses recettes aussi facilement.

Mais elle *devait* travailler. Elle avait besoin de l'épanouissement que lui apportait son travail et de l'indépendance financière qui allait avec.

Elle se pinça les lèvres de dépit et d'impuissance. Malheureusement pour elle, la proposition de Flynn était la meilleure des solutions. Et la pire. La meilleure, parce qu'ouvrir une succursale de Saveurs des Anges dans cette maison était la seule et unique possibilité financièrement viable de percer le marché ultra-compétitif de San Francisco. Et la pire, parce qu'elle se jetait… dans la gueule du loup.

Etait-elle prête à vivre, travailler, manger, dormir, respirer dans l'ombre de Flynn ? Le voulait-elle vraiment ? Etait-elle assez forte pour supporter la pression qui en découlerait ? La dernière fois, elle s'était effondrée…

Elle tenta de se ressaisir. Elle n'était pas obligée de dramatiser. Son installation pouvait aussi rester ce qu'elle était : une solution temporaire. Dès qu'elle en aurait les moyens, elle chercherait une autre location. De cette façon, quand son enfant irait chez son père, elle ne serait pas loin, et il n'aurait jamais l'impression qu'elle voulait se débarrasser de lui.

Elle pouvait réussir. Elle était forte. En sept ans, elle avait appris à lutter. Son fils ou sa fille saurait qu'il avait été désiré, attendu, qu'il ou elle n'était pas une erreur. Il connaîtrait son père.

Elle n'était pas comme sa mère.

Elle baissa les yeux sur le dossier que Flynn lui avait donné, puis elle les releva lentement sur lui.

— Ne pense pas que je doute de tes recherches, mais j'ai appris à faire les choses moi-même. Je vais vérifier tout ça, et je te donnerai ma réponse.

3

Dimanche matin, dès son réveil, Renée était descendue au sous-sol, une tasse de café à la main. Elle avait posé les plans de Flynn sur des tréteaux et, gagnée par un sentiment d'accablement croissant, elle contemplait l'espace froid et abandonné.

Flynn ne lui avait pas menti.

Elle avait consacré son samedi à étudier toutes les possibilités de location avec un agent immobilier. Ce n'était pas de Flynn qu'elle doutait — elle lui avait toujours fait confiance — mais d'elle. Et le résultat de ses recherches n'avait fait que confirmer ce qu'elle savait malheureusement déjà : tous les locaux disponibles dépassaient son budget, à moins qu'elle ne s'endette ou qu'elle accepte de s'installer dans un quartier éloigné et moins accessible.

Refusant de céder à son découragement, elle remercia le ciel d'avoir doté sa grand-mère d'une nature économe. Après avoir vendu à prix d'or le secret de sa recette de cookies à une pâtisserie industrielle, Emma avait gardé son restaurant et continué à vivre comme elle l'avait toujours fait. Le seul luxe qu'elle s'était offert était sa maison, achetée avec une fraction seulement de sa fortune. Elle avait gardé le reste, « au cas où ». Et ce reste, se rappela Renée avec reconnaissance, lui avait permis de monter sa société.

L'escalier craqua derrière elle, et elle se retourna aussitôt. Les longues jambes de Flynn apparurent sur les premières marches. Son short de course moulait ses cuisses musclées, ses hanches, et son T-shirt épousait la puissance de son torse. Une pointe de désir la traversa, qu'elle tenta aussitôt d'ignorer, sans grand succès.

Il vint se poster juste devant elle et, sous son regard appuyé, elle se sentit bien pâle dans son vieux jean, son polo à manches longues et les pieds nus.

— Bonjour, Renée.

— Bonjour. Tu cours toujours chaque matin ?

— Oui, qu'il pleuve ou qu'il vente. Tu m'accompagnes ?

Sa question, qui évoquait leur complicité d'autrefois, lui inspira un sourire. Il la lui posait toujours avant de partir et, invariablement, elle répondait la même chose.

— Tu connais la réponse.

Mais cette fois, cette vieille réplique lui arracha une grimace. Leurs plaisanteries d'antan, et leur façon si facile d'y revenir étaient parfaitement déplacées.

— J'ai mon téléphone portable, reprit-il. Si tu as besoin de me joindre, j'ai laissé le numéro sur la table de la cuisine.

Il désigna ses plans du menton.

— Tu as pris une décision ?

Elle but une gorgée de café, dans l'espoir de voir surgir une idée de génie, et soupira.

— Tu as raison, admit-elle. Ton sous-sol est ma meilleure option.

Ses yeux brillèrent de satisfaction.

— J'appelle l'entrepreneur dès demain matin. J'en connais un en qui j'ai toute confiance. Et l'après-midi, nous irons choisir du carrelage, de la peinture, des meubles et un plan de travail.

— Tu ne travailles pas le lundi ?

— Je prendrai mon après-midi. Tu n'auras qu'à venir me chercher au bureau, nous partirons directement.

Elle était surprise. Avant, elle n'avait jamais pu l'arracher à son travail, et il appréciait encore moins de la voir surgir à l'improviste chez Maddox. Ces réticences n'avaient rendu que plus cruelles les insinuations perfides de sa belle-mère à propos des femmes « bien plus convenables » qu'il fréquentait.

— Etudie ce plan pendant mon absence, tu me diras les changements que tu veux.

— Ce projet est parfait, comme toujours.

Son talent était si prometteur quand elle l'avait connu que de grands cabinets d'architectes avaient voulu le recruter, avant même la fin de ses études.

— Comme je ne suis pas diplômé, c'est un de mes anciens collègues qui va devoir le signer.

— Aucun problème.

En renouant ces contacts, il se souviendrait peut-être de sa passion pour ce métier. Et s'il pouvait y revenir…

Il s'éloigna, ouvrit la porte-fenêtre et se retourna sur le seuil.

— Je ne serai pas long.

La porte se referma et, dans un frisson, elle se frotta les bras.

Plongée dans le silence de la maison, le souvenir des jours et des nuits qu'elle avait passé à l'attendre s'abattit sur elle. Elle ne pouvait pas s'empêcher de croire que leur mariage aurait duré s'il était resté architecte au lieu de devenir vice-président de l'agence publicitaire familiale. Mais parce qu'il avait aussi étudié l'économie, et parce qu'il avait été préparé à travailler dans l'agence — jusqu'au jour où il s'était rebellé pour changer d'orientation —, il avait été le mieux placé pour prendre ce poste à la mort de son père.

D'un mouvement de tête, elle chassa la mélancolie et les regrets dont elle avait déjà fait l'expérience. Elle ne s'y laisserait pas reprendre. Elle avait son travail, ses centres d'intérêt, ses projets. Elle ne laisserait plus sa vie et son bonheur dépendre uniquement de Flynn.

Elle avala sa dernière gorgée de café, roula les plans et remonta l'escalier. Autrefois, elle aurait préparé le petit déjeuner en attendant son retour. Elle avait adoré cuisiner pour lui. Elle songea un instant à ouvrir son réfrigérateur et voir ce qui s'y trouvait, mais elle s'abstint. Le passé était révolu.

Alors elle se remplit une autre tasse de café et s'assit avec un carnet. Démarrer une filiale n'était pas une mince affaire, mais elle avait de l'expérience aujourd'hui. Elle devait faire une liste de courses, meubles et ustensiles compris, une des démarches à entreprendre, et un planning. Une fois ses dépenses chiffrées, et le devis de l'entrepreneur en main, elle pourrait définir son budget et l'ajuster.

La sonnerie de la porte d'entrée la tira de sa concentration. Flynn avait oublié ses clés ? Le double qu'ils cachaient derrière la grille n'existait plus ? Elle leva les yeux sur l'horloge. Quarante minutes s'étaient écoulées depuis son départ. Avant, il avait l'habitude de courir une bonne heure.

Elle se leva et, toujours pieds nus, se dirigea vers la porte. Les vitres déformaient la silhouette qui se tenait derrière, mais elles ne l'empêchaient pas de voir que le visiteur était bien trop petit pour être Flynn.

Qui donc venait lui rendre visite aussi tôt ?

Elle ouvrit, intriguée, pour découvrir Carol Maddox, sa belle-mère, sur le seuil. Elle eut l'impression de recevoir une douche froide. Aucune formule aimable ne lui vint à l'esprit.

— Bonjour, Carol, se contenta-t-elle de lui dire.

Petite, blonde, mince au point d'être émaciée, Carol Maddox n'avait pas changé. Son visage, figé à cause d'un usage abusif de la chirurgie esthétique, réussissait toujours à exprimer l'aigreur, et le mépris.

— Alors c'est vrai, lâcha-t-elle, tu es revenue.

— Oui.

Elle s'étonna qu'un mot si court puisse contenir autant de satisfaction. Mais étant donné le nombre de fois que sa belle-mère l'avait volontairement humiliée, elle prenait un immense plaisir à penser que sa réponse ruinait sa journée, et probablement sa semaine entière.

Le regard de Carol glissa avec dédain sur ses cheveux défaits, son visage non maquillé, son polo et son vieux jean jusqu'à ses pieds nus, avant de remonter pour s'arrêter sur la tasse qu'elle tenait à la main.

— Je boirais bien un café, déclara-t-elle. Enfin, si tu as appris à le faire.

Renée maîtrisa sa colère. Elle préférait se mordre la langue plutôt que répondre sur le même ton acerbe.

— Entrez, mais si vous espérez un miracle, vous serez déçue.

Elle se dirigea vers la cuisine, plutôt que le salon où elle mettait jadis un point d'honneur à recevoir sa belle-mère et, au lieu de la jolie tasse en porcelaine qu'elle avait l'habitude de sortir, elle remplit un bol banal qu'elle posa sur la table, avec la boîte à sucre et la bouteille de lait.

Dans son métier, la présentation était essentielle. Mais elle n'avait aucune raison d'impressionner Carol. De toute façon, tous ses efforts pour lui plaire n'auraient servi à rien. Elle l'avait appris, à ses dépens, et n'avait pas oublié la leçon.

Carol se prépara son café avec ostentation, puis but une gorgée et fit la grimace.

— Qu'espères-tu en revenant ?

D'abord désarçonnée par la rapidité et la violence de l'attaque, elle se ressaisit rapidement.

— Tu ne sais donc pas que Flynn a trouvé une femme qui lui convient parfaitement ?

Ce n'était pas de la jalousie que Renée éprouva en prenant conscience de ce que sa belle-mère insinuait. Si Flynn avait trouvé quelqu'un pour la remplacer, elle n'avait aucune raison d'être jalouse. Pour l'être, il aurait fallu qu'elle tienne encore à lui. Ce qui n'était pas le cas.

— Vraiment ? s'étonna-t-elle.

— Oui. Tu perds ton temps, et le sien. Elle est de notre milieu, contrairement à toi.

— Par « notre milieu », vous voulez dire riche, mal élevée et agressive ?

Stupéfaite d'entendre ces mots franchir ses lèvres, elle sursauta. Mais si une part d'elle-même s'horrifiait de son manque de respect, l'autre se réjouissait de la voir enfin réussir à tenir tête à Carol Maddox. La gentillesse n'avait jamais marché avec cette dernière. Plus elle avait voulu se faire aimer par sa belle-mère, plus celle-ci s'était montrée odieuse avec elle.

Elle vit ses yeux s'écarquiller, puis se rétrécir sur elle.

— Tiens donc, tu as fini par prendre de l'assurance ? Félicitations, ma chère. Mais c'est trop tard, persifla-t-elle, et cela ne suffit pas. Tu vas perdre Flynn exactement comme tu l'as déjà perdu. Il aime Denise et il va l'épouser.

Elle se sentit frémir. Et aussitôt elle essaya de se persuader que c'était à cause de la colère, rien de plus. De la colère contre cette femme perfide et détestable.

— L'épouser ? Cela risque d'être un peu difficile, voyez-vous, parce qu'il est toujours marié. Avec moi. *Il* n'a jamais signé les papiers du divorce.

Carol se raidit, mais comme d'habitude, elle fut prompte à retrouver son aplomb, et sa morgue.

— Un oubli, j'en suis sûre. Mais ne te fais aucune illusion. Tu as peut-être réussi à l'aveugler, ça ne va pas durer. Quelle que soit la raison de ton retour, il va s'apercevoir de tes manigances et démasquer la profiteuse que tu es.

L'arrogance de sa belle-mère était telle qu'elle faillit céder au plaisir de lui dire qu'elle n'était revenue que dans un seul et unique but, celui de corrompre le précieux pedigree des Maddox. Mais elle serra les poings et se retint. Elle avait promis à Flynn de donner à leur réconciliation toute la crédibilité possible.

Durant leur mariage, de peur de provoquer un conflit, ou de perdre Flynn, elle ne lui avait jamais parlé des insultes répétées et du mépris constant de sa mère. Aujourd'hui, ces inquiétudes ne la concernaient plus. Et même s'ils devaient se séparer, autant qu'ils le fassent avant qu'elle ait investi son temps et son argent dans l'ouverture d'une succursale.

Et avant qu'elle ne soit enceinte.

— Pour votre information, Carol, se lança-t-elle alors, sachez que c'est Flynn qui est venu me chercher. C'est lui qui a voulu que je revienne. Il a même dessiné ces plans pour que je puisse installer mon bureau dans son sous-sol et travailler ici.

Elle montra les feuilles étalées sur la table.

— Et il m'a demandé de lui faire un bébé, acheva-t-elle. Comme nous avons perdu sept ans, nous n'allons pas traîner.

— Tu mens.

— Non. Vous allez devenir grand-mère. Qu'en pensez-vous, mamie Carol ?

L'horreur agrandit les pupilles de sa belle-mère, sans altérer son visage, et elle recula comme frappée par une mauvaise odeur.

— Si tu as la moindre affection pour Flynn, tu vas repartir d'où tu viens et le laisser vivre heureux avec Denise. Il l'aime, ajouta-t-elle, et leur mariage est déjà programmé.

Elle sentit la pointe de la flèche, mais refusa de se laisser atteindre. Sa belle-mère ne pouvait plus lui faire de mal.

— Et vous, répliqua-t-elle en affrontant son regard, si vous avez la moindre affection pour votre fils, vous allez garder vos commentaires désobligeants pour vous. Parce que je vous préviens, Carol, si vous utilisez votre langue de vipère et vos insinuations perfides contre moi, cette fois, je n'hésiterai pas à dire à votre fils toute la malveillance dont vous avez toujours fait preuve à mon égard.

— Dis-le maintenant, fit la voix de Flynn dans son dos.

Elle sursauta et fit volte-face.

— Flynn ! Je ne t'ai pas entendu rentrer.

— Je suis passé par le sous-sol, je pensais t'y trouver.

Il entra dans la cuisine, ses yeux bleus dardés sur elle, sans même s'arrêter à la présence de sa mère.

— Dis-moi ce que tu entends en parlant de la langue de vipère de ma mère et de ses insinuations perfides.

Elle vacilla.

— Depuis quand nous écoutes-tu ?

— Assez longtemps pour comprendre que tu m'as caché des choses pendant notre mariage, des choses importantes. Je veux les savoir, Renée. Toutes et tout de suite.

Elle détestait dire du mal des autres. Elle n'avait lancé ces accusations que sous le coup de la colère et par bravade ; d'ailleurs, l'expression pleine de suffisance de sa belle-mère lui disait à quel point elle était sûre de ne pas lui voir le cran de révéler la vérité. Un sentiment de résignation s'abattit sur ses épaules, aussitôt suivi par un sursaut de révolte. Si elle se taisait, si elle ne mettait pas ses menaces à exécution *maintenant*, Carol recommencerait.

Elle ne pouvait pas se laisser encore piétiner.

D'un autre côté, même s'ils ne s'étaient jamais très bien entendus, elle restait la mère de Flynn…

Elle opta donc pour la diplomatie.

— Ta mère n'a jamais fait secret du peu d'estime qu'elle me portait, ni de son opposition à notre mariage. Tu te souviens qu'elle a tout fait pour te détourner de ce projet. C'est une des raisons pour lesquelles nous sommes allés à Las Vegas.

— Etait-elle désagréable avec toi quand nous étions mariés ?

Elle hésita, mais elle était allée trop loin pour reculer.

— Oui, déclara-t-elle. Plus d'une fois, elle a insinué que tu ne travaillais pas quand tu rentrais tard, mais que tu étais avec une autre femme. Elle vient d'ailleurs de me dire que tu es amoureux d'une certaine Denise, et que je dois m'en aller afin de te laisser l'épouser, comme prévu.

— Comme prévu ?

Sa stupéfaction, bien plus parlante que n'importe quelle dénégation, lui confirma ses soupçons. Carol avait menti.

— J'en déduis, reprit-elle juste pour s'en assurer, que tu n'as pas demandé Denise en mariage ?

— Bien sûr que non ! s'exclama-t-il. Comment pourrais-je demander à une autre de m'épouser quand je suis encore marié avec toi ?

Il approcha, lui prit le menton, l'enlaça et l'embrassa avec une telle tendresse qu'elle sentit ses genoux fléchir. Puis il recula, pour poser son front contre le sien et la regarder dans les yeux. Le mélange de son parfum et de sa transpiration lui fit battre le cœur.

A quoi jouait-il ?

— Tu es l'amour de ma vie, Renée. Et la seule avec laquelle je veuille vivre.

Sa voix était caressante, son étreinte pressante, et l'éclat qui brillait dans ses yeux était forcément… une feinte destinée sans doute à Carol. Il se pencha et lui mordilla l'oreille.

— Joue le jeu avec moi, murmura-t-il dans un souffle brûlant.

Un élan de désir, plus puissant que l'eau d'un barrage rompu, déferla brusquement sur elle. Mais pas suffisament fort pour venir à bout de sa terreur. Flynn ne pouvait pas être sincère en lui disant cela. Sinon, pourquoi se serait-il tu toutes ces années ?

Lorsqu'il l'embrassa de nouveau, elle vint malgré elle à sa rencontre. Elle n'obéissait pas à son injonction, elle était tout bêtement incapable de résister à l'attirance qu'ils avaient toujours éprouvée.

Il la relâcha, un adorable sourire aux lèvres, puis se tourna vers sa mère.

— Sors de chez nous immédiatement, lui dit-il d'un ton vibrant de colère, et ne remets pas les pieds ici. Tu n'es plus la bienvenue. Et si tu t'avises de jeter ne serait-ce qu'un regard déplacé à Renée, tu le regretteras.

— Tu ne peux tout de même pas la croire ? glapit Carol en dressant sa maigre silhouette.

— Je n'ai aucune raison de ne pas le faire. Renée ne m'a jamais menti. Alors que toi…

— Flynn, je ne mens pas ! protesta sa mère.

Il l'attrapa par le bras et l'entraîna hors de la cuisine.

— Tu ne mens pas ? Alors que viens-tu de faire en prétendant que j'ai l'intention d'épouser Denise ? Nous sommes sortis deux fois ensemble, rien de plus et tu le sais. Il n'a jamais été question de mariage. Je suis déjà marié.

Elle entendit la porte d'entrée s'ouvrir, puis claquer. Un instant plus tard, Flynn revenait, frémissant de rage.

— Merci, lui dit-elle.

— Pourquoi ne m'as-tu jamais rien dit ?

Elle baissa les yeux sur ses pieds nus.

— Je ne voulais pas t'obliger à choisir entre elle et moi.

Il se planta devant elle, lui souleva le menton et scruta son regard.

— Tu croyais que je prendrais son parti ?

— Elle est ta mère, Flynn.

Et c'était par égard pour eux deux qu'elle s'était tue.

— Parce que c'est ma mère, justement, je la connais. Elle est aigrie, malheureuse et répand son fiel sur tout son entourage. Je suis désolé qu'elle s'en soit prise à toi. Si tu me l'avais dit, je ne l'aurais pas laissée faire.

Cet aveu la touchait, mais aurait-il été si prompt à la défendre si elle s'était confiée à lui dès le début ? Elle n'en était pas sûre. Mais pour le savoir, encore aurait-il fallu qu'elle lui demande et lui laisse la chance de répondre.

— Entre ton nouveau travail à l'agence et la mort de ton père, tu avais bien assez de soucis.

— Peut-être. Mais cette fois, on ne va pas recommencer. J'exige une parfaite honnêteté.

— Tu l'auras, pour le meilleur ou pour le pire.

— Flynn, reprit Celia Taylor avec fougue, laisse-moi faire une proposition à Reese Production. Les autres commerciaux ont peut-être échoué, mais je sais que je peux convaincre Evan.

Il scruta son regard bleu-vert si expressif.

— Qu'est-ce qui te rend si sûre de toi ?

La rumeur qui courait chez Maddox, répandue par les cadres masculins, voulait que la jolie rousse assise en face de lui ne doive ses nouveaux clients qu'à l'entremise de ses charmes. Il n'était pas aussi catégorique. Celia était très séduisante, mais elle lui semblait aussi bien trop intelligente pour ne s'appuyer que sur un avantage aussi superficiel. Son allure était un atout, elle n'expliquait pas, à elle seule, tous les succès qu'elle remportait.

— J'ai rencontré Evan Reese plusieurs fois ces derniers mois, répondit-elle. Nous nous sommes… rapprochés.

Ce terme, ambigu, le contraria.

— Tu ne risques pas de mélanger les genres ?

Elle secoua la tête et ses boucles volèrent sur ses épaules.

— On ne sort pas et on ne couche pas ensemble, si c'est le sens de ta question.

— Je ne pensais pas à cela, mais je te remercie de clarifier. On ne peut pas risquer de perdre un client à cause d'une romance qui tournerait court.

— Aucune chance, répliqua-t-elle en souriant. J'ai une offre irrésistible à lui proposer, si tu me donnes un coup de pouce.

Son enthousiasme et son assurance étaient communicatifs.

— Pourquoi me le demander à moi, et pas à Brock ?

— Parce que Brock est obsédé par la signature de ce contrat. Il a tellement peur de ne pas l'avoir qu'il ne jure que par Jason. Il ne veut même pas entendre parler de moi.

Celia avait raison au moins sur un point. Brock se mettait une telle pression qu'il frisait le surmenage. Il ne dormait pas assez, et quelqu'un devait le mettre en garde. Sinon, il finirait par se laisser engloutir et cela ne produisait jamais rien de bon. Ses fiançailles rompues, et l'échec de son propre mariage, en étaient l'illustration parfaite.

En pensant à son mariage, il se souvint que Renée n'allait pas tarder. Un regard à sa montre le lui confirma.

— Je vais parler à Brock, Celia, et lui dire que je t'appuie.

Elle bondit hors de sa chaise et fit le tour de son bureau pour se jeter à son cou.

— Oh, merci, Flynn ! s'exclama-t-elle. Tu ne le regretteras pas.

— J'espère, sinon Brock aura nos têtes à tous les deux.

Lorsqu'elle se trouva devant la façade de l'immeuble de sept étages qui abritait Maddox Communications sur Powell Street — l'une des rues les plus chic de la ville, Renée constata que rien n'avait changé. Au contraire de ses sentiments.

Elle se souvenait de la joie et de l'impatience qu'elle avait éprouvées, au début de leur mariage, en venant retrouver Flynn à son travail. Elle se souvenait aussi comment elles s'étaient muées, au fil des semaines, en inquiétude, puis en appréhension.

Franchir ce seuil, c'était entrer dans un monde de dupes. Et cela, elle ne l'avait pas oublié.

Flynn n'était pas né quand son père, dans les années soixante-dix, avait acheté l'immeuble art déco promis à la démolition. Il lui avait raconté combien, quand il était petit, les photos du chantier de réhabilitation l'avaient fasciné. Au point, avait-il ajouté, d'être à l'origine de sa passion pour l'architecture. Il n'avait jamais voulu travailler dans la publicité. Il voulait dessiner des immeubles. Puis son père était mort, et ses priorités avaient changé.

Elle franchit les portes et sentit la même tension qu'avant l'envahir. Un grand café et des magasins de mode occupaient toujours le rez-de-chaussée. Dans le passé, Maddox Communications s'attribuait tout le reste du bâtiment sauf, se rappela-t-elle, le dernier étage, réservé à un appartement luxueux, une magnifique terrasse et un jardin. Qui l'habitait à présent ?

Mais elle oublia bien vite cette interrogation pour se précipiter vers les ascenseurs. Un homme d'à peu près son âge, très grand, maintenait la porte ouverte pour elle. Elle pénétra dans la cabine.

— Merci. Sixième étage, répondit-elle à son regard interrogateur, s'il vous plaît.

Il opina et appuya sur le bouton.

— Vous êtes une cliente de Maddox ?

— Non.

Ne sachant pas si Flynn avait parlé d'elle à ses collègues, ou ses clients, elle hésita. D'un autre côté, il lui avait dit de donner l'air vrai à leur mariage. C'était le moment de se lancer.

— Je suis Renée Maddox, annonça-t-elle, la femme de Flynn.

Si sa réponse étonna son interlocuteur, ses yeux gris n'en montrèrent rien.

— Gavin Spencer, répondit-il. Publiciste chez Maddox. Flynn est un homme charmant.

— Oui, je le sais, répondit-elle dans un sourire en serrant la main qu'il lui tendait. Ravie vous rencontrer, Gavin.

L'ascenseur s'arrêta. Les portes s'ouvrirent, et Gavin l'invita à sortir.

— Enchanté, Renée, dit-il en s'éloignant.

Elle avança. En face d'elle, la réceptionniste — une jeune femme brune — était au téléphone. Un peu désorientée, elle se retourna et regarda autour d'elle en attendant qu'elle raccroche.

Dans la salle d'attente, deux canapés blancs faisaient face à deux gigantesques écrans plats qui diffusaient des images. Sans doute des films publicitaires réalisés par Maddox, mais elle ne prit même pas la peine de s'y arrêter. Les murs blancs et dénudés, les tables basses en acrylique et le chêne clair du parquet donnaient une allure résolument contemporaine à cette vaste pièce. Ailleurs, des peintures modernes aux couleurs vives ornaient les murs. Elle en reconnaissait certaines, d'autres pas.

— Puis-je vous aider ? lui demanda l'hôtesse d'une voix aimable et empressée.

— Je suis Renée Maddox, répondit-elle en se tournant vers elle. Je viens voir Flynn.

La jeune femme écarquilla les yeux.

— Oh ! bonjour, Mme Maddox. Je m'appelle Shelby. Flynn m'a prévenue de votre arrivée. Je suis heureuse de faire enfin votre connaissance.

— Merci, Shelby, moi aussi. Je peux aller à son bureau, ou Flynn est occupé ?

— Il n'a pas de rendez-vous, mais je vais l'appeler et le prévenir de votre arrivée.

Elle allait décrocher son téléphone, lorsqu'une jeune femme très séduisante, aux superbes cheveux auburn et manifestement enceinte, fit son apparition à l'autre bout du couloir. Shelby se redressa pour l'appeler.

— Lauren, voici la femme de Flynn, Renée, lança-t-elle d'une voix fébrile, comme si elle brûlait d'annoncer la nouvelle.

La jeune femme approcha en souriant.

— Bonjour, Renée. Je suis Lauren, la femme de Jason.

— Jason ? Je suis désolée, Lauren, ce prénom ne me dit rien. Je ne suis pas venue depuis… longtemps. Je vivais à Los Angeles, alors je suis un peu hors circuit.

— Oh, moi aussi, répliqua aussitôt la jeune femme. J'ai quitté Manhattan le mois dernier. Jason est directeur artistique. Il faudra que nous déjeunions ensemble un de ces jours.

Lauren lui semblait chaleureuse et amicale. Son invitation était bien un peu intempestive, mais elle n'avait aucune envie de répéter ses erreurs d'autrefois en s'isolant, et ce regard de l'intérieur pourrait lui donner une idée de ce qu'était la vie de Flynn aujourd'hui.

— Avec plaisir, répondit-elle.

— Tant mieux. Je peux vous joindre au numéro personnel de Flynn ?

— Oui. Mais vous aurez plus de chance avec mon téléphone mobile.

Elle chercha une de ses cartes de visite et la lui tendit.

— Je suis traiteur, expliqua-t-elle. Mon enseigne est basée à Los Angeles, mais je pense ouvrir une succursale ici.

— Alors nous avons un autre point commun, se réjouit Lauren. Je suis également indépendante, et sur le point de lancer mon agence de graphisme. J'ai hâte de bavarder avec vous, mais il faudra attendre. J'ai un rendez-vous. Je vous appelle, d'accord ?

— Avec plaisir.

Elle s'engouffra dans l'ascenseur et les portes se refermèrent sur son signe de la main.

Renée se retourna. La réceptionniste, qui était restée suspendue à leurs lèvres, sursauta.

— Je préviens Flynn tout de suite, s'empressa-t-elle de dire en rougissant.

— Ne vous inquiétez pas. Je connais le chemin.

Elle se dirigea vers l'angle qui, dans son souvenir, abritait le bureau de son mari. Son pouls battait au rythme de ses talons sur le parquet. Si Flynn avait changé de bureau, elle risquait de regretter sa précipitation.

Mais elle reconnut le nom du petit écriteau posé sur le poste de travail devant la porte de Flynn. Elle se sentit rassurée. Cammie travaillait avec Flynn depuis qu'il était chez Maddox, et Renée l'avait toujours appréciée.

Comme elle n'était pas là et que la porte de Flynn était ouverte, elle avança et se figea.

Il n'était pas seul. Une femme aux longs cheveux roux bouclés était pendue à son cou !

Elle fit un effort pour reprendre contenance, mais ses poumons étaient comme bloqués.

Elle n'était pas jalouse.

Mais à quoi bon feindre de ne pas reconnaître l'étau qui la broyait. Et cela n'augurait rien de bon, ni pour son équilibre, ni pour l'avenir de leur engagement.

4

Avait-il une liaison ?

A cette question, tout le poison distillé par sa belle-mère dans le passé s'enflamma, soulevant dans son sillage une traînée de doutes brûlants. Des doutes sur lui. Sur elle. Sur leur projet de faire un bébé.

Un nouvel étau lui serra la gorge. Supporterait-elle de savoir, pendant qu'il la tiendrait entre ses bras, pendant qu'il lui ferait l'amour, qu'il pensait à une autre ?

L'inconnue le relâcha et se pencha pour récupérer un dossier posé sur une chaise.

— Merci encore, Flynn. Je te tiendrai au courant.

— J'y compte bien, répliqua-t-il. Et n'oublie pas de soumettre ta proposition à Brock avant de voir ton client.

Il se tourna à ce moment-là et la vit sur le seuil.

Elle supposa que le chaos de ses pensées devait se lire sur son visage, car il fronça les sourcils, et son regard se fit plus aigu.

Un brusque sourire illumina ses traits et il fit le tour de son bureau pour la prendre dans ses bras. Au contact des lèvres qui glissaient sur sa bouche, elle se raidit. Mais elle ne pouvait pas le repousser, ils s'étaient mis d'accord pour jouer le jeu. Alors, malgré la présence de l'autre femme et aussi absurde — ou cruelle — que lui paraisse la situation, elle se força à se détendre et avoir l'air naturel.

La maîtrise de cet exercice allait lui demander un certain temps. Ce n'était pas que les baisers de Flynn lui déplaisaient. Au contraire. Elle les appréciait trop. Beaucoup trop. Il suffisait de voir à quelle vitesse, même maintenant — en dépit de l'autre femme —, le désir s'insinuait en elle. Un désir qu'elle s'efforça de dompter. Elle ne pouvait pas céder à ses pulsions. Elle l'avait déjà fait et elle savait où cela l'avait menée.

Flynn s'écarta et se tourna vers l'inconnue.

— Celia, je te présente ma femme, Renée. Renée, voici Celia Taylor, l'une de nos chargées de clientèle.

La jolie rousse pinça les lèvres, et afficha un air contrit.

— Je suis désolée de m'être jetée de cette façon au cou de votre mari, s'excusa-t-elle, mais il vient juste de m'aider à briser le fameux plafond de verre, je me suis… emportée.

Ses explications semblaient sincères. Ils ne s'étaient pas non plus attardés après leur embrassade, et elle n'avait surpris aucun regard ou geste équivoque. Renée sentit sa tension s'alléger.

— Je suis ravie de faire votre connaissance, Celia.

— Moi aussi, Renée. Mais je dois filer. Grâce à votre mari, j'ai du travail et croyez-moi, je ne m'en plains pas !

Elle disparut, laissant Renée en butte aux émotions violentes qui l'avaient assaillie et à son désarroi. Car c'était bien de la jalousie qu'elle avait éprouvée. Elle aurait beau se récrier, c'était un fait, et il n'y avait pas de quoi s'en vanter.

Plutôt que d'affronter le regard de son mari, elle s'absorba dans la contemplation de la pièce.

Son bureau ressemblait à ce qu'il était sept ans plus tôt, jusqu'à leur photo qui trônait sur une étagère et les restes d'un repas à côté de son ordinateur. A l'époque, il travaillait tellement qu'il oubliait de manger. Au début, elle lui avait apporté son déjeuner, mais cela ne l'avait pas empêché de maigrir considérablement en quelques mois. Aujourd'hui, il semblait faire plus attention.

Leurs regards se croisèrent et l'éclat qu'elle surprit dans le sien la troubla.

— Tu es à l'heure et ravissante.

— Merci.

D'une main embarrassée, elle redressa le grand col de son pull grenat et défroissa maladroitement son pantalon noir.

— Ton équipe a changé. J'ai croisé Gavin Spencer dans l'ascenseur, Shelby à l'accueil et une certaine Lauren. J'ai oublié le nom de son mari, mais je suis sûre de ne pas le connaître. Elle m'a proposé de déjeuner avec elle.

— Son mari s'appelle Jason Reagert, c'est l'un de nos directeurs artistiques. C'est une très bonne idée de déjeuner avec Lauren. Elle pourra te donner le nom d'un bon obstétricien.

A cette mention, un autre vent de panique la traversa. Elle voulait un bébé — elle voulait même un bébé de Flynn — mais pour l'avoir, elle devait le *faire*. Et elle avait de plus en plus de mal à envisager sereinement cette… union. Il était si bien capable de réveiller ses faiblesses — sa réaction de tout à l'heure en était la preuve — qu'elle doutait d'être assez forte pour supporter le bref rapprochement que supposait leur accord *et* assumer le lien durable que leur enfant nouerait entre eux. Elle avait tellement peur non seulement de ne pas y parvenir, mais surtout de se retrouver de nouveau le cœur brisé.

— Je vais y réfléchir.

— Viens avec nous la prochaine fois que l'équipe se retrouve après le travail. Comme ça, tu connaîtras tout le monde.

— Que leur as-tu dit… sur nous ?

— Que nous avions réglé nos différends et repris la vie commune.

Elle glissa les yeux sur leur photo.

— Elle est restée là tout le temps ?

— Non, je l'ai sortie des cartons le jour de ton retour.

Curieusement, cette réponse l'apaisa. Il n'était pas resté bloqué sur le passé, mais il ne s'était pas non plus débarrassé de leur photo. Elle aussi avait gardé des souvenirs de leur mariage. Ils étaient dans une boîte, qu'elle n'avait pu se résoudre à jeter. Malgré tous ses efforts, elle n'avait pas oublié Flynn.

Et si elle ne l'avait pas oublié en sept ans, le pourrait-elle jamais ?

Elle repoussa cette question. Elle n'en avait pas besoin pour raviver la plus lancinante de ses angoisses, celle de voir leur bel arrangement lui exploser en pleine figure.

La tête remplie de mille échantillons de peinture et de tous les meubles et matériaux qu'ils avaient vus, elle glissa la clé dans la serrure avec un sentiment étrange de déjà-vu.

Un sentiment étrange, agréable. Et inquiétant.

Elle avait oublié combien elle et Flynn s'entendaient à

merveille, et aujourd'hui, en discutant de la reconversion du sous-sol, en surprenant l'éclat brillant d'intelligence et de plaisir dans ses yeux bleus, leur incroyable complicité lui était revenue à la mémoire.

— Tu veux dîner dans la cuisine ou dans le salon, devant un film ? lui demanda-t-il en la suivant dans la maison.

Un autre flash-back lui vint aussitôt à l'esprit. En fait, depuis qu'elle avait mis les pieds chez Maddox à midi, le passé flottait sur elle comme un nuage. Un nuage qui s'était rompu à plusieurs reprises, libérant des averses de souvenirs. Certains avaient déferlé sur elle, agréables comme de grosses gouttes de pluie chaude, et d'autres l'avaient frappée, aussi durs et glacés que des grêlons. Pas une fois, elle n'avait pu éviter le déluge.

Pour l'heure, c'était leurs premières soirées de jeunes mariés qui lui revenaient à la mémoire. Ils avaient souvent terminé leur journée sur le canapé du salon, avec un plateau-repas devant un film. Parfois, il leur arrivait de voir la fin. Mais le plus souvent, ils étaient trop absorbés par leur bonheur à faire l'amour pour suivre l'intrigue jusqu'au bout.

Elle se sentit rougir, et ce fut d'une main tremblante qu'elle glissa les clés dans son sac.

— La cuisine, répondit-elle en relevant les yeux.

A son regard, elle comprit qu'il se souvenait des mêmes choses et quand il approcha, elle sentit ses jambes se dérober.

— Flynn, non, murmura-t-elle d'une voix étranglée.

Il prit son visage entre ses mains.

— Non, répéta-t-elle, ne fais pas ça.

— Ça, quoi ? Te toucher ? Te dire que je te désire ? Que je ne pense qu'à me perdre dans la douceur de ta peau, l'odeur de ton corps, ta chaleur ?

Un frisson la parcourut.

— Ne pas te dire, poursuivit-il, que je ne dors pas depuis trois nuits, parce que je guette le moindre de tes pas dans notre maison ?

Elle aussi était restée éveillée, à l'affût de sa présence.

— Ta maison, le corrigea-t-elle.

— Notre maison. Ta présence est dans chaque pièce.

Elle s'ordonna de reculer, mais ses jambes refusaient de lui obéir.

— Je ne suis pas prête, Flynn, et je ne suis toujours pas convaincue que c'est une bonne idée.

Elle l'était même de moins en moins.

— C'est une bonne idée, protesta-t-il. Un bébé. Notre bébé. Nous, faisant ce que nous faisons de mieux. Une maison, l'amour.

L'âpreté de son dernier mot ne fit qu'accroître le désir qui la brûlait. Mais elle n'était pas prête à se jeter dans ses bras. Avant qu'ils fassent… ce qu'il disait, elle devait pouvoir l'envisager sous le seul signe du sexe et de la procréation, surtout pas celui de l'amour.

Rassemblant toute sa résolution, elle se glissa hors de sa portée et s'enfuit dans la cuisine. Il la suivit.

Ils s'étaient arrêtés dans leur restaurant chinois préféré en rentrant, et ils avaient acheté de quoi dîner. Elle lui prit le sac des mains, le posa sur la table et l'ouvrit. Les arômes de la soupe épicée, du porc Yu-Hsiang et du poulet Hunan s'élevèrent autour d'elle. Mais son appétit avait disparu.

— Pour que ça marche, reprit-il, tu dois le vouloir, Renée.

— Je le veux, répondit-elle. Je vais le vouloir, se reprit-elle vivement, mais pas tout de suite.

Elle devait absolument changer de sujet, parce qu'elle se sentait sur le point de céder, et elle ne pouvait pas. C'était trop tôt, beaucoup trop tôt.

— J'aimerais bien suivre ton idée pour la cuisine, esquiva-t-elle alors. Mais l'îlot central devrait être mobile et non fixe.

— Tu veux dire amovible.

Sa rectification, pointilleuse, la heurta. Elle se mordit la lèvre.

— Tu as toujours dit que tu voulais une salle de projection en bas, répliqua-t-elle. Tu pourrais en avoir encore envie. Des meubles mobiles rendront la conversion plus facile.

— Un pied dedans, un pied dehors, c'est ça ?

Le ton de Flynn était cassant.

— Qu'est-ce que tu veux dire ?

Mais elle le savait parfaitement. Il avait compris son ambivalence, sa peur.

— Tu ne veux rien de fixe, aucune installation durable, sauf la plomberie. Tu as refusé de signer le devis de l'entrepreneur, aujourd'hui. Il a peut-être gobé ton prétexte de vérifier une dernière fois ton budget, pas moi. Alors la question est simple : tu veux, ou tu ne veux pas, t'installer ici, avec moi ?

Pour gagner du temps, elle sortit les assiettes et les posa sur la table. Elle allait s'occuper des verres, lorsqu'il la retint par le bras et l'obligea à se tourner vers lui.

— Alors ?

— Je veux. Enfin, je crois.

— Une fois que l'enfant sera conçu, Renée, tu ne pourras pas revenir en arrière. Je ferai partie de sa vie, et de la tienne, pour au moins dix-huit ans, et très probablement bien plus.

C'était justement cette perspective qui la faisait paniquer. Cela et le fait qu'elle avait failli signer un contrat qui l'engageait à investir une somme importante dans l'agencement du sous-sol de Flynn. Au moment de prendre le stylo, les doutes s'étaient abattus sur elle et lui avaient paralysé la main.

— Je sais combien de temps nous serons liés, Flynn. Mangeons avant que le dîner refroidisse.

Lâche... Voilà le mot que lui soufflait sa conscience tandis qu'elle tournait le dos à Flynn.

Mais les bras de Flynn se refermèrent subitement sur sa taille et la firent sursauter.

— Ce ne sera pas la première fois, murmura-t-il à son oreille.

Ses paumes glissèrent sur son ventre, l'attirèrent contre lui, puis elle sentit ses lèvres effleurer sa nuque à l'endroit qui l'avait toujours affolée.

— Faisons un bébé, Renée, ce soir.

En même temps que sa voix brûlante, un violent désir de faire l'amour avec son mari la traversa, lui coupant le souffle. Désespérée de trouver une raison de le repousser, elle avança le premier motif qui lui vint à l'esprit.

— Je ne sais pas si c'est le bon moment de mon cycle.

Ses mains remontèrent pour s'arrêter juste au-dessous de ses seins, et redescendre.

— Oublie le temps, murmura-t-il, rappelle-toi seulement comme nous sommes bons, tous les deux.

Ses mains remontaient de nouveau, lentement, sur son

abdomen. Les bouts de ses seins se tendirent, mais il se contenta de glisser les doigts sur la bordure de son soutien-gorge, avant de redescendre de nouveau vers sa taille.

Il recommença ce lent va-et-vient qui, chaque fois qu'il approchait de ses seins, lui coupait la respiration puis, chaque fois qu'il s'éloignait, lui arrachait un soupir. Ses réactions, sa paralysie lui faisaient honte. Malgré tout ce qui s'était passé entre eux, malgré toutes ses mises en garde, elle voulait qu'il la touche, elle désespérait qu'il le fasse.

Mais elle n'était pas prête. Elle devait se ressaisir. Hélas, les mains de Flynn sur son corps l'empêchaient de se raisonner. Il avait toujours su comment éveiller son désir. Physiquement, ils avaient toujours été en parfaite harmonie.

Ses mains remontèrent. Mais cette fois, elles se posèrent enfin sur ses seins. Un frisson la saisit, elle sentit son ventre se contracter, ses jambes mollir. Pourquoi s'obstinait-elle à lutter ? De toute façon, elle finirait par lui céder.

Alors, au moment où il abandonnait sa poitrine, elle l'arrêta et l'obligea à reposer les mains à l'endroit où elle voulait les sentir. Sa caresse se fit plus précise, délicieuse. Elle se pressa contre lui, sentit son érection, et ses dernières résistances volèrent en éclats. Elle se tourna entre ses bras, frottant délibérément son sexe au passage, et accueillit son petit gémissement avec un sourire.

Le regard sombre, plus caressant que le velours, il glissa les mains dans ses cheveux et la maintint solidement avant de se pencher sur ses lèvres. Leurs bouches se rencontrèrent, déclenchant dans l'instant un baiser passionné, aussi époustouflant que tous ceux qu'ils avaient partagés. Leurs gestes, leurs caresses se firent plus fébriles. Et ce fut presque avec soulagement qu'elle sentit ses mains se refermer sur ses reins, et la plaquer contre lui.

Elle s'accrocha à sa ceinture, se pressa davantage contre lui et l'embrassa avec une telle volupté que le passé et le présent, emportés par le même tourbillon de désir, se fondirent tout à fait. Si elle était incapable de distinguer la réalité de ce qui n'était plus, si elle perdait aussi vite la tête, se demanda-t-elle affolée, comment survivrait-elle aux jours, aux semaines, aux années qui s'annonçaient ? Flynn avait été sa plus grande joie... et sa faiblesse la plus terrible. Ce rappel la ramena brutalement sur terre. Elle s'écarta et porta la main à ses lèvres encore frémissantes.

Il la retint par les avant-bras. Ses mains étaient brûlantes.

— Fais l'amour avec moi, Renée. Maintenant. Cette nuit.

Sa voix incandescente, sa ferveur, redoublèrent sa panique. Si elle couchait avec lui ce soir, elle ne pourrait plus revenir en arrière, elle n'aurait pas le temps de constituer les forces dont elle avait besoin. Elle se rendrait avant même d'avoir initié la moindre tentative pour se protéger.

— Je ne peux pas, lâcha-t-elle dans un souffle. Je suis désolée.

Et elle fit ce qu'elle avait fait sept ans plus tôt, lorsqu'elle avait compris le cauchemar qui l'attendait si elle ne réagissait pas dans l'instant. Elle s'enfuit.

Le lendemain matin, Flynn était incapable de réprimer le sourire qui flottait sur ses lèvres. Il avait à peine dormi ; il s'était réveillé tôt, hanté par le désir et frustré à cause du baiser ardent — et sans suite — de la veille. Mais il ne se plaignait pas. Le prélude à cette nuit agitée était un progrès.

Renée était presque à lui. L'alchimie qui les rapprochait toujours n'allait pas tarder à devenir explosive. Ce n'était plus qu'une question de jours.

Son plateau en équilibre sur une main, il frappa à la porte de sa chambre. Elle ne répondit pas, mais il n'en fut pas surpris. Elle avait toujours eu un sommeil profond. Il tourna la poignée et pénétra dans la pièce.

Elle était allongée au milieu du lit, les couvertures roulées en boule à ses pieds. Elle n'avait jamais aimé être emmêlée dans les draps. L'une de ses longues jambes nues était remontée sur l'oreiller qu'elle serrait contre sa poitrine, et le tissu de sa chemise de nuit, tendu à cause sa position, montrait clairement qu'elle ne portait aucun sous-vêtement. Avant, songea-t-il troublé, c'était lui qui lui servait de coussin. Si elle ne l'avait pas quitté, c'était autour de ses hanches qu'elle aurait enroulé sa jambe.

Et elle aurait été nue.

Cette image l'enflamma, et il fut tenté de la réveiller comme il l'avait si souvent fait, en laissant sa paume remonter sur ses jambes jusqu'à l'arrondi de…

Il s'éclaircit la gorge.

— Renée, réveille-toi.

Elle se retourna et ses boucles glissèrent sur son visage.

— Hum ? Quoi ?

— Je t'apporte ton petit déjeuner.

Elle se frotta les yeux.

Il la connaissait bien, et cela avait ses avantages. Il savait par exemple qu'au réveil il lui fallait toujours quelques minutes pour reprendre contact avec la réalité. Il s'assit donc près d'elle, avant qu'elle ne comprenne le spectacle délicieux qu'elle lui offrait, et qu'elle veuille s'y soustraire. S'il parvenait, du même coup, à l'empêcher de prendre les draps pour se couvrir, il aurait remporté une autre victoire. Elle devait retrouver l'aisance qu'elle avait eue avec lui, et le seul moyen d'y parvenir était de lui montrer qu'elle n'avait rien à craindre à s'exposer devant lui.

— Assieds-toi.

Les yeux plissés, elle se redressa contre les oreillers.

— Tu as fait le petit déjeuner et tu me l'apportes au lit ?

Il perçut, malgré sa voix ensommeillée, sa suspicion.

— Avant, déclara-t-il, notre relation était déséquilibrée. Tu t'occupais de tout pour moi. Mais les temps ont changé. Si nous voulons que ça marche, nous devons partager les tâches. Surtout après la naissance du bébé.

Elle se mordilla les lèvres, et son geste — la vision du petit bout de chair rose et tendre malmené entre ses dents — lui inspira une furieuse envie de l'embrasser. Il se retint pourtant. Une trop grande précipitation risquait de lui coûter la victoire. Alors, domptant son impulsion, il déposa son plateau sur ses genoux et se contenta de la regarder. Malheureusement, la courbe de ses seins était visible à travers sa chemise de nuit, et leurs pointes tendues vers lui… Un éclair de désir si violent le traversa qu'il dut, encore une fois, se rappeler à l'ordre.

Son objectif était de la rassurer, ensuite…

Il releva les yeux et lui tendit sa tasse de café.

— J'ai corrigé les plans du sous-sol.

Elle prit une tartine à la confiture de framboise.

— Que veux-tu dire ?

— Tu voulais du temporaire. J'ai trouvé un compromis.

Elle croqua son pain, puis avala une gorgée de café.

— Explique-moi.

Il prit la feuille glissée sous l'assiette d'œufs brouillés.

— Au lieu d'être scellé, l'îlot central aura des pieds. De cette façon, tu pourras le pousser contre un mur, comme un buffet, ou le sortir dans le patio. Mais tu ne pourras pas avoir d'évier intégré. Je l'ai installé dans le coin.

Elle prit le plan et se pencha. Voyant une mèche glisser sur son visage, il l'enroula autour de son doigt. Elle releva vivement le menton, et il la glissa derrière son oreille, sans résister au plaisir de laisser sa main s'attarder sur son cou. Sous ses doigts, son pouls palpitait comme le cœur d'un oiseau affolé.

— Tu as toujours été si belle au réveil.

Elle s'écarta et arrangea ses cheveux.

— Je suis toute décoiffée.

— Un peu, reconnut-il, mais c'est toujours très attirant.

Elle rougit, puis le dévisagea avec suspicion.

— Est-ce que tu as dormi, Flynn ?

— Tu sais que je ne peux pas quand quelque chose me tracasse. Je devais revoir ce plan.

Un sourire tendre flotta sur ses lèvres, puis elle revint à son dessin.

— Tu as parfaitement compris ce que je voulais. Mais l'entrepreneur va être obligé de revoir son devis.

— A ce stade, ce n'est pas un problème.

— Tant mieux. Et merci d'avoir fait ces modifications. Je… heu, je vais y réfléchir.

Il acquiesça.

— Termine ton petit déjeuner. Moi, je dois voir Brock. Je pars dans vingt minutes.

— Tout va bien ?

Qu'elle sente sa tension n'était pas surprenant, elle avait toujours été perspicace. Et il avait été stupide de la négliger.

— Il est surmené. Je dois le mettre en garde.

— Ne t'inquiète pas. Tu as toujours eu le don de trouver les mots qu'il faut et intervenir au bon moment.

S'il était tellement doué, il aurait su l'empêcher de partir. Mais d'un autre côté, il devait reconnaître qu'elle ne lui avait pas donné le moindre signe. Un jour, elle était là, et le lendemain, elle avait disparu.

— Je suis doué pour beaucoup de choses, reprit-il en laissant ses yeux glisser sur elle.

Elle se redressa et le mouvement de ses seins attira de nouveau son attention.

— Je vais me doucher et appeler l'entrepreneur, déclara-t-elle. Toi, occupe-toi de ton frère.

Il posa la main sur sa cuisse. Son mouvement de recul, heureusement, lui rappela son objectif : ne pas brûler les étapes, réussir à lui faire un enfant.

Il sourit. C'était la première fois qu'il envisageait l'échec avec plaisir. Pour sa part, ils pouvaient s'y reprendre à deux fois, ou même à cent, leurs tentatives pouvaient les occuper un an, ou toute une vie. Tant que Renée restait avec lui, il serait heureux.

— Alors comme ça, s'exclama Brock dès que Flynn eut fermé la porte de son bureau, Renée est revenue. Pourquoi ?

— Comment ça, pourquoi ? Je te l'ai dit.

— Arrête, Flynn. Garde tes mensonges pour les idiots.

— Quels mensonges ? Je lui manquais, notre vie lui manquait, et elle voulait une nouvelle chance.

— A d'autres ! rétorqua son frère. La semaine dernière, tu déboules dans mon bureau en me posant des questions sur votre divorce et, quatre jours plus tard, Renée s'installe chez toi. Cette coïncidence est plutôt curieuse.

— Nous tenons l'un à l'autre, répliqua-t-il buté, et nous voulons reprendre la vie commune, c'est tout.

Il n'avait aucune intention de raconter la vérité à son frère — ni à quiconque. Parce qu'il aurait dû admettre un échec qu'il refusait d'accepter.

L'expression incrédule de Brock virait de toute évidence à l'écœurement.

— Tu t'accroches à cette version lamentable ?

— Oui.

— Alors pour ta gouverne, sache que je ne suis pas dupe. Si le reste de l'équipe avale tes boniments, pas moi.

Il recula au fond de son siège.

— Il ne s'agirait pas plutôt de ton incapacité à reconnaître tes erreurs ?

Il se raidit.

— Je ne vois pas de quoi tu parles.

— Tu es comme tout le monde, Flynn, imparfait, et il t'arrive de te tromper, mais tu n'as aucune espèce de tolérance pour l'échec ou la faiblesse. C'est encore pire quand il s'agit de toi. On peut remercier papa.

Au contraire de Brock, Flynn n'avait jamais trouvé grâce aux yeux de leur père. Il le savait et il l'avait accepté. Mais il n'était pas venu discuter de ça.

— Parle pour toi, rétorqua-t-il en revenant au but de sa visite. Tu es tellement obnubilé par le contrat Reese Production que tu ne fais même plus confiance à ton équipe. Si tu ne lâches pas…

— Tu te trompes, l'interrompit son frère sans l'écouter. Tu t'es toujours senti responsable de l'échec de ton mariage. Tu n'as jamais admis que Renée pouvait tout bêtement en avoir eu assez.

Le jugement de son frère l'irrita, mais il n'allait pas se laisser distraire si facilement. C'était l'inquiétude que lui inspirait Brock qui l'avait poussé dans l'antre du lion.

— Puisque tu évoques le passé, souviens-toi que tu as déjà perdu une fiancée à cause de ton travail.

Brock croisa les bras.

— Bon débarras ! Mais c'est de toi qu'on parle.

— Non. Je te rappelle que c'est moi qui ai demandé cette discussion, et je ne suis pas venu parler de moi.

Il s'assit dans le fauteuil face à son frère.

— Si j'en juge à la taille de tes cernes, tu ne dors pas beaucoup ces derniers temps.

— Tu es docteur, maintenant ?

— Regarde-toi, Brock, tu as besoin de décrocher. Tu ne connais pas une fille sympa qui pourrait s'occuper de toi ?

Il avait eu recours à ce remède dans le passé et, pour être tout à fait franc, il se sentait tellement tendu depuis une semaine qu'il n'aurait pas refusé un petit moment de détente. Mais Renée avait chassé toute autre femme de ses pensées. Il ne pensait qu'à elle et ne voulait plus qu'elle. Et comme elle leur imposait l'abstinence — parce qu'elle ne voulait pas se précipiter —, il n'avait plus qu'à ronger son frein.

Cette exigence, au fond, avait ses avantages. Elle l'obligeait à se concentrer sur les aspects moins sensuels de sa somptueuse épouse, tels que la force de caractère dont elle faisait preuve et sa nouvelle confiance en elle. Ces qualités, ajoutées à ses courbes voluptueuses et tout aussi séduisantes, formaient un mélange détonnant.

Brock jeta son stylo sur son bureau.

— Le sexe n'est pas la solution, grommela-t-il.

— Peut-être, mais ça te remettra les idées en place.

Un coup discret frappé à la porte précéda l'entrée d'Ella Linton, l'assistante de son frère. Elle les regarda tout à tour avant de s'arrêter sur Brock.

— Votre prochain rendez-vous est arrivé, lui dit-elle.

Flynn observa son frère et surprit sur son visage un éclat qu'il n'avait jamais vu. Mais avant qu'il puisse l'identifier, Brock s'était redressé, le front plissé.

— Merci, Ella. Faites-le patienter un instant, s'il vous plaît.

— Bien, monsieur.

La porte se referma doucement, laissant Flynn perplexe.

Son propre manque de sommeil lui jouait-il des tours, ou y avait-il quelque chose entre son frère et Ella ? Mais non, c'était impossible, Brock ne se permettrait jamais une aventure au bureau. C'était sa suggestion qui avait dû provoquer cette expression rêveuse sur son visage juste avant l'arrivée de son assistante.

Il se leva.

— Pense à ce que je t'ai dit, Brock. Lève le pied avant de craquer. Je n'ai aucune envie de prendre ta place.

— Je vais parfaitement bien, lui rétorqua-t-il, bourru. Toi, fais attention à toi. Je n'ai aucune envie de ramasser les pots cassés après le second passage de la tornade Renée.

— Ça ne risque pas d'arriver.

Il commettait peut-être des erreurs, mais il ne répétait jamais deux fois la même.

5

Lorsque son téléphone vibra, Renée sursauta.

— Excuse-moi, Lauren, on m'appelle.

— Pas de problème, lui répondit la jeune femme. Je suis comme toi, pressée d'avoir des nouvelles de l'entrepreneur et terrorisée à l'idée de louper un appel important. Vas-y.

Elle baissa les yeux sur l'écran de son appareil et vit le nom de Flynn. Son cœur s'emballa.

— C'est mon mari.

— Alors dépêche-toi ! Si c'était Jason, je n'hésiterais pas une seconde.

— Merci, lui dit-elle avant de prendre l'appel. Oui ?

— Tu es libre pour déjeuner ? lui répondit la voix profonde de Flynn.

Elle éprouva un pincement de regret.

— Trop tard. Je viens de grignoter avec Lauren. Dès que nous aurons payé, nous filons faire des courses.

— Une autre fois alors.

Etait-ce de la déception qu'elle percevait dans sa voix ?

— N'oublie pas de lui demander conseil pour le médecin, reprit-il. A ce soir, trésor.

— A ce soir.

Elle raccrocha, troublée par le nom affectueux qu'il venait de lui donner et par la mention du médecin. Elle appréciait beaucoup Lauren, mais à cause de la petite voix qui ne cessait de lui crier de fuir avant qu'il ne soit trop tard, elle n'avait aucune intention de l'interroger sur son obstétricien.

Elle prit sa serviette et s'essuya les lèvres.

— Depuis combien de temps êtes-vous mariés, Jason et toi ?

— Trois semaines, répliqua Lauren dans un sourire radieux.

— Oh, c'est très récent, s'étonna-t-elle.

— Oui, et cela mérite sans doute une explication, ajouta-t-elle en posant la main sur son gros ventre. En fait, nous travaillions ensemble à New York et nous avons eu une liaison juste avant son départ. Je savais qu'il quittait la ville, ce n'était donc qu'une aventure. Quelques semaines plus tard, quand j'ai appris que j'étais enceinte, j'ai eu un choc, mais j'étais tellement prête à élever cet enfant seule que j'ai hésité à lui en parler. Et puis, quand il a appris ma grossesse par un ami commun, il a tout de suite voulu que je le rejoigne. Je suis venue, nous sommes tombés dans les bras l'un de l'autre, et nous nous sommes mariés ! Il est très séduisant, acheva-t-elle sur un clin d'œil, et il sait se montrer persuasif.

L'amour et sa grossesse illuminaient le visage de Lauren, lui donnant cet éclat dont elle avait entendu parler mais qu'elle n'avait jamais vu. Un pincement de regret l'étreignit. Elle n'éprouverait jamais ce bonheur avec Flynn, parce qu'elle ne voulait plus s'abandonner à ce qu'elle avait connu et qui avait failli la détruire.

— Et toi avec Flynn ? reprit Lauren. Tu sais que vous faites l'objet de toutes les conversations à la pause-café, n'est-ce pas ?

Elle se força à sourire.

— Je m'en doute. Nous nous sommes rencontrés, il y a huit ans, nous sommes tombés amoureux au premier regard, ou presque, et nous nous sommes mariés à Las Vegas.

— C'est drôlement romantique ! s'exclama Lauren.

Renée haussa les épaules mais, devant le regard intrigué de sa nouvelle amie, elle se décida à lui en dire un peu plus.

— Carol Maddox, la mère de Flynn, ne m'a jamais appréciée. Je n'étais pas assez bien pour son fils, et elle ne voulait pas entendre parler de mariage. Nous avons réglé la question en nous envolant pour Vegas.

— Et tes parents, comment ont-ils réagi ?

— J'ai beaucoup regretté de ne pas avoir ma grand-mère avec moi ce jour-là, mais elle a compris. Elle ne souhaitait que mon bonheur. Comme j'étais très amoureuse, et sûre de vouloir faire ma vie avec Flynn, elle ne m'en a pas voulu.

— Tu n'avais que ta grand-mère, alors ?

— Ma grand-mère et ma mère. Mais disons que ma mère est… dans son propre univers.

Lauren dressa un sourcil discrètement interrogateur.

— Elle est chef, répondit-elle. Une créativité brillante, un caractère trempé, lunatique, égocentrique, ambitieuse, elle rassemble tous les clichés qui s'appliquent aux plus grands chefs culinaires. J'ai donc surtout été élevée par ma grand-mère. Mais Granny était une femme formidable, ne va surtout pas croire que j'étais malheureuse ! Loin de là.

— Tant mieux, approuva Lauren avant d'hésiter. Je peux te demander ce qui vous est arrivé, à Flynn et toi ?

Une vive douleur étreignit Renée. Surprise par sa violence et son acuité, elle détourna les yeux. Si elle n'aimait plus Flynn, pourquoi le souvenir de ces mois misérables lui causait-il autant de peine ?

— Après la mort de son père, nous avons traversé une période difficile, se résigna-t-elle à lui dire. Nous avons décidé de nous séparer. Aujourd'hui, nous espérons repartir du bon pied.

Elle sentait qu'elle pouvait se confier davantage à Lauren, et elle fut tentée de lui demander conseil, mais à la place, elle régla l'addition et changea adroitement de sujet.

— Alors, tu es prête à te ruiner dans les magasins ?

— Oh, oui ! Et je te remercie de m'accompagner. D'habitude, quand je commence à parler layette, la plupart des femmes regardent ailleurs. Sauf celles qui sont enceintes, précisa-t-elle avant d'écarquiller les yeux. Oh ! Tu n'es pas enceinte, dis-moi ?

— Non, s'exclama-t-elle en riant. Mais nous envisageons d'avoir un bébé. Nous voulions une grande famille, alors le sujet m'intéresse.

Elles sortirent en direction du premier magasin qu'une de ses amies avait recommandé à Lauren.

— Tu ne m'as pas dit que tu attends l'appel d'un entrepreneur, toi aussi ?

Lauren opina avec force.

— Nous allons faire construire une annexe au fond du jardin pour installer mon bureau. Comme nous habitons Mission District, un quartier historique, et que la maison est classée, nous sommes obligés de faire appel à un architecte spécialisé. Notre petite extension est sous haute surveillance et prend des allures de casse-tête !

— Je vois ce que tu veux dire. Nous habitons Pacific Heights et nous voulons transformer le sous-sol de la maison de Flynn en cuisine professionnelle. Je ne veux surtout pas défigurer la maison, elle est bien trop belle, ni enfreindre aucune loi d'urbanisme.

— Faire du neuf en respectant l'ancien est un défi, renchérit Lauren, mais il vaut le coup. C'est formidable de travailler chez soi, surtout quand on a des enfants.

C'était, à peu de chose près, ce que Flynn lui avait dit.

Elles s'arrêtèrent devant une boutique. Au vu des prix affichés dans la vitrine, elle comprit qu'elle s'adressait aux futurs parents aisés, mais elle suivit Lauren sans hésiter.

A l'intérieur, elle découvrit un espace séparé en plusieurs univers. Chacun représentait une chambre d'enfant, décorée dans un style différent et parfaitement harmonieux. Avant de quitter Flynn, elle avait souvent erré dans ce genre de magasins. Rêvant d'une famille, de quelqu'un à aimer, elle avait toujours été seule lors de ces expéditions. Cette fois, la compagnie de Lauren l'égayait.

Elle circulait avec plaisir au milieu des meubles, des vêtements et des jouets lorsqu'un petit lit d'enfant, aux panneaux de la tête et du pied ornés d'une très jolie peinture représentant une ribambelle d'ours dodus et rieurs, retint son regard. Elle s'approcha, puis effleura timidement les barreaux de chêne. Ce fut alors que le plus étrange des phénomènes se produisit.

C'était comme si ce meuble lui était destiné !

Si elle tombait enceinte, songea-t-elle, surprise du sentiment qui l'étreignait, elle adorerait avoir ce lit pour son bébé.

— Il est magnifique, n'est-ce pas ?

Elle sursauta.

— Oui, répondit-elle à la vendeuse qu'elle n'avait pas vue approcher.

Elle chercha Lauren des yeux, mais sa nouvelle amie était déjà au fond du magasin.

— Chaque barreau a été tourné à la main, reprit la vendeuse, et bien sûr la peinture est artisanale, elle aussi. C'est une pièce unique, réalisée par l'un de nos meilleurs menuisiers. La naissance est prévue pour quand ?

— Oh, je ne suis pas enceinte. Pas encore, s'entendit-elle préciser.

Un sourire poli s'afficha sur le visage de la vendeuse.

— Dans ce cas, je ne vous conseille pas de vous attacher à cet objet. Les réalisations de cet artisan sont tellement recherchées que nous les vendons dans la semaine de leur arrivée. Si vous attendez d'être enceinte pour l'acheter, ce lit aura depuis longtemps disparu.

Elle se sentit hésiter. Si elle tournait les talons, elle risquait de ne jamais avoir ce lit. Mais si elle l'achetait, elle s'engageait vers une décision qui continuait de la terrifier.

— Je… dois retrouver mon amie.

L'intérêt de la vendeuse s'évanouit.

— Bien sûr.

Elle s'en alla, l'esprit en déroute, et passa les cinq minutes suivantes dans l'ombre de Lauren. Mille questions l'assaillaient, l'empêchant d'accorder toute son attention au babillage de son amie.

— Renée, est-ce que ça va ?

— Je peux te poser une question ? demanda Renée tout à trac.

Elle attendit que Lauren acquiesce pour poursuivre :

— Tu viens de te marier, de déménager, tu attends un enfant, tu vas ouvrir ton agence dans une ville où tu ne connais personne, tout cela en même temps, et tu as l'air si tranquille. Tous ces changements ne t'inquiètent pas ?

— Bien sûr que si, gloussa Lauren. Et si j'ai l'air tranquille, ce n'est une illusion ! J'adore mon mari, je ne peux plus imaginer avoir ce bébé sans lui, ou ne pas partager ma grossesse avec lui, mais Jason aime tellement son travail qu'il risque de passer à côté de certaines choses si je ne fais pas attention à rétablir l'équilibre.

Cette inquiétude faisait vibrer une corde sensible chez Renée.

— Je vois ce que tu veux dire, acquiesça-t-elle. En entrant chez Maddox, Flynn était tellement pris que je ne le voyais presque plus.

— J'imagine que cela n'est pas étranger à ton désir de prendre le large.

Elle hésita, puis acquiesça d'un signe de tête.

— Ma parade, reprit Lauren, c'est d'obliger mon mari à sortir son bateau presque tous les week-ends. De cette façon, nous nous retrouvons tous les deux, et cela me permet de perfectionner mes talents… de peintre.

Son ton espiègle attira son attention.

— Dois-je poursuivre ? lui demanda Lauren avec un clin d'œil.

— Oh, non, s'empressa-t-elle dans un sourire, je crois avoir compris.

Son amie lui montra alors un jouet de bois sculpté.

— Que penses-tu de ce hochet ? Il n'est pas trop tarabiscoté ?

— Non, il est adorable.

Mais Renée avait l'esprit ailleurs. Elle s'apercevait, avec une grande perplexité, qu'elle et Lauren n'auraient pu envisager leur maternité sous des angles aussi diamétralement opposés. La grossesse de Lauren était imprévue et pourtant, elle embrassait ce projet, et le bouleversement de son existence, avec bonheur. Tandis qu'elle, elle s'efforçait de tout planifier, de tout contrôler, et elle était paralysée à l'idée d'échouer et de retomber amoureuse de Flynn. Elle aurait donné cher pour avoir une once du courage de Lauren.

Celle-ci lui jeta un coup d'œil, et se décida à reprendre :

— Ne crois pas que je prends tes craintes à la légère, commença-t-elle en caressant un couvre-lit de patchwork. Je les partage. Déménager à l'autre bout du pays, se marier, avoir un enfant, tout cela est terrifiant. Mais j'ai choisi de me concentrer sur les aspects positifs de l'aventure. Je refuse de vivre dans la crainte de ce qui pourrait mal se passer. La vie n'offre aucune garantie, Renée. Parfois, il faut seulement saisir ta chance et croire en ton bonheur.

— Ma grand-mère disait tout le temps la même chose.

— Les grands esprits se rencontrent, plaisanta Lauren avec un clin d'œil si amical que Renée sentit les larmes lui monter aux yeux.

Sa grand-mère était la femme la plus sage et la plus forte

qu'elle avait jamais connue. Quand son mari était parti à la guerre, elle avait fait tourner leur restaurant ; et quand elle avait appris sa mort au combat, elle avait courageusement continué. Elle n'avait pas seulement réussi, elle avait excellé.

Elle avait élevé une enfant seule, puis elle avait recueilli sa petite-fille quand l'alcoolisme de sa fille était devenu problématique. Renée ne l'avait jamais entendue se plaindre de l'injustice du sort, de la cruauté de la vie, ni de la difficulté à garder un toit sur leurs têtes ou trouver de quoi remplir leurs assiettes.

Elle voulait être aussi forte que sa grand-mère.

Cette réflexion la fit sursauter. Carol Maddox avait raison, se dit-elle subitement. Elle avait manqué de courage. Elle ne s'était pas une seule fois défendue devant sa belle-mère, ni jamais battue pour obtenir ou garder ce qu'elle voulait.

Mais maintenant elle avait changé. Elle s'était endurcie, elle avait de la volonté. Elle pouvait réussir ce qu'elle voulait.

Elle désirait un bébé, une famille, et elle voulait travailler. Flynn lui offrait l'occasion de réaliser tous ces rêves. La seule chose qu'elle devait faire, c'était surveiller ses émotions, protéger son cœur, disons pendant… deux ans. Ensuite, elle n'aurait plus qu'à divorcer.

Comme sa grand-mère, elle pouvait élever son enfant seule, avoir une carrière, le tout — contrairement à sa mère — en gardant son bon sens et sa santé. Elle ne serait même pas obligée de laisser son bureau et sa cuisine dans le sous-sol de Flynn. Dès qu'elle gagnerait assez d'argent pour assurer un loyer, elle n'aurait qu'à trouver un local et déménager.

Vu sous cet angle, le marché était tellement avantageux qu'elle ne voyait pas pourquoi elle avait peur de l'accepter.

Partagée entre son euphorie et la pointe de lâcheté qui tentait tout de même de se faire entendre, Renée s'engagea sur l'allée qui conduisait chez Flynn.

— Je t'en prie, ne gâche pas tout, s'exhorta-t-elle en claquant la porte de son van tout en redressant son sac sur son épaule.

« Donne-toi un but, accroche-toi, et fonce… » La voix enjouée de sa grand-mère résonnait dans sa tête.

Mais elle n'avait aucune idée de la façon dont elle devait s'y prendre pour amener Flynn à lui faire l'amour. Avant, lorsqu'ils faisaient l'amour, elle n'avait jamais craint de prendre l'initiative. Mais aujourd'hui, il n'était pas question d'amour. Il s'agissait seulement de sexe et, si elle avait de la chance, de faire un bébé. Elle avait vérifié son calendrier, les dates semblaient propices.

Lorsqu'elle pénétra dans la cuisine, des arômes alléchants de bœuf grillé l'accueillirent, lui rappelant à quel point elle avait faim. Elle s'arrêta sur le seuil, déconcertée. Flynn était à la maison ? Il cuisinait ?

— Flynn ?

— A la cuisine.

Elle posa son sac, prit une profonde inspiration et avança. Ses jambes tremblaient, et elle sentait son cœur palpiter comme celui d'une jeune adolescente.

Elle s'efforça de se ressaisir. Cette fois, elle n'allait pas se comporter comme une idiote.

Flynn était aux fourneaux, en train de retourner des entrecôtes.

— Tu es déjà rentré et tu cuisines encore.

Il se retourna.

— J'étais marié autrefois, avec une femme exceptionnelle qui me gâtait avec des repas divins. Lorsqu'elle est partie, je ne pouvais plus avaler de plats surgelés. Personne ne pouvant survivre sans manger, j'ai dû apprendre à cuisiner.

Il déboucha une bouteille d'eau gazeuse, remplit les flûtes à champagne posées sur le comptoir et lui en tendit une.

— On fête quelque chose ?

Comment pouvait-il savoir qu'elle avait vaincu ses réticences et pris une décision ?

— L'entrepreneur a téléphoné. Il m'a dit que tu étais passée signer le contrat.

— Oh ! Le contrat. Oui, en effet.

Il fit tinter leurs flûtes.

— Félicitations. Tu vas pouvoir démarrer vite. Je te souhaite le même succès qu'à Los Angeles.

Le cœur battant, elle but une gorgée, puis se lança :

— J'ai acheté des meubles d'enfant aujourd'hui.

Il s'immobilisa.

— Il était temps, l'entendit-elle lâcher dans un profond soupir.

Puis il lui prit son verre, le posa à côté du sien et revint la prendre par la taille.

Ses mains l'attirèrent, aussi brûlantes que son regard.

— Ne pas pouvoir te serrer, te toucher, te sentir, lâcha-t-il d'une voix enrouée, je devenais fou, Renée, fou de désir.

Sa nervosité craqua comme un cube de glace jeté dans de l'eau chaude. Même ses genoux se dérobaient. Leur entente physique avait toujours été parfaite, elle aurait dû se douter qu'il n'aurait pas laissé la maladresse ou l'embarras gouverner cet instant. Leur aisance allait reprendre ses droits. Son seul souci, maintenant, était de protéger son cœur.

Il se pencha, laissa sa bouche caresser d'abord ses lèvres puis s'appuyer contre elles, les entrouvrir. Sa langue glissa à sa rencontre, et elle l'accueillit comme elle l'avait toujours fait. Son goût, sa passion, étaient ceux du Flynn qu'elle connaissait. Rassurée, elle laissa ses mains courir sur ses biceps, ses épaules, son dos.

Il la caressa en retour, réveillant une succession de sensations qu'elle avait cru oubliées. Et dont elle s'apercevait tout à coup combien elles lui avaient manqué. Comme lui.

La sonnerie d'un minuteur troubla l'euphorie qui l'enveloppait.

— Qu'est-ce que c'est ?

— Le dîner, murmura-t-il contre son cou.

Elle recula et croisa son regard assombri de passion.

— On dirait qu'il va refroidir, avança-t-elle mutine.

Sa remarque fit naître un sourire ravageur sur ses lèvres.

— Bien vu, répliqua-t-il. Laisse-moi deux secondes.

Il s'écarta, éteignit le grill, et quand il revint, en deux enjambées, son désir était si manifeste qu'elle faillit défaillir.

D'un geste, il la débarrassa de son pull léger, et son regard sur ses seins la fit frémir. Mais ce ne fut rien en comparaison de l'émotion qui la saisit lorsqu'il les prit dans ses mains.

— Je n'aurais jamais cru que tu puisses être encore plus belle. J'avais tort.

Elle lui caressa le visage.

— Merci.

Il se pencha sur son décolleté, et la caresse de ses lèvres, doublée du frottement rugueux de sa barbe naissante, la galvanisèrent. La succession de ses baisers ensuite, plus légers que des ailes de papillon, la mit à la torture. Elle se cambra, pour mieux s'offrir à lui, et sentit avec ivresse son érection butter contre ses hanches.

Il dégrafa son soutien-gorge, l'envoya rejoindre son pull sur le sol, et sa bouche, enfin, se referma sur son sein. Un soupir de bonheur lui échappa. Emportée par ses sensations, elle glissa la main dans ses cheveux et se laissa aller à ses caresses, ses mordillements. Il savait exactement ce qu'elle aimait, un jeu sensuel ni trop doux, ni trop brutal. Personne n'avait jamais su l'électriser comme Flynn le faisait.

Il glissa les doigts sur la ceinture de son pantalon, ouvrit la fermeture Eclair, et ses paumes se posèrent sur ses hanches, puis ses cuisses, entraînant avec elles le tissu dans leur descente.

— Flynn, murmura-t-elle transpercée du plaisir de sentir ses mains remonter vers son sexe.

Impatiente de l'accueillir, elle se débarrassa de ses chaussures, de son pantalon et de son slip, et se redressa. Mais il avait reculé. Elle resta un instant interdite, consumée par l'intensité de ses prunelles, son souffle court.

— Tu es si belle, dit-il enfin.

— J'ai grossi.

Il la fit taire d'un brusque et court baiser.

— Chérie, tes nouvelles courbes me rendent fou.

Elle lui sourit.

— Alors dépêche-toi.

Il avait commencé à déboutonner sa chemise. Mais comme il n'allait pas assez vite, elle entreprit de l'aider. Malheureusement, ses doigts s'emmêlaient aux siens et le ralentissaient. Elle poussa un soupir, et renonça pour s'attaquer à sa ceinture.

Et ce fut à son tour d'admirer son corps parfait. Avec une lenteur délibérée, elle laissa son regard glisser sur ses larges épaules, son torse musclé, son ventre ferme. D'une main légère, elle suivit la ligne de toison qui naissait au-dessous de son nombril pour disparaître dans le buisson touffu où se dressait son sexe. Elle referma les doigts sur lui, goûtant sa force et sa chaleur, heureuse d'accueillir sa vigueur frémissante et chaude contre sa paume.

Mais au lieu de la laisser poursuivre, il la souleva entre ses bras et l'installa sur la table. En même temps qu'il s'emparait de ses lèvres, qu'elle répondait à son baiser, elle sentit ses doigts la chercher, atteindre le repli délicat de sa chair et glisser délicieusement sur elle. C'était tellement divin qu'elle s'ouvrit plus entièrement à ses caresses.

— Oh, Flynn, je t'en prie… c'est si bon…

— Doucement, chérie.

— Je ne veux pas faire doucement !

Elle voulait qu'il la pénètre, vite, fort, tout de suite. Elle voulait être emportée par ce tourbillon d'émotions impétueuses pour oublier ses doutes, son hésitation, sa peur de commettre une effroyable erreur. Car il savait lui inspirer un tel désir, le sexe entre ses bras était si bon, leur harmonie si parfaite et si prompte à renaître qu'elle en était presque terrorisée. Ils auraient pu s'être quittés la veille, et non sept ans plus tôt. Ils auraient pu avoir fait l'amour hier, dans cette cuisine, sur cette table, pendant que leur dîner refroidissait…

Refusant de poursuivre sur le terrain de ces réflexions troublantes, elle le prit par la nuque et l'obligea à s'allonger sur elle en même temps qu'elle l'embrassait.

Son corps la recouvrit sans que ses doigts ne quittent son sexe. Elle se cambra, offrit sa poitrine à ses baisers et, comme elle l'espérait, ses lèvres se refermèrent sur le bout de son sein, redoublant le plaisir qui maintenant l'embrasait. Il devait savoir qu'elle était sur le point de basculer. Il avait toujours compris le langage de son corps.

Ses doigts se firent cependant plus légers, et ses lèvres descendirent sur sa taille, glissèrent jusqu'à ses hanches, s'arrêtèrent sur son ventre. Une nouvelle série de baisers entrecoupés des frôlements plus rugueux de son menton puis des caresses voluptueuses de sa langue, la firent frémir. Elle savait où son parcours le conduisait. Chacun de ses gestes, sa lente progression lui arrachaient des gémissements toujours plus profonds. Pourtant, lorsqu'il posa les lèvres sur son sexe, lorsqu'elle qu'elle sentit sa langue glisser sur sa chair, elle ne put retenir son cri. Elle allait… mais elle voulait…

— Flynn, je t'en prie, lâcha-t-elle dans un souffle implorant, je veux que tu me pénètres.

Il se redressa à peine.

— Pas encore.

Il la saisit par les hanches et l'empêcha de bouger. Elle crut mourir, mais les caresses sublimes de ses lèvres, sa langue habile, dévastatrice, firent exploser sa frustration et elle se désintégra dans un orgasme d'une incroyable démesure.

Elle reprenait conscience de la réalité lorsqu'elle croisa son regard. Un frisson la traversa et puis un autre quand il lui captura les mains et revint lentement sur elle. Elle sentit son sexe venir la caresser puis reculer, entamant un va-et-vient ensorcelant. N'y tenant plus, elle s'agrippa à lui et le força à venir enfin en elle. Mais, à la dernière seconde, il s'immobilisa.

— Ne t'avise pas d'arrêter maintenant, protesta-t-elle en le serrant fermement entre ses jambes.

— Et si j'arrête quand même ?

Elle devinait son sourire.

— Je me vengerai.

Son rire rocailleux roula dans sa poitrine, mais elle n'eut pas le temps de mettre ses menaces à exécution. D'une brusque poussée, il força son chemin et s'enfonça en elle, déclenchant un ouragan qui l'emporta bien au-delà de ce qu'elle avait anticipé. Avec quelle force s'élança-t-elle avec lui ! Avec quelle plénitude accueillit-elle chacun de ses assauts ! Elle avait l'impression de s'élever, de toucher au firmament, d'être si haut qu'elle allait…

Flynn, tendu comme un arc, enfonça le visage au creux de son cou.

— Je… ne peux pas… tenir.

Cet aveu l'électrisa. Elle savait comment briser ses dernières chaînes, et elle n'aurait, pour rien au monde, renoncé à le faire.

— N'essaie même pas, répondit-elle en lui mordillant le lobe de l'oreille tout en l'attirant profondément.

Son gémissement rauque, son ultime poussée, eurent un effet immédiat. La jouissance la faucha net, lui ravissant toute sensation, sauf celle, ultime, d'exploser avec lui dans un océan de volupté.

Elle recouvra ses esprits, envahie de bonheur et prise du besoin de se lover contre lui. Mais elle se rappela, juste à temps, qu'il n'y avait pas de place entre eux pour la tendresse. Alors elle se retint et, tandis que sa respiration revenait à la normale, la gravité de la situation s'abattit lentement sur elle. Ils venaient peut-être de concevoir un enfant. Et, si c'était le cas, leurs destins étaient noués.

La peur l'étreignit. Quelques instants plus tôt, elle était sûre de vouloir faire cet enfant, sûre d'être assez forte pour risquer ce lien avec Flynn. Mais ils venaient de faire l'amour et, dans le feu de l'action, elle avait complètement perdu de vue son objectif. Etre enceinte. S'en aller. Voilà ce qu'elle voulait. Au lieu de quoi, elle ne pensait qu'à une chose : refaire encore l'amour avec lui. Et encore. Mais elle ne pouvait pas se permettre de tomber dans une accoutumance dont elle ne pourrait pas se débarrasser. Une accoutumance qui pouvait de nouveau et complètement la détruire.

Elle le repoussa.

— Laisse-moi me lever.

Il s'écarta. Ses paupières étaient lourdes, son visage détendu et ses cheveux… elle les avait si bien emmêlés que des mèches noires se dressaient un peu partout, donnant à son visage les allures d'un pirate.

— Tu as rendez-vous ?

Un sourire flotta sur ses lèvres et la tendresse de son regard la fit dangereusement flancher.

Elle ne pouvait pas se laisser aller, ni se soucier de lui. Elle devait se souvenir qu'il s'agissait d'un marché, une transaction matérielle. Elle voulait un bébé. Il s'était engagé à le lui faire. Point. Sauf que la réunion de leurs corps était bien plus enthousiasmante que tous les contrats qu'elle avait pu signer, et bien plus intime qu'une insémination artificielle.

Dès qu'elle eut la voie libre, elle sauta de la table et ramassa ses vêtements éparpillés sur le sol. Elle s'efforça de se persuader que tout cela n'était que du sexe. Rien de plus. Elle serait complètement idiote de l'aimer de nouveau. Il lui fallait seulement un peu de temps — et de distance — pour recouvrer ses esprits.

— Je vais prendre une douche avant le dîner.

— Excellente idée.

Il ramassa son pantalon et l'enfila, comme s'il avait l'intention de l'accompagner — ce qu'il aurait fait autrefois.

— Seule, précisa-t-elle avant de s'échapper.

6

Il s'était trompé. En regardant sa femme quitter nue et fièrement la cuisine, Flynn sentit soudain toute sa belle assurance s'envoler.

Il avait l'habitude des histoires courtes, il avait eu des passades au cours des quatre ou cinq dernières années, lorsqu'il se croyait célibataire, mais celle qu'il venait de vivre avec Renée lui laissait un goût étrange et une désagréable sensation de vide.

Il ramassa sa chemise et l'enfila. La théorie qu'il avait échafaudée — selon laquelle le souvenir de leur complicité devait déboucher sur des retrouvailles heureuses — avait échoué. Renée venait de s'en aller, comme si de rien n'était.

Que devait-il faire maintenant ?

Il redressa son col en examinant la cuisine. Le dîner. Sa douche terminée, elle allait revenir ; ils discuteraient autour d'une bonne viande accompagnée d'asperges et du pain italien qu'il avait spécialement acheté à la boulangerie en rentrant. Mais à plus long terme, il devait revoir sa stratégie. Parce que, de toute évidence, il allait lui falloir plus qu'une étreinte — aussi agréable soit-elle — et de bons petits plats pour se faire pardonner six mois de négligence.

Il se tourna vers le four, alluma le grill et s'occupa des asperges.

Aujourd'hui, elle avait signé le contrat d'aménagement du sous-sol et acheté des meubles pour la chambre d'enfant, deux décisions, importantes, qui l'engageaient. Et ils avaient eu un rapport non protégé. Ce détail le frappa brusquement, et une décharge d'adrénaline le traversa.

La conception était-elle déjà engagée ?

Alors où le contrôle de la situation lui avait-il échappé ? Quand l'avait-il perdue ? Il aurait juré, quand il s'était abandonné entre ses bras, qu'elle s'était tout à fait donnée à lui. Il avait senti ses muscles se contracter autour de lui. Et même si leur étreinte avait été rapide, il était sûr qu'elle avait aimé faire l'amour autant que lui.

Il revint sur le déroulement des faits, à la recherche de l'événement qui l'avait tout à coup éloignée de lui. Ce n'était pas la grossesse qui pouvait lui faire peur. L'idée d'avoir un bébé ne venait-elle pas d'elle ? Et c'était elle qui avait parlé de divorce, elle ne pouvait donc pas craindre qu'il l'abandonne encore. De toute façon, ce n'était pas son intention. Quoi qu'il en soit, il n'aimait pas sa dérobade, même si lui-même se tenait sur ses gardes.

Car lui, il avait une raison d'être prudent. Il n'était pas sûr, s'il recommençait à l'aimer, de supporter une seconde rupture. La première avait été assez dure. C'était son poste chez Maddox qui l'avait sauvé. Il s'était abruti de travail. Mais il ne put s'empêcher de se rappeler que c'était aussi cela qui avait causé sa perte. Pour Renée, c'était lui qui avait détruit leur mariage.

Son départ précipité était peut-être une façon de lui rappeler ses responsabilités…

Le temps qu'il termine le repas, il avait une petite idée sur la façon de progresser. D'abord, il devait identifier le problème, ensuite le cerner, puis le résoudre. Il ne servait à rien de brûler les étapes.

Cette résolution en tête, il prépara leurs assiettes. Une minute plus tard, voyant qu'elle ne venait toujours pas, il la soupçonna de vouloir rester dans sa chambre. Si c'était le cas, elle en serait pour ses frais. Bien décidé à ne pas en rester là, il mit leurs assiettes sur un plateau et monta à l'étage. Cette stratégie avait bien marché au petit déjeuner, pourquoi ne pas la réitérer ? Et puis il se souvenait de ce qu'elle lui avait dit un jour. Chez elle, la nourriture et l'amour allaient de pair. Comme c'était un langage qu'elle comprenait, autant profiter de l'occasion.

Il frappa à sa porte, sans obtenir réponse. Pensant qu'elle était encore sous la douche, il ouvrit.

Le lit n'était pas défait et aucun bruit ne venait de la salle de bains. Le mouvement léger du rideau attira son regard. La porte-fenêtre était ouverte. Il se pencha et la vit, appuyée à la rambarde du balcon. Un châle sur les épaules, elle contemplait le soleil couchant.

Il avança sans faire de bruit, mais elle dut l'entendre car elle fit volte-face.

Ignorant son regard contrarié, il posa son plateau sur la table bistrot.

— Le dîner est servi, lança-t-il d'un ton enjoué.

Elle ne fit pas un geste.

— Flynn, commença-t-elle, je viens de vérifier si je suis…

Il se redressa.

— Enceinte ?

— Non, si je suis en période d'ovulation.

— Comment peux-tu le savoir ?

— J'ai fait un test après ma douche.

— Il existe des tests pour ça ?

— Oui. Et comme il est peut-être trop tard pour reculer, je veux savoir si tu respecteras mes conditions.

Il avait l'intention de les respecter, en tout cas jusqu'au jour où il pourrait les balayer. Parce qu'il voulait retrouver sa femme et il voulait un mariage normal.

— Renée, je ne te forcerai jamais à faire ce que tu ne veux pas, et je ne me servirai jamais d'un enfant contre toi.

— Je suis contente de l'entendre.

— Si tu ovules, reprit-il, combien de temps avons-nous pour… réussir ?

Elle détourna les yeux puis les reposa sur lui.

— A peu près trois jours.

Il avait donc trois jours. Trois jours pour faire renaître l'alchimie qui n'avait pas disparu entre eux et trois jours pour l'adoucir. D'un autre côté, s'ils ne concevaient pas tout de suite, chaque mois passé signifiait un mois de plus avec elle, et autant de temps pour la convaincre d'oublier ses idées absurdes d'une relation provisoire.

Il lui désigna une chaise et attendit qu'elle s'asseye.

— Je te dois des excuses.

— Pourquoi ?

— Les six derniers mois de notre mariage, j'ai vécu dans notre maison comme dans un hôtel. Je ne venais que pour prendre une douche ou m'effondrer de fatigue. Et je t'ai traitée comme une domestique. Je prenais pour acquis tout ce que tu me donnais, que ce soit un lit propre, des chemises repassées, un bon repas. Je te laissais même du liquide sur la table, comme un pourboire…

— Flynn, le coupa-t-elle suppliante.

Il leva la main.

— Laisse-moi finir. Ma seule excuse, c'était ma peur de faire défaut à ma mère, mon frère et l'équipe de Maddox. Ils comptaient tous sur moi, je ne pouvais pas les trahir. Et finalement, c'est toi que j'ai abandonnée, toi qui comptais bien plus que tous les autres. Je suis le seul responsable de l'échec de notre mariage.

Elle eut un mouvement de recul et baissa vivement les yeux.

Pourquoi ses épaules s'étaient-elles voûtées, se demanda-t-il surpris, pourquoi avait-elle tressailli ?

Elle poussa un soupir, puis se décida à relever les yeux. Son regard était grave, préoccupé, mais pas franchement limpide.

— J'accepte tes excuses, lui dit-elle. Mais cela ne change rien au présent. Nous aurons ce bébé et puis nous divorcerons. Je ne veux rien d'autre.

Ce n'était pas ce qu'il voulait entendre, mais il la ferait changer d'avis.

— Une chose après l'autre, répliqua-t-il.

Il restait tout de même troublé. Ses yeux le fuyaient, et il voyait bien qu'elle était mal à l'aise.

Elle lui cachait quelque chose, c'était évident, mais quoi ?

Faire l'amour avec Flynn avait été très loin de la conception clinique qu'elle avait espérée. Et le délicieux repas qu'il lui avait préparé ne faisait qu'accroître son malaise.

Ce dîner romantique ressuscitait trop de souvenirs. Certains agréables, de toutes les soirées qu'ils avaient passées ensemble ; d'autres qu'elle aurait voulu oublier, où elle se revoyait assise sur le canapé du salon en déshabillé vaporeux, ou sur ce balcon, à guetter vainement son retour. C'était pour se souvenir de ses faiblesses et des dangers qui finiraient par la rattraper si elle restait qu'elle avait précisément choisi cette chambre.

Etait-elle masochiste ? Peut-être, mais sa grand-mère lui avait toujours dit que la seule façon de vaincre ses peurs ou ses démons, c'était de les affronter ; une chose que sa mère n'avait jamais faite.

Elle reposa sa fourchette, l'estomac rempli mais noué, et observa Flynn à la dérobée. Ses beaux cheveux noirs, ses magnifiques yeux bleu profond, sa mâchoire déterminée et sa bouche n'avaient rien perdu de leur beauté ni de leur assurance. Il détestait la faiblesse, se rappela-t-elle, toutes les faiblesses. Et il pouvait très bien la détester s'il apprenait la sienne. Il pouvait même vouloir lui arracher son enfant. Quel père accepterait de confier sa fille ou son fils à une mère susceptible de sombrer dans l'alcool à la moindre difficulté ?

Car c'était cela qui la terrifiait. Cette terrible hérédité dont elle avait peur d'être porteuse, cette faiblesse qui pourrait la faire tomber.

Une envie de fuir irraisonnée s'empara d'elle. Elle ne trouverait jamais la distance dont elle avait besoin pour se protéger de Flynn dans cette maison, pas avec les souvenirs qui la hantaient, ni les vieux démons qui l'assaillaient.

— Je rentre à Los Angeles ce soir, annonça-t-elle la gorge sèche. Je dois vérifier que Tamara se débrouille bien et louer une nouvelle fourgonnette.

— Je croyais que tu ovulais.

C'était bien tout le problème. Cette interruption serait forcément brève. Le lendemain soir, qu'elle ait ou non les idées claires, elle rentrerait à San Francisco et elle referait l'amour avec lui. Mais pour l'heure, elle avait besoin de mettre de la distance entre eux. Six cent cinquante kilomètres lui paraissaient un chiffre excellent.

Elle posa les deux mains sur la table.

— Nous ne sommes pas à vingt-quatre heures près, répliqua-t-elle. Je reviendrai demain, dès que j'aurai réglé mes affaires.

Il planta son regard dans le sien.

— Si tu pars maintenant, tu n'arriveras pas avant minuit.

— Il y aura moins de circulation.

Il pinça les lèvres et inclina la tête.

— Je peux t'aider à trouver une fourgonnette. Je connais un loueur dans le quartier, il te fera un bon prix.

Il avait toujours voulu la protéger, aplanir ses difficultés, l'aider à résoudre ses problèmes. Elle devait lui faire comprendre qu'elle avait besoin, et envie, de se débrouiller toute seule.

— Flynn, je suis parfaitement capable de négocier un contrat de location sans un homme penché sur mon épaule. Je l'ai déjà fait.

— Si tu attends un jour ou deux, je pourrai me libérer pour t'accompagner.

Elle se redressa. Elle ne voulait pas devenir dépendante de lui. Sa présence dans sa vie n'était que temporaire.

— L'entrepreneur va bientôt commencer les travaux, je ne pourrai plus m'en aller aussi facilement. Je dois partir maintenant. Ce soir.

Il lâcha un soupir résigné.

— Appelle-moi quand tu seras arrivée et préviens-moi aussi quand tu reprendras la route pour rentrer.

Son inquiétude lui rappela le temps où ils ne pouvaient pas se séparer plus de quelques heures, celui où ils se donnaient beaucoup de mal pour se faire plaisir l'un à l'autre. Mais ces jours étaient révolus, et elle n'avait aucune envie de les voir revenir.

— Alors, comment s'est passée ta première semaine en enfer ? lui demanda Tamara de l'autre côté du comptoir de sa cuisine, le mercredi matin.

Renée prit le temps de poser délicatement la minuscule violette en sucre sur son petit-four et s'essuya les mains.

— Cela ne fait que cinq jours, et ce n'est pas l'enfer.

— L'enfer ou vivre avec mon ex, pour moi, c'est la même chose !

— Ton ex est un abruti, tu es la première à le répéter. Alors que Flynn est un homme très bien. Tu es sûre de pouvoir t'occuper de ce mariage toute seule ? Je peux revenir vendredi soir.

Tamara écarquilla les yeux.

— Bien sûr que je peux m'en occuper ! Et ne change pas de sujet. Rien ne t'oblige à faire ce bébé de cette façon. D'ailleurs, si tu tiens tellement à avoir un enfant, je peux t'en donner un des miens. Ils sont déjà propres et ils t'adorent.

— Je sais très bien que tu adores tes filles, ne me raconte pas d'histoires. Je te rappelle que c'est moi qui ai séché tes larmes quand ta plus jeune est entrée à l'école.

— Evidemment ! J'ai perdu la petite esclave qui adorait m'apporter tout ce que je lui demandais.

Renée ne put s'empêcher de rire.

— Arrête de raconter des bêtises, répliqua-t-elle en prenant une pince pour ajouter quelques violettes sur le glaçage de ses bouchées. Ou bien c'est moi qui vais en faire !

Elle avait pris un risque, quatre ans plus tôt, en embauchant Tamara pour l'assister dans sa cuisine. En effet, dès leur premier entretien, la jeune femme l'avait prévenue que sa plus jeune fille, Angela, souffrait d'épilepsie et qu'après plusieurs tentatives en crèche, elle ne faisait plus confiance à personne pour s'occuper d'elle dans la journée. Elle lui avait demandé de pouvoir garder son bébé avec elle, lui assurant qu'elle était un ange. Renée avait accepté et elle avait constaté qu'en effet son prénom lui allait à merveille.

La fillette, d'à peine un an, était entrée dans sa cuisine — et dans sa vie — dès le premier jour de travail de sa mère. Elle avait installé un parc avec un berceau et des jouets pour permettre à Tamara de la surveiller tout en travaillant, et elles avaient très souvent déjeuné à la maison pour laisser la petite gambader dans le jardin de sa grand-mère.

La présence quotidienne d'Angela n'avait fait qu'accroître son désir d'être mère, et Tamara n'avait pas été la seule à souffrir lorsque la fillette était entrée en maternelle, l'automne précédent. Le parc et les jouets avaient disparu, et un cruel sentiment de vide les avait remplacés.

— Je veux une famille, Tamara.

— Tu as bien conscience qu'un enfant ne peut pas combler tous tes rêves de bonheur, n'est-ce pas ?

— Bien sûr, répliqua-t-elle en réprimant un petit pincement au cœur. Je ne suis pas une midinette.

— Et la vie d'une mère célibataire n'a rien de facile.

— Je le sais aussi. Mais ton expérience me dit que je peux y arriver. Et puis tu m'as laissée m'occuper de ta fille, je suis prête.

Elle balaya le plan de travail d'un œil attentif.

— Qu'y a-t-il d'autre à faire ?

— Tu changes encore de sujet. Mais si tu tiens à le savoir, il reste les navettes au saumon. Je ne peux pas les préparer aujourd'hui, elles sècheraient. Et la sorcière qui te tient lieu de belle-mère, reprit-elle sans transition, elle est toujours dans le paysage ?

Parfois, Renée regrettait de partager autant de secrets avec son assistante.

— Tu ne lâches jamais rien, hein ?

Tamara battit des cils, d'un air ostensiblement innocent.

— Une qualité qui fait partie de mon charme, plaisanta-t-elle. Allez, crache le morceau.

— Carol est venue m'asperger de son fiel le lendemain de mon arrivée, mais Flynn l'a entendue et il l'a mise à la porte.

— Wouah ! Je suis impressionnée. Dommage qu'il n'ait pas eu le cran de lui clouer le bec sept ans plus tôt.

— Je ne lui ai jamais dit que sa mère était odieuse.

Tamara écarquilla les yeux.

— Tu aurais dû, lui reprocha-t-elle. Mais dis-moi, tu es sûre de maîtriser l'aventure dans laquelle tu t'engages ? Parce que pour une relation purement sexuelle, tu me sembles bien prompte à voler au secours de ton étalon.

— J'en suis sûre, grâce encore une fois à ton exemple.

— Pff ! J'enchaîne les aventures parce que je n'ai pas trouvé un homme en qui j'aurais confiance pour élever mes enfants, ou un qui ne s'enfuit pas dès qu'il apprend leur existence. Mais je ne me plains pas. J'aime la liberté d'une relation sans attache. On évite tous les embêtements qui déboulent généralement chez toi avec celui qui s'installe !

— Je suis d'accord, et c'est exactement ce que j'ai l'intention de faire.

— Quand même, reprit la jeune femme, tu devrais bien réfléchir. Un enfant, c'est un travail de sept jours sur sept, vingt-quatre heures sur vingt-quatre et trois cent soixante-cinq jours par an.

— Je sais.

Elle ne voulait pas lui dire qu'il était peut-être déjà trop tard, parce qu'elle ne voulait pas affronter la multitude de questions qui allaient avec.

— Tu as bien réussi à en élever deux, se contenta-t-elle de dire.

— J'avais ton aide.

— J'aurai la tienne.

— Evidemment. Mais ta filiale, qu'en feras-tu une fois que tu auras ce que tu veux ? Tu ne vas pas rester indéfiniment dans son sous-sol ?

— Quand elle aura bien démarré, je trouverai un local et j'engagerai quelqu'un pour la diriger. Si tout se passe comme prévu, et que je tombe enceinte rapidement, je serai de retour à Los Angeles avec mon bébé dans deux ans.

Tamara se redressa, le rouleau à pâtisserie dans la main.

— Tu peux compter sur moi. Et dis bien à ton espèce de mari que s'il s'avise de te faire souffrir encore une fois, il entendra parler de moi.

— Ne t'inquiète pas, répliqua-t-elle dans un sourire ému. Je n'ai aucune intention de le laisser me briser le cœur.

Mercredi matin, Flynn se surprit à vérifier l'heure pour la dixième fois. Il était en réunion, mais au lieu de suivre les échanges autour de la table, il comptait les minutes et pensait à Renée. Depuis son retour, elle avait repris la place qu'elle n'aurait jamais dû quitter — la première — et il se demandait comment il avait pu se laisser absorber par son travail au point de l'oublier.

Il s'aperçut qu'il dessinait son visage dans la marge du rapport qu'il avait sous les yeux et se redressa.

A quelle heure rentrerait-elle à la maison ?

Allait-elle même rentrer ?

Il avait senti son hésitation au cours du dîner qui avait suivi leurs premiers ébats dans la cuisine. Il ne savait pas si elle le regrettait, mais il aurait juré qu'elle avait quitté la ville le soir même pour éviter de recommencer. En ce qui le concernait, il aurait adoré la coucher dans son lit et lui faire l'amour plus lentement. Il était sûr, en parcourant chaque centimètre de sa peau satinée, de reconnaître ses endroits préférés : le point sensible derrière son genou où elle mettait parfois une goutte de parfum ; les fossettes qu'elle détestait au creux de ses reins ; la cambrure chatouilleuse de son pied.

Mais elle n'avait pas voulu d'un second round. Si elle voulait vraiment être enceinte, n'aurait-elle pas dû s'accrocher à lui pour recommencer jusqu'au matin ? Il était tout aussi contrarié par le texto qu'elle lui avait envoyé pour lui dire qu'elle était bien arrivée. Comme un adolescent romantique, un jeune marié passionné, ou un imbécile heureux, il avait espéré entendre sa voix.

Il consulta encore sa montre. Si elle revenait, il avait une surprise pour elle. Il s'était souvenu qu'elle n'aimait pas les clubs de sport, il avait donc commandé plusieurs appareils de musculature, un tapis de course et même une télévision à écran plat pour lui permettre de suivre des émissions culinaires tout en faisant ses exercices. Les appareils devaient être livrés en fin de journée.

Brock acheva ses explications sur la crise et ses conséquences sur leur stratégie commerciale, puis il passa aux dernières forfaitures d'Athos Koteas. Ce bulletin ne lui en apprenait pas davantage sur les méthodes de ce requin. Maddox luttait pied à pied pour rivaliser avec le réseau européen de Koteas et déjouer ses tactiques vicieuses. Heureusement pour eux qu'aucun de ses trois fils n'avait l'envergure de leur vieux père.

— C'est n'importe quoi, et tu le sais ! cria tout à coup Asher Williams, leur directeur commercial.

Il sursauta avant d'examiner les visages à la recherche de ce qui avait provoqué cette réaction surprenante chez Asher, d'habitude si placide.

— Ash, reprit Brock en se pinçant l'arête du nez, il faut que ça marche.

— Tu demandes l'impossible !

Sur ces mots, leur directeur se leva et quitta la réunion en claquant la porte.

Le silence s'abattit sur la pièce, brisé par le juron de son frère, quelques raclements de gorge embarrassés des cadres de direction présents, et le bruit de feuilles qu'on rassemblait.

Flynn se leva et s'adressa à Brock :

— Je vais lui parler.

Il retrouva Asher dans son bureau.

— Ça va ? lui demanda-t-il en toquant à sa porte ouverte.

Asher releva les yeux et soupira.

— Brock espère attendrir une pierre, c'est ridicule.

— D'accord, mais nous devons bien rester compétitifs.

Asher lui avait tourné le dos et fixait la fenêtre. Au vu de ses épaules voûtées, il ferma la porte et avança.

— Il ne s'agit pas du travail, hein ?

Seul le silence lui répondit.

— Tu veux me dire ce qui se passe, Asher ?

— Melody est partie.

Une de plus, ne put-il s'empêcher de noter en soupirant.

— C'est provisoire ou définitif ?

— Je ne sais pas.

— Tu sais où elle est allée ?

— Non.

— Je suis passé par là, Asher, je sais ce que c'est. Tu vas la chercher ?

Asher pivota brutalement.

— Certainement pas ! De toute façon, il n'était pas question de mariage. Elle a sans doute trouvé un homme plus riche pour lui payer ses études de droit.

Son amertume le fit reculer.

— Je comprends, Asher. Perdre une femme qu'on aime…

— Je n'ai jamais dit que l'aimais ! Je suis en colère.

Le déni et la rage étaient des armes précieuses. Lui-même se souvenait de s'en être servi pendant des années après le départ de Renée.

— D'accord, dit-il. Mais si tu as besoin de quelque chose, même d'un chauffeur pour te raccompagner après une bonne cuite, je suis là.

Asher, pâle et les traits tirés, se contenta de le dévisager. Il pouvait faire semblant, se dit Flynn, ses yeux le trahissaient.

Il avait dû avoir le même air quand Renée s'était enfuie, il avait tellement eu mal… Mais il avait appris la leçon, il ne se laisserait plus surprendre. Elle était revenue, il avait l'intention de redresser ses torts. Il espérait même renouer leur mariage, et avoir plusieurs enfants, mais il ne l'aimerait plus comme il l'avait déjà fait. Le prix était trop cher.

Il garderait son amour pour son ou ses enfants, s'il parvenait à la convaincre d'en avoir d'autres. Au moins ne le quitteraient-ils pas avant leur entrée à l'université.

7

Franchir le portail de Flynn au volant de sa nouvelle fourgonnette n'avait rien d'aphrodisiaque, mais Renée se sentait pourtant pousser des ailes.

Ce soir, ils allaient coucher ensemble !

Et ce ne serait que cela, du sexe, efficace, rapide.

Son pouls battait pourtant plus vite, elle sentait sa peau rosir, son souffle raccourcir, et ce fut les mains tremblantes qu'elle glissa ses clés de voiture dans son sac et grimpa les marches du perron.

Surprise par le silence de la maison, elle regretta de ne pas avoir pensé à vérifier si la voiture de Flynn était au garage. Puis elle sentit les arômes d'épices, d'ail et de tomate. Une recette italienne, jugea-t-elle en refermant la porte, peut-être les lasagnes de Mama G. Elle huma de nouveau les parfums et se ravisa. Une agréable odeur de pâte à pain flottait dans l'entrée. Ce devait être une pizza de Papa G. Personne ne réussissait la pizza mieux que lui. Elle et Flynn lui en avaient souvent commandé quand leurs travaux les laissaient trop fatigués pour se préparer un repas.

— Flynn ?

La cuisine était vide, mais un mot l'attendait sur la table. Tâchant d'oublier ce qu'ils avaient fait sur cette table vingt-quatre heures plus tôt, elle le prit et s'éloigna de la scène du crime — le crime étant d'avoir oublié, dans la chaleur de l'action, ses objectifs. Faire un bébé, partir.

« Viens au sous-sol », lut-elle.

Imaginant que les travaux avaient déjà commencé, elle jeta son sac et se précipita dans l'escalier.

Mais elle trouva le sous-sol désert.

— Flynn ?

— Ici, lui répondit-il depuis le grand débarras de l'autre côté du couloir.

Intriguée par des bruits qui semblaient être ceux d'une télévision, elle poussa la porte et découvrit… une salle de sport. Un système de poids et de poulies occupait le centre de la pièce, un vélo mécanique trônait dans le coin gauche et un tapis de course s'étirait sur la droite. A côté, Flynn regardait un grand écran fixé au mur. Il portait un vieux jean, un T-shirt blanc, des bottes et une ceinture à outils lui ceignait la taille. Ce spectacle séduisant, et familier, la troubla et son cœur se mit à battre un peu plus vite.

Il se tourna vers elle, en lui montrant l'écran.

— Qu'en penses-tu ?

Elle le trouvait si attirant qu'elle faillit ne pas voir le petit objet qu'il lui lançait. Elle l'attrapa au vol.

Une télécommande.

— Je ne savais pas que tu avais installé une salle de gym dans ce vieux placard.

— C'est nouveau. Je me suis dit que tu pourrais regarder tes émissions de cuisine tout en faisant du sport.

— Tu as fait ça pour moi ?

Il acquiesça.

— J'ai commandé les appareils hier, ils viennent d'arriver.

Elle sentit toutes ses bonnes résolutions vaciller. Une fois de plus, elle retrouvait l'ancien Flynn, celui qui la surprenait tous les jours par sa prévenance ou ses cadeaux. Elle essaya d'ignorer le nœud qui lui obstruait la gorge et se rappela de se tenir sur ses gardes.

— C'est très gentil, Flynn, mais j'aurais pu m'inscrire dans un club.

— Celui auquel tu allais a fermé. Le plus proche de la maison n'est pas aussi bien, et tu n'as jamais aimé perdre ton temps à trouver une place de parking.

Le souvenir de toutes les excuses qu'elle avait avancées pour ne pas aller au club de sport la fit grimacer. Mais à l'époque, elle n'avait pas besoin d'exercice, elle pouvait manger ce qu'elle voulait sans prendre un gramme. Malheureusement, passé trente ans, son corps avait changé. Elle appréciait la sagesse qui venait avec l'âge, mais beaucoup moins les autres aspects de la maturité.

— C'est gentil, répéta-t-elle, mais… tu n'étais pas obligé de faire toutes ces dépenses.

Il désigna un des coins encore vide de la pièce.

— J'ai laissé de la place pour un berceau ou un parc. Ce sera pratique, quand le bébé sera là.

Des images insolites se mirent à danser devant ses yeux. Flynn, ses mains posées sur son ventre rond, lui à son côté tandis qu'elle accouchait, leur bébé niché dans l'arceau de ses bras solides…

Une nouvelle boule d'émotion lui serra la gorge.

— J'espère que tu te serviras aussi de ces appareils, parvint-elle à bredouiller.

— Oui, surtout celui-là.

Il enfourcha le banc de musculature et s'allongea pour activer la barre de fonte avec aisance.

Elle le voulait comme ça, se surprit-elle à penser, détendu, sexy, semblable à l'homme qu'elle avait connu.

Mue par une impulsion subite, elle traversa la pièce. Il s'immobilisa, l'haltère à bout de bras, et ne fit pas un geste lorsqu'elle posa les lèvres sur les siennes. Il attendait de toute évidence qu'elle prenne l'initiative. Alors, sans chercher à retenir les battements désordonnés de son cœur, portée par une sorte d'ivresse, elle approfondit leur baiser et ce fut, au moment où leurs langues se rencontraient, comme si… elle avait réveillé un volcan. Un flot de lave la consuma.

Etourdie par la force de ce baiser, elle s'écarta. La passion obscurcissait le regard de Flynn, rendant presque noir le bleu merveilleux de ses iris.

— J'adorerais te prendre ici, tout de suite, commença-t-il d'une voix rauque, mais je ne veux pas de précipitation. Ce soir, je te veux dans mon lit. Nue, frissonnante et hors d'haleine.

La formulation si brute de son désir lui donna le vertige.

— Je remplis déjà deux conditions sur trois, répondit-elle au bord de l'embrasement.

Son aveu fit naître un dangereux sourire sur ses lèvres.

— Le dîner d'abord.

Il reposa la barre et se leva. Elle contempla son dos et ses fesses sublimes, dévorée par un appétit qui n'avait rien à voir avec la délicieuse pizza de Papa G. Elle voulait Flynn, plus crûment qu'elle ne l'avait jamais désiré.

Leur dîner n'avait été qu'un long préliminaire, et Flynn n'en pouvait plus.

Une lueur espiègle au fond des yeux, Renée avait fait durer le plaisir en mangeant très lentement, en se léchant ostensiblement les lèvres entre chaque bouchée, puis les doigts, avant de grignoter, avec une provocation savante, une lamelle de poivron égarée ou des miettes tombées dans son assiette.

Il voulait cette bouche sur la sienne, que sa langue rose et adroite s'occupe de ses lèvres, que ses dents le mordillent. Aussi, dès qu'elle posa sa serviette, il bondit sur ses pieds. Il n'en pouvait plus, mais il s'était juré de prendre son temps. Alors, refrénant son ardeur, il prit leurs assiettes et les porta dans l'évier. Au bruit de sa chaise, il fit volte-face.

Elle se tenait dans l'encadrement de la porte. Son regard, assombri de désir, était presque violet. Sans un mot, elle ôta son pull, le laissa tomber sur le sol et s'éloigna d'une démarche ondoyante vers l'escalier. Elle disparut, comme la veille, mais le mouvement de ses hanches n'aurait pu être plus éloquent, comme son invitation à la suivre.

Il sourit. Lorsqu'ils vivaient ensemble, en rentrant à la maison, il avait souvent été accueilli par un soutien-gorge, ou un bas, négligemment abandonné dans l'entrée. Ce premier indice semé ici ou là les conduisait dans l'une ou l'autre pièce de la maison, choisie au gré de leur envie. C'était une de leurs façons de se dire qu'ils voulaient faire l'amour. Il s'était lui-même effeuillé de cette façon. Mais au fil des mois, ils avaient oublié de jouer l'un avec l'autre pour finir par seulement cohabiter dans le même espace.

Il en était l'unique responsable. C'était lui, trop fatigué par son travail, qui avait cessé de répondre à ces invitations ou de les initier. Et la déception qu'il avait lue sur son visage chaque fois qu'il s'était dérobé l'avait poussé à rester dormir au bureau trop souvent. Il avait trop peur de ne pas assurer à l'agence pour supporter, en plus, l'idée d'échouer chez lui. Ses craintes, évidemment, avaient fini par se réaliser.

Mais il ne recommencerait pas. Il contrôlait sa vie à présent ; la seule chose qui continuait de lui échapper était l'avenir de sa relation avec Renée. Cette incertitude le perturbait, mais elle disparaîtrait dès qu'il aurait repris la main sur leur mariage.

Il prit le temps d'ôter ses bottes et ses chaussettes, puis il partit à sa recherche. Son soutien-gorge, un morceau de dentelle et de bretelles roses, était posé sur la rampe de l'escalier. Il le prit et le porta à son visage. Le tissu, encore tiède, était imprégné de son odeur. Il s'en pénétra, imaginant ses mains étreignant la rondeur voluptueuse de ses seins. Un peu plus haut, elle avait abandonné une de ses chaussures. La seconde le narguait, quelques marches plus loin. Il monta en ôtant son T-shirt et le jeta sur la rambarde. Le tissu glissa sur le sol, mais il l'ignora. Il venait d'apercevoir le pantalon qu'elle avait laissé choir sur le palier. Il le rejoignit en deux pas, quitta le sien puis se redressa.

Quelle chambre avait-elle choisi ?

Le bout de tissu rose accroché à la poignée de sa porte lui donna la réponse. Le sourire aux lèvres, il approcha de ce dernier indice, le prit avec un sentiment de victoire, et pénétra dans la pièce.

Elle était allongée sur les oreillers, au milieu de leur grand lit. Une jambe repliée dissimulait son sexe, mais cette pudeur ne fit rien pour atténuer l'effet du spectacle de Renée, nue, étendue sur ses draps. Au contraire.

— La prochaine fois, dit-il d'une voix enrouée en faisant danser ses dessous de dentelle au bout de ses doigts, je veux que tu les gardes. Comme ça, *je* pourrai les enlever.

Elle s'humecta les lèvres, et il aurait juré sentir sa langue courir sur son érection. Une décharge le traversa, décuplée par le regard appuyé qu'elle glissait sur lui pour s'arrêter entre ses jambes.

— L'un de nous est trop habillé, constata-t-elle avec un sourire lourd de convoitise.

Il se débarrassa de son boxer et avança vers elle. A ce stade, il ne pensait qu'à se perdre en elle, mais il voulait profiter de tous les instants qui s'annonçaient, alors il s'allongea à son côté, sans la toucher. Une légère coloration rehaussait le rose de ses joues, de sa gorge, et ses seins, sous son regard, frémirent. Le creux de son ventre palpitait.

Il aurait donné cher pour donner libre cours au désir qui l'étreignait, mais avant de l'assouvir, il s'était promis d'être patient, de lui rappeler dans les moindres détails la perfection de leurs étreintes.

Il tendit la main, enroula une mèche de ses cheveux autour de son doigt, puis la relâcha pour effleurer sa joue, la douceur de ses lèvres entrouvertes.

— Toi, nous, tout cela m'a manqué.

— Viens, dit-elle en lui prenant la main pour la poser sur ses seins.

Sans la quitter des yeux, galvanisé par la rondeur de sa chair sous sa paume, il pressa le mamelon durci. Sa courte inspiration, ses paupières qui se fermaient, le firent frémir. Il se pencha pour une autre caresse, bien plus précise, et ferma la bouche sur son sein. Presque fou de désir, il aspira et mordilla la pointe, tout en refrénant son autre main pour la laisser lentement glisser de sa poitrine au velours de son ventre, puis explorer ses longues jambes et revenir aux boucles soyeuses de son sexe.

Elle était prête à l'accueillir, et ce constat, comme la façon qu'elle avait de venir à la rencontre de ses doigts, le vrillèrent avec une telle force qu'il faillit céder à l'impulsion et la basculer sur les draps.

Mais au lieu de succomber à l'envie folle de la pénétrer tout de suite, il poursuivit son exploration, retrouvant avec délice le creux soyeux à l'arrière de son genou, la courbe de sa taille, l'endroit sensible sous son bras. Sous le tracé de ses mains, ses frémissements et ses soupirs, la crispation de ses doigts dans ses cheveux, l'encourageaient à compléter son parcours de baisers. Trop heureux de lui obéir, il quitta son sein, posa la bouche sur sa taille, descendit, continua, s'enivrant de son odeur, de son goût, de la douceur de sa peau sous ses lèvres et sa langue.

Elle lui caressait maintenant le dos. Sa main descendit et il comprit qu'elle cherchait à s'emparer de son sexe. Mais il savait la précipitation qui s'ensuivrait si elle l'étreignait de la sorte, alors il se mit hors d'atteinte. Elle se vengea en laissant courir le bout de ses ongles sur sa peau, en effleurant le creux de son oreille, en remontant la cambrure de son pied le long de son mollet. Elle n'avait jamais été une amante passive et la sensualité de ses caresses l'enflammait tout comme autrefois. Elle donnait autant qu'elle recevait et elle savait comment lui faire perdre la tête.

Mais il était résolu à tenir bon.

Alors il lui attrapa la jambe et, tout en l'écartant, il remonta, alternant les mordillements et les baisers, jusqu'à l'intersection de ses cuisses. Ainsi exposée à son regard, à sa bouche, elle resta un instant paralysée, et son premier coup de langue, bref et profond, lui arracha un spasme.

Sa réaction, son parfum, la perspective du plaisir qu'il allait lui donner l'exaltaient. Il avait hâte de sentir ses mains se contracter dans ses cheveux, hâte d'entendre ses cris de jouissance, mais il devait ralentir, autant pour faire durer son plaisir que retenir le sien. Aussi diminua-t-il le rythme de ses caresses, puis il recommença.

La torture était divine, et son cri de frustration, lorsqu'il la laissa une nouvelle fois pantelante, lui arracha un sourire. Il reprit ses caresses, domptant le feu qui le consumait, et la conduisit une troisième fois au bord de l'orgasme. Il s'écartait encore, lorsque ses mains s'enfoncèrent dans ses cheveux.

— Flynn, le supplia-t-elle en le retenant, s'il te plaît.

Son gémissement eut l'effet d'une coulée de lave dans ses veines, et son sexe, déjà tendu à l'extrême, se durcit encore un peu plus. Elle était si implorante, son propre désir était si violent qu'il lui fallut toute la force de sa volonté pour ne pas céder à l'exigence qui le tenaillait et venir, d'une poussée, se perdre en elle. Mais le parfum de son nectar, la jouissance qu'il sentait naître sur ses lèvres lui interdisaient de s'écarter. Il poursuivit, enivré, et quand ses cris lui parvinrent, quand son corps se cambra, il accueillit chacun de ses spasmes avec un bonheur d'autant plus fulgurant qu'il avait cru ne plus jamais l'éprouver.

Elle retomba sur les draps. Pour lui laisser le temps de recouvrer un peu ses esprits avant l'assaut suivant, il remonta doucement le long de son ventre. Elle lui prit le visage entre les mains et le regarda.

— Je veux que tu me pénètres, lui dit-elle les yeux brillants. S'il te plaît, Flynn, c'est si bon quand tu es en moi.

Une nouvelle décharge le traversa à laquelle il ne tenta même pas de résister. Il se redressa et, cette fois, plongea vigoureusement en elle. La chaleur de son sexe qui l'enserrait, sa douceur faillirent le faire exploser. Il se retint pour aller et venir, et goûter, avec toujours plus d'ivresse, les sensations éclatantes qui déferlaient sur lui.

Elle resserra les jambes autour de ses hanches, s'agrippa à ses épaules et, sans cesser de répondre à chacun de ses assauts, s'empara de ses lèvres. Le jeu effréné de leurs langues, leurs peaux brûlantes, leurs souffles courts eurent raison de ses dernières résistances. Au fond de lui, quelque chose s'embrasa, jaillit et, en même temps qu'un cri rauque le consumait, il se désintégra dans une succession de spasmes explosifs.

Sentant ses coudes fléchir, il la fit rouler et sombra avec elle dans un océan de béatitude.

Lorsqu'il ouvrit les yeux, il était toujours en elle, elle s'était même lovée contre lui. Et leur étreinte lui paraissait si juste qu'il la serra passionnément dans ses bras.

C'était ce qu'ils auraient dû vivre depuis sept ans, se dit-il. Les relations courtes et presque anonymes qu'ils avaient eues ces dernières années ne lui avaient jamais procuré une once du contentement qu'il éprouvait. Lui et Renée ne formaient pas qu'un couple, ils appartenaient l'un à l'autre.

En même temps qu'il s'imprégnait de cette réalité, une autre réflexion lui vint à l'esprit. Il n'avait pas accepté ce marché seulement pour corriger ses erreurs, ou effacer un échec qu'il refusait d'admettre.

Il voulait vivre avec sa femme.

Il était hors de question qu'elle le quitte, et il emploierait tous les moyens qu'il faudrait pour la garder près de lui.

Il était temps de passer à la vitesse supérieure.

Jeudi soir, dans le jardin en face du sous-sol, Renée regardait les ouvriers ranger leurs outils. Elle se sentait si euphorique que, pour un peu, elle les aurait tous embrassés !

Les travaux se déroulaient beaucoup plus vite que les interminables semaines de pagaille qu'elle avait endurées pendant les rénovations de la maison de sa grand-mère. Sous l'influence de Flynn, et grâce à lui, l'ouvrage progressait à un rythme stupéfiant. La veille, il avait installé la salle de gym et aujourd'hui, la création de sa nouvelle cuisine avait débuté.

— Alors, comment s'est passée la première journée ?

Le son de sa voix la fit sursauter et son cœur se mit à battre violemment lorsqu'elle sentit ses bras se refermer sur elle et ses lèvres lui effleurer la nuque. Elle ne l'attendait pas… si tôt. Les ombres du passé flottèrent autour d'elle.

Elle fit volte-face, échappant du même coup à son étreinte.

Il était magnifique et particulièrement séduisant dans son élégant costume gris, mais elle le préférait dans une tenue plus décontractée ; par exemple, le pantalon kaki et la chemise aux manches relevées qu'il avait l'habitude de porter lorsqu'il travaillait pour Adams Architecture, ou bien le vieux jean et le T-shirt blanc qu'il mettait pour travailler dans la maison.

Des images de leur nuit passionnée lui revinrent tout à coup à l'esprit. Elle les chassa, comme elle l'avait fait toute la journée. Le contentement sexuel n'était pas un gage de bonheur, se répéta-t-elle une fois encore. Cette évidence l'avait poussée à quitter son lit dès qu'il s'était endormi et à se lever tôt le matin même. Bien décidée à ne pas céder à la béatitude qui l'enveloppait encore, elle s'était précipitée dans sa nouvelle salle de gymnastique et elle avait grimpé sur son tapis de course, des écouteurs sur les oreilles. De cette façon, lorsqu'il était descendu lui dire bonjour avant de partir au bureau, elle n'avait pas été obligée de lui parler.

D'accord, elle avait opté pour la lâcheté. Mais elle préférait se boucher les oreilles que risquer une discussion dont le contenu l'effrayait. Mieux valait s'en tenir à des sujets concrets, bien plus rassurants.

— Le carrelage a été posé, répondit-elle dans cette optique. Demain, ils font les joints et lundi, ils installent les meubles.

Il jeta un coup d'œil par la porte-fenêtre.

— Ça m'a l'air parfait.

Elle se surprit à détailler ses épaules solides, son dos droit et ses fesses… Elle détourna les yeux.

Ce geste, malheureusement, fut impuissant à calmer les battements de son cœur, ou refroidir ses ardeurs.

— Je vais commencer à peindre, ce week-end.

Il se retourna, mais elle évita son regard de peur qu'il ne lise un désir qu'elle était incapable de dissimuler.

— Tu n'as pas demandé au peintre de s'en charger ?

— Non, c'est moins cher, et cela me donnera le temps de réfléchir.

Et surtout, songea-t-elle, celui de comprendre comment leur accord allait vraiment fonctionner. Elle aurait dû tout mettre par écrit, de préférence dans le cabinet de son avocat. Un contrat en bonne et due forme lui aurait au moins apporté les garanties légales nécessaires. Mais le secret voulu par Flynn le lui avait interdit.

— De toute façon, reprit-elle, j'adore peindre.

Elle vit un sourire danser sur ses lèvres.

— Je le sais. Je t'aiderai.

La perspective de peindre avec lui, juste après leur phénoménale nuit d'ivresse, lui rappelait les meilleurs souvenirs de leur mariage. Elle fit taire le sentiment d'allégresse qui l'envahissait. Elle n'avait pas besoin de ce voyage dans le passé pour la troubler davantage.

— Je peux me débrouiller toute seule.

— Je sais que tu peux le faire, Renée, et j'ai compris que tu n'as besoin de personne pour mener ta barque, mais je te rappelle que c'est aussi chez moi.

Oh, bien sûr. Il s'agissait de *sa* maison. Et ce rappel tombait à point nommé pour doucher ses ardeurs — exactement ce qu'il lui fallait — et lui rappeler d'appeler son avocat pour qu'il note, dès à présent, tout ce qu'ils entreprenaient afin de s'en souvenir le jour de leur divorce.

— Oui, bien sûr, tu es chez toi.

— Je veux seulement m'assurer que tout soit prêt avant ta grossesse, reprit-il d'une voix douce. Plus vite les choses seront organisées, moins tu auras de soucis à te faire.

Sa prévenance la toucha.

— Je ne suis peut-être pas encore enceinte.

— Mais tu vas l'être. Bientôt.

L'assurance contenue dans sa voix et sa sensualité la firent frémir.

— Je ne sais pas ce que tu as fait miroiter à l'entrepreneur, répliqua-t-elle en esquivant le sujet, mais il affirme que je pourrai allumer mes fourneaux à la fin de la semaine prochaine.

— Alors j'ai bien fait de t'apporter une liste de clients.

— Qu'est-ce que tu dis ?

— J'ai parlé de toi à quelques personnes. L'une d'elles a justement besoin d'un traiteur pour une réception à domicile. C'est urgent, et elle attend ton appel le plus tôt possible.

Il ne perdait pas de temps.

— J'aurais aimé t'avoir quand j'ai débuté à Los Angeles. J'ai eu du mal à trouver mes premiers clients et j'en ai essuyé, des refus !

Elle marqua une petite pause avant de reprendre son sérieux.

— Mais les clients ne sont pas tout, dit-elle. Une fois les travaux terminés, les inspections faites et les autorisations obtenues, je vais devoir m'attaquer à un plan de communication et engager un ou deux employés à mi-temps.

— Je connais une très bonne agence de recrutement, ils pourront t'aider. Quant à ta publicité, je crois que tu connais quelqu'un chez Maddox, non ?

Sa générosité et son sourire ne l'aidaient pas à garder la tête froide.

— Je te remercie, mais vos prix dépassent mes moyens.

— On peut toujours s'arranger.

Il avait glissé la main dans ses cheveux et elle se figea, prisonnière de sa caresse.

— Tu as quelque chose, dit-il en tirant sur une mèche.

Il retira la petite poussière, mais au lieu de s'écarter, il lui prit le visage à deux mains et se pencha pour capturer ses lèvres. Ce n'était qu'un effleurement, elle ne voulait pas y répondre, mais elle constatait — avec consternation — qu'elle était incapable de maîtriser le désir qui l'envahissait.

Elle entrouvrit les lèvres et sentit, en même temps que sa langue cherchait la sienne, ses paumes descendre le long de son dos pour finir au creux de ses reins et l'attirer contre lui. Sa chaleur l'inonda.

Elle ne pouvait pas s'autoriser à l'aimer, mais rien ne l'empêchait d'assouvir le désir qu'il lui inspirait. Son baiser était si bon, si familier… Les mains sur son torse, elle sentait son cœur battre régulièrement sous ses paumes. Pourquoi n'avait-elle jamais connu d'homme capable de l'enflammer comme Flynn savait le faire ? Il suffisait d'un seul de ses baisers pour lui couper le souffle, les jambes et bâillonner sa raison.

Une portière claqua non loin d'eux, sans doute celle de la camionnette d'un ouvrier, et il recula, visiblement contrarié, avant de consulter sa montre.

— Je suis censé t'emmener chez Rosa pour un cocktail.

— Rosa ? demanda-t-elle surprise.

— C'est un bar sur Stockton, l'équipe s'y retrouve de temps en temps après le travail. C'est l'occasion de rencontrer mes collaborateurs.

Et celle de poursuivre la comédie, songea-t-elle aussitôt. Surtout que plus il lui présenterait de monde, plus il aurait d'explications à fournir lorsqu'ils se sépareraient.

— Flynn, je ne suis pas sûre que ce soit une bonne idée. Quand je partirai…

— Ce qui n'est pas prévu avant longtemps, la coupa-t-il, et si cela se produit. En attendant, nous sommes ensemble. Et si on veut que notre réconciliation soit plausible, tu dois m'accompagner.

— Mon départ n'est pas une supposition, Flynn, insista-t-elle. Et je n'aime pas mentir.

— Si tu préfères, je peux appeler Brock et lui dire que nous avons décidé de rester sous la couette.

Cette insinuation, et ce qu'elle impliquait, la fit rougir.

Allaient-ils refaire l'amour, ce soir ? En avait-elle envie ? Oh, oui. Et la force de son désir était effrayante.

— Lauren sera là, reprit-il en lui caressant la joue.

Une pointe de culpabilité l'envahit. Elle aimait bien Lauren. Confrontées toutes les deux à leur nouvelle installation en ville, au démarrage de leur activité professionnelle et au projet d'un enfant, elles avaient beaucoup de points communs. Elles s'entendaient déjà très bien et l'idée de la tromper elle aussi la mettait mal à l'aise.

Mais pouvait-elle se dérober, et trahir l'accord qu'elle avait passé avec Flynn ? Non. Pour le bien de son futur enfant, tout le monde devait croire au conte de fées qu'il avait décidé de raconter.

Elle désigna son jean et son pull.

— Je dois prendre une douche et me changer.

Alors elle serait en mesure de rencontrer les collègues de son mari, et prête à se lancer dans le rôle le plus important de sa vie.

8

Depuis l'entrée du bar, Renée scruta les lumières tamisées. La salle était petite, comble, et la clientèle, si elle en jugeait aux tarifs inscrits à la craie fluorescente sur le grand tableau noir derrière le bar, aisée.

Elle sentit la main de Flynn se poser sur sa taille.

— Avance jusqu'aux tables du fond, murmura-t-il à son oreille.

Son étreinte, comme sa voix, semblaient avenantes, mais en réalité, il lui donnait un ordre, et sa main ferme était destinée à la retenir si elle avait voulu s'enfuir. Ce qui, elle devait le reconnaître, l'avait bien tentée.

Elle avança, entre le bar qui s'étendait sur toute la longueur du mur et les fauteuils de laque noire disposés en face, autour de petites tables de verre rondes. Elle entendit les rires et les éclats de voix avant même de découvrir la demi-douzaine de jeunes cadres qui constituait l'équipe de Maddox Communications.

Elle repéra Lauren au moment où celle-ci relevait la tête. En les voyant, la jeune femme leur sourit et agita la main. Consciente de tous les visages qui se tournaient vers elle, elle se força à lui rendre son salut amical. Une silhouette se leva, dans laquelle elle reconnut aussitôt Brock.

Son estomac se serra. Le frère de Flynn, comme son père et sa mère, ne l'avait jamais vraiment appréciée. Ce qui ne rendait que plus étrange son oubli des papiers du divorce de son frère. Il aurait dû être pressé de se débarrasser d'elle, et elle n'était pas sûre de croire aux remords dont il avait parlé à Flynn concernant sa responsabilité dans leur séparation. Il quitta sa place, en tête de table, et avança vers elle.

— Bienvenue, Renée.

Son regard et sa voix lui semblèrent aussi froids que sa poignée de main. Flynn lui avait-il dit la vérité ? se demanda-t-elle un peu inquiète. L'avait-il dite à quiconque ?

— Merci, répondit-elle. Je suis heureuse de revenir, ajouta-t-elle avec le sentiment de lancer la première réplique du rôle que tout le monde attendait.

Flynn l'entoura de son bras et la serra contre lui. Elle sentit sa joue se presser contre la sienne et, en même temps qu'une vague de chaleur, éprouva un certain soulagement.

— Bonsoir tout le monde ! lança-t-il à la cantonade. Voici ma femme, Renée.

Un concert de saluts amicaux accueillit cette déclaration.

— Tu connais déjà Celia et Lauren, poursuivit-il en les lui désignant.

— Oui, bonsoir.

Les deux jeunes femmes lui sourirent chaleureusement.

— A la droite de Brock, c'est Ella, son assistante. A la gauche de Lauren, son mari Jason, l'un de nos plus talentueux directeurs artistiques.

Etant donné qu'il ne la lâchait pas, elle ne pouvait pas leur serrer la main. Aussi se contenta-t-elle d'un signe de tête.

— A côté, c'est Asher, notre directeur commercial, et tu as déjà croisé Gavin.

— Bonsoir à tous, dit-elle, un peu troublée par ces nouveaux visages et inquiète de ne pas retenir leurs prénoms. Merci de m'accueillir.

Elle s'assit dans le fauteuil que Flynn lui avançait, et il prit place à son côté. Assez près pour que leurs genoux se touchent. Il lui tendit la carte d'une main et passa l'autre derrière ses épaules, pour la poser sur sa nuque.

Elle frissonna. Elle avait toujours été ultrasensible à cet endroit, Flynn le savait très bien. Elle releva les yeux et découvrit que Celia, Ella et Lauren l'observaient avec attention et curiosité. Lauren lui adressa un clin d'œil complice et se serra un peu plus contre son mari, tandis qu'Ella se tournait subrepticement vers Brock avant de revenir à son verre. Voulait-elle savoir ce que son patron pensait du retour de sa belle-sœur, ou était-ce…

La serveuse interrompit ses réflexions.

— Bonsoir, vous désirez boire quelque chose ?

— Une eau pétillante, s'il vous plaît.

— Un Bushmills, répondit Flynn.

Son whisky irlandais préféré, se souvint-elle.

— Vous ne prenez pas de cocktails ? lui demanda Celia en se penchant vers elle. Ceux de Rosa sont très célèbres.

— Seriez-vous aussi enceinte ? ajouta Ella avec un sourire engageant.

Sentant tous les regards converger sur elle, elle fit un violent effort pour garder bonne contenance.

— Pas que je sache, répondit-elle dans un rire destiné à clore le sujet.

— Nous avons toujours voulu une grande famille, intervint Flynn. Peut-être que nous réussirons, cette fois.

Elle sursauta et tourna un regard choqué vers lui. Un sourire tendre flottait sur ses lèvres et il lui effleura la joue. Si elle n'avait pas su qu'il jouait la comédie, elle aurait pu croire que c'était de l'amour qui brillait dans ses yeux, un amour sincère. Elle se ressaisit. Ce n'était qu'une feinte, un signe de plus destiné à prouver leur réconciliation. Mais un signe qui les engageait en public et qui ne rendrait l'échec de Flynn que plus cuisant lorsqu'elle s'en irait, et cela l'inquiétait.

Car elle allait partir. Quels que soient le talent et la conviction de Flynn à jouer son rôle d'amoureux transi, elle s'en irait.

Sa survie en dépendait.

Un battement sourd et régulier la tira de son sommeil. L'esprit brumeux, elle s'efforça de reprendre contact avec la réalité.

On était vendredi. Aujourd'hui, les ouvriers posaient les joints du carrelage. Elle devait se lever pour être prête à les accueillir, mais elle rechignait à quitter la tiédeur de son nid. Le matelas était si agréable…

Elle souleva une paupière. Un torse masculin emplit son champ de vision. Elle était dans le lit de Flynn. C'était son bras qui l'enlaçait, et c'était son érection qu'elle sentait contre sa cuisse. Une poussée d'adrénaline secoua sa torpeur.

Elle n'aurait jamais dû se trouver là !

Sauf qu'elle s'était endormie, épuisée par leur folle nuit.

Le genre de nuits, se dit-elle, de nouveau gagnée par la somnolence, qu'ils avaient connu lorsqu'ils ne pouvaient pas se passer l'un de l'autre. Tout cela parce que la veille au soir, chez Rosa, Flynn avait profité du prétexte de leur amour retrouvé pour ne cesser de la toucher. Parfaitement conscient qu'elle ne pouvait pas protester, il avait joué avec ses cheveux, lui avait caressé les bras, les épaules, et même les cuisses sous la table. Et elle, au lieu de s'offusquer de le voir honteusement profiter de la situation, elle avait pris tant de plaisir à ce petit jeu qu'en rentrant, c'était à peine si elle leur avait laissé le temps de franchir le seuil de la maison pour se jeter sur lui.

Elle s'était promis de retourner dans sa chambre dès que ses jambes seraient en mesure de la porter de l'autre côté du couloir. Mais au lieu de cela, elle se réveillait, lovée contre son mari, noyée par les images de leur nuit torride.

Et le pire, c'était que même maintenant, alors qu'elle était parfaitement réveillée, elle ne voulait pas s'en aller !

Ce qui était la raison précise pour laquelle elle devait le faire… sans le réveiller. Car elle aurait dû lui parler et elle s'en sentait incapable. Comment aurait-elle pu le faire après l'avoir vu jouer l'amoureux transi devant son frère et ses collègues, d'une façon si convaincante qu'elle avait presque cru qu'il l'aimait encore et pour de bon ?

Heureusement, se rassura-t-elle, qu'elle savait que son amour était mort depuis longtemps. Il le lui avait prouvé sept ans auparavant, en découchant, et en ne cherchant pas à la revoir après son départ.

Maîtrisant les battements de son cœur, elle s'écarta doucement. Elle était presque libérée lorsqu'il resserra son étreinte et l'attira contre lui.

— Tu as rendez-vous ? lui demanda-t-il d'une voix ensommeillée et diablement sensuelle.

— Je dois me lever avant l'arrivée des ouvriers.

Il soupira et s'étira, puis elle sentit sa main glisser sur son dos et s'arrêter au creux de ses reins, faisant instantanément jaillir un désir qu'elle avait cru largement assouvi.

— Flynn, laisse-moi me lever.

Il se redressa, juste pour regarder l'heure.

— Nous avons encore trente minutes.

Sa voix chaude et vibrante accrut son désarroi.

— Je ne suis probablement plus… féconde, tenta-t-elle.

Sa paume remonta lentement et se posa sur ses seins, provoquant l'embrasement inévitable de tous ses sens.

— Tu n'as pas besoin d'être féconde pour me laisser te faire du bien.

L'aiguillon de la tentation la traversa. Mais elle se reprit et s'appuya des deux mains contre son torse. Elle refusait de retomber dans la dépendance qu'il avait un jour exercée sur elle.

— Flynn, nous ne sommes pas censés recommencer en dehors des périodes propices.

— Nous n'avons rien écrit.

— Alors il faudrait peut-être le faire.

Il la retint un moment captive de son regard brûlant et de ses bras, comme s'il réfléchissait aux moyens de la faire changer d'avis, puis il relâcha son étreinte.

— Va-t'en, si tu y tiens.

— Je ne m'en vais pas, répliqua-t-elle. Les ouvriers vont arriver.

Ignorant la pointe de regret perfide qui l'étreignait — car elle aurait cédé s'il avait insisté —, elle dégringola du lit et chercha quelque chose pour se couvrir. Mais malheureusement, ils s'étaient déshabillés en bas. A moins de lui arracher les draps, ou de fouiller dans son armoire, elle n'avait aucun moyen de cacher sa nudité.

Elle croisa les bras sur sa poitrine et recula vers la porte.

— Je vais prendre une douche.

Il s'assit. Les draps glissèrent, révélant son torse musclé et son ventre plat.

— Ce soir, tu déménages tes affaires ici.

— Flynn, je ne vais pas partager cette chambre avec toi.

— Quand les meubles d'enfant doivent-ils arriver ?

Sa gorge s'était brusquement asséchée. Tout à l'installation du sous-sol, elle avait oublié ces achats.

— Heu… lundi.

— Nous peindrons la chambre ce week-end, avant ta cuisine.

Il repoussa les couvertures et se leva, lui offrant cette fois, et sans la moindre gêne, le glorieux spectacle de son érection.

Elle sentit ses paumes la chatouiller et détourna le regard. Si seulement elle avait pu écarter aussi facilement toutes les images que cette vision avait réveillées.

— Quelle partie exactement de « je ne vais pas partager cette chambre avec toi » n'as-tu pas comprise ?

— J'ai très bien compris, mais tu n'as pas le choix.

— Le second étage…

— N'est pas habitable, la coupa-t-il.

Son regard glissa de son visage à ses seins, ses hanches, ses pieds, puis remonta à une allure encore plus paresseuse.

Elle se sentit frissonner. Non seulement, elle aimait qu'il la regarde, mais en plus, elle voulait qu'il la prenne dans ses bras. Se concentrer sur autre chose, alors qu'ils étaient nus, était au-delà de ses capacités.

— L'entrepreneur…

— N'a pas le temps. Je lui ai posé la question. Il termine ta cuisine vendredi, et il enchaîne sur un autre chantier.

— Il n'y a pas d'urgence, tenta-t-elle. Nous ne savons même pas si le bébé est déjà conçu.

— Ce n'est pas une raison pour traîner. Une fois que la chambre d'enfant sera prête, nous pourrons nous attaquer au second étage.

— Je te rappelle que j'ai du temps de libre. Tant que je n'ai pas d'engagements, je peux m'occuper du…

— Ton premier contrat démarre la semaine prochaine.

— Je n'aurai pas les autorisations.

— Pour ce premier job, tu n'en as pas besoin. Tu pourras te servir de ma cuisine ou de celle de Gretchen. Appelle-la pour savoir ce qu'elle veut exactement.

— Qui est Gretchen ?

Il s'en alla vers la salle de bains.

— La personne dont je t'ai parlé, celle qui cherche un traiteur.

— Mais encore ?

— Une amie, lâcha-t-il par-dessus son épaule.

Le ton, un peu trop évasif, de sa réplique la poussa à le rattraper. Elle chercha son regard dans le miroir.

— Une *petite* amie ?

Il prit sa brosse à dents.

— Une femme dont les relations peuvent t'ouvrir bien des portes.

Sa façon d'esquiver lui parut éloquente, et un sentiment désagréable s'insinua en elle. Ce n'était pas de la jalousie. Elle était seulement… troublée par le fait de comprendre qu'une fois partie, il y aurait une autre femme dans la vie de Flynn. Et celle de son enfant. Elle n'avait pas envisagé cette possibilité en acceptant leur marché.

Le miroir lui renvoyait leur nudité, accentuant le sentiment de fragilité qui tout à coup l'étreignait.

— Elle sait que nous sommes encore mariés ?

— Cela ne la regarde pas.

— Vraiment ?

Etait-elle sa maîtresse ?

— Renée, tu n'as aucune raison de faire toute une histoire.

Que pouvait-elle répondre ? Et d'abord, se ressaisit-elle, que faisait-elle à traîner alors qu'elle devait se préparer ?

— Je vais me doucher.

Il la retint par la main.

— Tu peux te doucher ici. Avec moi.

Elle sentit le souffle lui manquer. Si elle restait, elle ne prendrait sa douche qu'*après* qu'ils auraient fait l'amour. Son érection était parlante. Ce genre de réveils — elle appuyée au mur de la salle de bains, Flynn dans son dos, lui caressant les seins de ses mains mousseuses — avait été une de leurs manières préférées de commencer la journée.

Mais pas aujourd'hui.

Elle se libéra.

— Flynn, ne transforme pas les choses en ce qu'elles ne sont pas, déclara-t-elle.

— C'est-à-dire ?

— Une vraie réconciliation. Je n'ai aucune envie de partager ta chambre, ou ta salle de bains.

— C'est ce que tu dis, mais ça…

Il effleura son sein dur et tendu du bout du doigt.

— … dit le contraire.

Une nouvelle flèche de désir la transperça. Elle tourna les talons et s'enfuit dans la chambre d'amis, l'unique sanctuaire qu'elle avait dans cette maison, et claqua la porte sur elle.

C'était la deuxième fois qu'elle était jalouse, se disait-elle effondrée. Ce n'était pas une façon de garder la distance.

Elle soupira et se fit, une fois de plus, la leçon. Flynn n'était qu'un donneur de sperme, le géniteur de son enfant. Rien d'autre. C'était ce qu'elle voulait.

L'autre femme pouvait l'avoir.

Mais pas avant qu'elle en ait terminé avec lui. Sur cette dernière résolution, elle se dirigea vers la salle de bains.

L'idée qu'il puisse passer d'un lit à l'autre lui était insupportable. Mais cette réaction n'avait rien à voir avec ses sentiments, ou son cœur. Sa seule préoccupation était leur enfant, elle ne voulait pas que la vie dissolue de Flynn perturbe ou blesse leur enfant.

Les yeux fixés sur le plafond de sa chambre, Renée n'arrivait pas à dormir. La journée s'était écoulée, consacrée aux travaux de sa cuisine, et elle avait beau faire, ses pensées ne cessaient de revenir au bébé, à son travail et à Flynn.

Surtout à Flynn, et à ce qu'il lui inspirait. Comment pouvait-elle continuer à se soucier de lui après toutes ces années et toutes les souffrances qu'il lui avait fait endurer ?

Elle se retourna et regonfla son oreiller. Sur sa table de nuit, les aiguilles du réveil approchaient minuit. C'était à cause de l'insomnie que tout avait dérapé la première fois. Elle avait pris un verre pour se détendre en attendant le retour de Flynn, puis un second pour s'aider à dormir.

Elle n'avait aucune envie de retomber dans le piège dont elle connaissait très bien l'issue. Si elle n'arrivait pas à dormir, elle devait trouver une occupation. Mais laquelle ? Elle avait bien pensé travailler certaines de ses recettes, mais les bruits provenant de la cuisine risquaient de déranger Flynn. Quant à la gymnastique, cela ne ferait que la ragaillardir au lieu de la calmer. En revanche, elle pourrait peut-être commencer à peindre le sous-sol. Elle avait acheté tout le matériel dont elle avait besoin dans l'après-midi, et c'était une activité qui l'avait toujours apaisée.

Sa décision prise, elle quitta son lit et enfila un vieux jean et un T-shirt, puis elle noua ses cheveux dans un chignon rapide et quitta sa chambre.

La maison était plongée dans le silence. Tant mieux. Un œil sur la porte entrouverte de Flynn, elle descendit l'escalier sans allumer la lumière et prit garde d'éviter la troisième marche, celle qui grinçait. Connaître la maison avait ses avantages.

Elle atteignit le sous-sol, soulagée de n'avoir fait aucun bruit, et se dirigea vers les fournitures. Elle ouvrit un pot de peinture et le mélangea, tout en réfléchissant.

Elle avait besoin d'une activité monotone et facile. Elle s'attaquerait aux moulures le lendemain, lorsqu'elle serait plus tranquille et ses mains plus stables. Elle versa de la peinture dans un bac, imbiba son rouleau et attaqua le premier mur. Le bruit de succion du liquide épais sur le mur sec l'emplit de satisfaction, et son geste répétitif ne tarda pas à libérer ses pensées.

Elle avait toujours aimé peindre, c'était sa façon de marquer son territoire. Elle avait passé son enfance et les premières années de son adolescence à déménager. Chaque fois que sa mère démissionnait, et confirmait sa réputation de chef capricieux mais doué, elle avait dû changer de maison. Ce n'était qu'à treize ans qu'elle était partie vivre chez Emma. Elle avait été heureuse de se fixer, mais inquiète à l'idée de devoir encore changer d'école.

Sa grand-mère lui avait facilité la transition en invitant les voisines de son âge à repeindre sa chambre avec elle. Elle lui avait ainsi donné non seulement l'occasion de se faire tout de suite des amies, mais en plus, elle lui avait offert — et pour la première fois — le sentiment d'avoir un vrai foyer. C'était pour cette raison que les travaux dans la vieille maison de Flynn avaient revêtu tant d'importance. Peindre était une manière de se sentir chez elle, sa façon de s'approprier un lieu et de donner un cadre à son bonheur.

Sauf qu'ici, ce n'était plus chez elle.

Elle chassa les mauvais souvenirs, et recula pour examiner la teinte vanille d'un regard critique.

— Belle couleur, fit la voix de Flynn dans son dos.

Elle sursauta, rattrapant de justesse le rouleau qu'elle avait failli lâcher, et fit volte-face.

Il ne portait qu'un boxer.

— Que fais-tu là ?

Quittant l'ombre de l'escalier, il avança dans la pièce vivement éclairée qui serait bientôt sa cuisine. Il faisait frais et elle voyait sa peau frissonner.

— Je peux te poser la même question, répliqua-t-il.

Elle haussa les épaules.

— Je n'arrivais pas à dormir, alors j'ai décidé de me rendre utile.

— Bonne idée.

Il se dirigea vers les pots de peinture.

— Que fais-tu ?

— Je prends un pinceau.

— Flynn, il est plus d'1 heure du matin. Va te coucher.

— J'irai si tu y vas.

Si elle remontait dans sa chambre, elle ne ferait que tourner en rond et ruminer ses inquiétudes.

— Alors habille-toi, au moins.

Comment aurait-elle pu se concentrer avec cet étalage de peau dorée et de muscles sous les yeux ?

— Non. Il faudrait que je trouve des vêtements que je n'aie pas peur de salir.

— Mais tu as…

— J'ai déjà peint beaucoup moins habillé que ça, Renée. Toi aussi.

Son insinuation fit surgir un flot de souvenirs. Plus d'une fois, ils avaient tendu des draps sur les fenêtres et peint entièrement nus. Ils avaient ainsi connu leurs plus grands fous rires et certains de leurs ébats les plus passionnés.

— Je vais m'occuper des bordures, dit-il en remplissant un seau.

Elle se mordit la lèvre. Elle ne pouvait pas l'empêcher de

l'aider, mais rien ne l'obligeait à le regarder, décida-t-elle. Alors elle lui tourna le dos et reprit sa tâche, les yeux obstinément fixés sur le mur qu'elle avait commencé.

Elle avait recouvert un bon mètre carré, et elle était presque parvenue à l'oublier, lorsqu'il tira l'échelle juste à côté d'elle, pour y grimper et mettre ses cuisses en plein dans son champ de vision.

Elle ferma les yeux et prit une profonde inspiration. La nuit s'annonçait longue. Quant au sommeil… elle pouvait l'oublier.

Du coin de l'œil, elle le vit s'étirer pour peindre la bordure du plafond. Elle s'écarta, mais les muscles qui roulaient sous ses épaules et ses bras ne cessaient d'attirer son regard, et d'attiser le désir qui couvait en elle. C'était à se demander comment ils avaient réussi à travailler, avant.

Ils peignirent néanmoins plus d'une heure l'un à côté de l'autre, accompagnés du seul bruit de leurs pinceaux. A cause de ce frottement apaisant ou de la tâche gratifiante qu'elle s'était fixée, elle finit par se détendre et se sentir bien, comme autrefois, quand la seule présence de Flynn à côté d'elle suffisait à maintenir sur ses lèvres un sourire simple et radieux.

— Qu'est-ce qui t'a décidée à faire un enfant maintenant ? lui demanda-t-il après qu'ils eurent déplacé la bâche et leur attirail pour s'attaquer au mur suivant.

Elle prit le temps de remplir son bac et de tremper son rouleau.

— Saveurs des Anges marche bien. J'ai le temps de me consacrer à autre chose.

— Et la véritable raison ?

Elle aurait dû se douter qu'il ne se contenterait pas de cette réponse.

— Je ne vois pas ce que tu veux dire.

— Tu as un problème de santé pour te précipiter sur un catalogue et choisir un parfait inconnu pour devenir le père de ton enfant ? Je sais combien il t'était pénible de ne rien savoir du tien.

— Je suis en parfaite santé, répondit-elle. Je ne ferais pas d'enfant si je n'étais pas sûre de pouvoir l'élever. Je suis simplement fatiguée de rentrer dans une maison vide. Depuis la mort de ma grand-mère…

L'émotion lui noua brusquement la gorge.

— J'ai toujours voulu une famille, reprit-elle lorsqu'elle put se maîtriser. Et comme le prince charmant n'existe pas, j'ai arrêté de le chercher. Je ne veux pas m'engager.

Et elle s'en tiendrait à cette décision. Car elle avait décidé qu'avec Flynn il ne serait pas question d'amour. Il serait un excellent père, et elle n'en attendait rien d'autre.

— La fille de mon assistante a commencé l'école, cet automne, poursuivit-elle. Tamara l'amenait tous les jours. J'adorais jouer avec elle, elle me manque.

— Tu m'as manqué aussi quand tu es partie.

Cet aveu inattendu la fit sursauter. Elle baissa son rouleau.

— Je suis surprise que tu te sois même aperçu de mon départ.

— Je m'en suis aperçu, répliqua-t-il en soutenant son regard.

— Tu n'es pas venu me chercher, tu n'as même pas téléphoné.

Cette réflexion involontaire, qui en plus sonnait comme un reproche, lui arracha une grimace.

— Ton mot était clair. Je cite : « N'entre en contact avec moi sous aucun prétexte. » J'ai ma fierté, Renée et, pour être honnête, j'étais en colère.

— Pourquoi ?

— Parce que je pensais que tu tiendrais le coup. Que tu m'aiderais, en dehors du meilleur, à traverser le pire.

Un sentiment de culpabilité l'étreignit. Elle aurait voulu le prendre dans ses bras, lui dire que ce n'était pas lui qu'elle avait fui, mais elle ne pouvait pas.

— C'est toi qui m'as quittée d'abord, Flynn. Nous partagions la même adresse, c'était tout. Tu as tourné le dos à la carrière qui te passionnait et tu m'as abandonnée.

— Je n'avais pas le choix. Toi si.

En effet, mais à quel prix ? De toute façon, si elle était restée, elle aurait pu sombrer dans l'alcool et alors c'est lui qui l'aurait quittée. Une rupture nette et rapide lui avait paru la meilleure — et la seule — solution pour tous les deux.

— Je devais m'en aller.

— Pourquoi ?

Elle se détourna et, les yeux fixés sur la bande de peinture, passa son rouleau sur le mur.

— Quelle importance ? Ce qui est fait est fait.

— Que me caches-tu, Renée ?

Sa voix tendue, à quelques centimètres de son oreille, l'atteignit comme une flèche. Elle se raidit.

S'il apprenait la vérité, et qu'elle ne soit pas encore enceinte, il pourrait refuser de lui faire le bébé qu'elle désespérait d'avoir. Sa mère était alcoolique. Et même s'il était au courant, il ne savait pas qu'elle avait bien failli sombrer elle aussi, que peut-être le démon de l'alcool la guettait comme une sorte de maladie génétique. Et elle ne voulait pas, à cause de cette tare, que Flynn la déconsidère et revienne sur sa position.

Elle s'écarta au prétexte d'aller plonger son rouleau dans la peinture.

— Je ne te cache rien, répondit-elle avec autant d'assurance qu'elle put, tu te fais des idées. Je vais peindre encore une heure et terminer ce mur. Si tu es fatigué, tu peux aller te coucher.

— Je tiendrai le coup. Comme toujours. Et *pour* toujours.

Elle se tourna vers lui, mais ravala son commentaire. S'il avait découvert son secret, sa faiblesse, il ne serait jamais resté avec elle, elle en était persuadée. L'interminable succession des amants de sa mère lui avait prouvé encore et encore que même l'amour ne pouvait vaincre les effets dévastateurs de l'alcool.

9

Flynn passa les deux heures suivantes concentré sur le rythme des coups de pinceau de Renée. Il était sûr qu'elle lui cachait quelque chose. Il n'avait pas l'intention d'en rester là, mais il saurait attendre son heure.

Au début, visiblement contrariée de le voir arriver, elle avait passé son irritation sur le mur, puis ses gestes étaient devenus moins vifs et moins précis. Depuis dix minutes, il sentait que sa volonté de finir le travail entrepris était le seul ressort qui maintenait son bras en action.

Il s'arrêta et observa ses épaules affaissées.

— Je crois qu'on a bien travaillé, déclara-t-il.

Elle sursauta et lui fit face.

— Il faut passer la seconde couche.

Il posa son pinceau et vint lui prendre le sien des mains.

— Allons prendre un petit déjeuner et quelques heures de sommeil. Ensuite, nous ferons la seconde couche.

Un pli soucieux creusa son front.

— Mais…

— Renée, il est 4 heures du matin. Nous commençons à manquer de précision tous les deux.

Il savait que son argument ferait mouche. Elle était aussi perfectionniste que lui ; quand ils vivaient ensemble, elle comprenait qu'il passe des heures sur les détails d'un plan, parce qu'elle avait la même exigence avec ses recettes.

Elle examina le mur et vit la petite bande qui avait échappé à son pinceau.

— Oui, tu as raison, admit-elle.

Il écarta la mèche de cheveux tombée sur ses yeux fatigués.

— Nous avons tout le week-end devant nous, lui dit-il gentiment. Je te promets que ta cuisine sera prête pour recevoir les meubles, lundi.

Comme pourrait l'être la chambre d'amis. S'il n'avait tenu qu'à lui, Renée dormirait dans son lit dès le dimanche soir, et pour toujours. La victoire était à sa portée. Elle n'était pas encore gagnée, il allait devoir jouer fin, mais il sentait qu'elle approchait.

— Je crois que j'apprécierais une douche, déclara-t-elle en faisant rouler ses épaules endolories.

Il sentit ses mains le démanger. Il aurait adoré lui faire couler un bain et la rejoindre pour un massage, mais elle n'était pas prête à franchir cette étape.

— Vas-y, dit-il alors, je vais ranger un peu et préparer le petit déjeuner.

Elle considéra le chantier d'un regard épuisé.

— Tu es sûr ?

— Oui, va te doucher.

Il la regarda monter l'escalier, admirant sa silhouette et la pâleur de ses bras. Il se rappela alors qu'elle ne se mettait jamais au soleil. Elle disait toujours que sa peau passait du blanc crémeux au rouge le plus vif sans aucune étape intermédiaire. Pour sa part, il s'en moquait. Il aimait son teint d'ivoire ; et laisser courir sa langue sur les courbes laiteuses de son adorable corps avait toujours été son passe-temps préféré. Il soupira et mit son énergie dans le rangement de la pièce.

Les derniers pinceaux rincés, il se lava les mains et monta préparer ce qui avait été le petit déjeuner préféré de Renée.

Le destin avait un drôle de sens de l'humour, se dit-il en sortant les ingrédients du réfrigérateur. Autrefois, c'était lui qui ne pouvait pas s'arrêter de travailler, et c'était elle qui lui préparait à manger et le poussait à se reposer. Renoncer n'était pas dans son tempérament. Cette obstination était sans doute due à son père. Son exigence toujours insatisfaite, et sa façon de souligner tous ses défauts, lui avaient certainement inspiré son goût pour la perfection.

Vingt minutes plus tard, la maison embaumait la cannelle et le sirop d'érable. Et quand Renée revint dans le salon, vêtue d'un simple survêtement de coton, le petit déjeuner les attendait sur la table basse. Il remarqua qu'elle portait maintenant un soutien-gorge et le regretta. Voir tout à l'heure ses seins bouger sous son T-shirt lui avait autant plu que surprendre les regards furtifs qu'elle avait de temps à autre lancés dans sa direction.

Savoir qu'il l'attirait encore l'encourageait. Il comptait sur cette alchimie pour atteindre le résultat qu'il espérait. Mais pour l'instant, les boucles de ses cheveux humides qui retombaient sur ses épaules et son air alangui lui rappelaient qu'elle avait besoin d'une attention bien différente que celle de réveiller ses sens endormis.

Elle huma l'air.

— Tu as fait des pancakes ?

— Ta recette est restée dans le tiroir.

— Je n'en ai pas mangé depuis…

Elle se mordit la lèvre.

— Depuis la dernière fois que nous en avons fait ensemble ? suggéra-t-il.

— Oui.

Leurs regards se croisèrent, chargés encore des mêmes souvenirs. Dans la cuisine, il avait surtout été une source distraction et un obstacle à la bonne marche des préparatifs culinaires. Il lui passait sagement les ingrédients jusqu'au moment où ses mains baladeuses leur faisaient oublier le repas au profit d'une autre nourriture, bien plus brûlante et plus urgente à consommer.

Elle rougit et détourna vivement le regard.

— C'est du café ?

— Du décaféiné, précisa-t-il. Nous devons dormir. J'en ferai du vrai après la sieste.

Elle prit une tasse et but une gorgée en fermant les yeux.

— J'ai failli m'endormir sous la douche.

— Ce ne serait pas la première fois, dit-il dans un sourire.

Elle était la seule femme de sa connaissance capable de travailler au point de s'endormir dès qu'elle arrêtait de bouger. Il l'avait surprise un nombre incalculable de fois, somnolente sous la douche.

Il lui tendit une assiette.

— Mange.

— Merci.

Elle prit un morceau de pancake.

— Hum, la dose de cannelle est parfaite.

Autrefois, quand ils se lançaient dans cette recette, le sirop d'érable terminait souvent sur leurs peaux nues, et leur cuisine avait abrité presque autant de moments inoubliables que leur chambre à coucher.

Sa dernière bouchée avalée, elle dormait presque. Il lui prit son assiette et la posa sur la table, à côté de la sienne. Elle voulut se lever, mais il l'en empêcha.

— Laisse, je vais débarrasser.

— Flynn, ce n'est pas la peine de me dorloter.

— Considère que c'est à mon tour de m'occuper un peu de toi.

Elle ouvrit la bouche, sans doute pour protester, mais elle se ravisa et acquiesça avant de s'enfoncer un peu plus profondément dans le canapé. Il se leva, ramassa le plateau et les restes, et s'en alla dans la cuisine. Il prit le temps de remplir le lave-vaisselle et de ranger avant de revenir dans le salon.

Comme il l'espérait, elle s'était endormie. Il sourit, heureux du résultat de sa stratégie. Même si la partie était encore loin d'être jouée.

Elle dormait si bien qu'il pouvait la porter dans sa chambre et la coucher sur son lit sans qu'elle s'en aperçoive. Mais se découvrir dans sa chambre au réveil ne ferait que raviver ses réticences. Alors il s'assit sur le canapé et la tira doucement à lui.

Elle soupira, remonta ses mains sous sa joue, et se nicha au creux de ses genoux. Exactement comme elle avait l'habitude de le faire du temps de leur mariage. Maintenant, il n'avait plus qu'à la convaincre de changer de chambre et la bataille serait gagnée.

Lorsqu'elle se réveilla, Renée eut l'impression que quelqu'un avait déposé un poids sur ses paupières. Elle s'efforça de dissiper le brouillard qui l'enveloppait, tout en songeant qu'elle avait besoin d'un autre oreiller. Celui-là était dur, chaud.

Elle se força à ouvrir un œil et battit des cils devant la vive lumière du soleil qui inondait la pièce. Son oreiller, constata-t-elle, un peu plus lucide, ressemblait… à la cuisse de Flynn. En même temps que cette réflexion incongrue, les événements de la nuit lui revinrent à l'esprit. Et quand le dernier épisode se rappela à elle — celui de son abandon sur ses genoux —, elle était tout à fait réveillée, et son cœur battait à tout rompre.

Les aiguilles de la vieille l'horloge pointaient midi. Ce n'était pas la première fois qu'ils s'endormaient sur ce canapé. Mais c'était *avant*. Aujourd'hui, elle savait parfaitement le désastre auquel pouvait conduire le sentiment de sécurité trompeur qu'elle éprouvait avec Flynn. C'était pour cela qu'elle ne voulait pas dormir dans son lit, et qu'elle avait tenu bon.

Elle retint son souffle et se leva, en prenant soin de ne pas le réveiller. Il était adossé au coin du canapé. Son torse nu, qui se levait et s'abaissait au rythme lent de sa respiration, la rassura. Il dormait profondément. Ses longs cils noirs ombraient ses joues et son visage était détendu. Le désir de passer la main dans ses cheveux ébouriffés faillit avoir raison de sa prudence.

Elle lui tourna le dos et avisa un morceau de papier abandonné sur la table. Elle le prit et elle eut l'impression que son cœur s'arrêtait net.

Il avait dessiné une chambre d'enfant complète, avec un berceau surmonté d'un mobile, une armoire et même une caisse à jouets. Elle avait pris des photos avec son téléphone mobile au magasin, et il avait reproduit chaque détail du mobilier avec un réalisme saisissant.

La pièce où il avait choisi d'installer cette chambre ne faisait aussi aucun doute. C'était celle où elle dormait. Les portes-fenêtres ouvertes sur le balcon étaient parfaitement reconnaissables.

Flynn avait toujours été très doué en dessin. En général, il limitait son talent à des croquis d'architecture, et se servait de son ordinateur pour peaufiner son premier jet, mais quand il voulait creuser une idée, elle se souvenait qu'il aimait prendre un crayon. Et ses esquisses étaient toujours remarquables.

Du bout du doigt, elle effleura le contour d'un cheval de bois à bascule, et sa gorge se noua. Au vu de ce dessin, elle pouvait presque croire qu'il désirait un enfant autant qu'elle. Un bébé qui aurait ses cheveux noirs et ses yeux bleus. Un petit garçon ou une petite fille qui ferait une réalité de la famille qu'elle désirait et qu'ils avaient un jour prévu d'avoir ensemble.

Un vide se creusa dans sa poitrine. Elle voulait que Flynn soit le père de son enfant, et elle le désirait bien plus qu'au moment où ils avaient passé leur accord. De toutes les émotions qui la traversaient, ce fut pourtant la colère qui l'emporta. Flynn adorait dessiner, imaginer, créer, et il s'était privé de cette joie, à cause de sa fidélité mal placée envers sa famille. Pourquoi persistait-il à étouffer son talent et sa passion ? Ce n'était pas comme si son égoïste de mère appréciait son sacrifice, ou comme si son père…

— Qu'en penses-tu ? lui demanda-t-il d'une voix enrouée, plus tentatrice que le péché.

Elle sursauta et le regarda en tâchant de maîtriser les battements de son cœur. Sa barbe naissante, son visage encore ensommeillé, son corps alangui… il serait si facile de recommencer à l'aimer.

— C'est magnifique, répondit-elle.

— Nous pouvons réussir, Renée… Avoir notre maison et la famille que nous projetions.

Son souhait faisait si bien écho au désir qui l'étreignait qu'elle dut s'accrocher à toute sa volonté pour conserver la distance dont elle avait besoin.

— Pourquoi as-tu fait ça, Flynn ?

Il se redressa d'un mouvement souple et paresseux.

— Fait quoi ?

— Abandonner tes rêves.

Son visage se ferma brusquement.

— Nous en avons déjà parlé, répliqua-t-il en se levant.

— Pourquoi gâcher ton talent chez Maddox ? insista-t-elle. Je comprends que tu aies dû t'investir pour traverser la crise provoquée par la mort de ton père. Ta famille et l'agence avaient besoin de toi. Mais aujourd'hui ? La crise est surmontée, Maddox est sur les rails. Brock pourrait très bien engager un autre vice-président et te laisser retourner à ta passion. Pourquoi ne le fait-il pas ?

Son visage se ferma davantage.

— Ce n'est pas aussi simple.

— Ce pourrait l'être.

— Je n'ai pas mon diplôme.

— Il te manque à peine une année.

— Je n'ai plus l'âge de faire des études.

Les épaules raides, il s'en alla vers l'escalier.

— Nier ta passion pour l'architecture ne fera pas revenir ton père, Flynn, lança-t-elle derrière lui.

Il s'immobilisa, puis il fit volte-face et fonça sur elle.

— Qu'est-ce que cela peut te faire ? cria-t-il en la fusillant du regard.

Elle recula, davantage frappée par la pertinence de sa question que sa colère. Pourquoi, en effet, se souciait-elle de son bonheur alors qu'elle envisageait de s'en aller le plus loin possible dès qu'elle aurait obtenu ce qu'elle attendait de lui ?

Le mur qu'elle avait dressé entre elle et ses motivations se fissura. Elle se souciait de son bonheur… parce qu'elle était… encore amoureuse de lui.

Sous le choc de cette révélation, elle avança la première réponse qui lui vint à l'esprit :

— Je ne veux pas que mon enfant grandisse avec un père aigri et malheureux.

— Je ne suis pas ta mère.

Elle vacilla.

— Non, tu n'es pas ma mère.

Elle ne l'était pas non plus, et elle ne se laisserait pas déchoir comme elle. Mais Flynn avait raison. Comme il venait de le dire à propos de Maddox, ce n'était pas aussi simple. Il ne suffisait pas de vouloir pour bien faire. Et éviter de reproduire les erreurs de sa mère, surtout dans le contexte qu'elle s'était donné — et compte tenu des sentiments dont elle venait de prendre conscience —, allait lui demander une vigilance bien plus grande que ce qu'elle avait imaginé, une vigilance de tous les instants.

— Je fais finir de peindre, déclara-t-elle.

Et elle partit, parce qu'elle avait trop peur qu'il ne la perce à jour. Et encore plus de lui tomber dans les bras.

Dimanche, en fin de matinée, elle se garait devant la maison de Gretchen Mahoney, sur Knob Hill. La grande bâtisse était splendide, mais en même temps qu'elle l'admirait, elle se dit qu'elle n'aurait pas aimé y vivre. Le quartier était beaucoup trop... prétentieux.

Par contre, se ravisa-t-elle, c'était l'adresse exacte, et tout à fait le genre d'habitation, dont Carol Maddox rêvait pour son fils. Mais aux prétentions arrivistes de sa mère, Flynn avait préféré le joyau un peu plus brut niché sur Pacific Heights... et une épouse encore moins raffinée.

Deux choix que Carol, évidemment, ne lui pardonnait pas.

Elle sonna à la porte et se prépara à rencontrer la mystérieuse amie de Flynn. Comme il avait refusé de répondre à ses questions, elle ne savait strictement rien de ses relations avec elle. Réduite aux conjectures, elle s'était dit qu'il s'agissait peut-être, puisqu'elle vivait dans le même quartier huppé, d'une relation de sa mère, ou d'une cliente qu'il avait rencontrée par son travail, ou encore de la femme d'un vieil ami...

La porte s'ouvrit sur une jeune femme d'une trentaine d'années, d'une beauté à couper le souffle, juchée sur des talons aiguilles d'au moins neuf centimètres et vêtue d'un tailleur digne des plus grandes maisons de couture. Ses yeux verts, encadrés par le rideau soyeux de ses cheveux bruns, la détaillaient avec curiosité.

— Vous devez être la femme de Flynn, déclara-t-elle d'une voix agréable. Je suis Gretchen. Entrez.

Elle resserra son porte-documents, sans parvenir à en tirer le moindre réconfort ni l'assurance dont elle avait si subitement besoin.

— Oui, je suis Renée Maddox.

— Enchantée, Renée. D'après Flynn, vous êtes exactement celle qu'il me faut pour ma petite soirée.

Renée la suivit à travers une entrée monumentale pavée de marbre noir et blanc, au centre de laquelle trônaient une magnifique composition florale et un superbe escalier, jusqu'à un grand salon orné de meubles anciens et de plantes aussi splendides qu'elles devaient être coûteuses.

— Je vous en prie, lui dit-elle, asseyez-vous.

De la main gauche — qu'elle nota dépourvue d'alliance —, elle lui désigna une bergère. Elle n'était pas mariée, se dit-elle. Se pouvait-il qu'elle soit la maîtresse de Flynn ?

Elle s'assit et tâcha de se concentrer sur la raison de sa visite. Mais ne pas savoir ce que cette très jolie femme représentait pour Flynn ne lui facilitait pas la tâche.

Elle ouvrit son carnet.

— Flynn ne m'a rien dit du genre d'événement que vous préparez, ni du service de restauration que vous attendez de moi. Pouvez-vous me dire ce que vous avez en tête ?

— Quel empressement ! s'exclama Gretchen dans un rire clair. Je pensais que nous bavarderions un peu avant de parler affaires.

Elle sursauta. D'habitude, cette clientèle fortunée ne perdait pas son temps avec le petit personnel.

— Excusez-moi, répondit-elle poliment, j'avais compris que vous étiez pressée.

— C'est le cas. Mon traiteur a eu une attaque la semaine dernière. Il a annulé tous ses engagements, et je n'ai pas encore trouvé de solution.

— Je suis désolée et je comprends votre hâte. Commençons donc par le style de votre réception, l'ambiance, le genre de plats que vous souhaitez. Nous verrons l'organisation et le budget ensuite.

Les sourcils de la jeune femme, parfaitement épilés, se dressèrent de perplexité.

— N'êtes-vous pas un tout petit peu curieuse à mon sujet ? J'avoue l'être passablement de vous !

Renée hésita, partagée entre l'admiration que lui inspirait son aplomb, et le dépit — assez vif — que suscitaient sa beauté, sa richesse et son assurance. Autant de qualités dont elle était dépourvue. Mais elle n'était pas venue parler de ses mérites.

— Etant donné la raison de ma présence, vous avez naturellement le droit de me poser toutes les questions que vous souhaitez.

— Je n'en aurai qu'une seule. Avez-vous la moindre idée, enchaîna-t-elle, du mal que vous avez fait à Flynn en le quittant ?

De stupeur, Renée faillit tomber de sa chaise.

— Je faisais référence aux questions professionnelles, se rattrapa-t-elle.

D'un air plus bienveillant qu'agressif, Gretchen s'installa

confortablement dans son fauteuil et croisa ses interminables et jolies jambes.

— Avez-vous pensé aux ragots qu'il a dû affronter après votre disparition, aux explications qu'il a dû fournir ?

Le culot de cette femme était stupéfiant ! Que savait-elle de sa décision, et de quel droit osait-elle lui poser cette question ? En fuyant San Francisco, elle avait tout fait pour ne pas penser à Flynn ni au chaos qu'elle laissait derrière elle. Pour ne pas faire demi-tour, elle s'était abrutie de travail et entièrement consacrée à sa grand-mère. Elle était convaincue que Flynn serait mieux sans elle, plutôt qu'encombré d'une femme qui, si elle était restée, serait devenue un véritable fardeau.

Elle n'avait pas changé d'avis.

— Flynn n'est pas du genre à se laisser marcher sur les pieds, répliqua Renée.

Décidée à s'en tenir à l'aspect strictement professionnel de leur rencontre, elle ouvrit son stylo et reprit :

— Avez-vous choisi un thème pour votre réception ?

— Dans le domaine de la communication, reprit Gretchen, la réputation est primordiale. Vous avez entaché celle de Flynn.

— Mlle Mahoney, rétorqua Renée, pourrions-nous nous en tenir à ce qui m'amène ici ? A moins que votre réception ne soit qu'un prétexte pour m'attirer chez vous, et me harceler, ma vie personnelle ne vous regarde pas. Elle n'a aucun rapport avec mes compétences.

— Si c'est ce que vous pensez, vous vous trompez. Dans ce marché ultra-compétitif, les gens ne s'intéressent pas seulement à ce que vous faites, mais aussi à qui vous êtes. Et le succès dépend de vos relations, de ceux auxquels vous avez plu ou que vous avez croisés sur votre route. Mais peu importe, se ravisa-t-elle subitement. Si vous y tenez, restons-en là. Pour l'instant.

Elle fit glisser vers elle le coûteux carton d'invitation posé sur la table basse.

— Comme vous pouvez le lire, j'organise une réception destinée à lever des fonds pour un centre d'accueil dédié aux femmes battues auquel je suis très attachée.

— C'est une noble cause.

— Mon second mari m'en a sortie.

Elle resta interdite. Gretchen était aux antipodes de l'image qu'elle se faisait d'une femme battue.

— Lorsque j'ai trouvé le courage de ne plus cacher mes bleus, expliqua-t-elle, et celui de regarder la réalité en face, j'ai fui mon premier mari. Quelques amis très proches m'ont aidée. Flynn en faisait partie. C'est un homme merveilleux. Attentif, généreux, compréhensif. Je l'aurais épousé les yeux fermés, à la mort de mon second époux. Mais une partie de lui m'aurait toujours échappé. Celle qui continue de vous appartenir.

Renée suffoqua et se figea, la main crispée sur son stylo.

— Vous vous trompez.

— Je suis prête à partager beaucoup de choses, Renée, mais certainement pas l'homme que j'aime.

— C'est une menace ? s'alarma-t-elle.

— Pas le moins du monde, je vous conseille seulement de ne plus faire souffrir Flynn. Il mérite mieux.

— Mieux signifiant vous ?

— Mieux signifiant une femme assez loyale pour honorer ses engagements et assez forte pour ne pas s'enfuir au premier coup dur.

Elle s'affaissa, frappée par un mélange de colère et de honte. En s'enfuyant, elle avait voulu protéger Flynn de l'humiliation de sa déchéance. En ne donnant aucune explication, elle savait qu'elle ouvrait les vannes de la médisance à ceux qui la méprisaient. Mais elle avait préféré laisser les gens dire et penser d'elle ce qu'ils voulaient — même le pire — plutôt que rester et devenir comme sa mère. Elle n'avait jamais imaginé que son départ puisse rejaillir sur Flynn et le salir. Au contraire.

Mais les accusations à peine voilées de Gretchen bouleversaient tout à coup ses convictions, et elle s'apercevait que son geste, qu'elle avait toujours considéré comme un acte de générosité à l'égard de l'homme qu'elle aimait, pouvait être interprété comme le pire des égoïsmes.

Elle s'était peut-être trompée, se dit-elle en reprenant contenance, elle avait peut-être eu tort, mais elle ne pouvait pas le reconnaître devant Gretchen. Sauf si elle était prête à fournir des munitions à une rivale potentielle.

— Vous me jugez à partir de faits dont vous ne savez rien.

— Je ne vous juge pas, Renée. Je vous dis simplement, qu'à l'instar de tous les amis de Flynn, je vais être vigilante. Et si vous lui faites le moindre mal, vous vous apercevrez très vite combien il est difficile de se lancer à San Francisco.

Sa menace formulée, elle décroisa les jambes et se pencha en avant.

— Maintenant, reprit-elle avec une pointe d'excitation, ma petite réception. Soixante personnalités les plus riches de la ville m'ont confirmé leur venue. Je veux qu'ils se sentent d'humeur joyeuse et généreuse. Que me proposez-vous ?

L'envie la démangeait de remettre cette Gretchen Mahoney à sa place, mais elle ne pouvait pas se permettre de faire un esclandre. Elle avait un marché à conquérir. Et cet échange avait le mérite de clarifier sa position.

Elle avait le choix. Soit elle oubliait le bébé, ses projets d'expansion, et elle rentrait à Los Angeles. Soit elle affrontait ses démons... et tentait de reconquérir son mari et la vie qu'ils avaient rêvé de partager.

Les deux options conduisaient potentiellement au même désastre — se voir détruite une seconde fois par son amour pour Flynn — mais il n'y en avait qu'une susceptible de lui offrir le bonheur.

Renée observa la jeune femme pleine d'assurance assise en face d'elle. Gretchen avait été une femme battue. Si elle avait réussi à reprendre sa vie en main et refusé d'être une victime, ne pouvait-elle trouver le même courage ?

Si. Depuis cette nuit terrible où elle avait failli basculer, elle s'était fait le serment de ne plus jamais avaler une goutte d'alcool. Elle avait tenu parole et elle continuerait. Flynn n'aurait jamais besoin de savoir.

10

Jonglant avec trois sacs contenant les ingrédients destinés à préparer leur repas préféré, Renée grimpa le perron quatre à quatre. Elle rapportait aussi le contrat signé de son premier engagement à San Francisco, et les arrhes généreuses qu'avait tenu à lui verser sa première cliente.

Décider de reconstruire son mariage avec Flynn lui avait donné une énergie que deux heures de travail assidu avec Gretchen n'avaient pu entamer. Ce qu'elle avait découvert l'avait aussi convaincue qu'elle n'aurait pu blâmer son mari d'avoir eu une relation avec elle. Gretchen était intelligente, fine, créative. Et elle avait, de surcroît, accès aux cercles les plus fermés de la ville.

A cause de la fortune que lui avait léguée son second mari, mais aussi parce qu'elle était née dans le même milieu, elle était exactement le genre de belle-fille dont rêvait Carol Maddox.

Avec de telles femmes dans les coulisses, elle n'avait pas de temps à perdre.

Malgré son stress, elle avait hâte d'être à la semaine suivante et de prouver à tous ces snobs de San Francisco que Saveurs des Anges était ce qu'on faisait de mieux en matière de réception dans toute la Californie.

Elle chercha fébrilement ses clés et ouvrit la porte. Elle s'arrêta, interdite, sur le seuil. Un chemin de pétales de rose s'étendait jusqu'à l'escalier et remontait les marches.

Son cœur battit plus vite et un sentiment d'allégresse la transporta. Le Flynn dont elle était tombée amoureuse venait encore de se manifester. Oh, comme ils lui avaient manqué, lui, leurs jeux, leurs discussions, leurs rires et leurs projets. Elle comprenait pourquoi elle n'avait pas trouvé le prince charmant. C'était lui ! Aucun des hommes qu'elle avait rencontrés ne lui arrivait à la cheville. Il comprenait son besoin de créativité parce qu'il le partageait. Leurs domaines d'expression étaient différents — la cuisine pour elle, l'architecture pour lui — mais ils aimaient avec la même passion voir une idée germer, prendre forme et se concrétiser.

Ces pétales signifiaient-ils vraiment ce qu'elle espérait, qu'elle comptait encore pour lui ? Il voulait qu'elle reste, il le lui avait dit, mais il ne lui avait pas dit qu'il l'aimait.

Frémissant à l'idée de ce qui, peut-être, l'attendait en haut, elle laissa tomber ses sacs et suivit le chemin tracé pour elle.

Il évoquait des souvenirs heureux, tendres, sensuels, tous délicieux. Parfois, le chemin conduisait à la salle de bains, jusqu'à la baignoire à côté de laquelle il l'attendait pour l'assister, en serviteur zélé, dans tous les détails de sa toilette ; d'autres fois, il menait à une robe de soirée, une jolie paire d'escarpins et un ensemble de lingerie assorti qu'elle découvrait avec ravissement tandis qu'il se débattait avec le nœud de son smoking ; ou bien encore, il s'arrêtait au pied de leur lit, sur lequel il était étendu, nu, dans toute la gloire de son désir.

Ce ne serait pas le cas, ce soir, se dit-elle en voyant le tracé dévier vers la porte fermée de la chambre d'amis, celle qu'elle avait choisi d'occuper. L'attendait-il à l'intérieur, couché sur son lit ?

— Flynn ?

— Je suis là.

Elle ouvrit grand la porte. Les pétales s'arrêtaient à ses pieds, et il était assis à côté de la porte-fenêtre, sur le seul meuble qui restait dans la pièce. Même les tapis avaient disparu. Il se leva et s'écarta, lui révélant un magnifique rocking-chair.

— Tu en auras besoin quand le bébé sera né.

Il caressa le dossier incurvé d'une main hésitante.

— Il a été fabriqué par l'artisan qui a fait le lit d'enfant.

— Où sont les autres meubles ? demanda-t-elle en désignant la pièce vide.

— J'ai mis tes affaires dans notre chambre et j'ai monté le reste au second étage.

Elle vacilla, prise de vertige à l'idée du pas qu'il l'obligeait à franchir. Mais elle voulait le suivre.

— Tu as déménagé la chambre tout seul ?

— Brock m'a aidé.

En découvrant les pétales de rose, elle avait d'abord cru qu'il l'invitait à faire l'amour. Mais ce qu'il lui offrait était encore plus précieux : la vision concrète du futur à leur portée.

La main sur le dossier sculpté, il l'invita à s'asseoir.

— Essaie-le.

Elle avança et s'assit. Le bois, encore tiède de sa présence, l'entoura de sa chaleur. Elle posa les mains sur les accoudoirs. C'était ici qu'elle allait allaiter et bercer leur fille ou leur fils. A cette pensée, une émotion puissante, presque douloureuse, l'étreignit.

— Il est magnifique, Flynn. Je l'adore. Merci.

Il déposa un baiser sur ses cheveux puis vint s'agenouiller devant elle.

— Bonne Saint-Valentin, lui dit-il.

— Oh, j'ai complètement oublié ! Je suis désolée, je ne t'ai rien apporté.

— Tu es là, c'est la seule chose dont j'ai besoin.

Puis il lui prit les mains et la releva pour la prendre entre ses bras.

Sa bouche vint caresser la sienne, d'abord tendrement, puis avec une passion de plus en plus intense à laquelle elle ne tenta même pas de résister.

Oui, elle était là, et pleine d'espoir. Et elle voulait rester, redonner tout son sens à leur mariage. Cette fois, elle ne céderait pas à la faiblesse, ni à la peur. Elle serait forte. Pour Flynn, et pour leur enfant.

Flynn sentait sa reddition. Ses lèvres venaient à sa rencontre, son corps se pressait contre le sien, et elle plantait ses ongles dans sa taille pour se serrer davantage contre lui.

Une décharge d'adrénaline le traversa. Il avait gagné !

Il avait gagné et il voulait fêter l'événement en lui faisant l'amour d'une façon qui n'avait rien à voir avec le bébé. Il la souleva entre ses bras, franchit le couloir et, sans rompre leur baiser, la déposa au milieu de leur lit et s'allongea avec elle.

Elle glissa les bras de son cou à son torse et tira sur sa chemise avec empressement. Ses gestes pourtant étaient différents, il le sentait. Leur ardeur allait bien au-delà du seul désir de sentir sa peau contre la sienne.

Renonçant à défaire ses boutons, elle remonta les pans de sa chemise, glissa les mains sous le tissu. Lorsqu'il sentit ses doigts se poser sur sa ceinture, il se débarrassa lui-même de sa chemise et lui ôta son pull. Ses seins, visibles à travers la dentelle de son soutien-gorge, semblaient l'attirer. Il se pencha et captura l'un d'eux entre ses lèvres, enivré par son parfum autant que par la caresse rugueuse de la dentelle sur sa langue. Il la mordilla, galvanisé par son soupir de plaisir et encore plus par l'adresse de ses mains qui, après avoir déboutonné son pantalon, glissaient vers son érection.

Il se laissa saisir, puis caresser, grisé de se sentir plus dur, plus tendu, plus impatient de s'enfoncer en elle.

Il s'écarta pourtant de ses mains talentueuses, le temps de faire glisser sa jupe sur ses jambes et d'admirer son string de satin blanc, son corps de rêve, ses talons aiguilles, puis il la déshabilla tout à fait, et s'écarta.

Elle se mit à genoux. Comme une chatte gourmande, elle avança lentement vers lui, mais au lieu de la laisser faire, il recula pour se déshabiller à son tour. Les mains posées sur ses cuisses, les seins gonflés, elle suivait le moindre de ses gestes en passant le bout de sa langue sur ses lèvres. Son rythme cardiaque explosa.

Pourquoi aucune autre femme ne lui avait-elle jamais inspiré autant d'effet ? Et comment avait-elle pu se détourner de ce qu'ils partageaient et le quitter ? Comme si elle s'en fichait, comme si elle se fichait *de lui*.

— Fais-moi l'amour, Flynn. J'ai envie de toi. Ici.

En même temps que son murmure voilé, elle avait glissé les mains jusqu'aux boucles blondes de son sexe, et sa colère vola en éclats.

N'écoutant que la soif qu'il avait d'elle, il s'empara de ses lèvres, se rassasia de sa bouche, puis embrassa son cou, ses seins, son ventre, la blondeur de sa toison. Personne n'avait sa saveur, et elle était la seule si bien capable de le combler.

Envoûté par cette idée, il explora tous les secrets de son sexe jusqu'à la faire crier de plaisir et que son corps, parcouru de spasmes, se tende sur les draps. Il voulait se montrer généreux, et la conduire plusieurs fois à l'orgasme, mais son sexe exigeait d'être en elle. *Maintenant.*

Il se redressa. Elle enroula aussitôt les doigts autour de son érection et le guida vers elle. Ivre de sa chaleur, il la pénétra et s'immobilisa. La sensation d'être en elle était tellement sublime qu'il aurait pu la savourer longtemps, mais elle bougea.

Ses muscles l'enserrèrent, ses mains l'empoignèrent et, d'un mouvement hardi des hanches, elle se hissa vers lui. Ce geste, avec la précision d'un détonateur, déclencha une urgence que rien n'aurait pu arrêter. Submergé de désir, il s'élança dans un rythme fou, traversé par des éclairs de plaisir de plus en plus fulgurants.

La jouissance le saisit et l'emporta dans une déflagration décuplée par les cris de Renée. Il s'y abandonna, dominé par une indicible extase et le sentiment écrasant d'être enfin à sa place.

Avec un dernier soupir, il roula à côté d'elle.

Son plaisir était comblé, il n'était pas loin du bonheur qu'il avait éprouvé la première fois qu'ils avaient fait l'amour ou lorsqu'elle avait accepté de l'épouser. Pourtant, sa question lancinante continuait de le tarauder.

Pourquoi l'avait-elle quitté ?

Et cette interrogation en entraînait une autre.

S'il ne le savait pas, comment pourrait-il l'empêcher de recommencer ?

Cette incertitude, le sentiment de faiblesse et d'impuissance qui l'accompagnait, assombrissaient son bonheur.

Elle se lova contre lui, elle avait toujours été câline, et il l'étreignit en retour. En sept ans, il aurait dû l'oublier, se dit-il. N'importe quel homme un peu respectable l'aurait fait. Il avait essayé. Mais elle était la seule à comprendre et partager son besoin de créativité, et la seule, quand toute sa famille le critiquait, à l'avoir encouragé à suivre sa passion et devenir architecte.

Ses doigts qui glissaient sur son torse le tirèrent de ses pensées. Elle traçait un dessin. Un cœur, comprit-il en même temps qu'un autre souvenir revenait à la vie. Après l'amour, ils avaient l'habitude de s'écrire de petits messages sur leurs peaux.

— Je t'aime, Flynn, murmura-t-elle. Je t'ai toujours aimé.

Cette déclaration, complètement inattendue, le bouleversa et il sentit son cœur faire comme un bond dans sa poitrine. Il tourna la tête et chercha son regard. Ses beaux yeux bleu-violet reflétaient la profondeur et la sincérité de ses paroles. Il voulait y croire, mais ses doutes étaient trop forts.

— Alors, lui demanda-t-il, pourquoi es-tu partie ?

Il sentit son poing se fermer et vit ses longs cils se baisser sur son regard élusif et ses pensées.

— Je ne voulais pas, j'étais obligée. Je te supplie de me croire, Flynn. J'étais sûre que mon départ était la meilleure solution. Pour nous deux.

Mais il n'était pas prêt à se contenter de si peu.

— Que s'est-il passé, Renée ?

Elle s'écarta, tirant les draps avec elle.

— J'étais… obligée de partir, d'accord ? Je ne peux rien te dire de plus.

— Tu avais quelqu'un d'autre ?

Il formulait, pour la première fois à voix haute, la question qui le hantait depuis des années et qu'il avait toujours refusé d'affronter.

Sa protestation fusa :

— Non ! Non, jamais. Je t'aimais, Flynn. Il n'y avait que toi.

Il se leva et se tourna vers elle.

— J'ai besoin de plus d'explications que ça.

Elle se mordit la lèvre.

— Tu dois me croire sur parole. Je t'aime, autant que j'aimerai notre enfant… si nous en avons un.

— Et si nous n'en avons pas ?

— Tu as dit toi-même que nous continuerions d'essayer. Je veux rester avec toi, Flynn. Je veux tout ce que nous avions prévu de partager. La famille, la maison, le jardin, le chien. Tout. Et je le veux avec toi. Tu dois me faire confiance.

Lui faire confiance ? Il faillit éclater de rire. Elle n'avait aucune idée de ce qu'elle exigeait. Il lui avait fait confiance une première fois, et elle l'avait quitté. Qui lui garantissait qu'elle ne recommencerait pas ? Et pouvait-il courir le risque de commettre la même erreur une deuxième fois ?

Vendredi soir, dans la cuisine de Gretchen, Renée rangeait ses ustensiles en chantonnant. Elle était aux anges.

La semaine qui venait de s'écouler n'était pas loin du paradis. La chambre d'enfant, avec ses meubles et sa peinture fraîche, était parfaite. Sa nouvelle cuisine, splendide, était terminée. Quant à la vie avec Flynn…

Elle se sentait si heureuse qu'elle aurait pu se mettre à danser. Leur relation n'était pas loin de celle qu'ils avaient connue jusqu'à la mort de son père. Il ne lui avait pas encore dit qu'il l'aimait, mais la tendresse était visible dans ses regards et le moindre de ses gestes. Elle devait bien avoir un sens.

Elle souleva sa boîte de rangement et nota, en la pressant contre elle, que ses seins étaient plus durs. Son pouls accéléra. Etait-elle enceinte, ou n'était-ce que le symptôme de ses prochaines règles ? Le cœur battant, elle se demanda s'il était trop tôt pour un test de grossesse.

Elle posa sa boîte près de l'entrée de service et jeta un coup d'œil à sa montre. Elle avait hâte de raconter à Flynn l'entrée de Saveurs des Anges sur la scène de San Francisco. La soirée s'achevait, le départ des derniers invités n'était plus qu'une question de minutes. Le temps qu'elle nettoie, elle serait de retour vers 1 heure. Pourvu que Flynn ne soit pas couché, car elle voulait partager avec lui ce premier succès.

La porte de la cuisine s'ouvrit brusquement et Mindy, l'une de ses trois employées temporaires, se précipita à l'intérieur. Sa tenue était aussi impeccable qu'à sa prise de service, quatre heures plus tôt, mais elle avait l'air paniqué. Elle posa son plateau avec précipitation sur la table.

— Quelqu'un a renversé du vin sur le tapis du salon !

— Je m'en occupe, dit-elle en attrapant un torchon propre et une bouteille de soda.

Elle avait passé la soirée dans la cuisine à préparer les plats et garnir les plateaux. Cet incident lui donnait l'occasion de glisser un œil sur la réception.

Il ne restait qu'une douzaine d'invités, jugea-t-elle d'un regard discret, et la plupart, plus élégants les uns que les autres, étaient dans le jardin d'hiver, à l'autre bout du salon.

Elle repéra la tache de vin, au pied du piano à queue, et s'accroupit. Dissimulée par les grandes plantes qui entouraient l'instrument, elle versa l'eau. Comme elle s'y attendait, le pétillement fit remonter le vin rouge à la surface du splendide tapis d'Aubusson. Elle l'absorba rapidement et recommença l'opération.

— Ma chère, vous devez absolument me dire où vous avez trouvé un traiteur de ce calibre à la dernière minute.

L'accent désagréable et prétentieux de cette voix familière l'obligea à suspendre son geste.

La mère de Flynn. Renée esquissa une grimace, sentant fondre le nuage de bonheur sur lequel elle flottait.

— Carol, vous savez très bien que je ne divulgue jamais mes secrets, répondit tranquillement Gretchen.

Les deux femmes se tenaient de l'autre côté du piano, juste devant la baie vitrée. De l'endroit où elle se trouvait, Renée ne voyait que leurs chaussures à mille dollars et leurs chevilles sous l'ourlet de leurs robes de cocktail. Autrement dit, elles ne pouvaient pas la voir non plus.

— Je veux l'engager pour ma prochaine réception, insista Carol. Les plats et leur présentation étaient absolument divins.

Un sentiment de fierté envahit Renée. Pour sa part, si on lui avait demandé son avis, elle aurait dit que le menu qu'elle avait choisi avec Gretchen s'était révélé exquis.

— Comptez sur moi pour lui transmettre vos compliments, répliqua Gretchen.

— Allons, s'impatienta sa belle-mère, ce n'est pas la peine de faire tant de mystère ! Vous savez parfaitement que je finirai par avoir son nom. Je sais comment m'y prendre, ajouta-t-elle d'un ton où pointait la menace.

— Je n'en doute pas, repartit Gretchen sans se laisser impressionner. Je vais lui donner vos coordonnées, et si elle souhaite vous rencontrer, elle vous appellera.

La tache disparue, elle se demanda si elle devait rester cachée, ou révéler sa présence. Sept ans plus tôt, elle se serait éclipsée discrètement — une faiblesse dont Carol Maddox avait largement profité — mais raser les murs, ou courber le dos pour éviter des rencontres déplaisantes, n'était plus son genre. Et puis elle ne resterait pas éternellement anonyme. D'un autre côté, elle ne voulait pas trahir la confiance que Gretchen lui avait faite en surgissant sous son nez au beau milieu d'une conversation privée.

Les escarpins coûteux se déplacèrent dans sa direction et mirent un terme à son dilemme. Il n'était pas question que sa belle-mère la découvre à genoux ! Elle se leva.

— Bonsoir, Carol.

Les yeux d'abord stupéfaits de Carol se fixèrent sur elle avec l'acuité d'un rayon laser puis, malgré la raideur de son visage, le plus grand mépris s'afficha sur ses traits. Elle s'attarda sur sa tenue, nota l'uniforme blanc et le torchon qu'elle tenait à la main, et un rictus déplaisant étira ses lèvres.

— Tu es employée de maison, maintenant ?

Renée ravala le commentaire désagréable qui lui venait à l'esprit. Elle refusait de suivre Carol sur son terrain.

— Oui, dit-elle à la place. Et pour être plus précise, je suis l'employée que vous cherchez si désespérément à identifier. J'ai préparé tout ce que vous avez mangé ce soir, Carol. Merci de vos compliments.

Elle plongea la main dans la poche de sa veste et sortit une de ses toutes nouvelles cartes de visite pour la lui tendre obligeamment.

Carol redressa le menton et tourna les talons, sans même jeter un regard sur le carton.

— Pourquoi ne suis-je pas surprise de sa grossièreté ? déclara Renée en lâchant un petit rire désabusé mais non dénué d'un véritable amusement.

— C'est une mégère, renchérit Gretchen. Mais elle a beaucoup d'influence. Il n'est pas bon de se la mettre à dos.

— Oh, ne vous inquiétez pas, c'est déjà fait. Depuis le jour où Flynn nous a présentées, il y a huit ans et demi, je suis dans sa ligne de tir.

Gretchen lui adressa un sourire compatissant.

— La seule raison qui me vaut d'être épargnée, c'est la fortune de ma famille. Et comme je suis maintenant la seule à contrôler ce bel argent…

Elle haussa les épaules et jeta un bref coup d'œil derrière elle.

— Permettez-moi de vous faire profiter d'une petite leçon que m'a apprise ma condition de femme battue. « Personne ne peut vous diminuer sans que vous y consentiez. »

— Eleanor Roosevelt, répondit Renée en reconnaissant l'auteur de la célèbre citation.

— Oui. J'ai appris à redresser la tête et à la garder haute, surtout au milieu des requins. Et ne vous y trompez pas, Renée, ajouta-t-elle, Carol Maddox *est* un requin. A la moindre odeur de sang, elle vous attaquera par votre point le plus faible, sans se soucier des conséquences.

Un frisson parcourut Renée, mais Gretchen ne lui apprenait rien de nouveau.

— Je ne l'oublierai pas, lui dit-elle.

En attendant, elle n'allait pas laisser Carol Maddox ruiner sa bonne humeur. Ses seules préoccupations étaient le succès de Saveurs des Anges et son avenir avec Flynn.

— Vous avez dépassé toutes mes espérances ce soir, Renée. J'ai beaucoup apprécié notre collaboration. Vous avez sauvé ma soirée et grâce à vous, j'ai levé des fonds importants pour le refuge. Laissez-moi toutes les cartes de visite que vous avez. Je me charge de les glisser dans les bonnes mains.

Sur cette déclaration, elle retourna à ses invités.

Renée sourit. Si elle faisait exception de cette rencontre avec sa belle-mère, sa vie était proche de la perfection. Et cette fois, elle ne laisserait personne détruire son bonheur, et surtout pas Carol Maddox.

Les derniers restes de la soirée entreposés dans son réfrigérateur, elle s'étira. 1 heure venait de sonner. Il était temps de se coucher, mais elle se sentait trop agitée pour dormir. Et puis elle ne pouvait s'empêcher d'éprouver une pointe de déception.

Elle aurait bien aimé partager son succès avec Flynn, mais

quand elle s'était garée — quinze minutes plus tôt — toutes les lumières étaient éteintes, et elle avait compris qu'il dormait. Elle voulait le remercier de l'avoir mise en contact avec Gretchen et l'agence de placement. C'était grâce à lui que sa soirée avait été réussie.

Elle passa dans la buanderie et se débarrassa de son uniforme pour le glisser dans le lave-linge. Elle retourna dans la cuisine en faisant rouler ses épaules endolories et sursauta.

Il était là, appuyé contre le plan de travail, et ne portait rien d'autre que son caleçon.

Son allure terriblement sexy la fit frémir.

— Je t'ai réveillé ?

Son regard descendit sur elle, s'arrêtant sur les dessous qu'elle n'avait pas ôtés.

— Même si c'était le cas, je ne regrette pas d'être descendu. Je t'attendais. Je voulais savoir comment s'est passée ta soirée.

Elle sourit.

— Très bien. Il y a des restes au réfrigérateur, si tu as faim.

— On verra plus tard. Pour l'instant, j'ai d'autres projets.

L'éclat de son regard lui fit bondir le cœur.

— Tu peux préciser ?

— Monte, tu verras bien.

Il lui tendit la main et elle y glissa la sienne, toute frémissante de désir. Il l'attira d'un coup, leurs corps se heurtèrent, et il déposa un baiser brûlant sur ses lèvres. Mais au lieu de poursuivre, il recula et la détailla de la tête aux pieds, manifestement enchanté. Puis, comme s'il se résignait à une privation, il la conduisit vers l'escalier.

— Flynn, dit-elle en montant les premières marches, merci pour ce soir. Rien ne se serait passé si tu n'avais pas téléphoné à Gretchen.

— Pas de quoi.

Sur le palier, elle entendit de l'eau couler. Dans la chambre, elle reconnut le parfum de ses sels de bain préférés, et dans la salle de bains, un mince nuage de vapeur s'élevait au-dessus de la baignoire.

Les mains de Flynn se posèrent sur ses épaules.

— Tes muscles sont raides, dit-il en l'attirant contre lui. Je m'en doutais. Tu ne voulais jamais te coucher tout de suite en rentrant d'une soirée. J'ai pensé que tu aimerais te détendre. Tu te souviens de la façon dont nous finissions nos nuits dans cette pièce ?

Les images qu'il évoquait, combinées à ses lèvres qui glissaient sur ses épaules, redoublèrent son émoi.

— Oui. Dois-je comprendre que tu vas me rejoindre ?

Elle sentit son sourire sur sa nuque.

— Pas cette fois, dit-il en la débarrassant de ses dessous. Tu vas te baigner et me raconter ta soirée, pendant que je te masse.

Elle goûta l'eau du pied et se glissa dans la baignoire tandis que Flynn, après s'être huilé les mains, s'installait sur le tabouret derrière sa tête.

Ses pouces se posèrent sur ses épaules et entreprirent de dénouer ses muscles tendus.

— C'est merveilleux, murmura-t-elle.

— Détends-toi, dit-il en déposant un baiser sur son oreille sans cesser de la masser. J'espère que ce soir n'est que le prélude d'une nouvelle et fructueuse aventure. Mais si le succès de Saveurs des Anges prend du temps, ce n'est pas grave. Tant que je peux te faire confiance, tout ira bien.

Elle comprit parfaitement le message. Il s'interrogeait toujours sur les raisons de son départ, sept ans plus tôt. Elle avait plusieurs fois surpris son regard posé sur elle pendant la semaine. Chaque fois, elle avait été à deux doigts de tout lui raconter, mais elle n'avait rien dit. Il détestait la faiblesse autant qu'elle. Le jour de leur mariage, il avait affirmé qu'il la soutiendrait, et il le ferait parce qu'il était un homme d'honneur.

Mais s'il apprenait la vérité, il cesserait de la respecter, et elle ne pourrait pas supporter de voir mourir son amour une fois de plus.

11

Lundi après-midi, Flynn se surprit encore à crayonner sur le sous-main de son bureau. Cette fois, il s'agissait d'un château-fort avec ses tourelles et son pont-levis, un jouet qu'il destinait à leurs enfants.

Leurs enfants. Cette simple évocation fit naître un sourire sur ses lèvres. Il ne savait même pas si Renée était enceinte et déjà, il envisageait une ribambelle de frères et sœurs ! Il devait reconnaître que l'assurance dont elle faisait preuve, son ambition, et même son indépendance, le séduisaient bien plus que le caractère conciliant qui avait été le sien, sept ans plus tôt.

Il soupira et revint aux colonnes de chiffres qu'il devait étudier. Malheureusement, la rivalité de Maddox Communications avec l'agence Golden Gate n'arrivait pas à retenir son attention.

Depuis le retour de Renée, il avait le plus grand mal à s'intéresser à la publicité et au destin de l'affaire familiale. Et aujourd'hui, ses pensées ne cessaient de revenir au vendredi soir. Lorsqu'il l'avait entendue rentrer, il avait été incapable de l'attendre dans leur chambre. Il voulait partager son enthousiasme, ou sa déception. Le bain qu'il lui avait préparé avait fini, comme autrefois, dans les éclaboussures puis une passion déchaînée. Ensuite, dégustant dans leur lit les restes qu'elle avait apportés, elle lui avait raconté sa prestation chez Gretchen.

L'éclat de ses yeux, son exaltation lui avaient rappelé la femme dont il était tombé amoureux, et il avait brusquement compris ce dont il l'avait privée en lui demandant de se consacrer exclusivement à leur mariage. Il ne l'avait pas seulement empêchée de travailler. En bridant sa créativité, il l'avait privée d'oxygène.

Comme lui, elle avait besoin de s'accomplir dans son travail et d'être fière de ses réalisations. Au lieu de le lui permettre, il l'avait emprisonnée, il avait étouffé son originalité, son dynamisme et son talent. Il ne s'étonnait plus qu'elle l'ait quitté.

La porte s'ouvrit, et son frère fit irruption dans la pièce.

— Tu as vu ça ?

Brock brandissait un magazine grand public, ouvert à la page société, celle des ragots.

— Je ne lis pas ce genre de publications, répondit-il. Que tu le fasses me surprend.

— C'est Shelby qui me l'a donné. Et tu ferais mieux de t'y intéresser, vu qu'il s'agit de toi, de ta femme et de l'agence.

Il se raidit.

— A ta voix, il ne doit pas s'agir d'un compte rendu flatteur du travail de Renée, vendredi soir.

— On en est loin.

Il prit le journal que lui tendait son frère et repéra le titre qui mettait Brock hors de lui.

Petites combines et secrets d'alcôve. Maddox Communications, la célèbre agence de publicité, aurait-elle peur de faire celle de ses dirigeants ?

L'accroche lui fit l'effet d'un coup de poing. Il serra les dents et se résigna à lire la suite.

Que fait une femme de trente et quelques années lorsque son horloge biologique se met à sonner et que le matériel reproducteur masculin fait défaut ?

Renée Landers Maddox, épouse de Flynn Maddox, vice-président de Maddox Communications, a semble-t-il pris le taureau par les cornes.

Selon nos sources, elle s'est rendue dans une banque de sperme où elle a fait une demande pour obtenir un échantillon... fourni par son mari, dont — faut-il le rappeler — elle est séparée depuis... sept ans. Mais cet échantillon, fort curieusement, a été détruit, et aujourd'hui, les tourtereaux d'hier prétendent être réconciliés. Madame s'est même installée dans le sous-sol conjugal de Pacific

Heighs, d'où elle lance la branche locale de son entreprise basée à Los Angeles, Saveurs des Anges, un traiteur de luxe pour réceptions haut de gamme.

S'agit-il d'un véritable retour de flamme, de la victoire triomphante de l'amour contre l'adversité, ou bien — et plus prosaïquement — d'une formule revue et corrigée d'insémination… artificielle ?

Si le vice-président de Maddox Communications falsifie son mariage, que maquille-t-il d'autre ?

Restez à l'écoute ! En attendant, je ne saurais trop vous conseiller de ne pas faire appel à Saveurs des Anges pour un événement prévu dans les neuf prochains mois, car M. et Mme Maddox ont d'ores et déjà acheté une chambre d'enfant.

Flynn faillit jeter le torchon à la poubelle, mais le mal était fait.

— Au moment de se lancer, déclara-t-il les dents serrées, Renée n'a pas besoin de ça.

— Est-ce que c'est vrai ? répliqua son frère. Elle a vraiment demandé ton sperme à la banque ?

— Ce ne sont pas tes affaires, Brock.

— Sauf si Maddox Communications est impliqué. Et c'est le cas ! Cet article diffame l'agence.

— Qui peut en être à l'origine ?

— Je ne vois qu'une seule personne à qui profite cette calomnie, et capable d'une telle bassesse.

Flynn n'était pas plus bête qu'un autre.

— Athos Koteas ? demanda-t-il en suivant le raisonnement de son frère. Mais pourquoi s'en prendrait-il à elle ?

— Parce qu'elle est ton point faible. Tu n'as pas répondu à ma question. Votre réconciliation est un leurre ? Elle n'est revenue que pour se faire faire un enfant ?

Flynn hésita un instant, mais vu le scandale qui s'annonçait, il devait la vérité à son frère.

— Tout a commencé le jour où la banque de sperme m'a

téléphoné pour m'annoncer que Renée avait fait une demande concernant mon échantillon. C'est pour ça que je t'ai demandé ce que tu avais fait des papiers du divorce, et tu m'as dit que nous étions encore mariés. Renée a accepté de revenir si j'acceptais de lui faire un enfant. C'était un marché, mais notre mariage n'est plus un alibi.

Brock étouffa un juron et se planta devant la fenêtre.

— Combien de personnes sont au courant de ton pari stupide ?

— Seulement toi, maman, et les copains de fac impliqués. Mais ils ont fait comme moi. Je ne vois pas pourquoi ils auraient vendu la mèche.

Flynn tapota son sous-main du bout de son stylo, tout en réfléchissant.

— La fuite peut venir de chez nous, reprit Flynn. Le coupable aura trouvé l'info dans mes tiroirs. La banque de sperme m'a envoyé un fax. J'en ai fait une copie que j'ai gardée, au cas où il y aurait un problème.

Brock jura copieusement.

— Cette fois c'est clair, une taupe fournit Koteas en informations confidentielles.

— Si Koteas est bien à l'origine de cet article, précisa-t-il.

Mais Flynn avait l'esprit ailleurs. Il ne savait rien des raisons du départ de Renée, ces persiflages ne risquaient-ils pas de la faire fuir de nouveau ?

— Je ne veux pas que Renée tombe là-dessus.

Brock fit volte-face, ébahi.

— Ce journal tire à des dizaines de milliers d'exemplaires ! Tu ne peux pas espérer tous les acheter et les brûler, ni empêcher ceux qui l'ont lu de bavarder.

— Alors je vais lui faire quitter la ville, le temps que le scandale s'apaise. Non, oublie. Elle voudra rester pour profiter des retombées après sa soirée chez Gretchen.

— Tu peux exiger un droit de réponse, offrit Brock.

Flynn relut l'article, avec le même dégoût.

— Techniquement, tout est vrai, et puis c'est un hebdomadaire. Il faudra attendre une semaine.

Son Interphone retentit.

— Un journaliste du *San Francisco* est en ligne, lui annonça Cammie. Il veut vous parler d'une… banque de sperme ?

Flynn lâcha un juron.

— Interceptez tous mes appels, Cammie et ne parlez à aucun journaliste, sous aucun prétexte. Je m'absente.

Il coupa la communication.

— Tu pars ? s'étonna Brock.

Flynn se leva.

— Je vais voir Koteas. Si je me dépêche, il sera peut-être encore à son bureau.

— Qu'espères-tu tirer d'une visite à ce salopard ?

— Je ne sais pas, mais je dois faire quelque chose, Brock. Sinon, je risque de perdre Renée encore une fois.

— Laissez ma femme tranquille !

Athos Koteas, de l'autre côté de son vaste bureau, laissa retomber le journal que Flynn lui avait jeté en entrant, puis il s'adossa à son fauteuil de cuir, un sourire amusé aux lèvres.

— Ah, les enfants ! commença-t-il avec un soupir. Ils sont un don du ciel et une malédiction. Nous fondons de tels espoirs sur eux à leur naissance. Mais mes trois fils — il hocha la tête — sont des bons à rien. Tandis que vous…

Le vieil homme soupira.

— Vous vous fichez de la publicité comme d'une guigne, mais quand le devoir vous a appelé, en bon fils que vous êtes, vous avez rejoint l'agence de votre père.

Ce devoir lui avait coûté son mariage, songea Flynn avant de sursauter. Comment Koteas en savait-il autant sur son compte ? Mais au fond il s'en moquait, ce n'était pas la raison de sa présence ici. Il était là, parce qu'en se rendant chez Golden Gate, il avait pris le temps d'appeler le fichu journaliste qui avait pondu cet article, et celui-ci avait refusé de lui donner ses sources. Athos restait son unique suspect.

— Pourquoi vous attaquez-vous à ma femme ? reprit Flynn, accusateur.

— J'aimerais m'attribuer le mérite de cette trouvaille, lui

répondit le vieil homme. Malheureusement, je n'y suis pour rien. Je ne perds pas mon temps avec les tabloïdes.

Flynn scruta le visage lourd et le regard perçant de son rival sans relever le moindre signe de mensonge.

— Personne d'autre que vous n'a intérêt à divulguer de telles calomnies.

— Vraiment ? En êtes-vous si sûr ? Réfléchissez un peu, monsieur Maddox. Tout le monde a des ennemis, votre adorable épouse comme les autres.

Cette éventualité stupéfia Flynn. Qui pouvait en vouloir à ce point à Renée ?

— Avec un peu de chance, ajouta Koteas, vous trouverez la vipère dans votre nid.

Aiguisé par cette remarque, un doute s'insinuait dans son esprit. Il n'y avait qu'une seule personne à avoir pris Renée en grippe dès le jour de son arrivée chez lui.

Et cette personne était… sa mère.

Elle n'était pas enceinte.

Profondément déçue par le résultat du test, Renée s'effondra dans son nouveau rocking-chair et se balança du bout du pied. Mais le va-et-vient du fauteuil était incapable de l'apaiser. Elle était si proche d'avoir tout ce qu'elle avait un jour rêvé de construire avec Flynn…

Elle aurait voulu qu'il soit là, qu'il la serre dans ses bras et lui dise qu'ils allaient réessayer. Mais à peine cette pensée avait effleuré son esprit qu'elle la repoussa. Ce désir d'être rassurée était ridicule. Elle avait l'habitude de se débrouiller toute seule. Mais elle avait besoin d'une épaule réconfortante, et il était le seul capable de comprendre sa déception et de la partager.

Elle sortit son téléphone mobile et composa le numéro de sa ligne au bureau. Elle tomba sur son répondeur et raccrocha pour appeler son assistante.

— Bureau de Flynn Maddox, Cammie à l'appareil. Que puis-je pour vous ?

— Cammie, c'est Renée. Je voudrais parler à Flynn.

— Bonjour Renée, Flynn n'est pas là, et je ne sais pas s'il va revenir. Je peux lui laisser un message ?

— Non, merci, je vais l'appeler sur son portable.

Elle raccrocha et composa son numéro, sans plus de succès. Elle recommença, mais n'obtint pas davantage de réponse. Un coup d'œil sur l'horloge lui apprit qu'il était près de 17 heures. Il n'allait pas tarder.

Mieux valait sans doute l'attendre.

Cette réflexion raviva aussitôt ses plus mauvais souvenirs. Elle se raidit, puis se détendit. Cette fois, c'était différent. Elle était de taille à affronter ce genre de situation, elle n'était plus une jeune épouse naïve et désœuvrée, livrée à elle-même dans une maison trop vide et trop grande.

Elle était plus forte. Elle avait aussi trop de choses à perdre. Et elle avait appris la leçon.

Vraiment ?

— Qu'est-ce qui t'a pris ? s'écria Flynn dans le salon de sa mère.

Elle détourna les yeux et tripota nerveusement le diamant d'une de ses boucles d'oreille.

— Tu n'as aucune preuve, rétorqua-t-elle.

— Tu connais mon pari. Tu es la seule, avec Brock, à être au courant. Tu détestes Renée, et ton chauffeur t'a conduit chez Mari, samedi après-midi, pour rencontrer ce reporter. Que te faut-il de plus ?

Son visage aux traits tirés par la chirurgie pâlit.

— Renée Landers n'est pas assez bien pour toi, déclara-t-elle.

Un vent de colère le traversa.

— Maddox, maman, la corrigea-t-il. Renée Maddox.

Son tressaillement l'emplit de joie.

— C'est la femme que j'ai épousée, renchérit-il, et la future mère de tes petits-enfants. Tu n'as rien à dire.

— Sauf que tu dois rompre ce mariage avant qu'elle ne t'enchaîne avec des morveux de bas étage comme elle. Oui, j'ai parlé à ce journaliste, et je l'ai fait parce que je veux qu'elle disparaisse ! Je veux qu'elle comprenne qu'elle est un poids mort pour toi et un handicap pour Maddox Communications.

Il la dévisagea, les yeux écarquillés de stupeur. Comment avait-il pu ignorer cette malveillance pendant toutes ces années ?

— Renée n'est ni un handicap, ni un poids mort. Elle est la seule à mettre mon bonheur au-dessus du sien.

Et elle l'avait toujours fait. Ce qui ne rendait son départ inexpliqué sept ans plus tôt que plus incompréhensible. Avait-elle imaginé qu'il serait plus heureux sans elle, qu'il valait mieux — comme le suggérait sa mère — qu'elle le quitte ?

— Tu te trompes, Flynn. Je ne veux que ton bonheur moi aussi. Avec une femme à ta hauteur, une femme de ton milieu, qui te rendra heureux.

— Aussi heureux que tu l'as été dans ton mariage ?

Elle redressa le menton.

— Je ne vois pas de quoi tu parles.

— As-tu jamais aimé mon père ? l'accusa-t-il. Si c'est le cas, je ne m'en suis jamais rendu compte. Tu le supportais parce qu'il finançait tes caprices, ton train de vie dispendieux. Tu lui as donné des enfants, non par amour ou par envie d'être mère, mais parce qu'il en voulait, et parce que des enfants étaient la garantie qu'il continuerait à t'entretenir.

— C'est faux !

Il ne se donna même pas la peine d'argumenter. Il connaissait les faits. Ses souvenirs d'enfance dans une maison froide, dénuée d'amour, étaient trop vifs pour qu'il puisse les oublier. Il ne s'étonnait pas que son père ait passé le plus clair de son temps au bureau.

En ce qui le concernait, il avait rencontré l'amour avec Renée. Elle avait su, à force de générosité, d'humour et d'intelligence, forcer la porte si bien verrouillée de son cœur.

— Réfléchis bien avant de prendre ta décision, mère, reprit-il.

— De quoi parles-tu ?

— Soit tu présentes tes excuses à Renée, soit tu me dis adieu. Je ne remettrai plus les pieds ici.

— Ne sois pas ridicule, Flynn, je suis ta mère.

— Une constatation qui, pour l'heure, ne m'inspire que de la honte. Je savais que tu étais malheureuse, mais je n'avais pas compris que tu étais devenue une vieille femme aigrie et malveillante.

Ignorant son hoquet d'indignation, il tourna les talons et quitta la maison. Il avait besoin de voir sa femme. Seuls ses baisers étaient capables de soigner la blessure provoquée par le coup de poignard que sa mère leur avait assené dans le dos.

20 heures. Flynn était en retard.

Elle contempla la table de la cuisine chargée des biscuits sablés, de la tarte aux fruits et de la quiche qu'elle avait préparés. Cette activité lui avait permis d'oublier son inquiétude et de repousser les fantômes qui l'assaillaient.

Flynn n'avait pas téléphoné et son téléphone portable restait branché sur sa messagerie. Les hôpitaux n'avaient accueilli aucun blessé correspondant à sa description. Elle le savait parce qu'elle avait appelé toutes les urgences de la ville. Deux fois. Elle avait les nerfs à fleur de peau.

Elle ne cessait de repenser à cette fameuse nuit, où elle avait un peu trop bu et où le spectre de la maladie de sa mère l'avait guetté. Et cela la rendait terriblement nerveuse. Elle savait maintenant que les absences de Flynn n'allaient pas la faire autant souffrir qu'autrefois maintenant qu'elle avait trouvé sa propre voie. Mais l'inquiétude, les angoisses qu'elles pourraient susciter chez elle, n'allaient-elles pas la faire plonger à la longue ?

Elle n'était pas comme sa mère. Pour gérer ses problèmes, elle avait développé de bien meilleurs talents que celui de les noyer dans l'alcool. Elle cuisinait, elle rangeait, elle s'activait.

Une clé tourna dans la serrure et son cœur fit un bond. Elle s'essuya vivement les mains, jeta son torchon et se précipita dans l'entrée au moment où Flynn franchissait le seuil. La colère, l'inquiétude et le bonheur l'assaillirent en même temps. Elle voulait crier et le gifler à cause de l'angoisse dans laquelle il l'avait plongée et elle voulait se jeter dans ses bras et l'embrasser tellement elle était soulagée de le voir en bonne santé.

— Où étais-tu ?

Sa voix, aiguë de panique, le fit sursauter.

— Quelqu'un a téléphoné ?

Elle le dévisagea, stupéfaite.

— Non ! Même pas toi. Tu as des heures de retard, j'étais folle d'inquiétude. Ou étais-tu ? répéta-t-elle.

Sans un mot, il sortit un journal de sa serviette et le lui tendit. Elle le prit et baissa les yeux sur l'article qu'il lui montrait.

« Petites combines et secrets d'alcôves. Maddox Communications, la célèbre agence de publicité, aurait-elle peur de faire celle de ses dirigeants ? »

Un malaise l'envahit, mais elle poursuivit sa lecture. Quelqu'un s'était servi d'elle pour attaquer Flynn et Maddox Communications. Ce n'était pas seulement répugnant, c'était criminel. Dans son métier, la réputation était essentielle, il le lui avait dit. Cet article saccageait la sienne.

— Qui a pu faire une chose pareille ?

Il se passa la main sur le visage, et elle s'aperçut tout à coup à quel point ses traits étaient tirés.

— J'ai passé l'après-midi à tenter de le découvrir. Brock et moi suspections Athos Koteas, notre principal concurrent. Mais ce n'est pas lui.

— Qui alors ?

— Ma mère.

Elle tituba et recula jusqu'au salon.

— Elle me déteste au point de te salir et de ruiner l'entreprise qui paie ses factures ?

Elle était tellement choquée qu'elle s'effondra dans le canapé.

— Je suis désolé, Renée. Ma mère a toujours été difficile, mais je n'aurais jamais cru qu'elle puisse tomber aussi bas.

Elle repoussa la nausée qui l'envahissait. Jamais elle n'avait fait l'objet d'une telle malveillance et elle ne savait pas comment réagir. Elle songea un instant à téléphoner à sa propre mère. Lorraine n'aurait sans doute aucun conseil à lui donner, mais la plupart de ses relations s'étaient achevées dans la brutalité et la violence. Son expérience pourrait lui servir… Sauf qu'elle se résumait à l'ingestion répétée de quantité d'alcools pour oublier.

Ce genre de remèdes ne l'intéressait pas.

Mais si sa belle-mère préférait l'humilier — et blesser son propre fils — plutôt que reconnaître ses qualités, elle devait s'interroger sérieusement sur la suite. Aucun enfant ne méritait d'avoir une sorcière comme Carol pour grand-mère.

Elle se leva et se posta devant la fenêtre. Et alors la réalité de la situation s'imposa à elle dans toute son horreur : il fallait qu'elle parte, une fois encore.

Elle aimait Flynn, de tout son cœur. Malheureusement, le recours à la banque de sperme n'était pas l'aspect le plus déshonorant de son passé. Des journalistes véreux pouvaient très bien exhumer des détails bien plus sordides à son sujet, et le blesser davantage. Ils apprendraient que sa mère était une alcoolique et ne tarderaient pas à sauter aux conclusions : telle mère, telle fille. Elle n'avait pas le choix. Pour le protéger, et protéger Maddox Communications, elle devait s'en aller.

— Je ne peux pas vivre dans une vitrine, Flynn, sous le regard constant des autres, dans la crainte de voir notre vie privée étalée au grand jour.

— Ma mère ne nous causera plus de problème.

— Tu n'en sais rien, répliqua-t-elle le cœur brisé.

Elle retint les larmes qui lui brûlaient les yeux et se tourna vers lui.

— Je rentre à Los Angeles.

— Tu as raison, prends une semaine. A ton retour, tout sera oublié.

Elle ferma les yeux, prit une profonde inspiration, et rassembla son courage.

— Je ne reviendrai pas.

Il vacilla.

— Et le bébé ? Et nous ?

Le résultat du test l'avait anéantie tout à l'heure, mais finalement, elle préférait ne pas être enceinte.

— J'ai fait un test, lui dit-elle. Il était négatif. J'ai essayé de t'appeler tout l'après-midi pour te le dire.

La déception et la peine qui s'affichaient sur le visage de Flynn lui déchirèrent le cœur.

— Nous allons réessayer.

— Je ne veux pas élever un enfant dans un environnement aussi conflictuel. Je sais ce que c'est, Flynn, et je me suis juré de ne jamais le faire subir à mon enfant. Nous devons oublier… et rompre.

Elle voulait se sortir de cette spirale de négativité. Entre sa propre mère, Carol, trop d'ombres menaçaient leur relation, sans parler de son angoisse, de cette atroce éventualité qui planait au-dessus de sa tête : finir alcoolique, comme sa mère.

— Mon avocat prendra contact avec toi.

Il la prit par le bras. La chaleur de sa main traversa sa manche, mais rien ne pouvait lutter contre le nœud glacé qui lui enserrait le cœur. Pourquoi aurait-elle cédé au désir qu'il la prenne dans ses bras et lui murmure que tout irait bien ?

— Alors, c'est comme ça ? demanda-t-il d'une voix où perçait la colère. Tu t'en vas et c'est tout ?

— C'est bien mieux, fais-moi confiance.

Un sanglot l'étrangla, mais elle le ravala. C'était parce qu'elle l'aimait, se répéta-t-elle, qu'elle devait le quitter.

— Te faire confiance ? s'exclama-t-il. Tu tournes les talons à la première difficulté, et il faudrait que je te fasse confiance ?

Elle accusa le coup, mais ne donna aucune explication. Il avait choisi de travailler chez Maddox Communications. Son poste lui plaisait sans doute moins que celui d'architecte, mais c'était le sien, et le meilleur moyen qu'elle avait de le soutenir, le meilleur service qu'elle pouvait lui rendre, était de s'en aller le plus loin possible de lui et de San Francisco. Son passé, sa présence, étaient des bombes à retardement. La seule façon de les empêcher d'exploser, et de ruiner la réputation de Maddox, était de disparaître.

— Je suis désolée, Flynn.

Elle se libéra et se précipita dans l'escalier avant que ses larmes ne la trahissent. Dans leur chambre, elle ferma la porte à double tour et rassembla frénétiquement ses affaires.

Lorsqu'elle descendit, sa valise à la main, Flynn était toujours dans le salon. Devant la fenêtre, le dos tendu et les mains dans les poches, il contemplait l'obscurité.

Comment aurait-elle pu lui dire qu'elle l'aimait trop pour rester ?

C'était impossible.

— Quelqu'un viendra chercher ce que j'ai laissé.

Et, pour la seconde fois de sa vie, elle quitta le seul homme qu'elle aimait et qu'elle aimerait jamais.

— Tu nous rejoins chez Rosa ? lui demanda Brock vendredi soir.

Flynn releva les yeux de son écran.

— Non.

Brock entra dans son bureau et referma la porte.

— Renée est partie depuis quatre jours, Flynn. Tu dois te changer les idées.

— Parle pour toi. Tu as vu ta mine ?

— Justement, répliqua Brock, je vais me détendre. Si tu changes d'avis, nous partons dans cinq minutes.

— Ce sera sans moi, déclara-t-il.

— Tu as tort, lui lança son frère en attrapant la poignée de porte.

— Ecoute, Brock, je n'en peux plus.

A ces mots, Brock sursauta et revint vers lui, le front soucieux.

— De quoi ?

— De tout ça, les chiffres, les rapports, les analyses.

— Tu veux des vacances ? Pas de problème, prends-en.

— Je ne parle pas seulement de vacances, mais d'arrêter pour de bon.

— Flynn, tu n'es pas dans ton assiette. Tu vas te remettre du départ de Renée et…

— Je suis dans mon assiette, au contraire. J'y suis même pour la première fois depuis longtemps. Et si je n'ai pas réussi à oublier Renée en sept ans, je ne le ferai jamais. Avant de partir, elle a parlé du fait de vivre dans une vitrine, sous le regard des autres. Elle a raison. Que cela nous plaise ou non, Maddox nous expose en permanence aux commentaires et aux jugements publics.

— Parce que nos clients risquent gros si leur agence viole leur code moral ou celui de leur clientèle.

— Je viole un code moral, Brock. Le mien. Je n'en peux plus de mentir.

— Qu'est-ce que tu racontes ?

— Je déteste ce travail. Je déteste les chiffres, les analyses financières, le marketing. J'aime dessiner, construire, voir un plan passer de la version papier à la réalisation concrète en trois dimensions, une réalité que je peux arpenter, sentir, toucher. Je suis plus heureux à repeindre la maison avec Renée qu'à engranger des millions de dollars pour le compte de Maddox. Je l'aime encore.

Il l'avait compris lorsqu'il s'était réveillé seul ce matin. Ils lui manquaient, elle, ses sourires, son énergie, la façon dont elle le poussait à réaliser ses rêves, et son amour. Avec elle, il se sentait capable de faire des miracles. Sans elle, il se contentait de suivre le déroulement des jours, de vivre sans être vivant.

— Tu vas l'oublier, crois-moi, lui répondit Brock. J'ai connu ça.

Il secoua la tête.

— Elle a raison, persista-t-il. Travailler pour Maddox ne me vaudra pas la fierté de papa et ne le fera pas revenir non plus. Je ne veux plus mentir et prétendre que ce travail me plaît. Il est grand temps que je fasse ce que je veux.

— Flynn, ne fais pas de bêtise.

— J'ai bien réfléchi, je n'arrête pas de le faire depuis qu'elle est partie.

Il éteignit son ordinateur et se leva avec un sentiment d'intense satisfaction. Il avait l'impression de sortir d'un long sommeil, ou d'avoir enfin trouvé la solution du problème qui le tracassait depuis longtemps. Et c'était le cas. Il reconnaissait enfin l'ordre de ses priorités. Et il était décidé à le rétablir.

— Je refuse que des inconnus décident de ma façon de vivre. Tu auras ma lettre de démission lundi sur ton bureau.

— Prends le week-end pour réfléchir.

— C'est tout réfléchi, Brock. Je sais ce que je veux.

— Et que veux-tu exactement ?

— Etre architecte. Il me restait six mois quand j'ai laissé tomber. J'aurais sans doute quelques matières à rattraper, mais même si je devais tout reprendre de zéro, je suis prêt. Si je dois finir célibataire, autant faire le travail qui me plaît.

— Tu es fou.

— Non, Brock, je suis lucide. Et c'est grâce à Renée.

Il poussa son frère et franchit la porte.

— Où vas-tu ? lui demanda Brock dans son dos.

— Chercher ma femme.

12

Tamara, sur le seuil, se retourna une dernière fois.

— Tu es sûre de ne pas vouloir camper avec nous ce week-end ? insista-t-elle. Les filles seront ravies.

— Elles seront surtout ravies de se moquer de moi ! répliqua Renée en riant.

Malgré l'épuisement, et le chagrin, elle se força à garder un ton enjoué.

— Je ne sais pas camper. Les moustiques, les serpents, les chouettes et moi ne faisons pas bon ménage. Je crie, je geins, je me fais mal. Je ne suis pas une campeuse, c'est tout !

Elle avait donné le change toute la semaine, et elle avait besoin de la tranquillité du week-end.

Tamara dut percevoir son soupir, car elle fronça les sourcils.

— On peut remettre à la semaine prochaine.

— Surtout pas ! Tes filles seraient déçues, et puis nos quatre prochains samedis sont pris par le travail.

— Mais…

— Il n'y a pas de mais, Tamara. File ou tu es renvoyée !

— Tu ne peux pas me renvoyer. Tu ne connais pas le secret de ma sauce épicée.

Cette vieille plaisanterie lui arracha un sourire.

— C'est vrai et sans elle, je n'aurais plus qu'à mettre la clé sous la porte ! Allez, pars, amuse-toi et ne t'inquiète pas. Je vais peaufiner ma nouvelle recette de gâteau aux carottes.

— Jure-moi au moins que tu ne vas pas travailler toute la nuit, soupira Tamara.

Renée fit la grimace. Elle avait passé toutes les soirées de la semaine, et une partie de ses nuits, devant les fourneaux. Au contraire de son assistante, la soupe populaire locale appréciait ses efforts.

— Je te jure de me coucher avant de me transformer en citrouille, répliqua-t-elle.

Tamara acquiesça, peu convaincue, mais elle partit.

Renée retourna dans sa cuisine et son regard tomba sur la chaise de sa grand-mère. Une ombre de réconfort l'envahit. Elle avait l'impression, grâce à ce meuble, qu'Emma était toujours là et qu'elle l'aidait à franchir cette période difficile.

Lundi, lorsqu'elle irait mieux, elle appellerait le vendeur d'électroménager. Elle espérait lui revendre à un prix raisonnable l'équipement qu'elle avait installé chez Flynn. Elle aurait dû le faire plus tôt, mais cette semaine… elle n'avait pas eu la force de défaire ce qu'elle et Flynn avaient construit ensemble.

Sa décision en tête, elle retourna à son mixeur et aux notes qu'elle avait jetées sur son carnet. Lorsque la sonnette retentit, elle sursauta et regarda sa montre. Déjà 20 heures ?

Trois heures s'étaient écoulées depuis le départ de Tamara. Elle et ses filles devaient être au chaud dans leurs sacs de couchage ou serrées autour de leur feu de camp, à faire griller des guimauves. Qui pouvait venir à cette heure ?

Son assistante était bien capable d'avoir convaincu ses filles de venir camper dans son jardin, se dit-elle en allant vers la porte. Elle veillait sur elle comme une mère depuis qu'elle l'avait découverte au travail, mardi matin.

A travers la fenêtre, elle aperçut un taxi qui repartait. Un visiteur impromptu et qui venait en taxi ? Intriguée, elle alluma la lumière extérieure et jeta un coup d'œil à travers l'œilleton de la porte. Flynn était sur son paillasson.

Le cœur battant, elle recula. Que faisait-il ici ?

Elle ne voulait pas le voir. Elle n'était pas prête.

Il tambourina contre la porte.

— Renée, je sais que tu es là, ouvre !

L'aimer, et savoir que cet amour lui était interdit, était bien plus douloureux qu'elle ne l'avait cru. Mais elle l'avait quitté pour son propre bien. Elle devait s'en souvenir.

Elle essuya ses paumes sur son jean, prit une profonde inspiration et ouvrit.

Ses cheveux en désordre, sa barbe naissante, lui inspirèrent une tendresse instantanée. Il semblait fatigué. Sa cravate était de travers, et le premier bouton de sa chemise était ouvert, comme le veston de son costume élégant.

Elle regarda derrière lui. Comme elle s'y attendait, elle ne vit pas sa voiture.

— Pourquoi as-tu pris un taxi ?

— Je voulais te voir. J'ai sauté dans le premier avion pour arriver plus vite. Et comme ça, tu es obligée de me laisser entrer.

— Je peux appeler un autre taxi, répliqua-t-elle en réprimant le sourire qu'elle sentait naître sur ses lèvres.

— Il lui faudra au moins une heure pour arriver. Une heure que je compte mettre à profit pour faire rentrer un peu de bon sens dans ta cervelle.

— Du bon sens ? Dans ma cervelle ?

— Tu ne peux pas me quitter, Renée, dit-il alors. Je t'aime.

Elle suffoqua. Ces mots étaient ceux qu'elle avait désespéré d'entendre. Mais il était trop tard.

— Nous sommes bien tous les deux, Renée, poursuivit-il. Personne ne me comprend mieux que toi. Personne ne m'aime comme toi.

Il avança. Sans réfléchir, elle recula pour le laisser entrer et s'en voulut. C'était idiot. Elle aurait dû lui claquer la porte au nez.

— Flynn…

Il lui effleura la joue du bout des doigts et toutes ses protestations s'envolèrent.

— Tu m'aimes aussi, reconnais-le.

— Ce n'est pas aussi simple, esquiva-t-elle.

Mais comment le lui dire ?

Un accablement terrible s'abattit alors sur ses épaules. Elle venait de comprendre qu'elle n'avait plus le choix. Si elle voulait le convaincre de sa décision, elle devait lui dire la vérité — toute la vérité. Ensuite, elle n'aurait plus qu'à regarder son amour s'éteindre, et mourir.

Elle s'écarta et l'invita dans le salon.

— Rien n'a jamais été ta faute, Flynn. Mais la mienne.

Il lui prit les mains et la fit assoir avec lui sur le canapé.

— Explique-moi.

L'amour et la ténacité qu'elle lisait dans son regard lui déchirèrent le cœur. Mais cet amour ne ferait pas long feu une fois qu'il saurait tout.

Elle rassembla tout son courage afin de faire ce qu'elle devait faire pour pouvoir enfin tourner la page : lui dire la vérité.

— Après la mort de ton père, je… j'ai commencé à devenir comme ma mère.

— En quoi ?

— Un soir, j'avais ouvert une bouteille pour partager un verre avec toi à ton retour, mais tu étais en retard. Alors je me suis servie et j'ai commencé à penser à ce que disait ta mère. Que je n'étais pas de ton milieu, que j'étais une gêne quand tu devais recevoir de nouveaux clients, que je ne serais jamais assez intelligente pour mener une conversation, parce que je n'ai pas fait d'études supérieures. Et puis je me suis servi un deuxième verre, en me demandant si elle avait raison. Tu regrettais peut-être de m'avoir épousée, c'était peut-être pour cela que tu ne voulais pas d'enfant, tu avais peut-être quelqu'un d'autre.

Elle vit ses yeux briller de fureur.

— Ma mère t'a dit tout ça ?

Elle acquiesça.

— Renée, depuis le jour où nous nous sommes rencontrés dans ce magasin de peinture, il n'y a jamais eu d'autre femme que toi. Je travaillais.

— Mais tu ne rentrais plus à la maison.

Il se passa la main sur le visage et, dans ses yeux, la colère céda la place au regret.

— Ma prise de fonction se passait mal. Je n'arrivais pas à me faire à la vice-présidence. Le désordre laissé par mon père était tel que j'avais l'impression de ne pas être à la hauteur et de trahir l'équipe. Et quand je rentrais à la maison, que tu voulais faire l'amour, j'étais parfois si épuisé que je ne pouvais pas assurer. Je savais que mon refus te blessait, je ne supportais pas d'échouer aussi à la maison, alors j'ai fini par dormir au bureau.

— Tu aurais dû me le dire.

— Je ne voulais pas t'embêter avec mes problèmes à l'agence. Mais en dehors des médisances de ma mère, pourquoi es-tu partie ?

Elle surmonta sa honte, et se lança :

— Ce soir-là, après ces deux verres, j'ai cru que j'allais finir comme ma mère. Qu'un jour, je me réveillerais comme elle, au milieu de bouteilles vides sans me souvenir d'avoir ouvert la dernière. Alors je me suis enfuie. Je suis revenue à Los Angeles et ma grand-mère m'a aidée.

— Pourquoi ne m'as-tu rien dit ? Tu aurais dû te tourner vers moi.

— Pour voir naître le mépris dans tes yeux ? Pour voir ton amour s'affaiblir et mourir ? J'ai vu et revu cette réaction, chaque fois que les compagnons de ma mère découvraient qu'elle était alcoolique.

— Es-tu en train de me dire que tu es alcoolique ?

Elle scruta son visage, à la recherche d'une condamnation ou d'un reproche, mais elle ne lisait que la stupéfaction et l'inquiétude.

— Non, Flynn. J'ai seulement eu peur de devenir comme elle. D'après les médecins que j'ai consultés, ce n'est pas héréditaire, mais il y a toujours un risque de reproduire les erreurs de ses parents, par une sorte de mimétisme. Et en dépit de ces diagnostics rassurants, j'ai toujours un peu peur.

— C'est pour ça que tu ne bois plus une goutte d'alcool.

Elle acquiesça.

— Je ne veux pas déclencher une spirale infernale. Je sais trop où elle conduit.

— Tu es trop forte pour te laisser piéger.

— Même les plus forts succombent.

Il lui effleura la joue et lui sourit.

— Quel rapport avec nos cinquante prochaines années ?

Elle sentit tout son amour pour lui se déployer, mais elle le refréna.

— Flynn, je refuse d'imposer à d'autres le calvaire que ma grand-mère et moi avons vécu. Nous avons dû couvrir ma mère, inventer des excuses, mentir. Tu seras bien mieux sans moi. Je ne suis pas seulement un risque pour toi et ta carrière, mais aussi pour les enfants que nous pourrions avoir.

— Renée, si seuls les gens parfaits faisaient des enfants, l'humanité serait en voie d'extinction. Nous apprendrons à nos enfants toutes les manières de dépasser leurs faiblesses. Ils n'auront pas meilleur exemple que toi. Je t'aime et je veux vivre avec toi.

Un nouvel élan la traversa.

— Je ne peux pas vivre dans la peur de voir les défaillances de ma mère, ou pire, les miennes, utilisées contre toi ou Maddox.

— Tu ne seras pas obligée. Je quitte l'agence.

La surprise lui coupa le souffle.

— Pourquoi ?

— Un jour, tu m'as dit que je ne serai jamais heureux si je ne vivais pas d'abord en paix avec moi-même. J'ai fini par comprendre ce que tu voulais dire. Au lieu de suivre ma propre voie, je me suis évertué à suivre celle de mon père. Je me suis écarté de mes désirs. Et ce faisant, je ne me suis pas seulement rendu malheureux, j'ai tourné le dos à la vie que nous voulions vivre ensemble, je me suis éloigné de toi. Je retourne à l'architecture. Au moins aurai-je un métier qui me passionne.

— Oh, Flynn, c'est merveilleux ! se réjouit-elle sincèrement. Tu mérites d'être heureux.

— Sauf qu'il me manque une chose.

— Laquelle ?

— Toi, lui dit-il. Reviens chez nous. Si tu me laisses cette chance, je serai toujours là pour toi. Fais-moi confiance, plaida-t-il d'une voix vibrante, fais-nous confiance. Je t'aime, et je veux passer le reste de ma vie à te le prouver.

Cette fois, elle ne put rien pour contenir ses larmes.

— Oh, Flynn, je t'aime aussi. Et je veux vivre avec toi.

— C'est vrai, tu ne t'enfuiras plus ?

Son inquiétude la fit sourire.

— Pourquoi m'enfuirais-je ?

Pourquoi, en effet, alors que l'avenir qu'ils avaient espéré s'étendait de nouveau devant eux, radieux comme au premier jour de leur mariage ?

Elle essuya ses larmes et l'embrassa, heureuse de laisser ses lèvres exprimer ce qu'aucun mot n'aurait su dire, l'immensité de son amour et toute l'ampleur de son bonheur.

MAYA BANKS

Celia

HARLEQUIN

Titre original : BILLIONAIRE'S CONTRACT ENGAGEMENT

Traduction française de ROSA BACHIR

Ce roman a déjà été publié en octobre 2011

83-85, boulevard Vincent Auriol, 75646 PARIS CEDEX 13.
Service Lectrices — Tél. : 01 45 82 47 47
www.harlequin.fr

1

Celia Taylor se tenait en retrait, un verre de vin à la main, et observait la foule réunie dans la salle de bal. Le gala de charité n'était pas censé être une réunion professionnelle, mais la plupart de ses concurrents songeaient davantage à faire des affaires qu'à se divertir.

Elle aperçut Evan Reese, de l'autre côté de la pièce. Il était comme toujours entouré de nombreux flatteurs. Apparemment dans son élément, il semblait tout à fait détendu, et son sourire tranquille rendait définitivement irrésistible son visage déjà incroyablement séduisant.

Il n'aurait pas dû être permis d'être aussi beau. Grand, la carrure athlétique, Evan ressemblait en tout point aux mannequins qui portaient les vêtements de sport que sa société concevait et commercialisait. Pour ne rien arranger, il émanait de lui une forte aura de confiance et de pouvoir. Et elle avait toujours eu un faible pour les hommes sûrs d'eux.

Si elle se fiait aux longs regards troublés qu'ils avaient échangés ces dernières semaines, elle avait toutes les raisons de se demander où cela les mènerait.

Seulement, Evan était un client potentiel.

Un client qu'elle voulait vraiment convaincre.

Son patron et ses collègues de l'agence comptaient sur elle, et elle tenait absolument à décrocher ce contrat. Cependant, il y avait des limites qu'elle ne franchirait pas : jamais elle ne coucherait avec un homme pour obtenir ce qu'elle voulait.

Elle détourna le regard avant d'être définitivement hypnotisée. Depuis qu'il avait rompu son contrat avec sa précédente agence de publicité, Evan semblait jouer avec elle. Il savait qu'elle le voulait — au sens professionnel du terme, bien sûr. Il savait sans doute aussi qu'elle le désirait sur le plan physique, mais elle ne s'attarderait pas sur ce point. Plus tard, peut-être, quand elle serait seule, elle pourrait se laisser aller à ses fantasmes.

Le problème, c'était que, comme chaque fois qu'une grosse compagnie comme *Reese Enterprises* changeait de prestataire, toutes les autres agences lui tournaient autour comme des requins. Le monde de la publicité était sans pitié, elle était bien placée pour le savoir. Elle aurait dû être en train de jouer des coudes avec ses concurrents, mais elle devinait qu'Evan était secrètement amusé par le fait qu'elle reste en retrait. Avec lui, elle en était sûre, il fallait adopter une approche différente.

— Celia, je suis content que tu aies pu venir. As-tu parlé à Reese ?

Elle se tourna vers son patron, Brock Maddox. Il ne semblait pas le moins du monde heureux d'être là.

Elle haussa un sourcil.

— Eh bien, Brock, tu es très chic dans ce smoking. Ce doit être difficile de garder les femmes à distance.

— Très drôle, dit-il en bougonnant. Mais j'ai déjà une cavalière. J'ai amené Ella avec moi.

Elle regarda par-dessus l'épaule de Brock et aperçut sa jolie assistante à quelques mètres. Elle la salua de la main et lui sourit.

Brock fit un geste impatient vers Evan.

— Pourquoi es-tu ici, et pas avec Evan Reese ?

Il parcourut la salle des yeux et se rembrunit aussitôt.

— J'aurais dû savoir que ce vieux brigand serait là.

Celia suivit son regard et vit Athos Koteas, entouré de son équipe, à portée de voix d'Evan. Même si elle ne l'avouerait pas à Brock, cela la rendait extrêmement nerveuse de voir leur plus grand rival courtiser Evan Reese avec tant d'insistance. Koteas, fondateur de l'agence *Golden Gate Promotions*, avait non seulement volé quelques grands clients à *Maddox Communications* ces derniers mois, mais il avait aussi lancé une campagne de calomnie contre l'agence. C'était une sale bataille, mais Celia n'était pas étonnée. Koteas était un homme impitoyable et prêt à tout pour arriver à ses fins.

— Eh bien, oui, dit-elle à voix basse. Koteas et les cadres de son agence sont occupés à convaincre Evan.

— Y a-t-il une raison pour laquelle tu n'es pas là-bas, toi aussi ?

— Il faut que tu me fasses confiance, Brock. J'ai étudié Evan Reese en détail. Il sait que je suis intéressée. Il finira par venir à moi, j'en suis persuadée.

— Au point de risquer un contrat de cinquante millions de dollars, Celia ? *Maddox* est une petite agence. Une affaire comme celle-ci signifie que tous les employés garderont leur emploi. En revanche, si nous continuons à perdre des clients et des contrats, je ne peux faire aucune garantie.

— Je sais que c'est beaucoup demander, mais je ne peux pas aller là-bas et lui faire les yeux doux.

Elle désigna de la main les femmes qui papillonnaient autour d'Evan. A en juger par leur attitude, il était évident qu'elles iraient loin pour le faire signer un contrat.

— C'est ce qu'il attend, et tu sais bien que je ne peux pas faire ça. Je suis capable de décrocher ce contrat grâce à mes *idées*, Brock. J'ai travaillé d'arrache-pied sur ce dossier. Il est impossible qu'Evan ne soit pas séduit.

Brock l'étudia un long moment, et, dans son regard, elle crut lire du respect. Brock était un patron difficile et exigeant, pourtant elle adorait travailler pour lui. Il était le seul à qui elle ait raconté ce qui s'était vraiment passé à New York, dans son précédent poste.

— Je n'ai jamais pensé que tu obtiendrais le contrat autrement que grâce à ton intelligence, Celia, dit-il avec douceur. J'espère ne t'avoir jamais donné une autre impression.

— Non. J'apprécie ta confiance, plus que tu ne peux l'imaginer. Je ne te décevrai pas et je ne décevrai pas *MC*.

Il passa une main dans ses cheveux et regarda une fois de plus de l'autre côté de la pièce. Il semblait fatigué. Il avait toujours travaillé très dur, son agence était tout pour lui. Mais, ces derniers mois, des rides profondes étaient apparues autour de ses yeux. Plus que tout, elle voulait remporter ce contrat pour lui. Parce qu'il avait cru en elle, quand tout le monde avait été prêt à imaginer le pire à son sujet.

Elle leva les yeux et vit Evan se frayer un chemin dans la foule.

— Ne te retourne pas, il se dirige vers nous. Peut-être que tu devrais emmener Ella danser.

Aussi vite qu'il était apparu, Brock disparut dans la foule.

Celia se détourna et prit une gorgée de vin avec une nonchalance feinte quand elle sentit Evan approcher derrière elle. Elle était sûre que c'était lui. La température de son corps semblait toujours augmenter de cinq degrés quand il était dans les parages.

Et il y avait son parfum. Malgré l'effervescence de la pièce bondée et les multiples parfums féminins qui se mêlaient, elle avait reconnu sa fragrance unique. Brute, masculine, et terriblement sensuelle.

— Celia, dit-il dans un murmure.

Elle se retourna, un sourire avenant aux lèvres.

— Bonsoir, Evan. Vous vous amusez ?

— Vous savez que non.

Elle haussa un sourcil et darda les yeux dans ceux de son interlocuteur.

— Ah bon ?

Il prit une flûte sur le plateau d'un serveur et se retourna vers elle. L'intensité de son magnifique regard émeraude faillit lui couper le souffle, et une onde de chaleur la parcourut. La robe de soirée qu'elle avait choisie était sobre et discrète, pourtant Evan lui donnait l'impression qu'elle portait la tenue la plus provocante qui soit. Elle se sentait nue, et vulnérable.

— Dites-moi, Celia. Pourquoi n'êtes-vous pas avec les autres piranhas, en train de me convaincre que votre agence conduira *Reese Enterprises* au sommet ?

— Peut-être parce que vous êtes déjà au sommet ? dit-elle avec un sourire.

— Quelle charmeuse vous faites.

Elle cessa aussitôt de sourire. Il avait raison, elle flirtait avec lui, et c'était la dernière chose qu'elle voulait faire.

Elle regarda autour d'elle. Les autres publicitaires les dévoraient des yeux.

— Je ne suis pas désespérée, Evan. Au risque de paraître arrogante, je sais que je suis douée, et que mes idées pour votre prochaine campagne sont sensationnelles. Mais je n'ai pas besoin de vous raconter des inepties. Tout ce dont j'ai besoin, c'est de temps, pour vous montrer ce que *MC* peut faire pour vous.

— Ce que *vous* pouvez faire pour moi, Celia.

Elle écarquilla les yeux, choquée par l'évident sous-entendu.

— Si vos idées sont aussi brillantes que vous le dites, ce n'est pas *Maddox Communications* que je choisirai. Je vous engagerai, *vous*.

A présent, elle était en mauvaise posture. Elle serra son verre de vin, pour empêcher sa main de trembler et de trahir son trouble.

Il avait dû remarquer son embarras, car il l'observa avec curiosité.

— Ce n'était pas une proposition indécente, Celia. Croyez-moi, vous verriez la différence.

Dans un geste audacieux, il caressa son bras nu du bout de l'index. Elle fut incapable de réprimer le frisson qui parcourut sa peau.

— Je voulais seulement dire que, si votre projet me séduit et que je signe avec *Maddox*, vous ne m'abandonnerez pas aux mains d'un débutant. J'attendrai de vous que vous supervisiez la campagne à tous les niveaux.

— Dois-je en conclure que vous envisagez de signer avec nous ? demanda-t-elle, la voix rauque d'espoir.

Une lueur d'amusement brilla dans ses yeux. Il avala une gorgée de vin en l'observant d'un air désinvolte.

— Si votre projet est assez bon. *Golden Gate* a de bonnes idées. J'y réfléchis.

— Seulement parce que vous n'avez pas encore entendu les miennes.

— J'aime la confiance en soi, dit-il en souriant. Et je n'aime pas la fausse modestie. Je suis impatient de savoir ce que vous avez à me proposer, Celia Taylor. J'ai le sentiment que vous mettez toute la passion que je vois brûler dans vos yeux dans votre travail. Brock Maddox a de la chance d'avoir une employée aussi dévouée. Je me demande s'il en a conscience.

— Sommes-nous en train de passer à la phase prise de rendez-vous ? demanda-t-elle d'un ton léger. J'aimais bien vous voir entouré des piranhas, comme vous les appelez.

Il posa son verre sur une table.

— Accordez-moi une danse, et nous fixerons un rendez-vous.

Elle le regarda, méfiante.

— Rassurez-vous, j'ai également dansé avec des jeunes femmes de chez *Golden Gate, Primrose, San Fran Media*…

— Très bien, dit-elle d'un air sérieux, je comprends. Vous faites votre sélection en fonction de nos talents de danseuse.

Il se fendit d'un rire franc et sonore. Plusieurs personnes se tournèrent vers eux, et elle dut résister à l'envie de fuir. Elle détestait attirer l'attention, alors qu'Evan semblait n'avoir aucun problème à être observé. Comme ce devait être agréable de ne pas se soucier de ce que les gens pensaient de soi ! D'avoir une réputation intacte, et de ne pas avoir souffert de la stupidité et de la vindicte des autres. Mais, dans des cas comme celui qu'elle avait vécu, l'homme souffrait rarement. C'était toujours la femme, l'« autre femme », qu'on vilipendait.

Ne voyant pas de moyen de décliner aimablement sa proposition, elle posa son verre et le laissa la guider vers la piste.

A son grand soulagement, il ne la serrait pas trop contre lui. Les gens qui les observaient ne pourraient leur reprocher aucune inconvenance. Toutefois, s'ils ne donnaient pas l'impression d'être amants, elle savait que l'idée qu'ils le deviennent était présente dans leurs esprits à tous les deux. Elle lisait du désir dans ses yeux et savait qu'il en voyait sans doute dans les siens.

A dire vrai, elle n'avait pas l'habitude de cacher ses émotions. Peut-être parce qu'elle était la seule fille de sa fratrie et qu'elle avait grandi avec trois frères exubérants et démonstratifs.

Cela lui faciliterait la vie de pouvoir cacher ses sentiments à Evan. Elle n'aurait pas à s'inquiéter de savoir s'il lui donnait une chance parce qu'il la jugeait compétente, ou s'il songeait uniquement à la puissante attirance sexuelle entre eux et à la meilleure façon de tirer avantage de la situation.

Non, elle se montrait injuste. Elle ne pouvait pas le mettre dans le même panier que tous les goujats qui avaient croisé sa route. Elle n'allait tout de même pas se comporter avec lui comme on l'avait fait avec elle, le juger et le condamner uniquement parce qu'il était sexy.

— Détendez-vous. Vous réfléchissez beaucoup trop, lui dit-il à l'oreille.

Elle se força à écouter son conseil et s'abandonna à la musique et au pur plaisir de danser avec un homme qui l'attirait terriblement.

— Que dites-vous de la semaine prochaine ? Je suis libre vendredi.

Elle revint en sursaut à la réalité et, pendant un instant, fut incapable de comprendre ce dont il parlait. Quelle professionnelle aguerrie elle faisait !

— Je me disais que nous pourrions nous voir de manière informelle, pour que vous me présentiez vos idées. Si je suis intéressé, vous pourrez organiser une présentation complète à votre agence. Dans le cas contraire, cela nous épargnera beaucoup de temps et de tracas.

— Vendredi. Oui, vendredi, c'est parfait.

La musique s'acheva, et il la garda dans ses bras un peu plus longtemps que nécessaire. Hypnotisée par son regard brûlant, elle ne put formuler la moindre objection.

— Je dirai à mon assistante de vous communiquer l'heure et le lieu.

Il lui prit la main et la porta à ses lèvres. Le contact provoqua une décharge de plaisir en elle.

— A vendredi, alors.

Elle le regarda s'éloigner, incapable de répondre à son salut. Il fut immédiatement happé par une foule de gens. Pourtant, il se retourna vers elle et esquissa un sourire.

Il savait. Oui, il savait exactement l'effet qu'il avait sur elle. Il aurait fallu qu'il soit totalement stupide pour ne pas l'avoir remarqué. Or il était tout sauf stupide. Evan Reese était intelligent. Ambitieux. Et il avait la réputation d'être impitoyable. Le client idéal, en somme.

Il était temps pour elle de s'en aller. Elle avait fait ce pour quoi elle était venue, elle n'avait donc plus aucune raison de rester. Si la danse qu'elle avait partagée avec Evan suscitait des commentaires, elle n'avait pas envie de les entendre.

Alors qu'elle se dirigeait vers la sortie, elle s'arrêta devant Brock et Ella, qui se tenaient à l'écart de la piste. Ils semblaient tous les deux mal à l'aise. Brock ne dit pas un mot et se contenta de hausser un sourcil dubitatif. Il l'avait vue danser avec Evan, c'était certain. Il n'avait sans doute pas quitté Evan des yeux de toute la soirée. Ce qui était dommage, d'ailleurs, car Ella était fabuleuse dans sa robe fourreau noire.

— Je le rencontre vendredi, dit-elle à voix basse. Pas de présentation officielle, il veut entendre mes idées d'abord. Si elles lui plaisent, il nous accordera un rendez-vous pour que nous lui présentions un projet en bonne et due forme.

Brock hocha la tête, l'air satisfait.

— Beau travail, Celia.

Elle sourit, puis prit congé. Elle avait beaucoup à faire d'ici à vendredi.

Dès qu'Evan entra dans sa suite, il desserra sa cravate et retira sa veste, puis il gagna la chambre.

Sur le bureau, son ordinateur semblait lui faire signe mais, une fois n'était pas coutume, l'idée de travailler ne lui disait rien. Il était trop obnubilé par Celia Taylor.

La belle, séduisante, et incroyablement distante Celia Taylor.

A l'instant même où elle était entrée dans la salle, tous ses sens s'étaient mis en alerte. Et, même s'il avait su exactement à quel moment elle était partie, il était encore tendu de désir et douloureusement conscient de son parfum, de la sensation de son corps entre ses bras, de sa peau soyeuse, la seule fois où il avait été assez audacieux pour la toucher.

Il voulait faire bien plus que la toucher. Il avait envie de la goûter, de la savourer. Il rêvait d'être allongé sur son corps nu et de l'entendre gémir de plaisir.

Il voulait passer toute la nuit à lui faire l'amour. Avec une femme telle que Celia, il ne fallait pas précipiter les choses. Il prendrait d'abord le temps d'explorer chaque centimètre de son corps. De découvrir ses zones sensibles.

Difficile d'expliquer son obsession pour elle. Il ne vivait pas comme un moine et ne manquait pas de partenaires. Le sexe était une activité agréable. Mais il savait qu'avec Celia ce serait bien plus que cela. Ce serait enivrant, et délicieux. Le genre d'expérience pour laquelle un homme pourrait vendre son âme.

Celia était une très belle femme. Elle était grande, mais pas démesurément. Il la dépassait d'une courte tête, et elle s'était parfaitement accordée à lui durant leur danse.

Elle relevait souvent négligemment ses cheveux roux. Il rêvait de lui enlever cette fichue pince et de regarder sa chevelure soyeuse retomber en cascade sur son dos. Ou mieux, sur lui, pendant qu'ils feraient l'amour.

Son corps réagit aussitôt à cette image, et il marmonna un juron de frustration. Une douche froide ne suffirait pas à calmer ses ardeurs. Il le savait, car il en avait pris de nombreuses, ces dernières semaines.

Peut-être la chose la plus fascinante chez Celia était-elle ses yeux. Ses magnifiques yeux, d'une nuance unique. Parfois, ils semblaient bleus, parfois verts, mais sous une certaine lumière ils ressemblaient à deux émeraudes pures.

La part la plus cynique en lui se demandait pourquoi une femme aussi belle n'avait pas essayé de le séduire pour l'attirer dans son agence. D'autres avant elle l'avaient fait. D'ailleurs, il avait reçu deux propositions de ce type ce soir, durant le gala.

Cela ne lui aurait pas posé de problème si Celia avait fait de même. A cet instant, il était prêt à se servir de n'importe quel prétexte pour amener Celia Taylor dans son lit. Mais il y avait une certaine réserve en elle qui l'intriguait. Elle avait fait preuve d'un grand calme, une qualité qu'il admirait. Certes, elle voulait cette campagne et ne s'en était pas cachée. Pourtant, elle ne l'avait pas ostensiblement cherché.

Au contraire, elle avait attendu qu'il vienne à elle. Peut-être était-elle diablement maligne, car il avait en effet mordu à l'hameçon.

La sonnerie de son téléphone interrompit ses pensées et le ramena brutalement à la réalité. Il sortit l'appareil de sa poche.

Il constata, contrarié, que c'était sa mère. Il n'était pas vraiment d'humeur à discuter, mais il était très attaché à elle et il ne pouvait pas rejeter son appel.

Avec un soupir résigné, il décrocha.

— Bonjour, maman.

— Evan ! Je suis si contente de t'avoir en ligne. Tu es très occupé ces derniers temps.

La désapprobation et l'inquiétude perçaient dans sa voix.

— Les affaires ne tournent pas toutes seules, lui dit-il.

— Tu parles exactement comme ton père, répondit-elle d'un ton exaspéré.

Il grimaça. Ce n'était pas exactement le genre de phrases qu'il aimait entendre.

— Je voulais m'assurer que tu n'avais pas oublié pour ce week-end. C'est important pour Mitchell que tu sois là. Tu es son frère.

Il y avait une note d'angoisse dans sa voix, comme chaque fois que Mitchell était mentionné.

— Tu ne crois tout de même pas que je vais aller à leur mariage, dit Evan avec douceur.

La seule chose qui importait pour Mitchell, c'était qu'Evan soit là pour le voir triompher.

— Je sais que ce ne sera pas facile pour toi, Evan. Mais ne penses-tu pas que tu devrais tourner la page et lui pardonner ? Il est évident que Bettina et lui sont faits l'un pour l'autre. Ce serait tellement bien d'avoir toute la famille réunie de nouveau.

— Ce n'est pas que ce soit facile ou difficile, maman. Je me moque de leur mariage et, franchement, je trouve qu'ils vont bien ensemble. Simplement, je n'ai ni le temps ni l'envie d'être là.

— Le ferais-tu pour moi ? S'il te plaît. Je veux voir mes deux fils dans la même pièce au moins une fois.

Il s'assit sur son lit et se pinça l'arête du nez. Si son père avait téléphoné, il n'aurait eu aucun problème à refuser. Encore moins avec son frère. Non, songea-t-il en souriant, Mitchell ne l'appellerait plus pour quoi que ce soit. La dernière fois qu'ils s'étaient parlé, Evan lui avait dit d'aller au diable et d'emmener sa fiancée infidèle avec lui.

Mais c'était sa mère qui était au bout du fil, or il éprouvait une véritable affection pour elle. Elle était toujours prise dans les tensions qui existaient entre son père et lui, et entre Mitchell et lui.

— D'accord, maman, je vais venir. Mais j'amènerai quelqu'un avec moi. J'espère que cela ne te dérange pas.

— Oh, Evan, tu ne m'as pas dit que tu voyais quelqu'un ! Bien sûr que tu peux venir avec elle ! Je suis impatiente de faire sa connaissance.

Elle semblait sincèrement ravie.

— Peux-tu transmettre tous les détails à mon assistante, pour qu'elle puisse organiser mon voyage ?

— Pourquoi ne suis-je pas surprise que tu n'aies pas gardé l'e-mail que je t'ai fait parvenir ?

Il l'avait supprimé dès sa réception. Bien sûr, il n'allait pas le lui dire.

— Je te verrai vendredi. Je t'aime, maman.

— Je t'aime aussi, mon fils. Je suis très heureuse que tu viennes.

Il raccrocha et fixa l'écran de son téléphone. Vendredi. C'était le jour où il devait rencontrer Celia. Il attendait cela depuis si longtemps !

Il avait tout planifié méticuleusement, pour ne pas avoir l'air trop impatient. Ces dernières semaines, il avait gentiment flirté, échangé de longs regards avec elle.

Et maintenant, il allait devoir tout annuler parce que sa mère voulait qu'il voie son ex-fiancée épouser son petit frère.

Il lui fallait une cavalière. De préférence, une femme qui convaincrait sa mère qu'il n'était pas toujours secrètement amoureux de Bettina. Il ne l'était pas, bien évidemment. Il l'avait oubliée à la minute où elle l'avait laissé tomber pour son frère, quand Mitchell avait été nommé P.-D.G. de la société de joaillerie familiale.

Elle préférait le luxe et les paillettes du monde des pierres précieuses à la sueur du monde sportif. C'était aussi bien qu'elle n'ait pas eu assez de jugeote pour faire la moindre recherche. Si elle en avait fait, elle aurait su que les bénéfices de *Reese Enterprises* excédaient de loin ceux de la société de son père. Et il ne lui avait fallu que quelques années pour bâtir son empire.

Sa mère ne le croirait sans doute pas, mais il était reconnaissant à Mitchell d'être un abruti égoïste. Il lui avait évité de commettre une énorme erreur.

Pour autant, il n'avait pas envie de passer du temps avec

son tyran de père et son imbuvable frère. Mais il avait accepté l'invitation, il lui fallait donc une cavalière.

Il se mit à faire défiler la liste de contacts de son téléphone. Il avait réduit ses options à trois femmes quand une solution alternative s'imposa à lui.

Une brillante solution alternative. Comment n'y avait-il pas pensé tout de suite ? Cela résolvait tous ses problèmes.

Enfin, il avait un moyen d'attirer Celia à lui. Ce serait pour affaires, bien entendu, mais si elle était coincée avec lui sur l'île de Catalina pendant trois jours, dans un décor intimiste…

Finalement, songea-t-il avec un sourire de satisfaction, peut-être ce mariage ne serait-il pas un si mauvais moment à passer.

2

Quand Celia s'arrêta dans l'allée de la maison familiale, elle fut soulagée de voir la Mercedes de Noah garée à côté du vieux pick-up cabossé de leur père. Elle gara sa BMW noire de l'autre côté du camion et sourit en voyant les deux voitures rutilantes encadrer ce monument de l'histoire familiale.

Au moment où elle sortait, elle entendit le ronronnement d'un autre moteur. C'était son frère Dalton qui s'arrêtait derrière elle. A sa grande surprise, elle vit Adam sortir du côté passager.

Elle alla se jeter dans ses bras et, comme il le faisait depuis qu'elle était toute petite, il la souleva et la fit tournoyer.

— Comment se fait-il que je n'aie pas droit à des salutations aussi chaleureuses ? demanda Dalton, d'un ton boudeur, en sortant à son tour du véhicule.

— Je suis si contente de te voir, dit-elle à Adam en chuchotant.

— C'est bon de te revoir, Cece. Tu m'as manqué. Il t'a fallu du temps pour revenir à la maison.

Elle se laissa glisser jusqu'à ce que ses pieds touchent terre et détourna rapidement les yeux.

— Hé, fit-il en lui levant le menton pour qu'elle le regarde dans les yeux. Ne pense plus à ça. C'est du passé, et tant mieux, sinon tes frères prendraient le premier avion pour New York et mettraient une raclée à ton ancien patron.

— Au fait, je suis là moi aussi, dit Dalton en agitant la main entre eux.

Elle soutint le regard d'Adam un long moment, puis sourit. Certes, ses frères étaient du genre étouffant. Ils étaient exubérants et surprotecteurs. Par exemple, ils pensaient qu'elle n'avait pas besoin de travailler, qu'il lui suffisait d'être jolie et de les laisser subvenir à ses besoins. D'un autre côté, ils lui témoignaient une loyauté indéfectible, et elle leur en était extrêmement reconnaissante.

Enfin, elle se tourna vers Dalton.

— Toi, je t'ai vu il y a deux semaines. Adam, je ne l'ai pas vu depuis des lustres. Pourquoi d'ailleurs ?

— Désolé, répondit Adam. C'est la période la plus chargée de l'année.

Adam, l'aîné de la famille, possédait une florissante entreprise d'aménagement paysager, et le printemps était toujours une saison d'intense activité. Ils le voyaient rarement avant l'automne, quand les affaires commençaient à ralentir.

Dalton passa un bras autour des épaules de Celia et planta un baiser affectueux sur sa joue.

— Je vois que M. Baseball est ici, dit-il en pointant la voiture de Noah. Il a dû prendre une pause avant que la saison ne commence.

— Vous irez au match d'ouverture ? demanda-t-elle.

— Je ne manquerais ça pour rien au monde, dit Adam.

— Dans ce cas, j'ai une faveur à vous demander.

Ses deux frères la regardèrent avec curiosité.

— J'amènerai un client et j'aimerais que mes liens avec Noah restent secrets.

La curiosité brilla dans leurs yeux. Elle savait qu'ils voulaient poser des questions mais, quand elle ne donnait pas spontanément d'explications, ils savaient respecter son silence.

— D'accord. Pas de problème, dit enfin Adam.

— Vous trois, est-ce que vous allez rester plantés là toute la journée, ou est-ce que vous venez manger ?

C'était leur père, qui les attendait sur le perron, l'air manifestement impatient.

— Nous ferions mieux d'y aller avant qu'il ne devienne menaçant, dit-elle en souriant.

Quand ils arrivèrent en haut du perron, elle alla serrer son père dans ses bras. Il l'embrassa sur le front.

— Où est Noah ? demanda-t-elle.

— A l'endroit habituel. Devant la télévision, en train de regarder un match de base-ball.

Pendant que son père saluait ses fils, elle entra dans la maison dans laquelle elle avait grandi. Dans le salon, elle découvrit Noah allongé dans le fauteuil inclinable, en train de faire défiler les séquences d'un match enregistré.

— Salut, dit-elle.

Il leva les yeux, puis afficha un large sourire et lui tendit les bras.

Elle l'embrassa chaleureusement puis lui tâta les côtes.

— Ils ne vous nourrissent pas au centre d'entraînement ?

— Tu sais bien que je passe mon temps à manger, dit-il en riant.

Elle se retourna pour s'assurer qu'ils étaient encore seuls.

— Est-ce que tu seras là tout à l'heure, ou est-ce que tu as quelque chose à faire ?

Il prit un air sérieux.

— Je n'ai aucun rendez-vous aujourd'hui. Pourquoi ?

— J'ai un service à te demander et je préférerais t'en parler en tête à tête.

A présent, il semblait inquiet.

— Est-ce que tout va bien, Cece ? Tu as des ennuis ? Est-ce qu'il faut que je trucide quelqu'un ?

— Tu as bien trop de valeur pour aller en prison, répondit-elle, enjouée. Ne t'inquiète pas, tout va bien, je te le jure. Je veux juste organiser quelque chose avec toi, quelque chose qui pourrait nous être profitable à tous les deux.

— Si tu as envie de rester dans le mystère, à ton aise. J'imagine que je peux attendre tout à l'heure. Tu veux qu'on se retrouve chez toi ? Je t'inviterais bien chez moi, mais ma femme de ménage m'a laissé tomber la semaine dernière, et ce n'est pas beau à voir. Tu as à manger, n'est-ce pas ?

Elle secoua la tête.

— Oui, j'ai à manger, et oui, nous pouvons aller chez moi. Dis-moi, Noah, est-ce si difficile de ranger tes affaires toi-même ? Et, si la réponse est oui, au moins, prends ton téléphone et engage une nouvelle femme de ménage.

— Eh bien, je suis comme qui dirait grillé sur le marché. Il faut que je trouve une agence dans laquelle ma réputation ne m'a pas précédé.

— Je me sens navrée pour la femme que tu épouseras. Elle va vivre un enfer.

— Tu n'as pas à t'inquiéter, parce que ça n'arrivera pas.

A cet instant, les autres arrivèrent dans le salon.

— Le déjeuner sera servi dans un quart d'heure, annonça leur père.

Sans même savoir ce qu'il avait cuisiné, elle en salivait d'avance. Son père était un véritable cordon-bleu.

Le déjeuner se passa, comme toujours, dans une ambiance bruyante. Ses frères se chamaillaient et plaisantaient pendant que leur père les regardait avec indulgence. Tout cela lui avait manqué, durant ses années à New York. Si elle détestait les circonstances qui l'avaient ramenée au bercail, elle était contente de retrouver le cercle confortable de sa famille. Même si ses frères et son père pensaient parfois comme des hommes des cavernes.

Après le déjeuner, elle s'installa confortablement dans le canapé. Son père s'assit à côté d'elle et s'amusa des pitreries de ses fils, qui se disputaient pour savoir quelle chaîne de télévision ils allaient regarder, tandis qu'elle observait la maison de son enfance.

Autrefois, elle avait fui le cocon familial. Elle avait voulu tracer son chemin seule, alors que ses frères et son père auraient préféré qu'elle reste auprès d'eux, pour pouvoir la soutenir et veiller sur elle.

Elle n'était pas une femme vaniteuse, cependant elle savait que les hommes la trouvaient séduisante. La plupart la considéraient sans doute comme belle, mais son physique lui avait valu nombre de problèmes.

A cause de son apparence délicate, ses frères et même son père ne l'avaient pas encouragée quand elle avait décidé de faire des études, et encore moins lorsqu'elle s'était lancée dans un domaine aussi concurrentiel et exigeant que la publicité.

Malgré leurs objections, elle avait tenu bon. Elle avait eu son diplôme, puis avait décroché un emploi à New York. Après quelques années, elle avait obtenu un poste plus important dans une agence prestigieuse. Rapidement, une promotion était venue consolider son triomphe. Ensuite, tout s'était écroulé.

Adam se leva, et elle revint à l'instant présent.

— Tu pars déjà ? demanda-t-elle, étonnée.

— Oui. Il faut que je supervise un chantier. Je te verrai au match d'ouverture, dit-il avant de la serrer dans ses bras.

Elle déposa un baiser affectueux sur sa joue.

— J'y compte bien.

Elle se tourna vers Dalton.

— J'imagine que tu pars aussi, puisque c'est toi qui l'as amené.

— En effet. J'ai un rendez-vous galant.

Personne ne sembla surpris par cette information.

— Je vous raccompagne, dit-elle. Moi aussi, il faut que j'y aille. J'ai une présentation à préparer.

Son père fit la moue, et elle se prépara à un nouveau sermon sur le fait qu'elle se tuait à la tâche. Bizarrement, Adam travaillait plus que tout le monde, et personne ne lui faisait jamais le moindre reproche.

A sa grande surprise, son père garda le silence. Elle l'observa, dubitative, et se demanda s'il allait se laisser emporter par son irritation, mais il n'ouvrit pas la bouche. Il lui donna une accolade, puis lui conseilla d'un ton bourru de ne pas oublier de se reposer.

Sur le seuil de la maison, il leur rappela le déjeuner du dimanche suivant. Tandis qu'elle démarrait, Noah sortit à son tour. Il serait bientôt chez elle, et elle devait s'assurer que son réfrigérateur survivrait à cet assaut.

Celia avait rapidement passé en revue son stock de nourriture — en se réprimandant de ne pas être allée au marché depuis longtemps — quand son Interphone sonna.

Elle alla décrocher.

— C'est toi, Noah ?

— Oui, tu me fais entrer ?

Quelques secondes plus tard, elle accueillit son frère avec un grand sourire.

— Je connais ce sourire, dit-il d'un ton suspicieux. Tu m'as attiré ici avec de fausses promesses. Tu n'as rien à manger, hein ?

— Eh bien, non, je l'avoue. Mais je viens de commander une pizza.

— Dans ce cas, tu es pardonnée, mais je refuse toute conversation sérieuse avant la livraison.

Elle rit et lui donna une légère bourrade. Il s'affala sur le canapé.

— Si je n'avais pas besoin que tu me rendes service, je te le ferais payer.

— Et quel est ce service ? demanda-t-il, reprenant son sérieux.

— Ah non, je ne te demanderai rien avant que tu n'aies l'estomac plein. Après tout, cela fait presque trois heures que tu n'as rien avalé.

Il grommela, mais ne protesta pas.

Il prit la télécommande et alluma le téléviseur. Comme toujours, il choisit une chaîne sportive.

La pizza ne tarda pas à être livrée, remplissant l'appartement d'odeurs alléchantes. Malgré tout ce qu'elle avait avalé durant le déjeuner, elle sentit son estomac gronder. Elle observa le fromage fondant et grimaça. Cela sentait peut-être bon, mais chaque bouchée irait se loger directement sur ses hanches. Cela dit, il fallait bien que les tapis de course servent à quelque chose.

Elle posa la boîte sur la table basse devant Noah. Il observa la généreuse pizza avec une expression proche de la félicité.

Elle attendit qu'il prenne une part avant de se servir et d'en mordiller le bord. C'était, en effet, un pur délice. Elle s'adossa au canapé et attendit que Noah termine sa première part. Quand il entama la seconde, ce fut lui qui demanda :

— Alors, qu'est-ce que tu attends de moi ?

— J'ai un client... en fait ce n'est pas encore un client, mais j'aimerais qu'il le devienne. Evan Reese.

Noah cessa aussitôt de mâcher.

— Le type des vêtements de sport ?

— C'est ça. Il s'est séparé de sa dernière agence et doit en trouver une nouvelle. Je le veux. *Maddox Comm* aussi.

— D'accord. En quoi cela me concerne-t-il ?

Son courage la déserta un instant, mais elle se reprit rapidement. Dans sa profession, il n'y avait pas de place pour les lâches. Et ce n'était pas en se comportant comme une poule mouillée qu'elle avait gagné la confiance de Brock Maddox.

— Je voudrais que tu représentes sa nouvelle ligne de vêtements.

Noah cligna des yeux et reposa sa part de pizza. Pendant un instant, il resta muet. Elle patienta, s'attendant à ce qu'il refuse ou qu'il lui liste toutes les raisons pour lesquelles il refusait les contrats publicitaires. Même si elle les connaissait déjà parfaitement. Pourtant, il se contenta d'étudier son visage avec attention, comme s'il voulait lire dans ses pensées.

Il ne lui demanderait pas pourquoi elle l'avait choisi, car il connaissait la réponse. Noah était une énorme star du base-ball et il était plus courtisé par les publicitaires que tous les autres joueurs, principalement parce qu'il refusait toute proposition. Au lieu de dissuader les entreprises, cela les rendait encore plus déterminées à être les premières à convaincre Noah de représenter leur marque.

Elle pourrait le supplier. Ou encore lui expliquer précisément pourquoi elle avait besoin de lui. Mais elle n'avait pas envie de lui forcer la main.

— C'est important pour toi, dit-il enfin.

— Oui. Evan est un gros client. Mon patron compte sur moi pour décrocher ce contrat. Ne te méprends pas, je l'aurai avec ou sans toi, mais tu serais la cerise sur le gâteau. Et puis ce serait énorme pour toi. Reese paiera cher pour t'avoir.

Il soupira.

— J'aimerais que tu quittes ce job. Tu n'as pas besoin de travailler. Tu n'as pas à prouver ta valeur à qui que ce soit, Cece, et certainement pas à ta famille. Adam, Dalton et moi gagnons assez d'argent pour subvenir à tes besoins. Papa serait heureux que tu n'exerces pas une profession aussi stressante. Il est convaincu que tu auras un ulcère avant tes trente ans.

— Mais j'ai trente ans, dit-elle avec un faible sourire. Ecoute, Noah. Est-ce que tu abandonnerais le base-ball simplement parce que tes frères sont assez riches pour t'entretenir ?

Il renifla bruyamment puis se passa la langue sur les lèvres.

— C'est différent.

— Oui, bien sûr. Tu es un homme, et je suis une femme,

dit-elle, ironique. Noah, je t'aime très fort. Tu es le meilleur frère dont une sœur puisse rêver. Mais tu es aussi le plus grand macho que je connaisse.

Il sembla vexé, mais ne contesta pas son accusation.

— J'imagine que tu as fait des recherches sur Reese et son entreprise, dit-il.

Elle hocha la tête avant même qu'il ne termine sa question. Au premier abord, Noah semblait insouciant. Il avait toutes les apparences du sportif richissime, collectionneur de voitures de course et de filles faciles. Pourtant, sous cette image superficielle se cachait un homme doté d'une grande conscience sociale.

Son obstination à refuser toute proposition publicitaire lui avait valu une réputation d'excentrique par certains. D'autres pensaient qu'il était fou de rater l'opportunité de gagner des millions rien que pour prêter son nom et son image à des entreprises désireuses de dépenser leurs dollars pour lui. En réalité, Noah effectuait des recherches méticuleuses sur toutes les sociétés qui l'approchaient et, jusqu'à présent, aucune n'avait trouvé grâce à ses yeux.

— Envoie-moi tout ce que tu as par e-mail. Si cela me convient, je suis prêt à écouter son offre.

Elle l'embrassa sur la joue.

— Merci, Noah. Tu es le meilleur.

— Je suppose que tu n'es pas reconnaissante au point de nettoyer mon appartement ?

— Je vais te dire, répondit-elle en riant, je préférerais encore démissionner et laisser mes frères assurer mon train de vie plutôt que de faire le ménage chez toi.

— Eh bien, dit-il avec une grimace. Tu n'avais pas besoin d'être aussi méchante.

— Pauvre bébé. Au fait, j'ai besoin d'un autre service.

Il lui lança un regard noir.

— Tu viens de refuser ma requête, tu m'insultes et, en plus, tu as le culot de me demander un autre service ?

— Si je te trouvais une autre femme de ménage ? Nous serions quittes tous les deux.

Le regard plein d'espoir qu'il lui lança aurait fait fondre

n'importe quelle femme. Mais, en tant que sœur, elle était immunisée.

— Bon, tu me trouves quelqu'un pour déblayer mon appartement, et je t'accorde la faveur que tu me demandes, quelle qu'elle soit.

— Tu ne sais même pas encore ce que c'est.

— C'est dire à quel point je suis désespéré, dit-il.

Elle ne put s'empêcher de sourire.

— Tout ce dont j'ai besoin, c'est deux sièges bien placés pour le match d'ouverture. J'emmènerai Evan. Du moins j'espère.

— Personne ne t'a dit que tu avais des goûts de luxe ?

— Je te rappelle qu'il y a une minute tu essayais de me convaincre de quitter mon travail pour vivre à tes crochets.

Soudain, il redevint sérieux.

— Je m'inquiète pour toi, Cece, voilà tout. Ce qui s'est passé à New York ne serait jamais arrivé si…

Elle se raidit.

— Je ne veux pas parler de New York, répliqua-t-elle aussitôt.

— Pardon, dit-il, une lueur de regret dans les yeux. Oublie ça.

Elle attendit que son pouls reprenne un rythme normal et se força à sourire.

— Alors, tu vas jeter un coup d'œil à la documentation que j'ai compilée ? Reese va te plaire, c'est un vrai boy-scout. Ses employés l'adorent, il leur offre une excellente assurance-maladie, il n'a licencié personne depuis qu'il a fondé sa société et il ne délocalise pas ses emplois ou sa production ailleurs. Voyons, quoi d'autre ? Ah, oui, il apporte régulièrement sa contribution à une demi-douzaine d'organisations caritatives…

— D'accord, j'ai compris, c'est un saint. Personne ne lui arrive à la cheville.

— Inutile d'être si sarcastique.

Il consulta sa montre et poussa un soupir.

— Navré de devoir partir si tôt, d'autant que je n'ai pas fini la pizza. Envoie-moi ces documents, j'y jetterai un coup d'œil. Et les places t'attendront à l'entrée du stade.

— Tu as toujours été mon frère préféré, dit-elle avec tendresse.

Il l'embrassa sur le front puis s'étira nonchalamment.

— Je t'appelle quand j'aurai lu tout ça.

3

Evan entra dans les bureaux qu'il louait à San Francisco pour ses visites occasionnelles. Ils étaient situés à Union Square, quartier somptueux qui accueillait des sociétés haut de gamme, mais pour le siège de sa société il avait préféré l'ambiance plus branchée et moderne de Seattle.

Il salua sa réceptionniste, Tanya, qui se leva aussitôt, l'air contrarié.

— Vous ne devriez pas entrer, dit-elle, chuchotant, en désignant son bureau.

— Et pourquoi ça ?

— Parce qu'elle est là.

Il se tourna vers son bureau et constata que la porte était fermée.

Bon sang, il n'avait pas le temps de jouer aux devinettes. Il reporta son attention sur Tanya et tenta de réprimer son impatience. La jeune femme était très efficace, quoiqu'un peu excentrique. Cela dit, il aimait le non-conformisme et, même si elle aurait plus eu sa place dans son équipe de Seattle, avec ses cheveux colorés, ses piercings et ses vêtements vintage, il trouvait qu'elle apportait un peu de couleur dans un bureau par ailleurs étouffant.

— D'accord, Tanya. Qui est-ce, et où est Vickie ?

D'ordinaire, Vickie venait à sa rencontre dès sa sortie de l'ascenseur. Elle était son assistante depuis très longtemps et le suivait dans tous ses déplacements. Elle possédait un appartement à Seattle et un autre à San Francisco. Elle avait un sixième sens pour savoir précisément à quel moment il se montrerait.

— Oh, alors vous n'avez pas eu mes messages ? dit Tanya, l'air soucieux. Je vous en ai laissé deux. La petite-fille de Vickie est à l'hôpital, pour une appendicite. Elle est en salle d'opération.

— Non, je n'ai pas eu vos messages, dit-il en marmonnant. Appelez-moi dès qu'elle sortira de la salle d'opération. Envoyez des fleurs et assurez-vous que Vickie a tout ce dont elle a besoin. D'ailleurs, maintenant que j'y pense, faites porter des repas pour la famille, la nourriture des hôpitaux est exécrable. Et demandez une chambre individuelle. S'il y a un hôtel proche de l'hôpital, réservez des chambres pour les membres de sa famille.

Tanya s'empressa de prendre son bloc-notes et de consigner ses instructions.

Il patienta un instant, puis poussa un soupir exaspéré.

— Tanya ?

Elle leva les yeux, manifestement surprise de le voir encore là.

— Qui est la femme qui attend dans mon bureau ?

Elle fit la moue.

— Mlle Hammond, monsieur. Je n'ai rien pu faire pour l'empêcher d'entrer, elle a été inflexible. Elle m'a dit qu'elle vous attendrait.

Il jeta un coup d'œil vers son bureau et envisagea une seconde de repartir. Il n'avait pas de temps à accorder à Bettina et, puisque sa mère lui avait extorqué la promesse d'être présent à la débâcle de ce week-end, il ne voyait guère ce que Bettina avait à lui dire.

Il se dirigea pourtant vers son bureau et ouvrit la porte en grand. Bettina était assise sur un des canapés situés près de la fenêtre.

— Bettina. Qu'est-ce qui t'amène ? dit-il en déposant son attaché-case sur le bureau.

Elle se leva et tira sur sa robe. Le geste attirait l'attention sur ses jambes — son plus grand atout, selon elle. La robe s'arrêtait presque à mi-cuisses et ne laissait guère de place à l'imagination.

Il fallait bien l'admettre, il avait apprécié ses jambes. Dommage qu'elles appartiennent à Bettina.

Avec une expression de douleur feinte, elle traversa la pièce et prit sa main entre les siennes dans un geste mélodramatique.

— Je voulais te remercier d'avoir accepté de venir au mariage. Cela compte beaucoup pour Mitchell, et pour tes parents. Je sais à quel point ce doit être douloureux. Je ne peux imaginer comme cela a dû être difficile pour toi d'accepter de venir, alors que je t'ai brisé le cœur.

Il se contenta de la dévisager. Il aurait pu lui demander sur quelle planète elle vivait, mais il connaissait déjà la réponse. C'était la planète Bettina, où tout tournait autour de sa petite personne. Croyait-elle vraiment qu'il avait encore des sentiments pour elle ?

— Arrête ta comédie, Bettina. Tu te moques de savoir si je viendrai ou pas, alors pourquoi prétendre le contraire ? En fait, je suis sûr que tu espérais que je ne vienne pas. Quelle est la vraie raison de ta visite ?

Il vit passer un éclair d'amertume dans son regard.

— Lucy a dit que tu venais… accompagné. C'était très intelligent de ta part, je dois dire. Mais je ne suis pas dupe, Evan. Tout le monde sait que tu n'as pas eu de relation sérieuse depuis moi. Qui est-ce ? Quelqu'un que tu as rencontré lors d'une soirée ? Est-ce qu'elle sait qu'elle sera un simple accessoire ? C'est ce que j'ai toujours été pour toi.

— Il faudrait savoir, Bettina. Soit j'étais sérieux avec toi, soit tu étais un accessoire, dit-il d'un ton las. Alors, pourquoi es-tu venue ?

Elle devint rouge de colère.

— Ce que je voulais dire, c'est que tu n'as eu que des aventures d'un soir, depuis que j'ai rompu avec toi.

— Tu me flattes, dit-il, ironique, avec une surprise délibérément exagérée. Je ne savais pas que tu t'intéressais à ce point à ma vie sentimentale. J'aurais cru que mon frère t'occupait trop pour te laisser le temps de surveiller ma vie amoureuse.

— Amène ton amie, Evan. Mais toi et moi, nous savons qu'elle n'est pas moi et qu'elle ne pourra jamais me remplacer. Ne crois pas que tu pourras me faire de l'ombre le jour de mon mariage.

Sur ces paroles, elle sortit d'un pas déterminé.

Décidément, il devrait appeler son frère pour le remercier du fond du cœur de l'avoir débarrassé d'elle, songea-t-il en secouant la tête.

Il s'assit dans son fauteuil et ouvrit son agenda. Vickie notait scrupuleusement tous ses rendez-vous, pour les situations exceptionnelles où elle n'était pas disponible. Il constata avec dépit que sa journée était très chargée. Excepté un créneau de quarante-cinq minutes, à l'heure du déjeuner.

Aussitôt, il songea à Celia. Son bureau n'était qu'à quelques immeubles du sien. Il avait prévu de lui téléphoner, mais pour lui faire une proposition comme celle qu'il avait à l'esprit il valait mieux la voir. Il n'aurait pas beaucoup de temps et il doutait qu'elle-même en ait, mais s'il lui demandait de déjeuner avec lui elle ne refuserait pas. Elle tenait trop à obtenir ce contrat pour cela.

Il décrocha son Interphone.

— Tanya, appelez-moi Celia Taylor, de chez *Maddox Communications*.

A sa sortie de l'ascenseur, Celia fut joyeusement accueillie par Shelby, la réceptionniste de *Maddox Communications*. La sympathique jeune femme avait de grands talents d'organisation et une mémoire d'éléphant. Mais surtout, elle savait tout sur tout le monde chez *MC*. Aucun ragot ne lui échappait, et elle ne voyait aucun inconvénient à les partager. Or Celia jugeait important de se tenir au courant. Plus jamais, elle ne se laisserait prendre par surprise comme dans son dernier emploi.

— Bonjour, Shelby. Des messages pour moi ?

Shelby, le regard pétillant, se pencha pour murmurer d'un ton entendu :

— Les dernières rumeurs en date concernent le patron et son assistante.

— Brock et Ella ?

Ella ne semblait pas du genre à s'adonner à une torride liaison de bureau, et encore moins avec son patron. Celia avait bien envie de la prévenir des dangers potentiels qu'une telle rumeur pouvait causer, mais ce n'était qu'une rumeur. Et Ella n'apprécierait peut-être pas que Celia aborde le sujet.

— Eh bien, ils passent beaucoup de temps ensemble, dit Shelby.

— Evidemment, c'est son assistante, répondit-elle.

— Je ne fais que répéter ce que j'ai entendu.

Celia crispa ses doigts sur son porte-documents en veau retourné. Cela ne lui apporterait rien de s'impliquer dans cette histoire. Après tout, Brock et Ella étaient adultes. Elle espérait simplement qu'Ella ne serait pas blessée par les bruits de couloir.

— Shelby, dit-elle, changeant de sujet, j'ai besoin que tu me trouves une femme de ménage.

Elle lui tendit une feuille sur laquelle elle avait noté toutes les agences que Noah avait déjà contactées.

— Oublie ces agences, elles ne font plus partie des possibilités. J'ai besoin que tu spécifies clairement que c'est un client exigeant et particulièrement désordonné. L'argent n'est pas un problème, mais la pauvre âme qui acceptera ce travail méritera vraiment son salaire.

Shelby écarquilla les yeux.

— Noah Hart ? Le joueur de base-ball ? Je suis disponible ! Je veux dire, je peux démissionner pour lui.

Celia lui décocha un regard ironique.

— Fais-moi savoir si tu trouves quelqu'un. Oh, et j'attends un coup de fil de l'assistante d'Evan Reese. Assure-toi que j'aie l'appel, même si je suis déjà en rendez-vous.

Alors qu'elle s'éloignait, Shelby la rappela.

— Attends. Comment connais-tu Noah Hart ? Ce n'est pas un client de *Maddox*.

En guise de réponse, elle se contenta de sourire et continua son chemin. En temps normal, elle se serait arrêtée pour discuter avec ses collègues et prendre le pouls de la journée, mais elle était déjà en retard, à cause d'un petit déjeuner d'affaires qui s'était prolongé jusqu'à l'heure du brunch. Elle devait écouter ses messages vocaux et relever ses e-mails, avant de s'attaquer à un après-midi chargé.

Elle avait bien avancé dans la lecture de ses messages quand son Interphone sonna.

— Celia, M. Reese sur la deux.

Elle avait dû mal comprendre.

— M. Reese en personne, ou son assistante ?

— M. Reese.

— Passe-le-moi, dit-elle d'une voix tendue.

Elle lissa sa jupe d'une main tremblante et secoua la tête. Pourquoi être si nerveuse ? Ce n'était qu'un coup de fil.

Dès que son téléphone clignota, elle décrocha.

— Celia Taylor.

— Celia, comment allez-vous ?

Même sa voix provoquait une onde de chaleur dans son corps. Quand allait-elle cesser d'agir comme une adolescente en émoi ? C'était ridicule et, surtout, très peu professionnel.

— Très bien, merci. Et vous ?

— Je n'ai pas beaucoup de temps. Je voulais vous voir pendant le déjeuner aujourd'hui. Du moins, si votre emploi du temps vous le permet.

Il semblait confiant. Bien entendu, il savait pertinemment qu'elle n'allait pas refuser.

— Quelle heure ?

— Maintenant.

Un élan de panique monta en elle. Il ne voulait tout de même pas avancer leur rendez-vous informel de vendredi à maintenant ? Elle n'était pas du tout prête.

— Je croyais que nous devions déjeuner ensemble vendredi ? dit-elle, essayant de gagner du temps.

— Je veux vous parler du rendez-vous de vendredi, justement. Il y a un changement de programme.

Elle eut le ventre noué. Il lui était impossible de préparer son argumentaire en quelques minutes.

— Je n'ai que quarante-cinq minutes, précisa-t-il. Nous ne sommes qu'à quelques immeubles l'un de l'autre. Si nous nous rencontrions à mi-chemin ? Nous avons le choix entre un restaurant français, ou italien, ou un bon vieux restaurant traditionnel.

— Comme vous voulez, dit-elle d'une petite voix.

Elle coinça le téléphone entre son menton et son épaule et chercha frénétiquement ses notes sur *Reese Enterprises.*

Elle rangea tout dans un dossier, qu'elle glissa dans son porte-documents.

— Génial, dit-il. Je vous retrouve dans cinq minutes ? Je pars tout de suite.

— Oui, j'arrive.

Il raccrocha, et pendant un instant elle resta pétrifiée, le téléphone toujours coincé contre son oreille. Enfin, elle raccrocha et prit une grande inspiration. C'était le moment de se battre.

Elle pouvait y arriver. Les yeux fermés, même.

Elle jeta son sac sur son épaule et sortit en trombe dans le couloir.

Elle passa devant Ash Williams, le directeur financier. Il leva la main, s'apprêtant à lui parler.

— Pas maintenant, Ash, dit-elle en hâtant le pas. J'ai un déjeuner important et je suis en retard.

Elle ne se retourna même pas pour voir sa réaction.

Quand elle parvint devant l'ascenseur, elle cria à Shelby :

— Si Brock te le demande, je déjeune avec M. Reese. Dis-lui juste que mon rendez-vous de vendredi a été avancé. Je serai de retour cet après-midi.

Dès que l'ascenseur arriva, elle s'engouffra dans la cabine. Elle eut juste le temps de voir la mine déconcertée de Shelby avant que les portes ne se referment.

Une fois dans le hall, elle fit un court passage aux toilettes pour vérifier sa coiffure et son maquillage. Son allure n'était pas extraordinaire, mais au moins elle n'avait pas l'air aussi déboussolée qu'elle l'était.

Les chaussures à talons hauts qu'elle portait étaient splendides — du moment qu'elle n'avait pas à marcher. Elle n'avait pas prévu de devoir courir sur un trottoir inégal ce matin. Elle gardait des tennis dans son bureau pour parer à ce genre de situations mais, comme elle n'avait eu que cinq minutes pour se préparer au plus important déjeuner d'affaires de sa carrière, elle devrait se débrouiller comme elle le pouvait.

Alors qu'elle traversait la rue, elle se rendit compte qu'elle n'avait même pas demandé dans quel restaurant ils devaient se retrouver. Italien, français ou américain ? Elle passa en revue les parasols alignés le long des restaurants, d'un côté de la rue, puis de l'autre.

Dès que ses yeux se posèrent sur Evan, tout se figea autour d'elle. Il était là, baigné par la lumière du soleil, une main dans une poche, l'autre tenant son téléphone contre son oreille. Une aura de puissance l'entourait, ce qui l'attirait comme un aimant. Pendant quelques instants, elle se contenta de le contempler. Evan était d'une beauté à se damner.

Enfin, il se retourna vivement et l'aperçut. Pourquoi, elle n'aurait su le dire, étant donné le monde qu'il y avait dans la rue. C'était comme s'il avait senti son regard sur lui.

Gênée d'avoir été surprise en train de l'admirer, elle redressa les épaules et avança.

Elle traversa la rue, son porte-documents sous le bras. Evan la regarda approcher, une indéniable lueur de désir dans les yeux.

— Pile à l'heure, dit-il en souriant.

Elle se contenta de hocher la tête, de crainte que sa voix ne trahisse son essoufflement.

— J'ai choisi le bon vieux restaurant américain, dit-il en désignant une table. J'espère que cela vous convient.

— C'est très bien.

Il lui fit signe de passer devant lui, et ils gagnèrent leur table, au fond de la salle. Elle s'assit, contente de ne plus avoir à marcher.

Il s'installa face à elle et appela un serveur.

— Voulez-vous un verre de vin ? demanda-t-il quand celui-ci approcha.

— Je prendrai la même chose que vous.

Evan passa commande, puis reporta son attention sur elle.

— Je vous ai invitée à déjeuner car je crains de ne pas pouvoir honorer notre rendez-vous de vendredi.

Elle hocha la tête et tendit la main vers son porte-documents.

— Ça ne fait rien. J'ai apporté les informations que je voulais vous montrer…

— Ce n'est pas pour cela que je vous ai invitée à déjeuner, dit-il en lui prenant le poignet.

Elle cligna des yeux et lâcha la mallette.

— J'aimerais maintenir notre rendez-vous… je voudrais seulement changer le lieu.

Elle était tout à fait déroutée à présent. Il avait dû le remarquer, car il sourit d'un air amusé.

— Je n'ai pas beaucoup de temps, alors j'irai droit au but, dit-il.

Il avait toujours la main sur son poignet, et son pouce caressait nonchalamment son point de pulsation. Elle était sûre que son pouls était rapide. Aussi rapide qu'un train lancé à toute vitesse. Elle n'osait pas bouger. Ni respirer. Elle ne voulait pas perdre la merveilleuse sensation de sa caresse. Avait-il idée à quel point l'effet qu'il lui faisait était dévastateur ?

— Ce week-end, j'assiste au mariage de mon frère.

Elle aurait pu jurer avoir vu du dégoût sur son visage.

— Il se marie sur l'île de Catalina. Je dois y être dès jeudi soir, voilà pourquoi je ne peux pas assurer mon rendez-vous de vendredi.

— Je comprends. Nous pouvons trouver une autre date.

— En fait, j'aimerais que vous veniez avec moi.

Malgré elle, elle ouvrit de grands yeux et retira sa main. Elle la posa sur son buste, pour garder encore un peu la sensation de sa caresse.

Il tritura sa serviette. Il semblait presque mal à l'aise. Elle était curieuse d'entendre la suite.

— Mon emploi du temps est chargé, et il faut que j'avance sur cette nouvelle campagne. Je ne peux pas passer des semaines à chercher une nouvelle agence. Si vous veniez avec moi, je pourrais écouter vos idées. Je suis conscient qu'un mariage n'est pas l'environnement idéal pour une réunion de travail. Croyez-moi, je préférerais être n'importe où ailleurs.

Même si ce n'était pas présenté comme un chantage, Celia avait compris le message. Si elle l'accompagnait, il écouterait ses propositions. Dans le cas contraire, il n'aurait peut-être plus de temps pour elle à son retour.

Elle sentit son ventre se nouer d'inquiétude. Assister à un mariage familial semblait vraiment trop personnel. Il lui était déjà difficile de lutter contre son attirance pour lui dans un cadre professionnel. Mais lors d'une fête aussi intime qu'un mariage ?

— Combien de temps serions-nous… là-bas ?

Elle avait posé sa question non pas de manière professionnelle et détachée mais d'une voix aiguë et angoissée. On aurait dit une petite fille effrayée par le grand méchant loup. Cependant, Evan était un loup tout à fait séduisant.

— Nous partirions jeudi soir. La cérémonie de répétition et le dîner auront lieu vendredi, et le mariage samedi. La réception se poursuivra sans doute jusque tard dans la nuit, le plus raisonnable serait de revenir dimanche.

Elle ne manquerait qu'une journée de travail. Personne d'autre que Brock ne serait au courant, et il n'allait certainement pas vendre la mèche.

Elle se demandait pourquoi elle n'avait pas accepté tout de suite. A dire vrai, elle ne pouvait se permettre de refuser. Il l'avait à sa merci et il le savait. Pourtant, elle hésita — peut-être pour lui faire savoir qu'il ne décidait pas de tout.

En réalité, il décidait effectivement de tout, mais cela ne lui ferait pas de mal d'en douter. Au moins pendant quelques secondes.

— D'accord, dit-elle d'une voix aussi calme que possible.

S'attendait-il à ce qu'elle assiste aux festivités ? A en juger par la façon dont il avait présenté la chose, il semblait que oui. Ce serait sans doute pénible de rester en retrait, en attendant qu'il lui accorde un peu de son temps. Ou peut-être envisageait-il qu'elle le suive partout, pour qu'ils puissent avoir des bribes de conversation durant les temps morts.

— Je serai ravi de vous fournir tout ce dont vous pourriez avoir besoin pour le mariage, dit-il.

— Non ! répondit-elle dans un cri du cœur. Je veux dire… c'est inutile. Je me débrouillerai seule sans problème. Dites-moi simplement quel sera le code vestimentaire de rigueur.

Il afficha un sourire narquois.

— Je suis sûr que Bettina, la mariée, souhaite que ce soit très habillé. Avec des tas de paillettes et des roulements de tambour.

Il laissa son regard dériver avec sensualité sur son visage, puis plus bas, jusqu'à ce qu'elle sente le rouge lui monter aux joues.

— Je pense que, quoi que vous portiez, vous serez sensationnelle. La robe que vous aviez au gala était parfaite sur vous.

Elle sentit la rougeur augmenter et pria pour que son visage ne soit pas cramoisi.

— Je suis sûre que je peux trouver une tenue à la fois glamour et clinquante, fit-elle d'un ton léger.

— Il me tarde, dit-il, une lueur d'intérêt dans les yeux.

Le serveur revint avec leurs verres de vin, et Celia prit le sien avec soulagement. Ses mains tremblaient. Et elle était sûre que si elle se levait elle s'effondrerait. Ou qu'elle se foulerait une cheville en essayant de rester en équilibre sur ces escarpins ridiculement hauts.

Elle ferait mieux d'éviter les talons aiguilles sexy durant le week-end. Avec Evan à son côté, elle trébucherait sans cesse.

— Je vous appelle dans la semaine pour vous donner les détails du voyage. Nous prendrons mon jet.

Elle déglutit, puis hocha la tête. Quand elle comprit qu'il avait besoin de son numéro de téléphone, elle chercha une carte de visite dans son sac.

Apparemment, elle avait oublié d'en prendre. Nerveusement, elle arracha une feuille de son bloc-notes, y nota rapidement ses numéros de portable et de téléphone fixe, puis la donna à Evan.

Il considéra un instant le morceau de papier, puis le plia avec soin et le rangea dans la poche poitrine de sa veste, au moment où le serveur leur apportait les menus.

Evan l'interrogea du regard.

— Juste la salade du jour, dit-elle.

Ce dont elle avait vraiment envie, c'était un burger très gras accompagné d'oignons frits, mais elle ne voulait pas effrayer Evan. Ses frères lui reprochaient souvent ses goûts peu délicats, même si c'étaient eux qui les lui avaient transmis.

Evan commanda un steak puis, quand le serveur fut reparti, l'observa avec attention.

Elle pencha la tête sur le côté, s'attendant à ce qu'il lui pose une question, mais il resta muet. Il semblait la sonder, comme s'il voulait découvrir ses secrets les plus sombres et les plus enfouis.

Enfin, il s'adossa contre sa chaise, un sourire satisfait et rayonnant sur le visage.

— Je pense que ce mariage va être amusant, tout compte fait.

4

Celia sortit de l'ascenseur et passa devant Shelby, qui lui fit un signe de la main.

— Plus tard, Shelby, dit-elle en se dirigeant vers le bureau de Brock.

Quand elle arriva devant sa porte, elle faillit heurter Ash, qui sortait du bureau. Il continua droit devant lui, l'air perdu dans ses pensées. Elle n'était même pas sûre qu'il l'ait vue.

Elle passa la tête dans l'embrasure de la porte et poussa un soupir de soulagement quand elle constata que Brock était seul. Il lui fit signe d'entrer.

— Qu'est-ce qui se passe avec Ash ? demanda-t-elle. Il est bizarre ces derniers temps.

Brock semblait ne pas comprendre de quoi elle parlait. C'était bien un homme, pour ne pas avoir remarqué qu'Ash était ailleurs depuis quelques jours. Elle avait entendu Shelby parler d'une rupture avec sa petite amie, ce qui l'avait surprise, car elle ignorait qu'Ash fréquentait quelqu'un. Cela dit, il avait toujours été discret sur sa vie privée.

Elle ne prit pas la peine de s'asseoir. Elle avait trop à faire, et ce qu'elle avait à dire ne prendrait pas longtemps.

— Je dois m'absenter jeudi après-midi.

Brock la fixa un moment, l'air préoccupé, puis posa le stylo avec lequel il jouait.

— Est-ce une urgence ? Tu es censée voir Evan Reese vendredi.

Son ton suggérait qu'il valait mieux qu'elle ait une bonne excuse. Quelqu'un sur son lit de mort attendant sa visite par exemple.

— Je viens de déjeuner avec Evan, justement. Il y a eu un changement de programme. Il doit assister à un mariage à Catalina ce week-end et sera absent vendredi. Il m'a dit qu'il voulait avancer sur cette campagne et qu'il n'avait pas beaucoup de temps pour choisir son agence.

Brock proféra quelques jurons étouffés et reprit son stylo pour le lancer sur le bureau d'un geste rageur.

— C'est pas possible ! Est-ce qu'il va écouter nos propositions un jour ?

Elle prit une profonde inspiration avant d'annoncer la suite.

— Il veut que j'aille à Catalina avec lui. Nous partirions jeudi après-midi. C'est le seul moment qu'il peut m'accorder, et il a promis d'écouter mes idées durant le week-end.

Il l'étudia un instant.

— Je vois.

Oubliant tout ce qu'elle avait à faire, elle s'assit sur une chaise et regarda Brock dans les yeux.

— Je lui ai dit que j'acceptais. J'ai eu le sentiment de ne pas avoir le choix. Il ne l'a pas dit clairement, mais il a laissé entendre que si je n'y allais pas il était prêt à aller voir ailleurs.

— Je pense que tu dois y aller. Est-ce que cela fait de moi une ordure ?

Elle rit et se détendit un peu.

— Non, cela ne fait pas de toi une ordure. J'imagine que je m'inquiète juste des conséquences. C'est stupide, parce que je ne devrais pas m'en soucier. Autrefois, cela ne me serait pas venu à l'idée, mais maintenant je sais ce qu'on dira si ça se sait. Je sais comment les gens déformeront la vérité.

— Tu as mon soutien, Celia, et tu as le soutien de l'agence. Ne doute jamais de cela.

— Merci, Brock, dit-elle avec un sourire reconnaissant.

— Décroche-moi ce contrat, répliqua-t-il d'une voix sourde. C'est le seul merci dont j'ai besoin.

Elle se dirigea vers la porte. Avant de sortir, elle ajouta :

— J'aurai besoin que quelqu'un me remplace vendredi. J'ai deux rendez-vous avec des clients.

— Je vais demander à Jason. Toi, concentre-toi sur Reese. Je compte sur toi pour l'éblouir.

— Je le ferai, dit-elle dans un murmure.

Alors qu'elle rejoignait son bureau, son téléphone sonna. Lorsqu'elle vit le numéro de Noah s'afficher, elle décrocha et ferma la porte derrière elle.

— Je m'emploie à te trouver ta femme de ménage, dit-elle en guise de bonjour.

— Génial, parce que j'ai failli me casser une jambe ce matin au saut du lit. Tu n'imagines pas comme une chaussette qui traîne peut être dangereuse.

— Tu pourrais au moins essayer de ne pas faire fuir la femme de ménage le premier jour ? Ce serait la moindre des choses.

— Bon, dit-il en changeant de sujet, j'ai lu les infos que tu m'as envoyées. J'ai aussi demandé à mon agent de faire quelques recherches. Soit dit en passant, il est ravi que j'envisage d'accepter un contrat publicitaire.

— Dis-lui que j'attends un joli cadeau de Noël en guise de remerciement.

— N'y compte pas trop. Même sa mère n'a pas droit à la moindre étrenne.

D'habitude, elle ne voyait pas d'inconvénient à discuter de tout et de rien avec ses frères, mais elle avait un million de choses à faire avant le départ, parmi lesquelles imaginer comment survivre à un week-end sur une île avec un homme qui semblait annihiler sa raison.

— Alors, ça veut dire que tu vas y réfléchir ?

Comme Noah ne répondait pas, elle retint son souffle.

— Oui. Il semble aussi honnête que tu le dis. Je lui parlerai, en tout cas.

Elle leva un poing en signe de victoire et posa son sac sur son bureau.

— Dis aux publicitaires avec qui il travaille d'appeler mon agent, dit Noah.

— Mais c'est moi, sa publicitaire ! lui rappela-t-elle en riant. Ou du moins, je vais le devenir.

— Est-ce que tu vas chez papa ce week-end ?

Elle grimaça quand elle se souvint qu'elle avait promis à son père d'être là.

— Je crains que non. J'ai un empêchement.

— Tu ne t'arrêtes jamais ? dit-il d'un ton désapprobateur. Tu ne vas pas travailler un dimanche, quand même ?

— Comment sais-tu qu'il s'agit de travail ? se défendit-elle. Peut-être que j'ai un rendez-vous galant.

— C'est ça. A quand remonte ton dernier rendez-vous galant ? Pour toi, il n'y a que le travail.

Pressentant qu'il allait lui faire un nouveau sermon, elle l'interrompit avant qu'il ne s'engage sur ce terrain.

— Bon, il faut que j'y aille, Noah. J'ai un rendez-vous dans cinq minutes. Je t'appelle plus tard, d'accord ?

Avant qu'il puisse la traiter de menteuse, elle raccrocha et s'enfonça dans son fauteuil. Elle laissa échapper un long soupir de soulagement et ferma les yeux.

Tout s'annonçait bien. Il y avait encore quelques obstacles à franchir, mais c'était à sa portée. Tout ce qu'elle avait à faire, c'était aller au bout de ce week-end. Et ensuite, le contrat serait à elle.

On frappa à sa porte. C'était Jason Reagert.

— Brock m'a dit que je devais te remplacer vendredi, je suis venu pour que tu me mettes au parfum.

— Oui, assieds-toi. Donne-moi juste le temps de sortir mes notes.

Jason s'installa face à elle et étendit ses longues jambes entre la chaise et le bureau.

— Alors, comment va Lauren ? demanda-t-elle.

— Enceinte. Irritable. Tu sais, la femme enceinte typique.

Elle lui lança un regard désapprobateur par-dessus le bureau.

— Tu ne le serais pas toi, si tu devais gérer la rétention d'eau, les hormones et un mari obtus ?

— Mais je la gâte, protesta-t-il en riant.

— C'est la moindre des choses. Ah, voilà le dossier.

Elle tendit les documents à Jason.

— Tout ce que tu as besoin de savoir pour le rendez-vous du matin est noté sur les pages un à trois. Ce n'est pas très difficile, ils ont juste besoin qu'on leur tienne un peu la main et qu'on flatte leur ego. Assure-leur que *Maddox* leur concoctera une bonne image et augmentera leur visibilité de trois cents pour cent, et tout ira bien.

Il parcourut les pages, l'air concentré. Elle se sentait rassurée de laisser ses clients aux mains de Jason. Il prenait son travail très au sérieux et, surtout, il était très doué. *Maddox* avait réussi à obtenir un énorme client grâce à lui et, si elle parvenait à ses fins, elle allait le surpasser en amenant Evan Reese.

— Et le rendez-vous de l'après-midi ? dit-il.

— J'espère que tu arriveras à déchiffrer mes notes. J'ai déjà la campagne sur diaporama. Ils doivent la visionner et signer, ou faire part des modifications qu'ils souhaitent pour que nous puissions passer à la phase de production. Insiste bien sur le fait que c'est leur dernière chance de la voir avant qu'elle soit diffusée dans tout le pays, alors assure-toi qu'ils sont satisfaits.

Il hocha la tête et referma le dossier.

— Ne t'inquiète pas, je m'en charge. Brock a dit que tu devais t'absenter. J'espère que tout va bien.

Sa question était subtile, et Celia savait qu'il espérait qu'elle lui expliquerait ses raisons. Elle était reconnaissante à Brock de ne pas avoir dit à Jason où elle allait, ni pourquoi.

— Tout va bien, et merci encore de bien vouloir me remplacer au dernier moment. Je te revaudrai ça. Mes amitiés à Lauren. Il faut que je pense à lui envoyer une carte-cadeau pour mon spa préféré. Je ne pense pas qu'il y ait sur terre une seule femme enceinte qui n'apprécie pas les massages.

— Je ne veux pas qu'un malabar pose ses paluches sur ma femme, dit-il.

— Ta femme est enceinte jusqu'aux yeux, et tu pinailles sur la personne qui aura le droit de lui apporter un peu de soulagement ?

— Oh que oui !

Elle leva les yeux au ciel et le congédia d'un signe de la main.

— Allez, ouste, j'ai du travail.

Dès qu'elle aurait une minute, elle appellerait le spa et prendrait rendez-vous pour Lauren. Avec le plus beau masseur qui soit.

5

La voiture qu'Evan avait envoyée à Celia s'arrêta à quelques mètres de l'avion.

Elle regarda par la vitre et constata qu'il était déjà là.

Quand le chauffeur ouvrit sa portière, elle fut baignée par le soleil d'après-midi. Elle s'empressa de chausser ses lunettes teintées. Ainsi, Evan ne remarquerait peut-être pas qu'elle le dévorait des yeux.

Il portait un jean, un polo et des mocassins. Jusqu'à présent, elle ne l'avait vu qu'en costume et avait cru qu'il ne pourrait jamais être plus séduisant. Comme elle avait eu tort !

Son jean le moulait exactement là où il fallait. Il soulignait ses cuisses puissantes, ses fesses fermes. Ce n'était pas un pantalon neuf et rigide mais délavé et usé, comme un bon jean devait l'être.

— Bonjour, Celia, dit-il tandis qu'elle s'avançait vers lui. Si vous êtes prête, nous pouvons partir.

— Je dois juste prendre mes bagages…

Elle se retourna et constata que le chauffeur tendait déjà sa valise à un homme en uniforme.

— Eh bien, je suis prête, dit-elle gaiement.

Avec un sourire, il l'escorta jusqu'à l'escalier. Elle monta les marches et pénétra à l'intérieur.

En découvrant la cabine, elle écarquilla les yeux et releva ses lunettes pour mieux voir. La décoration était simple et discrète. Cuir et daim, couleurs naturelles, tout portait une touche masculine, jusqu'au parfum qui y flottait. Il n'y avait absolument rien de clinquant, mais elle savait reconnaître le vrai luxe quand elle le voyait.

Au-delà des trois rangées de sièges, il y avait un petit salon, constitué d'un canapé, d'un fauteuil, d'une table basse et d'un téléviseur. Et à sa gauche, entre les sièges et le cockpit, elle aperçut une cuisine.

Un steward d'âge respectable lui souhaita la bienvenue à bord. Tandis qu'Evan et elle s'installaient, il se présenta sous le nom de William et lui demanda si elle voulait boire quelque chose.

— Avez-vous du vin ? demanda-t-elle.

— Bien entendu. M. Reese tient à ce que nous ayons toujours les produits de première nécessité à bord.

Elle était d'accord, un verre de vin faisait partie des nécessités.

Quelques moments plus tard, William revint avec deux verres.

— Monsieur Reese, le pilote vous informe qu'il est prêt à décoller quand vous le souhaitez.

Evan prit un verre et lui tendit l'autre.

— Dites-lui que nous sommes prêts.

— Très bien, monsieur, dit William avant de s'éloigner.

— Etes-vous bien installée ? demanda Evan.

Elle se cala dans son siège et trempa les lèvres dans son verre.

— Très bien installée. C'est un bel avion.

Elle aurait voulu s'asseoir de l'autre côté, pour que l'allée les sépare, mais Evan avait choisi le siège à côté du sien. Le fait qu'il soit si près la mettait au supplice. Son eau de toilette taquinait ses narines, et elle pouvait sentir sa chaleur sur sa peau. Dès qu'il bougeait, son bras effleurait le sien, et à moins de reculer sur son siège — ce qui aurait à coup sûr trahi son trouble — impossible de lui échapper. Mais, au fond, elle n'en avait pas réellement envie.

Elle aurait voulu suggérer de profiter du temps du vol pour aborder ses idées, mais elle ne pouvait se résoudre à laisser le travail briser l'intimité de ce moment.

Quelle intimité ? Ce n'était pas une escapade romantique, se reprit-elle. Elle était là pour affaires, et rien d'autre.

C'était injuste qu'elle soit attirée par quelqu'un avec qui elle espérait travailler. Elle n'avait jamais brisé la règle tacite qu'elle s'était imposée : ne pas mêler vie sentimentale et vie professionnelle. Auparavant, jamais elle n'avait été tentée de sortir avec un de ses supérieurs, ni, pire, avec un client. Et pourtant, les gens penseraient toujours qu'elle avait avancé dans sa carrière en accordant des faveurs sexuelles.

Ces douloureux souvenirs provoquèrent un élan de rage en elle. Elle avait travaillé très dur pour prouver sa valeur à sa famille. Et tout cela pour quoi ? Pour se voir retirer brutalement le fruit de son labeur par un homme en position de force.

Le monde de la publicité était un petit monde, et les ragots y étaient légion. Elle ne se faisait pas d'illusion, elle n'avait pas laissé le passé derrière elle en quittant New York. L'affaire avait été étalée sur la place publique. Et dans les médias.

Elle savait que les gens spéculaient sur son compte. Que ses collègues murmuraient sans doute derrière son dos et qu'ils se demandaient si elle avait couché avec Brock Maddox pour être engagée. Ou pour qu'il lui octroie l'occasion de décrocher le contrat Reese. Ils pensaient probablement qu'elle était prête à faire n'importe quoi pour convaincre Evan.

La seule personne devant laquelle elle avait pris la peine de se défendre était Brock. Lui seul connaissait la vérité sur ce qui s'était réellement passé dans son agence précédente. Et, quand il lui avait assuré qu'elle ne vivrait pas la même situation dans son agence, elle l'avait cru. Peut-être était-ce très naïf de sa part, étant donné l'attitude de son précédent patron, mais Brock lui était apparu comme quelqu'un de profondément honnête. C'était un homme de parole, elle en était certaine.

— Est-ce que tout va bien ?

La question d'Evan l'arracha à ses pensées.

Elle avait serré les poings sans s'en rendre compte, et il avait posé la main sur la sienne, puis doucement déplié ses doigts.

— Vous avez peur de l'avion ?

— Non. Désolée, j'avais l'esprit ailleurs.

Il la regarda intensément, caressant ses lèvres du regard.

— C'est dommage de perdre du temps à ressasser des pensées déplaisantes.

Elle songea à nier, mais se ravisa.

— Prise la main dans le sac, dit-elle avec un sourire contrit.

— J'apprécie l'honnêteté chez une femme.

Ce fut à cet instant qu'elle se rendit compte qu'ils étaient déjà dans les airs. Elle avait été si absorbée qu'elle en avait manqué le décollage.

— Détendez-vous, Celia. Nous aurons tout le temps de parler affaires pendant notre séjour. Commençons notre voyage en profitant de ce vol.

Soit elle était excessivement transparente, soit il avait prévu qu'elle voudrait parler affaires tout de suite. Quoi qu'il en soit, elle était tout à fait encline à reporter leur discussion à plus tard, quand elle se sentirait davantage sur un pied d'égalité. Etre assise dans son jet, si près de lui, à boire son vin… tout cela était plus qu'intimidant.

Il avait laissé sa main sur la sienne et caressait ses doigts. Elle aimait cela. Trop.

Il fallait qu'elle se reprenne et qu'elle se montre professionnelle durant ces quelques jours. Après ce week-end, tout serait plus facile, car elle ne verrait Evan que dans le cadre du travail.

Elle expira longuement pour se calmer. Il était hors de question qu'elle gâche une occasion en or à cause de ses hormones.

Le vol lui parut très court, finalement. Après les premiers moments un peu embarrassés, Celia s'était détendue et avait apprécié de parler de tout et de rien avec Evan. William était revenu régulièrement pour remplir leurs verres de vin et leur proposer des amuse-bouches. Lorsqu'ils atterrirent, elle était totalement décontractée. L'effet du vin, sans doute.

Ils furent accueillis par un représentant de l'hôtel qui les escorta jusqu'à une navette. Il ne leur fallut que quelques minutes pour arriver au luxueux complexe hôtelier, situé en bord de mer.

La vue était époustouflante. Le coucher de soleil donnait aux lieux une ambiance romantique. C'était le cadre idéal pour un mariage, songea-t-elle.

Ils entrèrent dans le hall de l'hôtel, suivis par un groom qui portait leurs bagages.

— Attendez-moi ici, lui dit Evan à l'oreille. Je vais aller chercher les clés de nos chambres.

Avant même qu'il ne s'éloigne, une voix féminine l'interpella.

— Evan ! Oh, Evan tu es là !

Il se raidit contre Celia. Elle était sûre de l'avoir entendu jurer entre ses dents. Elle se retourna et vit une dame élégamment vêtue venir rapidement vers eux.

Derrière elle, un monsieur à l'air austère et un jeune couple la suivaient d'un pas plus lent.

A sa grande surprise, Evan prit sa main gauche dans la sienne. Il joua avec ses doigts tout en affichant un grand sourire. Un sourire qu'elle trouva tout à fait forcé, mais la dame ne sembla pas s'en rendre compte.

La femme jeta ses bras autour d'Evan, et pourtant il ne relâcha pas sa main.

— Bonjour, maman. Je t'avais bien dit que je viendrais.

— Je sais, mais quand Bettina m'a dit qu'elle était allée te voir, et que…

Elle s'interrompit et observa Celia avec curiosité. Puis elle se tourna vers une jeune femme qui devait être Bettina, l'air manifestement confus.

— Mais, ma chère, vous m'aviez dit qu'Evan ne voyait personne et qu'il n'avait dit cela que pour me rassurer.

— Vraiment ? fit Evan d'un ton égal.

Il décocha à Bettina un regard que Celia trouva intimidant.

Sa mère lui donna un petit coup de coude.

— Eh bien, présente-nous, Evan.

— Oui, présente-nous, renchérit Bettina d'une voix glaciale.

Quand Celia sentit un métal froid glisser sur son doigt, elle regretta d'avoir accepté de venir. Elle tenta de libérer sa main pour voir ce qu'Evan avait fait à son doigt, mais il la gardait toujours fermement dans la sienne. Tout cela était très étrange. Elle avait l'impression d'être en terrain miné.

— Maman, papa. Bettina, Mitchell.

Il avait prononcé le dernier prénom avec réticence. Ce devait être le frère d'Evan, car la ressemblance était frappante.

— J'aimerais vous présenter…

Elle le sentit se tendre à côté d'elle, et il serra sa main si fort qu'elle eut presque mal. Il semblait lui envoyer un message silencieux. Mais lequel ?

— J'aimerais vous présenter Celia Taylor. Ma fiancée.

6

Celia se figea et regarda Evan, horrifiée. Elle avait dû mal entendre, certainement. Quel genre de bévue venait-il de faire ?

Elle n’aurait pas su dire qui était le plus abasourdi. Elle, ou la famille d’Evan. Bettina était verte de rage. Mitchell semblait contrarié, tandis que le père d’Evan avait l’air dubitatif. Seule sa mère semblait heureuse de cette nouvelle.

— Oh, Evan, c’est merveilleux !

Celia se retrouva dans les bras de la mère, qui l’étreignit si fort qu’elle faillit étouffer.

— Je suis heureuse de vous rencontrer, ma chère.

Elle tint Celia à bout de bras, puis l’embrassa sur les deux joues. Et, comme si cela ne suffisait pas, elle l’étreignit de nouveau.

Tout cela était insensé. Evan était fou. Et sa famille aussi. Elle aurait voulu laisser exploser sa rage et lui demander dans quel piège il l’avait entraînée quand le père d’Evan posa la main sur l’épaule de son fils.

— Viens avec moi, Evan, nous allons récupérer tes clés. Ensuite tu pourras emmener Celia dans votre chambre.

Evan semblait réticent à l’idée de la laisser seule. Elle imaginait bien pourquoi.

Ce fut alors qu’elle se souvint. Il avait glissé quelque chose à son doigt.

Elle regarda sa main. Et resta stupéfaite. Il avait glissé un énorme solitaire sur son annulaire.

Une vague de fureur l’envahit. Elle compta silencieusement jusqu’à dix pour tenter de se calmer.

Maudit soit Evan. Il avait tout prévu depuis le début ! Personne ne portait sur soi un diamant de cette taille pour le plaisir.

— Bettina, Mitchell, dit la mère d'Evan, allez vous asseoir et commandez-nous à boire. Marshall et moi arriverons dans une minute. Je veux avoir l'occasion de parler à Celia en tête à tête.

Celia la regarda d'un air méfiant.

Quand ils furent assez loin — après que Bettina eut lancé quelques regards assassins à Celia —, la mère d'Evan serra affectueusement ses mains.

— Oh, ma chère, je suis si heureuse de vous connaître. C'est une nouvelle fantastique ! J'étais très inquiète pour Evan. Quand Bettina l'a quitté, il n'a pas très bien pris la chose, mais regardez-vous ! Vous êtes encore plus belle que Bettina ! Je comprends pourquoi Evan est sous le charme.

Celia allait répondre puis se ravisa. Que pourrait-elle dire, d'ailleurs ? A chaque mot que prononçait cette femme, elle était plus furieuse et plus écœurée par cette mascarade.

Elle avait l'impression de jouer dans un feuilleton rocambolesque. Ce genre de scénarios n'arrivait pas dans la vraie vie. Même dans la vie des gens richissimes.

— Au fait, je ne crois pas m'être présentée… Je m'appelle Lucy. Vous pouvez m'appeler par mon prénom. « Mme Reese », cela fait trop sérieux, et puis vous allez bientôt faire partie de la famille.

Elle eut le cœur serré. Lucy était manifestement une femme adorable, ce qui rendait les mensonges d'Evan encore plus horribles. Qu'avait-il bien pu lui passer par la tête ?

Ce fut alors que les paroles de Lucy lui revinrent à l'esprit. Soudain, tout devint clair.

— Bettina et Evan étaient ensemble ? demanda-t-elle.

Lucy rougit légèrement et sembla déconcertée.

— Oh, mon Dieu, j'en ai trop dit ! Je parle toujours beaucoup, je l'avoue. Veuillez me pardonner.

Celia sourit.

— Ça ne fait rien. Je préfère être au courant.

Elle irait droit en enfer pour avoir pris part à ces mensonges. Elle s'assurerait toutefois qu'Evan l'y précède.

— C'est du passé, soyez-en sûre, déclara Lucy.

— Naturellement, dit-elle d'un ton placide.

— Evan et Bettina ont été fiancés très longtemps. A vrai dire, je ne suis pas sûre qu'Evan se soit beaucoup impliqué dans leur relation. Bettina et Mitchell sont tombés amoureux, et il est évident pour tout le monde que ces deux-là étaient faits l'un pour l'autre. Malgré tout, Evan n'a pas bien pris la chose, et si je ne l'avais pas supplié de venir au mariage je ne pense pas qu'il aurait fait le déplacement.

Lucy afficha un grand sourire.

— Bettina m'a laissé entendre qu'Evan faisait semblant d'avoir une petite amie parce qu'il ne s'était pas remis de leur rupture et qu'il ne voulait pas m'inquiéter. Mais je constate que c'est faux. Vous êtes magnifique. Je devine, à la façon dont il vous regarde, qu'il est très épris. Il n'a jamais regardé Bettina de cette façon.

Ce qu'elle avait pu être stupide ! Il devrait y avoir une loi contre la naïveté envers les hommes. Mais, si tel était le cas, elle passerait beaucoup de temps derrière les barreaux.

Dans son dos, elle sentit Evan approcher. Elle se retourna vers lui et soutint son regard, sans essayer le moins du monde de masquer sa colère. Il avait déjà de la chance qu'elle apprécie sa mère, sinon elle l'aurait déjà dénoncé devant tous les gens présents dans le hall.

La pauvre femme ne méritait pas d'être humiliée simplement parce que son fils était une crapule de première classe.

Evan la regarda avec méfiance avant de se tourner vers sa mère.

— Nous discuterons demain, maman, d'accord ? Celia et moi avons eu une longue journée et nous aimerions dîner dans notre chambre.

Lucy tapota la joue de son fils puis l'embrassa.

— Bien sûr, mon chéri. Je vous verrai tous les deux demain, à la répétition.

Elle serra la main de Celia.

— C'était un vrai plaisir de faire votre connaissance, Celia.

Elle rejoignit son mari, et tous deux se dirigèrent vers le restaurant, la laissant seule avec Evan, au milieu du hall.

— Nous sommes au dernier étage, dit-il d'une voix calme.

Ils prirent l'ascenseur et montèrent en silence, dans une tension si palpable que Celia eut l'impression que la cabine allait exploser. Elle dut faire un immense effort pour ne pas trépigner d'énervement.

Quand, enfin, les portes s'ouvrirent, elle sortit et jeta un coup d'œil dans le couloir.

— Ma clé, dit-elle d'une voix tranchante. Quelle est ma chambre ?

Il poussa un soupir et désigna le bout du couloir.

— Nous sommes dans la suite à deux chambres, au fond.

C'était le bouquet ! Elle lui arracha la clé magnétique des mains, puis remonta le couloir d'un pas décidé. S'il croyait qu'elle allait partager sa suite, il se trompait lourdement. Il n'avait qu'à se trouver une autre chambre, ou partager celle de son frère. Ils avaient sûrement beaucoup de choses à se dire. Ils pourraient peut-être comparer leurs impressions sur Bettina.

Elle glissa la clé dans la fente magnétique et ouvrit la porte d'un geste rageur. Puis elle la claqua au nez d'Evan.

Elle avait les pieds en compote et elle était affamée. Et surtout, elle devait trouver une solution pour fuir cette fichue île.

Elle envoya valser ses chaussures, puis s'assit sur le bord du canapé, près de la table sur laquelle se trouvaient le répertoire de l'hôtel et un téléphone. A la réception, quelqu'un pourrait sûrement l'aider à organiser son départ.

Quand elle entendit la porte s'ouvrir, elle se leva d'un bond et décocha un regard noir à Evan, qui brandit une seconde clé en guise d'explication.

Il semblait fatigué, et résigné.

— Ecoutez, je sais que vous êtes en colère.

Elle leva les deux mains en l'air.

— Ne vous avisez pas de prendre cet air supérieur avec moi. En colère, le mot est faible. Vous n'avez pas idée à quel point je suis furieuse.

Il poussa un soupir et passa une main dans ses cheveux. Puis il jeta sa veste sur le canapé.

— Sortez d'ici, dit-elle en pointant un doigt tremblant sur la porte. Je refuse de partager cette suite avec vous. Je me fiche qu'il y ait deux chambres.

— J'ai besoin d'un verre, dit Evan, marmonnant.

Il ne voulait pas se défendre, alors qu'elle voulait en découdre.

— Vous n'avez jamais eu l'intention d'écouter mes idées, n'est-ce pas ?

Il eut l'audace de prendre un air surpris.

— J'ai été tellement stupide. Je n'arrive pas à croire que j'ai cru ces sottises ! C'était le seul créneau que vous pouviez m'accorder… Ce que j'ai pu être naïve !

Il haussa la main et fit un pas dans sa direction.

— Celia…

— Arrêtez avec vos « Celia » ! dit-elle en fulminant.

Elle maudit les larmes qui lui montaient aux yeux. Elle ne pleurerait pas à cause d'Evan. Les hommes l'avaient suffisamment fait pleurer comme ça.

Il fallait qu'elle rassemble ses esprits et qu'elle agisse en professionnelle. Mais, à cet instant, elle avait des mots très impolis et très peu professionnels sur le bout de la langue.

Tant pis pour le professionnalisme !

— J'ai eu mon compte d'hommes qui me manipulent à cause de mon physique. Je ne peux pas changer mon apparence, et cela ne vous donne pas le droit de vous servir de moi, ou de faire des suppositions sur ma personnalité. Et cela ne vous donne absolument pas le droit de vous servir de moi pour mentir à votre mère, parce que votre fiancée vous a humilié en vous laissant tomber pour votre petit frère. Et vous savez quoi ? Tout le monde a ses petits problèmes. Tournez la page.

Evan la prit par les épaules. Elle tenta de se dégager, mais il tint bon. Il y avait un regret sincère dans ses yeux, mais aussi de la détermination.

— Asseyez-vous, Celia, dit-il à voix basse d'un ton sans appel.

Comme elle refusait d'obéir, il insista :

— S'il vous plaît.

Ce fut la requête polie qui la fit céder. Ou peut-être la fatigue et la résignation qui avaient affleuré dans sa voix. Ou encore, la lueur blafarde dans ses yeux. Autre hypothèse, elle n'était qu'une idiote et elle méritait tout ce qu'elle subissait pour s'être laissé embarquer dans cette histoire.

Elle s'affala sur le canapé, le corps tremblant. Evan s'assit à côté d'elle.

— Je suis désolé. Je sais que vous ne me croirez peut-être pas, mais je n'ai jamais voulu vous blesser. Je vous le jure.

Elle lui lança un regard de côté.

— Quelqu'un vous a vraiment joué un sale tour, n'est-ce pas ? dit-il avec un soupir.

Elle se détourna pour qu'il ne lise pas la réponse sur son visage.

— Celia, regardez-moi.

Elle ne l'écouta pas. Pourtant, il attendit, sans rien dire. Enfin, elle céda et se tourna vers lui.

— J'ai tout gâché. Je l'admets volontiers. Je croyais avoir le temps de vous expliquer mon projet avant que nous ne tombions sur ma famille.

Elle s'efforça de maîtriser sa colère. Evan voulait de toute évidence avoir une discussion raisonnable, mais elle se sentait tout sauf raisonnable. Ce qu'elle avait vraiment envie de faire, c'était lui décocher une droite et partir mais, si elle faisait cela, elle n'aurait plus de chambre, et si quelqu'un devait dormir dans le couloir ce n'était certainement pas elle.

— Tout d'abord, dit-il, sachez que cela n'a rien à voir — absolument rien — avec le fait que vous décrochiez un contrat avec moi. Vous devrez me convaincre grâce à votre talent de publicitaire. Je ne vais pas mettre mon entreprise tout entière entre les mains d'une femme en me fondant sur son apparence ou quoi que ce soit d'autre que ses compétences. Pouvez-vous au moins me croire sur ce point ?

Elle déglutit.

— Ce n'est pas ainsi que je ressens les choses, Evan. J'ai l'impression que vous vous êtes moqué de moi et que vous m'avez amenée ici sous prétexte d'écouter mes idées, alors que vous n'aviez aucune intention de faire affaire avec moi. Dites-moi, avez-vous déjà signé avec *Golden Gate Promotions* ? Soyez honnête, vous me devez bien cela.

Il plongea la main dans ses cheveux et ferma les yeux.

— Vous êtes furieuse. Et vous êtes tout à fait en droit de l'être, mais voulez-vous bien écouter mon explication ? Si, malgré tout, vous voulez que je disparaisse, je vous promets que vous n'entendrez plus jamais parler de moi.

— A mon avis, vous savez que je n'ai pas d'autre choix que de vous écouter.

— J'essaierai d'être aussi concis que possible.

Elle hocha la tête.

— Je n'avais pas la moindre intention de venir à ce maudit mariage. Je me contrefiche de Bettina et Mitchell et je n'avais aucune envie d'assister à leur mariage. Mais ma mère m'a supplié de venir. Elle craignait que j'aie encore des sentiments pour Bettina, et que ce soit la raison pour laquelle je refusais de venir. Ma mère a un cœur d'or mais, manifestement, elle ne me connaît pas du tout. Sinon, elle aurait compris que Bettina n'a absolument plus compté pour moi dès l'instant où elle m'a quitté pour ce qu'elle croyait être le meilleur parti.

— C'est terrible, dit-elle dans un murmure.

— Vous trouvez ? Je ne fais que dire la vérité. Bettina est calculatrice. Elle m'a laissé tomber pour Mitchell dès qu'elle a su que c'était lui qui succéderait à mon père à la tête de la société de joaillerie. Pour elle, c'était la perspective d'une vie plus glamour. J'aimerais être là quand elle comprendra à quel point elle s'est trompée.

Elle sourit.

— Vous n'êtes pas du tout rancunier, à ce que je vois, dit-elle, ironique.

Il sourit.

— Je n'ai peut-être aucun amour pour cette femme et je ne suis pas du tout navré qu'elle soit sortie de ma vie, mais le fait est que c'est une garce manipulatrice, et que je ne serais pas triste de la voir souffrir du choix qu'elle a fait.

— Donc, votre mère pense que vous aimez encore Bettina. Voilà pourquoi vous m'avez entraînée dans cette mascarade. Et cela me gêne beaucoup, parce que votre mère est sympathique. Je me sens très mal de lui mentir.

— Mettez-vous à ma place. Après ce coup de fil de ma mère, j'étais en colère, parce que je l'avais laissée me convaincre, et j'ai dit à la dernière minute que je viendrais avec une femme. Je comptais vraiment emmener une ancienne relation. Puis je me suis souvenu que vendredi j'étais censé vous voir, et que ce rendez-vous était très important pour moi. Il m'a alors semblé logique de combiner les deux et de vous emmener avec moi. Quand je vous ai dit que je voulais choisir une agence rapidement, c'était la vérité. J'ai déjà perdu des semaines à écouter des propositions. Je suis prêt à passer au stade supérieur.

— Je sens qu'il y a un « mais », dit-elle d'une voix sourde.

— Le « mais » est apparu quand Bettina en personne est venue me voir. Elle était furieuse que j'aie l'audace d'amener quelqu'un à son mariage. Elle avait l'impression que je faisais cela pour la contrarier. Figurez-vous qu'elle pense vraiment que je l'aime toujours. Elle m'a accusé de mentir et d'essayer de lui voler la vedette le jour de son mariage.

Elle éclata de rire. Dire qu'il n'avait rien vu ! C'était un homme, un vrai.

— Qu'y a-t-il de si drôle ? demanda-t-il, piqué au vif.

— Vous ne voyez donc pas ? Elle vous a accusé de faire ce que vous avez précisément fait.

Il sembla déconcerté, puis eut un air un peu penaud.

— Bon, je l'avoue. Je suis un homme immature et égoïste. L'ego masculin est à l'évidence fragile, je pense que vous me l'accorderez. Oui, il m'est venu à l'esprit de récupérer un peu du mien en paradant au bras d'une femme magnifique et éblouissante. Je plaide coupable. J'ai même imaginé un scénario de fiançailles complet avec la bague, parce que je me suis dit que c'était la meilleure façon de ne plus les avoir sur le dos.

Au moins, il était honnête, songea-t-elle en fermant les yeux.

— Celia, regardez-moi, s'il vous plaît.

Une fois de plus, elle obtempéra et fixa ses yeux d'un vert intense. Il semblait sincère et il avait l'air… inquiet.

— Je n'ai pas fait cela pour vous blesser, je vous le jure. Je me suis dit que si je vous demandais simplement de me rendre ce service vous n'auriez jamais accepté de venir avec moi, même si je vous promettais d'écouter vos propositions.

— Alors vous m'avez tendu une embuscade, dit-elle sèchement.

— Ça ne s'est pas passé exactement comme je l'avais prévu. J'avais espéré partager un bon dîner avec vous, ici, dans notre suite, et je vous aurais ensuite demandé de me rendre un service personnel. J'allais vous expliquer tout le scénario et vous demander de le jouer avec moi, le temps d'un week-end. Mais tout s'est écroulé quand nous sommes tombés sur mes parents.

Il posa la main sur la sienne, et elle se laissa faire. Elle devait se lever. Elle aurait déjà dû être en train de rentrer à San Francisco et d'appeler Brock pour lui dire qu'il lui serait impossible de lui apporter le contrat Evan Reese sur un plateau.

Elle serra les lèvres et tenta de rassembler ses pensées éparses.

— Donc, vous voulez que je fasse semblant d'être votre fiancée.

Elle tendit la main pour observer l'énorme diamant à son doigt.

— En portant une bague magnifique, ajouta-t-elle. Que se passera-t-il après le mariage ?

— Eh bien, nous romprons en douceur, plus tard. Ils ne verront jamais la différence, car je ne vois pas ma famille très souvent. Un jour, ma mère m'appellera et je dirai simplement que nous avons rompu. Et ce sera terminé.

Elle secoua la tête.

— Tout cela parce que vous ne supportiez pas l'idée que votre fiancée vous croie encore épris d'elle ?

— Ce n'est pas si simple. Il y a d'autres facteurs. D'ailleurs, nous avons déjà établi le fait que je suis un mâle immature et égoïste, inutile de revenir là-dessus.

— Pauvre petit malheureux, dit-elle, riant de son regard contrarié. Je n'arrive même pas à croire que j'envisage de vous suivre dans cette histoire.

— Mais vous l'envisagez, répondit-il, le regard soudain aiguisé.

— Oui, c'est vrai. J'ai un faible pour les hommes immatures et égoïstes. Mais nous devons établir quelques règles de base.

— Bien sûr, dit-il d'un ton sérieux.

— Ma réputation compte plus que tout pour moi, Evan. Je refuse qu'il y ait le moindre soupçon d'inconvenance sur ce contrat. Je ne veux pas qu'on raconte partout que j'ai obtenu ce marché parce que j'ai couché avec vous.

Une lueur qui ressemblait dangereusement à du désir passa dans son regard. Mais, bien vite, il reprit un air sérieux.

— Ce service n'a rien à voir avec le travail. Si je n'aime

pas vos idées, vous rentrerez chez vous, c'est aussi simple que cela. Le fait d'accepter de jouer les fausses fiancées ne vous apportera rien de plus que ma gratitude. Cela ne vous amènera pas *Reese Enterprises*. Sommes-nous clairs là-dessus ?

— Tout à fait. Dites-moi, Evan, si je refuse de jouer les fiancées, écouterez-vous quand même mon projet ? Envisagerez-vous même de travailler avec *Maddox* ?

— Eh bien, j'ai un ego fragile, vous vous souvenez ?

— Voulez-vous bien être sérieux une minute ?

Un sourire naquit au coin de ses lèvres. Elle aurait dû être folle de rage contre cet homme, et pas amusée par son esprit. Et elle ne devrait vraiment pas être charmée par son espièglerie ou sa franchise.

— Je vais vous dire, Celia. J'avais prévu de vous inviter à dîner pour vous expliquer mon plan et vous supplier de l'exécuter avec moi. Puis, demain matin, nous aurions eu notre rendez-vous professionnel, dans l'intimité de notre suite. Ensuite, nous aurions continué à mentir à mon stupide frère et sa future femme cupide et manipulatrice. Vous voyez ? Les deux choses sont complètement séparées.

— Vous êtes tout à fait irrévérencieux, et je m'en veux d'apprécier cela à ce point.

Il sourit.

— Vous êtes aussi diabolique que moi, admettez-le.

— J'aurais eu bien besoin d'un peu de votre machiavélisme par le passé. Je vous envie votre côté vindicatif envers les gens qui vous ont fait du mal. Je devrais en prendre de la graine.

— Que vous est-il arrivé, Celia ?

Elle rougit et se détourna.

— Rien. C'est du passé, et je veux que cela reste ainsi.

— D'accord. Je comprends. Mais j'espère qu'un jour vous me raconterez.

— Nous n'avons pas à devenir amis, déclara-t-elle d'un ton léger.

— Non, dit-il d'une voix plus basse. C'est inutile. Pour l'instant.

Son regard ne trahit pas ses pensées.

Sa gorge se noua. Elle espérait qu'elle ne commettait pas une énorme erreur.

— Vous vous inquiétez de la position dans laquelle je vous ai placée, dit-il comme s'il devinait ses pensées. Mais à la vérité, si je n'aime pas vos idées demain, qu'est-ce qui me dit que vous n'allez pas me laisser seul pour affronter les festivités ? Je dirais que cela vous donne plus de pouvoir sur moi que je n'en ai sur vous.

— Ou vous pourriez dire que vous aimez mes idées uniquement pour que je continue de jouer mon rôle. Rien ne me dit que vous ne me laisserez pas tomber à la minute où nous rentrerons à San Francisco.

— C'est vrai. Il semblerait que nous devions nous accorder une confiance mutuelle dans cette affaire.

Evan avait toujours la main sur la sienne. Lorsqu'il caressa sa paume avec son pouce, elle sentit une douce chaleur l'envahir.

Elle appréciait Evan. Elle l'appréciait vraiment, ce stupide guet-apens mis à part.

Par-dessus tout, elle aimait son honnêteté. Il ne s'était pas dérobé devant l'image que la situation donnait de lui et n'avait rien édulcoré. L'impression que cela donnait de lui n'était pas noble, loin s'en fallait, mais elle ne pouvait s'empêcher de penser qu'il l'était. Noble, et honnête.

L'anneau à son doigt étincelait et brillait sous la lumière. L'espace d'un instant, elle se laissa aller à imaginer que tout cela soit réel. Mais, bien vite, elle se reprit et s'intima d'oublier cette folie.

Elle avait une mission à accomplir. Elle devait impressionner Evan par son intelligence, sa créativité, son ambition et sa détermination. Elle en était capable. Et, si cela signifiait aller au-delà de son champ de compétences pour lui rendre un service personnel, eh bien soit. Trop de gens comptaient sur elle.

Evan se sentait sans doute tout aussi mal à l'aise qu'elle, mais ce n'était pas à elle de remettre en cause ses motivations. Il ne voulait pas que son frère et son ex-fiancée le voient souffrir, et elle pouvait très bien le comprendre. Plutôt mourir que de laisser son ancien patron et sa machiavélique épouse savoir à quel point ils l'avaient détruite.

— D'accord, Evan. Je vais le faire.

Le triomphe et le soulagement se peignirent sur ses traits.

— Merci, Celia. Plus que tout, je vous remercie de ne pas avoir réagi devant ma famille. Je le méritais pourtant, étant donné la façon dont je vous ai embarquée dans cette histoire.

— Si nous avons fini avec ce sujet, pouvons-nous dîner ? Je meurs de faim. Vous pourrez me dire tout ce que j'ai besoin de savoir, par exemple me raconter comment nous nous sommes rencontrés et quand vous m'avez demandée en mariage, mais pas avant que j'aie eu quelque chose à manger.

Il saisit son menton dans sa main et tourna son visage vers le sien. Leurs lèvres étaient si proches qu'elle sentait son souffle chaud effleurer sa bouche. Elle déglutit en se demandant s'il allait l'embrasser. Allait-elle le laisser faire ? Ou était-ce elle qui l'embrasserait ?

— Merci, dit-il d'une voix profonde.

Puis il recula.

Et, à son grand désarroi, elle fut envahie par la déception.

7

Evan observa Celia. Elle était assise sur le canapé, le dos appuyé contre un bras et les genoux repliés. Elle semblait tout à fait détendue, ce qui était plutôt inespéré, étant donné la façon stupide dont il l'avait entraînée dans cette histoire de fausses fiançailles.

La colère initiale passée, cependant, elle s'était calmée et avait bien pris la chose. Il fallait l'admettre, il l'appréciait. Bien sûr, elle l'attirait physiquement, mais il aimait aussi sa compagnie.

S'il avait un peu de jugeote, il prendrait cela comme un énorme avertissement. Il garderait ses distances et ne s'impliquerait pas. Mais il n'avait jamais prétendu avoir beaucoup de jugeote.

Celia s'était changée et avait enfilé un jogging des San Francisco Tide. C'était étrange, il ne l'aurait pas cru fan de base-ball.

Elle était pieds nus, et il observa ses orteils, vernis dans une délicate nuance rose pâle. Oui, même ses pieds l'attiraient. Ils étaient si petits, si délicats…

Il était en train de perdre la tête, c'était sûr à présent.

Elle avala une nouvelle bouchée, puis soupira et posa son assiette sur la table basse.

— C'était exquis. J'ai tant mangé que je ne rentrerai plus dans la robe pailletée que j'ai achetée pour le mariage.

Cette remarque fit naître une idée splendide dans son esprit. Il les imagina tous deux manquer le mariage et rester au lit, là où les vêtements étaient en option.

Il s'agita sur son siège et se demanda pour la énième fois pourquoi il se torturait ainsi.

— Dites-moi, Evan, fit-elle en se calant plus confortablement contre les coussins du canapé, qu'est-ce qui vous a poussé à quitter l'entreprise familiale et à bâtir votre empire dans un domaine aussi différent de la joaillerie ?

Cela ne l'étonnait guère qu'elle en sache autant sur son passé. Elle avait sans doute fait des recherches approfondies à son sujet. Cependant, il hésitait à lui répondre.

Mais, lorsqu'il plongea son regard dans le sien, il ne vit que de la simple curiosité sur son visage. Pas de motif caché, juste de l'intérêt.

— Il y avait plusieurs raisons, répondit-il enfin. L'émotion n'a pas sa place dans les affaires, et pourtant je me suis retrouvé à prendre des décisions émotionnelles.

— Je suis étonnée que vous l'admettiez. Ça ne colle pas avec votre personnage d'homme d'affaires dur et impitoyable.

— D'accord, dit-il en souriant, seulement une partie de ma décision était fondée sur l'émotion. Je n'étais pas d'accord avec la gestion de mon père. Pour vous dire la vérité, sa société connaît quelques difficultés. J'ai vu les ennuis se profiler il y a des années, mais mon père était dans le déni. Il ne voyait pas de raison de changer la façon dont il dirigeait les choses, puisque cela avait fonctionné pendant des décennies.

Il marqua une pause avant de poursuivre.

— L'autre raison était que je ne m'entends pas très bien ni avec Mitchell ni avec lui.

— C'était inutile de le préciser.

— Oui, c'est vrai, dit-il avec un petit rire. Mitchell… on pourrait le décrire de bien des manières, mais je me contenterai de dire que c'est un lèche-bottes paresseux et sans ambition. Parce qu'il était le petit dernier, il n'a jamais vraiment eu à travailler pour quoi que ce soit. On lui a tout offert sur un plateau, depuis qu'il est enfant. Résultat, il se croit tout permis. Quand je travaillais dur pour obtenir quelque chose, il voulait systématiquement me prendre le fruit de mon travail. Et papa le lui donnait.

— Je crois que je commence à comprendre l'histoire de la fiancée.

— Oui, le grand mariage d'amour de Mitchell et Bettina n'est qu'une illusion, j'en suis sûr. J'avais Bettina, alors Mitchell a décidé qu'il la voulait. Bettina a vu dans la nomination de Mitchell au poste de P.-D.G. son moyen d'accéder à une vie luxueuse.

— Et Bettina et vous ? Etait-ce l'amour vrai ? demanda-t-elle doucement.

Il fit la moue et poussa un long soupir.

— C'est là que je passe pour un goujat.

Elle rit.

— Vous, un goujat ? Vous plaisantez.

— Inutile d'en rajouter. J'ai admis mes défauts.

— Mais continuez, je vous en prie. Je meurs d'envie d'entendre quel pauvre type vous êtes.

Elle avait le regard espiègle et, plus que jamais, il eut envie de l'embrasser. Et pourtant, il s'apprêtait à lui raconter des choses qu'il ne dirait jamais à une femme qu'il comptait séduire.

— Bettina ne représentait pas un défi pour moi. Quand je l'ai rencontrée, j'employais tout mon temps à faire démarrer mon entreprise. C'était excitant, euphorisant, et j'ai dépassé mes espoirs les plus fous. Tout dans ma vie se mettait en place plus vite que je ne l'avais prévu. Dans mon esprit, tout ce qui me manquait pour achever l'image de perfection que j'avais bâtie, c'était une épouse et une famille. Une belle maison dans une banlieue huppée. Je m'imaginais rentrer le soir après une folle journée pour retrouver une épouse qui aurait préparé le dîner. Les enfants auraient pris leur bain et seraient bien éduqués. Même le chien aurait le bon comportement. Je voulais — je veux toujours — une femme qui me ferait passer en premier.

A sa grande surprise, elle gloussa, puis éclata de rire.

— Je crois bien que vous vous moquez de moi, dit-il.

— Moi ? répliqua-t-elle en essuyant les larmes qui perlaient au coin de ses yeux. Oh, Evan, vous avez vraiment vu les choses en grand !

— Eh bien, c'était un joli rêve le temps que ça a duré, marmonna-t-il. J'ai regardé autour de moi, et il y avait Bettina. Je n'avais pas eu le temps de comprendre quel était mon idéal féminin. Je voulais que ma vie soit parfaite et je ne voulais pas attendre. Alors je lui ai demandé de m'épouser, elle a dit oui, je lui ai offert une bague, et voilà.

— Et pourtant, vous êtes ici. Avec moi. La fausse fiancée.

Il lui lança un regard noir, ce qui ne suscita comme réaction qu'un nouveau rire de sa part.

— Et ensuite, que s'est-il passé ? En dehors du fait que Mitchell se soit comporté comme un nigaud trop gâté.

Il appréciait vraiment Celia. Elle faisait du bien à son ego, même quand elle le mettait à mal.

— Bettina a voulu aussitôt fixer une date de mariage. Elle avait prévu une grande cérémonie. Elle avait même choisi la destination de notre lune de miel. Et les prénoms de mes enfants.

— Etant donné votre rêve, j'aurais cru que cela vous aurait ravi.

— Oui, c'est ce que je croyais aussi. Mais je me suis surpris à reculer. Je ne cessais de trouver des excuses pour prolonger nos fiançailles. Je prétextais que mon travail prenait tout mon temps. Avant que je m'en rende compte, une année s'était écoulée, et mon mariage était reporté d'un an. Pire, j'étais content de la situation.

— L'avez-vous jamais aimée ? demanda-t-elle d'une voix calme.

— Non. Non, je ne l'ai jamais aimée. C'est la raison pour laquelle je ne peux pas vraiment lui en vouloir de m'avoir quitté. Notre mariage aurait été un désastre dès que j'aurais compris que la réalité n'était pas à la hauteur du rêve que je m'étais créé. Simplement, je ne pensais pas qu'elle me laisserait tomber pour Mitchell, ou que Mitchell chasserait sur mes terres.

— Oui, je comprends.

— Je les ai surpris au lit, vous savez. Un scénario tristement banal, n'est-ce pas ? Le pire, c'est que quand je les ai surpris je me suis mis à rire, parce que pour moi c'était simplement une nouvelle étape dans une relation déjà vouée à l'échec. Je les ai chassés de mon appartement et je les ai rayés de ma vie.

Celia prit un air songeur.

— Donc, vous n'avez pas nécessairement un problème avec le fait qu'elle ait trouvé quelqu'un d'autre. Ou qu'elle vous ait trompé. Ce qui vous gêne, c'est uniquement la personne avec qui elle vous a trompé.

Il hocha la tête et frotta sa nuque pour dissiper un peu de

tension et de fatigue. Le simple fait de parler du passé avait réveillé sa colère.

— Oui, je sais que c'est stupide. Elle aurait pu me tromper avec un associé, mon directeur adjoint, ou même mon chauffeur. Ça ne m'aurait pas dérangé. J'aurais même pu donner une augmentation à son amant ! Mais mon frère. Mon frère trop gâté. Non, ça, je ne pouvais pas le pardonner.

— Eh bien, si leur relation est fondée sur ce que vous dites, alors, j'imagine qu'ils vont souffrir suffisamment sans que vous ayez besoin d'en rajouter.

Il la considéra un long moment.

— Vous n'allez pas me faire un sermon parce que je nourris une rancune puérile ?

Elle sourit, et ses magnifiques yeux verts brillèrent d'un tel éclat qu'il en eut le souffle coupé.

— Non, pas du tout. Etant donné que je nourris mes propres rancœurs et que je ne compte pas les oublier de sitôt, je pourrais difficilement vous reprocher la même chose.

— Oh, racontez-moi. Vous semblez si… malveillante. J'aime ça, dit-il d'un ton taquin.

Elle prit un air sérieux et se détourna, les lèvres serrées. Il regretta que la légèreté du moment se soit envolée. Il voulait peut-être connaître ses secrets, mais il voulait surtout la voir rire et sourire.

Pour dissiper la soudaine pesanteur qui s'était installée, il alla servir deux verres de vin. Sans un mot, il lui en tendit un, et elle l'accepta d'un air reconnaissant.

Il voulait tant la toucher. Il voulait effacer cet air triste et embrasser sa bouche pulpeuse, jusqu'à ce qu'elle ne puisse plus respirer.

Au prix d'un véritable effort, il retourna sur sa chaise et observa les restes du dîner sur la table basse. Ils burent leur vin en silence, pendant que la nuit tombait.

Après un long moment, il posa son verre sur la table et fixa ses mains. Il les imagina en train d'explorer le corps de Celia. Lorsqu'il leva les yeux vers elle, il constata qu'elle l'étudiait avec le même intérêt.

Donc, elle n'était pas indifférente. Elle aussi ressentait cette attirance magnétique entre eux.

— Qu'allons-nous faire, Celia ? dit-il d'une voix sourde.

Il la vit déglutir nerveusement. Mais elle ne répondit pas.

— Je vous désire tant que j'en souffre, reprit-il, n'y tenant plus. Et cela depuis des semaines. Chaque fois que je vous regarde, j'ai tellement envie de vous toucher que je ne peux plus réfléchir. J'ai songé à toutes les façons de vous expliquer que notre relation professionnelle n'avait rien à voir avec le désir que je ressens pour vous. Mais au fond je m'en moque. Je vous veux et je me fiche de ce que je devrai faire pour vous avoir.

A son grand désarroi, elle ouvrit de grands yeux effrayés. Il ne voulait surtout pas qu'elle ait peur de lui.

— Vous aussi, vous éprouvez de l'attirance, affirma-t-il. Ne le niez pas, au moins.

Lentement, elle hocha la tête et passa une main tremblante dans ses cheveux.

— S'il vous plaît, dit-elle d'une voix blanche. Je ne peux pas faire ça, Evan. C'est la seule chose que je ne peux pas faire. Si vous voulez que j'avoue, d'accord. J'ai envie de vous. Plus que je n'ai jamais eu envie de quiconque.

Cette simple déclaration déclencha une satisfaction primaire en lui.

Elle reposa ses pieds au sol et sembla tour à tour malheureuse et effrayée. Puis elle ferma les yeux, comme si elle s'en voulait.

— Je ne sais pas à quoi vous pensez, mais cela ne me dit rien qui vaille, déclara-t-il. J'ai l'impression que vous vous reprochez des choses, mais je peux vous assurer que vous ne vous êtes pas servie de votre charme pour m'inciter à signer avec *Maddox*. Je vous ai désirée dès que je vous ai vue. Vous voulez savoir à quand cela remonte, Celia ? Allez-y, demandez-moi, lança-t-il avec un air de défi.

Elle se tourna vers lui, le visage soudain blême et tendu.

— Qu-quand ?

— A la réception de Sutherland. Vous étiez avec un de vos clients. Copeland, si ma mémoire est bonne. Le géant de la grande distribution.

— Mais vous étiez encore chez *Rencom* à l'époque, dit-elle, surprise.

— Précisément. Je vous ai aperçue, et vous m'avez coupé le souffle. Vous voulez connaître un autre de mes péchés, Celia ? J'étais encore fiancé à Bettina. C'était une semaine avant que je ne la surprenne au lit avec Mitchell. Mais je m'en moquais. Je vous désirais tellement ! Tant pis si cela fait de moi un goujat. Mais ne me dites pas que cela a quoi que ce soit à voir avec votre présentation.

Il s'assit sur le canapé et s'approcha d'elle, tel un prédateur guettant sa proie. Son parfum délicat et féminin, qu'il pouvait reconnaître entre mille, excita ses sens déjà aiguisés.

Elle l'observa d'un regard à la fois prudent et confus. Mais, dans les profondeurs émeraude de ses yeux, il crut déceler autre chose. Du désir. Un désir égal au sien. Elle avait envie de lui. Peut-être autant qu'il avait envie d'elle.

— Vous voulez savoir autre chose ? murmura-t-il. J'ai presque écarté *Maddox* de la course. Parce que je ne voulais pas que cela interfère avec le fait que je voulais vous séduire.

Il était tout près d'elle à présent. Si près qu'il sentait chaque petit souffle qui s'échappait de ses lèvres. Ses lèvres généreuses et douces. Il voulait les goûter et les savourer longuement, comme une exquise friandise.

— Qu'est-ce… qui vous a fait changer d'avis ?

— Je suis parfaitement capable de séparer travail et plaisir, dit-il calmement.

— Evan, nous ne pouvons pas faire cela.

Elle posa la main sur son torse pour le repousser. Enorme erreur. Un courant d'électricité le traversa, qui les fit sursauter tous les deux, mais avant qu'elle puisse reculer il piégea sa main dans la sienne.

— Juste un baiser, Celia. Un seul. Il faut que je vous embrasse. C'est tout ce que j'exigerai pour l'instant. Ensuite, je pourrai attendre, jusqu'à ce que j'aie choisi ma nouvelle agence.

Sans attendre son consentement, il posa les lèvres sur les siennes. Enfin.

Sa douceur explosa sur sa langue dès l'instant où il la passa sur ses lèvres. Elle haleta de surprise et entrouvrit la bouche, et il en profita pour y glisser sa langue.

Elle émit un gémissement exquis, et il mordilla sa lèvre inférieure.

Elle joua de façon hésitante avec ses lèvres, par petites touches, puis devint plus audacieuse.

Il plongea les mains dans sa chevelure rousse. Il adorait ses cheveux. Ils étaient longs, magnifiques, et leur couleur lui évoquait un coucher de soleil flamboyant dans le désert.

La tentation était trop grande. Il lui retira sa pince, comme il en avait rêvé tant de fois, et les libéra enfin. Ils retombèrent en cascade le long de son dos, sur ses mains, comme une vague de soie.

Il n'avait pas envie que le moment se termine. Il aurait pu passer des heures à l'embrasser, mais il voulait davantage. Il voulait promener sa bouche le long de son cou. La déshabiller pour explorer sa peau douce avec les lèvres.

Il voulait tenir ses seins dans ses mains, tester la saveur de ses mamelons, les aspirer dans sa bouche.

Bientôt. Bientôt, il la déshabillerait totalement. Et il prendrait possession de son corps.

Il interrompit leur baiser pour reprendre son souffle, attendit qu'elle en fasse autant, puis lécha un coin de sa bouche et continua jusqu'à l'autre extrémité.

Elle remonta ses mains frêles sur son torse, laissant une traînée de désir irrépressible dans son sillage. Tout son corps s'éveillait à la vie, alors qu'elle n'avait fait que le toucher. Innocemment.

Elle enroula les mains autour de son cou et plongea les doigts dans les cheveux sur sa nuque. Il frissonna et dut faire un immense effort pour se contrôler.

Son corps lui criait de la prendre sur son épaule et de l'emmener dans la chambre. Il voulait lui arracher ses vêtements et passer la nuit à lui faire l'amour, encore et encore, jusqu'à l'épuisement.

Mais son esprit lui enjoignait d'être prudent. D'y aller en douceur. De ne pas la presser, au risque de la faire fuir.

Ce fut la peur de la faire fuir pour toujours qui l'empêcha de succomber.

A regret, il recula et retira délicatement ses mains de sa chevelure.

Elle avait les yeux embrumés par un mélange de confusion et de désir qui faillit le faire céder une nouvelle fois.

— Ça, dit-il d'une voix hachée, c'est ce que j'ai eu envie de faire depuis que je vous ai vue dans une salle bondée, il y a six mois. Alors ne me dites pas que cela a quoi que ce soit à voir avec *Maddox Communications* et *Reese Enterprises*.

Elle porta une main contre sa bouche et le dévisagea, interdite.

— Oh, mon Dieu, Evan, qu'allons-nous faire ?

Il sourit et retira doucement sa main de devant ses lèvres gonflées par leur baiser.

— Ce que nous allons faire, demain matin, c'est nous débarrasser de votre présentation. Quoi qu'il se passe ensuite, nous prendrons les choses comme elles viennent.

8

Celia n'eut pas besoin de réveil pour se lever, car elle ne trouva pas le sommeil de toute la nuit. Allongée dans son lit, elle fixait le plafond, tous les sens en émoi, complètement bouleversée par un simple baiser.

Non. Ce baiser ne pourrait jamais être considéré comme anodin.

Elle avait envisagé de réviser sa présentation. De se rejouer mentalement tout ce qu'elle voulait dire, jusqu'à ce que cela se déroule tout seul dans son esprit. Mais tout ce qu'elle avait été capable de faire, c'était de rester là, à se demander comment elle allait réussir à maintenir une relation strictement professionnelle avec Evan.

Il embrassait divinement bien.

Et il faisait sans doute l'amour divinement bien.

Malheureusement, elle ne le saurait jamais.

Elle se retourna et enfonça le visage dans son oreiller.

Prends garde, Celia.

Elle marchait sur une corde raide, et très dangereuse. C'était déjà catastrophique d'être là avec Evan. A partager une suite avec lui. Le gémissement qu'elle émit fut étouffé par l'oreiller.

Au moins, elle aurait dû insister pour avoir une chambre séparée, mais cela n'aurait pas collé avec l'image de fiancés heureux qu'Evan voulait donner.

Elle pourrait voir Evan comme un ami. Après tout, elle l'appréciait. Il lui avait demandé de considérer cette mascarade comme une faveur personnelle. En tant qu'amie. Elle oublierait le baiser. Et le fait qu'il avait déclaré sans ambages qu'il voulait lui faire l'amour.

Tout ce qu'elle avait à faire, c'était aller au bout de sa présentation et jouer les fiancées durant le week-end. Ensuite, elle pourrait rentrer chez elle et ranger Evan dans un petit coin de sa tête.

Elle sortit du lit, consciente qu'il lui faudrait une bonne heure pour effacer les traces de la nuit blanche de son visage. Evan avait commandé un petit déjeuner en chambre pour 8 heures, et elle voulait avoir le temps de revoir ses notes une dernière fois.

Elle opta pour un maquillage discret et décida de ne rien faire pour mettre en valeur ses yeux, qui étaient pourtant son plus grand atout. Elle attacha ses cheveux en un chignon strict et appliqua de la laque pour empêcher les mèches rebelles de s'échapper. Elle voulait à tout prix éviter les distractions. Les regards brûlants. Les tentations de toutes sortes.

A son grand soulagement, quand elle sortit de la chambre, Evan l'accueillit de façon tout à fait professionnelle. Il ne la regarda pas comme s'il avait envie de la dévorer. Au contraire, il lui lança un bref regard et lui fit signe de s'asseoir en face de lui, à la table, où le petit déjeuner avait déjà été servi.

— Nous pouvons parler en mangeant, ou prendre notre petit déjeuner et ensuite discuter, dit-il.

— Faisons les deux en même temps. Je n'utilise pas de support, car je voulais que cela soit davantage une conversation qu'un exposé formel.

Il hocha la tête d'un air approbateur.

— Parfait. Commençons, alors.

Il y eut un moment de transition pendant lequel ils mangèrent en silence, puis Celia se concentra totalement sur sa mission. C'était son métier, et elle savait qu'elle était fichtrement douée. Ce n'était pas par hasard qu'elle était arrivée là où elle était, ni qu'elle avait survécu aux épreuves.

— J'ai étudié votre dernière campagne et je crois que vous passez à côté d'un énorme segment de votre public cible.

Il posa sa fourchette et la regarda dans les yeux.

— D'accord, vous avez toute mon attention.

— Peut-être que je devrais le dire autrement. Je pense que vous ne ciblez pas le bon public. Vous manquez une énorme opportunité.

Elle marqua une pause pour plus d'effet, puis reprit son laïus.

— Pour l'heure, vous plaisez au public sportif. Le type qui fait son jogging tous les matins. La femme soucieuse de son image qui fréquente les salles de sport. La personne qui a à cœur de rester en forme. Vous êtes complètement tourné vers la fonctionnalité, que ce soit pour les enfants qui font du sport, les cadres amateurs de squash, ou les joueurs de base-ball du dimanche.

Il hocha la tête.

— Mais il y a tout un tas de gens, comme moi, qui sont allergiques à toute activité physique.

Il eut un rire ironique et détailla sa silhouette avec ostentation.

Elle l'ignora et continua.

— Ce sont des gens qui, en revanche, regardent le sport à la télévision. Ils suivent les matchs, les joueurs, les équipes. Cela va du fan invétéré au spectateur occasionnel. Ces gens-là achèteront vos vêtements, mais pas pour leur aspect pratique. Ça, ils s'en moquent. Tout ce qu'ils veulent, c'est avoir l'air dans le coup. Ils veulent se plonger dans l'aura du monde sportif. Vous êtes une marque, un label. Un signe de prestige.

Il buvait ses paroles, et elle se sentait portée.

— Donc, il faut faire du marketing sur une double cible. D'une part, vous vous adressez aux sportifs, avec des spots montrant un célèbre athlète en train de s'exercer. Un athlète ambitieux qui veut être le meilleur et qui portera votre marque en permanence.

De nouveau, elle s'arrêta pour observer sa réaction. Il se pencha en avant, l'air très concentré.

— Et, d'autre part, vous vous adressez aux gens, adultes et enfants, qui veulent porter vos vêtements et vos baskets pour avoir l'air branché. Pour se sentir sportifs sans lever le petit doigt. Vous leur montrerez une star qui aura l'air branchée et sophistiquée dans vos vêtements, pour qu'à leur tour ils se sentent comme des stars avec Reese Wear.

Et maintenant elle allait porter le coup de grâce. Son excitation était à son comble, parce qu'elle savait qu'il était intéressé. Les yeux d'Evan brillaient d'enthousiasme, mais cela n'avait rien à voir avec son attirance pour elle. La séduction qu'elle exerçait sur lui à cet instant était purement professionnelle.

— Et la personne que vous montrerez à ces deux groupes cibles, l'homme qui figurera dans les spots branchés et décontractés comme dans les spots pleins de sueur, c'est Noah Hart.

Evan ouvrit de grands yeux, puis s'adossa contre sa chaise.

— Vous plaisantez.

Elle garda le silence, tentant de réprimer un sourire de satisfaction. La suite promettait d'être drôle.

— Vous êtes en train de me dire que vous pouvez m'avoir Noah Hart ?

Il n'attendit même pas sa réponse.

— Les sociétés courtisent Noah Hart depuis qu'il est passé professionnel.

— Avant, même. Il a été approché dès qu'il a quitté l'université.

— Soit. Ce que je veux dire, c'est qu'il a toujours refusé de représenter une marque. Qu'est-ce qui vous fait penser que vous pouvez le faire changer d'avis ?

— Et si je vous disais qu'il est disposé à vous parler ?

— Impossible, dit-il comme pour lui.

— Mais cela va coûter cher.

— Eh bien, ça le vaudra, répliqua-t-il, l'air toujours incrédule. Il me parlera, dites-vous. Vous avez déjà été en contact avec lui ?

— J'ai peut-être même mentionné la possibilité que vous lanciez une nouvelle campagne de publicité.

— Et il est intéressé ?

— Il veut bien vous rencontrer, en tout cas. Je lui avais fourni de la documentation sur votre compte, ce qui signifie que vous avez passé le premier examen avec lui. C'est un jeune homme difficile. Si vous réussissez à l'engager, ce sera énorme. Non seulement vous aurez une campagne de publicité géniale, mais vous serez aussi le type qui a signé Noah Hart.

— Je voudrai l'exclusivité, dit-il aussitôt.

— Il vous faudra payer pour ce privilège.

Elle n'allait pas dire à Evan qu'exclusivité ou non, la probabilité que Noah accepte un autre contrat était quasi nulle. Noah n'était pas motivé par l'argent.

— D'accord, mettons Noah Hart de côté pour l'instant. J'aime vos idées, Celia. L'Américain moyen ne m'a jamais échappé, mais vous avez raison. Je ne l'ai pas encore visé directement. Mes publicités portent toujours sur l'ambition de réussir. Je parle à l'athlète en nous.

— Qui, comme je viens de le souligner, n'existe pas chez tout le monde.

— Oui, vous avez raison. Tout à fait raison. C'est un énorme marché que je dois explorer.

— La plupart de mes suggestions portent sur la façon de structurer les spots télévisés, les publicités sur internet et les magazines, pour cibler tous les segments de la population depuis les sportifs invétérés jusqu'aux mères au foyer qui veulent juste une paire de tennis confortables. Nous nous adresserions séparément aux adolescents, aux jeunes adultes et ainsi de suite, jusqu'aux retraités.

Il opina.

— Je suis intéressé. Très intéressé. Quand pourrez-vous mettre sur pied une présentation ? Comme je vous l'ai dit, je suis prêt à m'engager. Je veux bien prendre plus de temps, si on peut me garantir de meilleurs résultats.

— Dites-moi quand vous pourrez nous rencontrer chez *Maddox*, et je me charge de tout, dit-elle d'un ton calme.

— Et Noah Hart ?

— J'organiserai un rendez-vous dès notre retour.

— Dans ce cas, je dirais que vous avez obtenu votre rendez-vous, Celia. Je suis très impressionné. Si votre présentation tient ses promesses, mes collaborateurs seront ravis.

Même si elle était confiante sur l'issue de cette discussion, l'enthousiasme d'Evan était grisant. Elle se força à paraître calme et à sourire poliment pendant qu'elle le remerciait mais, intérieurement, elle explosait de joie.

Elle avait des coups de fil à passer. Il fallait mettre Brock au courant, pour qu'il puisse lancer le projet. L'équipe réaliserait des publicités-tests et les diffuserait sur les écrans à l'accueil de *Maddox* quand Evan viendrait. Le jour où elle donnerait sa présentation, tout *Maddox Communications* serait dévoué à *Reese Enterprises*. Personne d'autre n'existerait.

— Il faut que vous me disiez comment vous avez réussi à

convaincre Noah Hart de discuter avec moi, dit-il en repoussant son assiette.

Elle réprima un sourire.

— Je ne peux pas révéler tous mes secrets.

— Si vous réussissez ce tour de force, vous deviendrez une légende, déclara-t-il. Hart n'a jamais été ne serait-ce que tenté d'accepter un contrat.

A présent, elle avait presque l'impression de commettre une imposture. Si elle était heureuse d'avoir un atout caché dans sa manche, elle se sentait un peu gênée par les louanges d'Evan. Noah Hart était son grand frère, et, à la vérité, il n'y avait pas grand-chose qu'il ne ferait pas pour sa petite sœur. Peu importait qu'elle ne lui ait jamais demandé une telle faveur. Elle lui en demandait une cette fois, et c'était la seule raison pour laquelle Noah envisageait de revenir sur ses principes.

— Attendez avant de me flatter, dit-elle. Il pourrait être trop cher pour vous.

— Peu de choses dans ma vie se sont avérées trop chères pour moi, répondit-il avec assurance. Je n'ai peut-être pas toujours eu envie de payer le prix, mais j'ai rarement trouvé les choses inaccessibles.

Elle sourit.

— J'ai senti cela chez vous, voilà pourquoi j'ai pensé que vous pourriez être celui avec qui Noah pourrait s'entendre. Je pense que vous vous ressemblez beaucoup tous les deux.

Il pencha la tête sur le côté.

— Vous le connaissez donc si bien ?

Elle sourit, mais ne répondit pas. Le téléphone d'Evan sonna et lui fournit une diversion tout à fait bienvenue. Elle n'était pas prête à lui avouer la nature de sa relation avec Noah. Pas encore.

Elle écouta la conversation quand il prononça son prénom. Il parlait à sa mère, manifestement.

— Nous serons là cet après-midi. 16 heures. Oui, je sais. Je ne le manquerai pas. Le dîner ensuite. Celia et moi déjeunons ensemble à la marina, mais nous reviendrons à temps pour la répétition, je te donne ma parole.

Il raccrocha et poussa un soupir.

— Ma mère est convaincue que je vais rater la répétition. Je me demande bien d'où elle tient cette idée.

Il l'avait dit si innocemment que Celia gloussa. Tous deux éclatèrent de rire.

A présent qu'ils en avaient fini avec les affaires, ils pourraient se concentrer sur les festivités.

9

Le déjeuner à la marina n'arriva jamais. Dès qu'Evan et Celia quittèrent l'hôtel, ils tombèrent sur la famille d'Evan.

Lucy était ravie et suggéra qu'ils déjeunent tous ensemble avant de rejoindre la terrasse pour la répétition de la cérémonie.

Cela amusait Celia qu'il y ait tout de même une répétition, puisque le nombre d'invités était réduit. Pourtant, la famille paraissait décidée à sortir le grand jeu.

Bettina semblait peu enthousiaste à l'idée que Celia et Evan se joignent à eux pour le déjeuner, et Mitchell était visiblement mal à l'aise. Quand ils s'assirent à table, malheureusement, Evan et Celia furent placés face aux futurs mariés, tandis que Lucy et Marshall étaient installés aux deux extrémités de la table.

Par conséquent, Celia était directement exposée au regard malveillant de Bettina. La jeune femme ne cherchait même pas à cacher son animosité. Elle dévisageait Celia comme elle aurait observé un insecte sous un microscope.

Evan lui prit la main sous la table. Elle n'aurait su dire si c'était un geste de soutien, de sympathie ou de remerciement.

Elle se tourna vers lui et lui sourit. Pendant un long moment, ils se regardèrent, et il lui rendit son sourire.

— Dites-moi, Celia, que faites-vous dans la vie ? demanda Lucy. Evan me dit que vous vivez à San Francisco. Allez-vous déménager quand Evan et vous serez mariés ?

Celia se tourna vers Lucy, surprise. Les questions étaient naturelles de la part d'une mère, mais elle n'y avait pas été préparée. D'ailleurs, elle n'était préparée à rien de tout cela.

— Celia est une publicitaire brillante, dit Evan. Nous n'avons pas encore discuté de l'endroit où nous vivrons après le mariage. Sa carrière est très importante pour elle, et je ne lui demanderai jamais de l'abandonner.

Eh bien, il était doué. Si elle se mariait, elle voudrait que son futur époux dise exactement ce qu'il venait de dire et elle voudrait qu'il le pense.

Bettina afficha un air désapprobateur.

— Mais ne pensez-vous pas que la place d'une femme est à la maison, avec ses enfants ? Vous comptez avoir des enfants, n'est-ce pas ?

Celia la dévisagea, incrédule. Bettina était-elle sérieuse ? A sa décharge, la future mariée était jeune, elle ne semblait guère avoir plus de vingt-cinq ans. A quoi diable avait pensé Evan lorsqu'il l'avait fréquentée ? C'était pratiquement une enfant, alors qu'Evan approchait de la quarantaine.

— Que je veuille des enfants ou non, je ne vois pas en quoi cela vous regarde. Et, pour ce qui est de ma place, elle est là où je suis le plus heureuse. J'ai du mal à imaginer comment je pourrais être la meilleure épouse et mère possible en restant au foyer et en étant malheureuse.

Bettina sembla sincèrement déroutée.

— Pour ma part, répondit-elle, je pense qu'il est important pour une femme de ne pas faire de l'ombre à son mari. Le travail d'un époux est de faire vivre sa famille. Je ne lui enlèverai jamais cela.

Celia se fendit d'un petit rire ironique.

— Vraiment ? Et que ferez-vous le jour où votre mari aura décidé qu'il ne veut plus de ce travail, et qu'il vous quittera vous et vos enfants pour se trouver lui-même ? Vous me direz, à ce moment-là, s'il est facile de trouver un travail qui paie suffisamment pour vous faire vivre vous et vos enfants, quand votre C.V. se résumera à savoir changer des couches et préparer de bons petits plats.

Bettina en resta bouche bée. Evan faillit s'étrangler de rire, tandis que Mitchell semblait un peu jaloux. Si Lucy paraissait choquée, Marshall regardait Celia avec une expression qui ressemblait à du respect.

— Bien parlé, jeune demoiselle, dit-il. Une femme ne

devrait jamais faire reposer le bien-être de sa personne et de ses enfants sur les seules épaules de son mari.

— Marshall ! s'exclama Lucy.

Evan s'adossa à sa chaise et fixa son père.

— Tu comprends pourquoi je tiens tant à l'épouser. Si ma société fait faillite, je pourrai rester à la maison et la laisser subvenir à mes besoins.

Les deux hommes éclatèrent de rire et, sous la table, Evan serra sa main plus fort.

— Avez-vous fixé une date tous les deux ? demanda Mitchell.

Jusqu'ici, il s'était montré étrangement silencieux et il les avait observés Evan et elle avec une telle intensité qu'elle s'était sentie mal à l'aise.

Même si cette mascarade avait été initiée par Evan, elle ne voulait pas qu'il soit le seul à parler.

— Il vient à peine de me convaincre de l'épouser, dit-elle. Je l'ai fait attendre, et il a dû réitérer sa demande plusieurs fois.

Evan serra sa main de nouveau, sauf que cette fois c'était par vengeance. Elle sourit et continua.

— J'ai fini par mettre un terme à son tourment et par accepter sa demande. Il tient à ce que nos fiançailles soient courtes.

Cela, elle l'avait dit uniquement pour agacer Bettina, car elle savait qu'Evan n'avait pas cessé de prolonger leurs fiançailles.

— Il voulait que nous nous enfuyions à Las Vegas, mais je veux que nous prenions le temps de mieux nous connaître avant de nous passer la corde au cou.

Evan émit un son étranglé et prit une gorgée de vin.

Elle garda un air totalement neutre pendant qu'elle observait les réactions de la famille d'Evan.

Lucy avait une mine prudente, tandis que Bettina semblait avoir des envies de meurtre. Mitchell, quant à lui, paraissait partagé entre le regret et la tristesse, et Marshall hochait la tête avec approbation.

— Tu t'es trouvé une perle, mon fils, dit-il en donnant une tape dans le dos d'Evan. Je l'aime beaucoup et je t'approuve chaleureusement.

Fantastique, elle avait l'approbation de son faux futur beau-père.

Une vague de culpabilité l'envahit. Elle s'était laissé emporter et n'avait pas pu résister à l'occasion d'asticoter Evan. Même s'il le méritait, elle se sentait tout de même mal à l'aise d'être allée aussi loin.

Lorsqu'elle se tourna vers lui, elle fut surprise. Evan la fixait d'un air songeur, et son regard était empreint d'une émotion qu'elle avait peur d'analyser.

— Je suis tout à fait de ton avis, dit Evan à son père. Je suis un homme qui a beaucoup de chance.

Evan garda un bras possessif autour de la taille de Celia tandis qu'ils se frayaient un chemin dans la salle de bal, où le petit groupe d'invités s'était réuni après le dîner de répétition.

L'orchestre venait de commencer à jouer, et plusieurs couples étaient déjà sur la piste, son père et sa mère inclus.

Il savait que la proximité entre Celia et lui était destinée à donner le change, mais la part primitive en lui avait envie de marquer Celia comme sienne de manière publique. Elle lui enverrait sans doute un coup de genou dans un endroit sensible si elle avait la moindre idée de ce qu'il avait en tête. L'image le fit grimacer et rire en même temps.

Chaque fois qu'il regardait Bettina, le soulagement et la gratitude l'envahissaient. Il avait échappé de peu au désastre.

Avec le recul, toutes les choses qu'il avait cru vouloir lui semblaient à présent ridicules. Une femme comme Bettina ne retiendrait jamais son attention bien longtemps.

Il lui fallait quelqu'un d'intelligent, d'aussi ambitieux que lui. Quelqu'un qu'il pourrait considérer comme une partenaire.

Une femme comme Celia.

Il serra les lèvres. A cause de sa décision de choisir *Maddox* — il ne l'avait pas encore annoncé à Celia —, une relation entre eux était impossible. Lui se moquait bien qu'elle travaille pour lui, même de manière indirecte, mais Celia n'accepterait jamais de mêler travail et plaisir.

— Si vous continuez à me serrer contre vous comme ça, nous risquons d'être dénoncés pour attentat à la pudeur, dit-elle tout bas.

Il desserra son étreinte et marmonna des excuses.

— Allons danser, reprit-elle. Vous êtes beaucoup trop tendu. Personne ne croira que nous sommes de jeunes fiancés fous amoureux si vous froncez les sourcils de cette manière.

— Vous avez raison. Pardon, j'étais distrait.

— J'essaierai de ne pas le prendre de manière personnelle, dit-elle, taquine.

Il se détendit aussitôt et la laissa l'attirer sur la piste de danse. La musique était douce et envoûtante et lui donnait l'occasion rêvée de faire ce qu'il avait eu envie de faire toute la journée : la tenir tout contre lui, pour pouvoir sentir chacune de ses courbes douces et délicieuses.

Ils s'accordaient à la perfection, et il l'attira contre lui, aussi près qu'elle le laissa faire. Il appuya la joue contre sa tempe et se laissa bercer par la musique. Lorsqu'elle ondula des hanches, son ventre effleura son aine. Il caressa son dos et la courbe de sa hanche.

Sous ses doigts, il la sentit se raidir et craignit qu'elle lui demande de reculer, mais bien vite elle se détendit en soupirant et s'abandonna de nouveau dans ses bras.

— Vous étiez géniale pendant le déjeuner, lui dit-il à l'oreille. Je n'aurais jamais cru que mon père deviendrait un si grand fan. C'est un macho et un vrai conservateur.

— Dans ce cas, dit-elle en riant, il s'entendrait bien avec ma famille. Mon père et mes frères pensent que je devrais avoir pour seule ambition dans la vie d'être jolie et de les laisser prendre soin de moi.

— Je vais vous avouer quelque chose, dit-il gravement.

— Ah ? Est-ce maintenant que vous allez me révéler vos secrets les plus sombres ?

— Vous pourriez faire semblant d'être flattée que je me confie à vous, répondit-il, comme vexé.

— Très bien. Laissez-moi battre des cils en signe d'adoration. Mais faites vite, sinon je vais faire couler mon mascara.

Il secoua la tête et ne put s'empêcher de rire.

— Ce que j'allais dire c'est que, même si j'approuve tout ce que vous avez dit ce matin, sous mon apparence civilisée se cache un homme des cavernes. Je comprends pourquoi votre famille veut vous protéger et prendre soin de vous. Je pense que si vous étiez ma femme je ressentirais tout à fait la même chose.

Elle entrouvrit les lèvres et le fixa avec une expression étrange. Il n'y avait ni colère ni réprobation dans ses yeux émeraude mais de l'intérêt, et une autre émotion qu'il ne put définir.

— Et je pense que si vous étiez à moi je pourrais vous laisser faire, dit-elle d'une voix rauque.

Tout son corps se tendit. Soutenant son regard, il posa doucement la main sur sa nuque. Tout ce qu'il avait à faire, c'était se pencher. Juste un peu.

Quand il inclina la tête, elle poussa un soupir d'anticipation.

— Evan, tu l'as monopolisée assez longtemps.

Evan sursauta en entendant la voix de son père.

— Tu vas me laisser ta place ? insista Marshall.

— Bien sûr, répondit-il en posant la main de Celia dans celle de son père. Mais ne la garde pas trop longtemps.

— Une danse ne te tuera pas, mon fils, dit-il en riant.

Evan regarda son père faire tourbillonner Celia sur la piste. Elle était magnifique. Lorsque Marshall lui chuchota quelque chose à l'oreille, elle afficha un sourire qui illumina toute la pièce.

— Sacré bout de femme, déclara Mitchell d'un ton traînant.

Evan se raidit et se tourna vers son frère, qui observait la piste, un verre à la main.

— Où est la future mariée ? demanda Evan. Je m'étonne qu'elle t'ait laissé échapper à son champ de vision avant que les vœux ne soient prononcés.

Mitchell haussa les épaules.

— Elle est là-bas, avec maman, en train de discuter des détails de la lune de miel.

Il reporta son attention sur Celia.

— Tu l'épouses pour de bon ? demanda-t-il.

— Y a-t-il une raison pour que je ne l'épouse pas ? riposta Evan d'un ton doucereux.

— Elle ne semble pas être ton genre.

— Et quel est mon genre ? s'enquit-il, curieux d'entendre sa réponse.

— Quelqu'un comme Bettina. Tu semblais vraiment accroché.

— Je pense que je ne prends aucun risque en disant que je ne suis plus du tout accroché à Bettina.

— Je comprends pourquoi elle t'attire.

— Qui ? demanda-t-il d'un ton brusque.

— Celia. C'est une très belle femme. Je parie qu'elle est géniale au lit.

Evan bouillonna.

— Ferme-la, dit-il d'un ton sec. Ne dis plus jamais son prénom. Compris ?

Mitchell sourit et recula d'un pas, les mains levées.

— D'accord, d'accord, je comprends. Tu es affreusement susceptible à son sujet. C'est drôle, tu n'étais pas si irrité quand tu as découvert que Bettina te trompait avec moi.

Mitchell s'éloigna, et Evan se retourna vers la piste, furieux de s'être laissé atteindre.

— Evan, tu es là.

Il soupira quand sa mère lui prit le bras et l'entraîna pour le présenter à des gens qui ne l'intéressaient pas le moins du monde et qu'il ne reverrait jamais. Après plusieurs minutes à échanger des banalités, il commença à s'agiter. La chanson s'acheva, et il chercha Celia du regard.

Son père venait vers lui, mais sans Celia. Evan passa la pièce en revue et la repéra.

Elle dansait avec Mitchell. Elle ne semblait pas ravie, mais Mitchell souriait et la serrait de près.

Une colère irrationnelle le saisit. Il avait l'impression que le scénario avec Bettina se répétait, sauf que cette fois cela l'affectait. Il s'agissait de Celia. Or Celia était à lui.

Mitchell était un prédateur sournois. Peu importait que Celia soit parfaitement capable de repousser ses avances. Le seul fait que son frère se comporte ainsi à son propre mariage le mettait en rage.

S'il avait laissé Bettina partir, c'était parce qu'elle n'avait jamais été à lui. Celia, elle, lui appartenait, même si elle l'ignorait encore.

Sans se soucier de ce que les gens allaient penser, il se fraya un chemin dans la foule, bousculant les danseurs qui se trouvaient sur son passage. Quand il arriva à hauteur de Mitchell et Celia, il saisit son frère par le bras.

— Qu'est-ce que…

Mitchell allait protester, mais Evan le foudroya du regard.

— Tu nous excuseras, Mitchell. Je trouve que j'ai passé beaucoup trop de temps loin de ma fiancée.

Celia regarda les deux frères, décontenancée, mais ne broncha pas quand Evan la guida fermement hors de la salle de bal.

Le prédateur en lui avait été libéré. Il était hors de question pour lui d'observer son frère tourner autour de ce qu'il considérait comme lui appartenant.

Il se dirigea vers l'ascenseur d'un pas déterminé, ne pensant qu'à une seule chose, éloigner Celia des autres autant que possible. Il appuya sur le bouton et l'attira à l'intérieur de la cabine. Dès que la porte se referma, il la plaqua contre le mur et l'embrassa.

Aussitôt, ce fut comme si un feu s'embrasait en lui. Il prit possession de sa bouche, non pas avec douceur mais avec passion.

Elle haleta pour reprendre son souffle, et il le lui vola dès qu'elle l'eut repris.

— Evan, qu'est-ce qui vous prend…

Sa question s'acheva dans un gémissement, tandis qu'il faisait dériver sa bouche sur son cou.

Derrière lui, les portes s'ouvrirent, et sans décoller ses lèvres d'elle, il les conduisit jusqu'à leur suite.

Il avait l'impression de se consumer. Il ne pensait plus de manière rationnelle. Tout ce à quoi il songeait, c'était à la faire sienne. A lui faire comprendre qu'elle lui appartenait. A lui, et à lui seul.

Quand il la plaqua contre le mur, elle sembla hébétée. Il chercha d'une main tremblante la carte magnétique dans sa poche et dut s'y reprendre à deux fois avant de l'insérer correctement. Dès que la serrure céda, il ouvrit la porte d'un grand coup, la referma du pied et reprit leur baiser.

Cette fois, elle participa autant que lui. Au milieu du tourbillon de son désir enfiévré, le soulagement le saisit. Elle le désirait tout autant que lui.

Il lui arracha ses vêtements et commença à enlever les siens tout en gagnant la chambre.

Quand Celia achoppa contre le bord du lit, elle était en dessous. Ce n'étaient pas de simples sous-vêtements. Les petites pièces roses, délicates et vaporeuses, mettaient en valeur chaque courbe de son corps. Ses seins débordaient de son soutien-gorge. Il distingua l'esquisse d'un mamelon, et cela le rendit fou.

Lorsqu'il tenta d'ôter son pantalon, Celia l'aida dans son entreprise.

— Oh, Celia !

Il s'efforça de reprendre assez de souffle pour dire ce qu'il avait à dire.

— J'ai toujours pensé que quand je te ferais l'amour je te savourerais pendant des heures. Je me disais que je prendrais mon temps pour toucher et embrasser chaque centimètre de ton corps. Mais, je le jure, si je n'entre pas en toi très vite, je vais exploser.

— La vitesse, c'est bien aussi, dit-elle d'une voix haletante. Nous pourrons prendre notre temps plus tard.

— Dieu merci !

Il se laissa tomber sur le lit, l'entraînant avec lui.

— Je prendrai mon temps pour t'explorer la prochaine fois, dit-il entre deux baisers.

— D'accord. Mais, Evan, fais-moi l'amour maintenant. S'il te plaît.

Il captura sa bouche.

— Tes lèvres sont si douces. Je vais te faire mienne, Celia. Je vais prendre tout ce que tu as à offrir. Si tu veux changer d'avis, dis-le-moi maintenant, et j'arrêterai. Cela me tuera, mais j'arrêterai.

Les yeux brillants, elle caressa son visage.

— Prends-moi, Evan.

10

Celia était étendue sous le corps puissant et chaud d'Evan. Elle le désirait. Oui, tout en elle le désirait. Cela l'effrayait et l'enthousiasmait tout à la fois. Elle savait qu'elle aurait dû partir, mais elle en était incapable.

Plus tard, il n'y aurait ni reproches ni regrets. Elle connaissait les dangers potentiels d'une liaison avec Evan et elle les affronterait de son plein gré.

— A quoi penses-tu ? demanda-t-il.

Il était appuyé sur un coude. Son visage n'était qu'à quelques centimètres du sien.

En voyant son regard brûlant de désir, elle sentit son cœur tressauter.

Il avait posé sa question d'une voix si tendre, si compréhensive, qu'elle en fut émue. Il la regardait avec un mélange de respect et d'émerveillement, comme si elle était la seule femme qui compterait jamais pour lui.

— Je me disais que nous ne devrions pas faire ça, avoua-t-elle.

— Mais ? Parce qu'il y a un « mais », j'en suis certain.

La note d'espoir dans sa voix la fit sourire. Elle souligna les traits fins de son visage du bout de l'index.

— Mais… je m'en moque. Je ne devrais pas. Je devrais être en route pour San Francisco. Je n'aurais jamais dû accepter de rester.

— Mais… ? dit-il, la voix rauque et séductrice.

— Mais je suis là, entre tes bras, et je te désire tant que je suis prête à prendre le plus grand risque de ma vie. Je ne vais pas te mentir, je n'en suis pas fière. Cela m'ennuie de laisser mon attirance pour toi m'embrumer l'esprit. C'est stupide, irresponsable, et…

Il la fit taire en posant un doigt contre sa bouche, puis suivit le tracé de ses lèvres.

— Fais-moi confiance, Celia.

Elle se figea sous l'intensité de son regard.

— Crois-moi, je prendrai soin de toi. Je ne laisserai pas la situation te blesser.

— Qu'est-ce que tu es en train de dire ? demanda-t-elle dans un murmure.

— Allons-y en douceur. Du moins, une fois que je t'aurai fait l'amour avec passion.

Il afficha un sourire malicieux et se décala de façon à ce qu'elle puisse sentir son érection contre son ventre.

— Celia, nous sommes deux adultes qui prenons en charge notre propre destinée. Il n'y a aucun problème que nous ne puissions résoudre. Fais-moi confiance.

Un sentiment de paix l'envahit. Elle enroula les bras autour d'Evan et l'attira vers elle pour lui offrir un long baiser passionné.

Lui faire confiance. A l'entendre, cela semblait simple, et peut-être l'était-ce.

Elle fit dériver sa bouche vers le lobe de son oreille.

— Fais-moi l'amour, Evan.

Poussant un gémissement, il roula sur le dos, de sorte qu'elle se retrouva sur lui. Il dégrafa son soutien-gorge, et quelques secondes plus tard le sous-vêtement vola à travers la pièce et alla heurter les rideaux tirés.

Elle entendit Evan retenir son souffle. Il se figea, puis caressa son dos et ses seins, avant de taquiner ses tétons.

Chaque caresse, chaque contact de ses doigts, aussi léger soit-il, attisait au creux de son ventre un feu qui menaçait de la consumer tout entière. Elle le désirait autant que lui. Son impatience égalait la sienne.

Quand il prit un de ses tétons entre ses lèvres, elle fut perdue. Rejetant la tête en arrière, elle ferma les yeux tandis qu'une vague d'un plaisir à la fois doux et violent montait en elle.

Malgré son empressement, il prit le temps d'agacer un téton après l'autre, de façon délicieusement tendre.

Il descendit les mains sur sa taille, puis plus bas, jusqu'à glisser les doigts sous l'élastique de son slip. Impatient, il tira trop vite dessus, et elle entendit qu'il se déchirait.

— Je le remplacerai, dit-il d'une voix râpeuse, avant de s'étendre de nouveau sur elle.

— Remplacer quoi ?

— Ton slip.

— Je n'en ai pas vraiment besoin, non ? dit-elle d'une voix sensuelle.

Il rit contre sa bouche.

— Je suis tout à fait d'accord.

— En parlant de sous-vêtements… tu portes encore le tien.

Aussitôt, il se redressa entre ses genoux et retira son caleçon. Elle observa sans honte son membre dressé. Il suivit son regard, puis revint vers son visage, un sourire coquin aux lèvres.

Lorsqu'elle enroula la main autour de son sexe, il arrêta son geste.

— Celia, tu ne peux pas faire ça. Je suis trop près de l'explosion. Il faut que je sois en toi maintenant.

Alors, elle se redressa et posa une main sur son cou.

— Nous prendrons notre temps plus tard, tu te souviens ? dit-elle en promenant les doigts de manière suggestive sur son sexe durci.

— Préservatif, articula-t-il difficilement entre deux respirations saccadées.

Elle le lâcha le temps qu'il trouve un préservatif dans son pantalon et le lui prit des mains.

— Viens par là.

— Tout ce que tu veux.

Tandis qu'elle glissait la protection sur lui, elle sentit un frisson traverser son corps massif. Elle avait l'impression que c'était lui qui était à sa merci, à présent.

Il se pencha et planta les mains de chaque côté de sa tête.

— Je ne peux plus attendre.

— Je sais. La lenteur, ce sera pour plus tard.

Le sourire qu'il lui offrit était éclatant. Il l'embrassa en même temps qu'il ouvrait ses cuisses. D'une main adroite, il se mit à explorer doucement ses replis moites et gorgés de désir.

— Evan, s'il te plaît, dit-elle, suppliante. Moi non plus, je ne peux plus attendre.

Il se plaça entre ses cuisses et amena son sexe contre le sien avec prudence.

Enfin, il la pénétra, d'un coup de reins si puissant et si profond qu'elle se cambra et enfonça ses ongles dans ses épaules.

C'était une sensation absolument magnifique. C'était comme s'il l'emplissait tout entière. Jamais elle ne s'était sentie aussi vivante, aussi heureuse, aussi à l'écoute de son propre plaisir.

— Accroche-toi à moi, dit-il d'une voix rauque et voilée.

C'était un ordre inutile. Elle ne pouvait faire autrement que de s'accrocher à lui, tandis qu'il allait et venait en elle, encore et encore.

— Oh, Evan, s'il te plaît, j'ai besoin de…

Elle ne savait même pas ce dont elle avait besoin, elle savait seulement qu'elle mourrait si elle ne l'obtenait pas. Son corps était tout près du point de rupture. Encore quelques coups de reins et…

Evan glissa la main entre leurs corps et se mit à taquiner son clitoris.

— Oh, seigneur !

Le cri qu'elle poussa résonna dans la pièce. C'était le mélange de plaisir et de douleur le plus délicieux qu'elle ait connu de sa vie. La tension en elle était si aiguë, si insupportable, qu'enfin elle explosa.

Elle eut l'impression que la pièce s'était assombrie autour d'eux. Elle cligna des yeux, mais tout demeurait flou. Tout ce dont elle était consciente, c'était qu'Evan la caressait et prolongeait la sensation si merveilleuse qui venait de la balayer.

Il gémit son nom et l'étreignit si fort qu'elle ne put plus respirer. Il lui donna un dernier coup de reins avant de tomber sur elle, vidé de ses forces.

Elle desserra son étreinte sur ses épaules pour le caresser. Il était couvert de sueur et haletait contre son cou.

Elle le serra fort, décidée à tout lui donner d'elle. Sans barrières. Sans défenses. Pour ne faire plus qu'un avec lui.

— Tu m'as anéanti, Celia, dit-il contre sa peau.

Elle sourit et continua de lui caresser le dos, en savourant la sensation de son corps musclé et ferme sous ses doigts.

Enfin, il s'étendit à côté d'elle.

— C'était… stupéfiant.

Elle toucha ses lèvres, fascinée par leur texture à la fois douce et rugueuse.

— J'ai l'impression que tu as pris le temps de me savourer, dit-elle.

Il sourit et lui donna un baiser léger qui provoqua un délicieux petit frisson sur sa peau.

— Oui, mais cela ne s'est pas passé comme je l'avais prévu.

— Ah ? Et qu'avais-tu prévu ?

— J'étais censé te savourer longuement pour commencer. Ensuite, j'avais prévu de te faire l'amour des heures durant, jusqu'à te rendre folle. Et pour finir je t'aurais prise, puissamment, rapidement.

— Tu as tout raté, alors.

Il lui donna une petite tape sur la fesse et secoua la tête.

— Maintenant, j'ai un autre scénario en tête. Nous commençons par des ébats rapides et effrénés. Ensuite je te savoure pendant… environ une heure. Puis tu montes sur moi et tu prends possession de mon corps. Et ensuite tu es à genoux et…

Celia posa la main contre sa bouche et éclata de rire.

— D'accord, d'accord, je vois. Tu es un mâle obsédé et insatiable.

— Seulement avec toi, dit-il d'un ton sérieux. Tu sembles systématiquement te retrouver dans mes fantasmes les plus vivaces. Je pourrais sans doute être arrêté pour certains d'entre eux. Ils sont sûrement illégaux dans la plupart des Etats.

— Une chance que la Californie soit si progressiste.

Son cœur palpitait. Comment répondre à ce qu'il venait de dire ? Il semblait si… sincère. Comment en étaient-ils arrivés à ce point, aussi vite ? Cela lui faisait peur.

— Et toi ? As-tu des fantasmes intéressants me concernant ?

Il semblait si plein d'espoir qu'elle ne put s'empêcher de glousser.

— Tout ce que je peux dire, c'est que j'aime l'idée de prendre mon temps pour te savourer.

— Moi aussi, dit-il en l'embrassant de nouveau.

Evan était un homme de parole. Il passa chaque seconde de l'heure suivante à la rendre folle, avec ses mains, sa bouche. Sa langue.

Il n'y avait pas un centimètre de son corps qu'il ait laissé intact. Il avait mis son empreinte sur elle. Elle se sentait marquée. Possédée.

Sa langue encercla le point le plus sensible niché au plus profond de sa féminité. Il l'emmena tout près de l'orgasme, jusqu'à ce qu'elle tremble de manière incontrôlable. Elle frissonnait encore quand il entra enfin en elle, lentement. Tendrement. Si tendrement.

Elle ferma les yeux, mais il posa de doux baisers sur ses paupières pour les lui faire rouvrir. Il la fixa avec une telle intensité qu'elle en oublia de respirer. Son regard était comme une caresse sensuelle.

Evan était dangereux. Très dangereux. Elle n'avait aucune défense contre lui. Pire, elle n'en voulait pas. Il pourrait facilement trouver le chemin qui menait à son cœur.

Peut-être l'avait-il déjà trouvé ?

L'idée aurait dû l'effrayer, mais elle lui procura un étrange sentiment de satisfaction.

Evan ondulait en elle, en prenant son temps pour attiser le feu de son désir.

La tension sur son visage était évidente. Il se retenait pour l'emmener jusqu'à l'orgasme. Il n'allait pas se laisser aller à sa jouissance tant qu'elle n'aurait pas atteint la sienne.

Elle l'enlaça, savourant la sensation d'être si intimement liée à lui.

— Evan, dit-elle contre sa bouche.

— Donne-toi à moi, Celia. Laisse-toi aller.

Ses mots haletants la libérèrent. Elle se cambra contre lui et se donna sans réserve. Les déferlantes de plaisir se succédèrent.

Il gémit et la suivit dans son tourbillon de sensations, jusqu'à ce qu'elle ne sache plus où commençait le plaisir d'Evan et où finissait le sien.

Lorsqu'il se retira, elle lui tendit les bras. Elle prit sa tête contre sa poitrine et sentit son souffle réchauffer son sein. Ils restèrent immobiles, le cœur battant, sans qu'aucun d'eux ne veuille briser le silence.

Que dire ? Elle, en tout cas, ne trouvait pas de mots. Elle ne voulait pas analyser l'instant. Les paroles ne feraient que gâcher l'euphorie qui suivait cette expérience hors du commun.

Elle passa la main dans la chevelure ébouriffée d'Evan. Sur sa nuque, ses cheveux étaient légèrement mouillés. Elle respira l'odeur de virilité, de sexe et de sueur. C'était un parfum enivrant, et érotique.

— Est-ce que cela fait de moi un obsédé, si je rêve déjà du passage où tu grimpes sur moi pour disposer de mon corps ? dit-il sans bouger.

Elle sourit.

— Dès que je récupérerai un peu de force dans les jambes, je verrai ce que je peux faire pour t'aider à réaliser ton fantasme.

11

Le fait de se réveiller au côté d'Evan ne provoqua pas le sentiment de panique auquel Celia s'était attendue. Quand elle ouvrit les yeux, elle vit son corps magnifique enroulé autour du sien et, au lieu de le repousser et de se maudire d'avoir été stupide, elle se blottit contre lui et savoura ce réveil nonchalant.

— Bonjour, dit Evan contre sa tempe.

— Mm.

Il eut un petit rire et se décala un peu.

— Bon sang !

— Je n'aime pas ce « bon sang », dit-elle d'une voix pleine de langueur. Il annonce de mauvaises choses.

— Désolé, dit-il avec un soupir. Nous devons nous lever.

— Quelle heure est-il ?

— Midi.

Elle écarquilla les yeux et se redressa vivement pour regarder le réveil.

— Midi ? Mais je n'ai jamais dormi si tard de toute ma vie !

Il sourit et l'attira contre son torse.

— Content d'avoir pu contribuer à ta débauche.

— Ne sois pas si arrogant. Maintenant, laisse-moi me lever, sinon je vais ressembler à une clocharde pour le mariage de ton frère.

— J'aime les clochardes.

Elle rit.

— Allons, lève-toi. Plus vite nous en finirons avec cette cérémonie, plus vite nous pourrons rentrer.

Il rejeta les couvertures, et elle faillit pousser un cri quand il sortit du lit, complètement nu. Elle se rendit alors compte qu'elle n'était guère plus vêtue et courut à la salle de bains, au son des rires d'Evan.

Deux heures plus tard, habillés de manière décente, ils se dirigèrent vers la terrasse où les deux futurs mariés allaient échanger leurs vœux. Tandis qu'ils atteignaient les portes vitrées, Evan glissa un bras autour de sa taille et l'attira tout contre lui.

Une douce chaleur l'envahit, mais elle s'avisa qu'Evan faisait cela uniquement pour préserver les apparences. Elle avait été stupide d'oublier ce détail, ne serait-ce qu'un court instant.

Quand le fait de zigzaguer entre les chaises et les gens devint trop difficile, Evan la relâcha et lui prit la main. Tout en souriant et en saluant les uns et les autres, il caressait sa paume avec son pouce.

Pour l'instant, tous les invités étaient rassemblés de manière anarchique sur la terrasse qui surplombait une petite crique. Après quelques instants, le père d'Evan se posta près de la tonnelle fleurie et leva les mains pour obtenir l'attention.

— Si tout le monde veut bien s'asseoir, je crois que nous sommes prêts à commencer.

Evan mena Celia vers le premier rang, où ils prirent place à côté de Lucy et de Marshall. Il garda sa main dans la sienne, jusqu'à ce que Bettina fasse son apparition.

Malgré l'apparente indifférence d'Evan, Celia remarqua que son comportement changea dès que la cérémonie commença. Il lâcha sa main et, quand elle la retira pour la poser sur ses genoux, il ne fit aucun geste pour l'en empêcher.

Son regard était rivé à Bettina et à son frère, et il ne souriait pas, contrairement aux autres invités. Son visage semblait de pierre, et dépourvu de toute émotion.

Lucy jeta des regards à Evan. Elle aussi avait remarqué sa froideur, à n'en pas douter.

Evan était-il aussi indifférent qu'il l'avait dit ? Peut-être était-il encore amoureux de Bettina. Il avait affirmé qu'il ne l'avait jamais été, mais un homme comme Evan pouvait-il tomber amoureux ?

Sa relation avec Bettina pouvait difficilement être considérée comme romantique. Il avait dressé une liste de critères pour se trouver une épouse et n'avait pas cherché bien longtemps. La première candidate valable qu'il avait trouvée avait eu droit à une bague, et voilà.

Elle fixa le diamant qui scintillait sur son annulaire et grimaça.

Oh, Celia, tu ne t'es tout de même pas fait piéger par cette folie ? Tu es trop logique pour ça.

Elle faillit rire. Quand il s'agissait d'Evan, la logique n'était pas ce qui prévalait chez elle. Avec lui, elle avait rêvé du fruit défendu dès qu'elle l'avait vu.

Une petite pensée insidieuse titilla sa conscience. Aurait-elle insisté autant pour travailler sur le projet *Reese Enterprises* si elle n'avait pas été aussi fascinée par Evan ?

Fascinée était un mot faible pour décrire ce qu'elle ressentait pour lui. Aucun mot ne pourrait rendre justice au torrent de sensations qui la submergeait lorsqu'elle était en sa présence.

Heureusement, le week-end touchait à sa fin, et elle pourrait, espérait-elle, retrouver un peu d'objectivité. Toute cette comédie était un dangereux fantasme. Si elle ne s'en extrayait pas rapidement, elle allait finir par en être victime.

Elle se voyait très bien essayer d'expliquer cela à son patron, patron qui avait placé le destin de son agence entre ses mains.

Dès que la cérémonie s'acheva, Evan lui sourit. Et elle oublia aussitôt ses inquiétudes et ses réserves.

De nouveau, il était attentionné. Il la touchait souvent, comme s'il ne pouvait s'en empêcher. La façon dont son corps s'éveillait à la vie avec Evan la rendait folle, mais elle ne pouvait rien faire contre.

Tandis qu'ils attendaient derrière la foule des invités pour retourner à l'intérieur, il se pencha contre son oreille.

— Allons nous amuser, dit-il en murmurant. Si nous exécutions une petite danse lascive sur la piste ?

La tension qui l'oppressait se dissipa. Il lui était difficile, alors qu'elle était totalement sous son charme, de se souvenir de toutes les raisons pour lesquelles elle ne pouvait s'impliquer avec Evan.

Elle posa une main décidée dans la sienne et, cette fois, elle enroula les doigts autour des siens tandis qu'il la conduisait dans l'hôtel. Logiquement, elle n'aurait pas dû se laisser envoûter par leur petite comédie. Mais son attirance était tout sauf logique.

Elle n'avait plus que quelques heures avant d'être renvoyée brutalement à la réalité. Alors elle comptait bien profiter de chaque instant.

Ils partagèrent plusieurs danses. Sur des airs lents et sensuels, et même sur des rythmes plus soutenus. Evan était étonnamment adroit quand il la faisait tournoyer sur la piste. Elle ne l'aurait pas cru capable de danser autre chose qu'un slow. Elle aurait dû le prévoir, cependant. Evan était d'une grâce athlétique.

Lorsqu'ils firent une petite pause et qu'Evan la quitta un instant pour aller leur chercher des boissons, Lucy vint voir Celia, le visage radieux.

— Celia ! Je suis si contente de pouvoir vous parler, avant qu'Evan ne vous accapare de nouveau.

Celia lui offrit un sourire chaleureux.

— Je ne sais comment vous remercier d'être venue, dit Lucy. Il est si évident que vous êtes amoureux tous les deux.

Celia dut faire un immense effort pour ne pas réagir. Evident ? Comment était-ce possible ? Leur désir était sans doute visible, mais l'amour ? Evan serait horrifié de savoir que sa tromperie avait un peu trop bien marché. Un homme comme lui avait sans doute connu plus de femmes qu'il ne pouvait en compter.

Pourtant, il n'avait invité aucune d'elles au mariage. C'était elle qu'il avait emmenée.

Pour des raisons pratiques, s'avisa-t-elle. Et le travail avait été au premier plan de ses préoccupations.

— Vous deux, vous faites un si joli couple, dit Lucy d'un air mélancolique. J'espère vraiment que vous vous mettrez d'accord sur une date bientôt. Ne le faites pas attendre, même si je suis sûre qu'il le mérite. Je veux qu'il soit heureux.

— Je suis sûre que nous arriverons à trouver une date qui nous convienne à tous les deux, dit-elle diplomatiquement.

Sans qu'elle sache comment, elle se retrouva dans les bras de Lucy.

— C'était une joie de vous avoir ici, Celia. Je suis impatiente de vous revoir.

Une fois de plus, Celia se sentit très mal à l'aise d'avoir menti à cette femme si sympathique.

— Oh, regardez, Evan revient avec votre verre. Je vais disparaître maintenant et vous laisser vous amuser tous les deux.

Elle envoya un baiser dans la direction d'Evan avant de se fondre dans la foule.

— Qu'est-ce qu'elle voulait ? dit Evan en approchant.

Il lui tendit un verre de vin et s'arrêta tout près d'elle.

— Elle me disait que la perspective de notre mariage l'enchantait.

— Ah, cela explique sans doute ton regard torturé.

Il glissa un bras autour de sa taille puis, simplement, l'embrassa.

Surprise qu'il s'affiche publiquement, même si c'était pour les apparences, elle resta immobile entre ses bras pendant qu'il l'embrassait à pleine bouche.

Le désir se répandit en elle comme un feu de forêt. Elle ne put faire autrement que de lui rendre son baiser.

— Tu sais, dit-il tout bas, j'ai réservé la chambre jusqu'à demain. Que dirais-tu d'y retourner ? Mon jet sera prêt à décoller quand nous le souhaiterons.

Mauvaise idée. Ils feraient mieux de rentrer. Elle avait besoin que ce week-end se termine, pour pouvoir recouvrer ses esprits. Pourtant, elle murmura :

— D'accord.

Le prédateur en lui était de retour. Il posa leurs verres sur une table et l'attira vers la sortie. Ils coururent dans le couloir pour gagner l'ascenseur, comme deux adolescents en proie à des hormones déchaînées.

Quand ils gagnèrent leur suite, il la porta dans ses bras et se dirigea droit vers la chambre. Il la posa sur le lit et retira ses vêtements.

Elle se redressa sur un coude pour contempler son corps.

— Tu sais, dit-elle d'un ton faussement timide, il y a un de tes fantasmes que nous n'avons pas encore réalisé.

Il rampa sur le lit jusqu'à ce qu'il se retrouve au-dessus d'elle.

— Oh, vraiment ! Lequel ?

Elle enroula les bras autour de son cou et lui donna un baiser. Puis elle lui chuchota à l'oreille, avec des mots indécents, de quel fantasme exactement elle parlait.

L'avion atterrit à San Francisco aux alentours de minuit. Evan l'aida à descendre les marches et resta près d'elle tandis qu'ils attendaient leur voiture.

Il écarta une mèche de cheveux sur sa joue. Elle était sans doute toute décoiffée. Ce qui avait commencé comme un bref interlude s'était transformé en un après-midi de plaisir sensuel et hédoniste. Ils avaient fait l'amour plus de fois qu'elle n'en pouvait compter.

Ils avaient quitté l'hôtel comme des amants clandestins qui se hâteraient de rejoindre leurs conjoints après un week-end torride et interdit.

Elle secoua la tête pour chasser cette idée. Il n'y avait rien de déshonorant dans sa liaison avec Evan. Cela n'avait rien à voir avec le travail. Le plaisir et les affaires étaient clairement séparés.

— Tu es sûre que tu ne veux pas que je te raccompagne chez toi ? demanda Evan quand la voiture s'arrêta devant eux.

— Non, tu dois encore retourner à Seattle, et il est déjà plus de minuit. Ça ira, ton chauffeur prendra bien soin de moi.

Il sembla vouloir insister, mais elle leva la main pour l'en dissuader. Le diamant brilla sous la lumière des lampadaires de l'aéroport. Lentement, elle retira l'anneau de son doigt et le posa dans la paume d'Evan.

— Je n'en aurai plus besoin, dit-elle d'un ton léger.

Il fronça les sourcils en regardant le bijou délicat.

C'était ridicule de penser que cela ressemblait à une vraie rupture. Et pourtant, elle eut le cœur serré et elle éprouva le désir stupide de reprendre la bague pour la remettre à son doigt.

Elle se haussa sur la pointe des pieds et effleura ses lèvres.

— Au revoir, Evan. Rentre bien.

Elle tourna les talons et s'engouffra dans la voiture. Quand le chauffeur démarra, elle se retourna. Evan n'avait pas bougé et tenait toujours la bague.

Ils se regardèrent longtemps, jusqu'à ce que la voiture disparaisse dans la nuit.

12

Evan sortit de sa poche le solitaire que Celia lui avait rendu la veille au soir. Pendant un long moment, il le fixa. Tandis que son chauffeur s'arrêtait devant *Maddox Communications*, il remit le bijou dans sa poche.

Celia ne s'attendait pas à sa visite. Lui-même n'avait pas prévu de venir. Il était censé être à Seattle. Il avait un grand nombre de questions à régler, y compris mettre son équipe au travail pour préparer sa rencontre avec Noah Hart. Ils devaient lui faire une offre qu'il ne pourrait pas refuser et s'assurer que cette offre soit emballée avec un joli ruban.

Et pourtant, il était là, devant l'immeuble où travaillait Celia, parce qu'il avait envie de la voir. Les affaires n'avaient rien à voir là-dedans.

Il entra dans le bâtiment imposant et prit l'ascenseur pour monter au sixième étage.

Quand il sortit de la cabine, il fut aussitôt impressionné par le décor très moderne de *Maddox Communications*. L'attention était particulièrement portée sur le confort, et cela fonctionnait, car il se détendit.

Deux larges écrans plats encadraient le vaste bureau d'accueil, sur lesquels défilaient des spots publicitaires récents conçus par *Maddox*.

Derrière le bureau, une jeune femme lui sourit chaleureusement.

— Bonjour et bienvenue chez *Maddox Communications*.

— Bonjour, dit-il en lui rendant son sourire. Pouvez-vous informer Celia Taylor qu'Evan Reese souhaite la voir ?

A en juger par son regard surpris, la réceptionniste savait

parfaitement qui il était. Elle se reprit rapidement, toutefois. Avec efficacité, elle le conduisit vers les canapés de l'espace d'attente.

— Si vous voulez bien vous asseoir, je vais aller la chercher tout de suite. Voulez-vous une tasse de café ?

— Non, merci.

Plutôt que de s'asseoir, il se dirigea vers la fenêtre pour observer la rue animée. Si les choses se déroulaient comme il le souhaitait, il ne resterait pas très longtemps.

Quelques instants plus tard, il entendit des talons résonner derrière lui. Celia venait à sa rencontre, l'air décontenancé et méfiant.

— Evan. Je ne m'attendais pas à vous voir. Je croyais que vous étiez reparti pour Seattle. Est-ce qu'il y a un problème ?

Elle avait pris un air professionnel et impersonnel dès qu'il avait levé les yeux. Cela l'ennuyait qu'elle prenne déjà de la distance par rapport au week-end qu'ils avaient partagé. Ç'aurait dû être à lui de s'éloigner. Il aurait dû l'oublier, après lui avoir fait l'amour à tant de reprises.

Mais il ne l'avait pas oubliée, ce qui était la raison pour laquelle il était là, en train d'inventer un prétexte pour la revoir.

— Il n'y a aucun problème, j'ai juste changé mes projets. Je me suis dit que nous pourrions déjeuner ensemble. Si tu es libre, bien sûr.

Elle consulta sa montre, d'un geste rapide et nerveux. Il comprit qu'elle cherchait simplement à gagner du temps — et qu'elle essayait de trouver une excuse pour décliner son offre.

— J'aimerais vraiment déjeuner avec toi, Celia.

Elle se mordilla la lèvre, l'air indécis. Il profita de cet instant d'hésitation pour s'approcher d'elle. Avant qu'elle puisse reculer, il lui toucha le bras.

La peur se lut dans ses yeux, et elle recula rapidement, regardant frénétiquement autour d'elle.

— Par pitié, Evan, pas ici, dit-elle en chuchotant.

Elle lissa ses cheveux d'une main tremblante, mais ne parvint qu'à se décoiffer davantage.

Il haussa un sourcil dubitatif, mais garda ses distances.

— Déjeuner ? demanda-t-il de nouveau, insistant.

— D'accord. Laisse-moi le temps d'aller chercher mon sac. Je te retrouve en bas.

Son attitude le contrariait. Dans ses relations sentimentales, il était habitué à décider.

Et voilà qu'il pensait à elle en termes de relation sentimentale. La seule chose à laquelle il devrait penser, c'était à quelle vitesse il pourrait l'attirer de nouveau dans un lit pour, avec un peu de chance, se débarrasser de la douleur brûlante qui s'emparait de lui chaque fois que Celia lui traversait l'esprit.

Traverser n'était pas le mot. Elle était constamment dans son esprit. Il n'aimait pas cela et n'avait pas envie d'en comprendre les implications, mais il était impuissant devant l'assaut de Celia sur ses sens.

Il l'observa un long moment puis, uniquement parce qu'il était convaincu qu'elle était prête à fuir, il accepta.

— D'accord. J'appelle mon chauffeur. Oh, Celia, je n'aime pas que l'on me fasse attendre !

Celia se retourna avant d'exploser. Elle aurait aimé mettre cela uniquement sur le compte de la colère, et de l'arrogance d'Evan, mais à la vérité elle avait été sidérée quand Shelby était arrivée en courant dans son bureau pour lui annoncer qu'Evan Reese souhaitait la voir.

Le frisson enivrant qui l'avait parcourue la contrariait. Ce qui la contrariait aussi, c'était qu'Evan ait supposé qu'elle laisserait tout tomber pour déjeuner avec lui. Il n'aimait pas attendre, avait-il ajouté. Pour qui se prenait-il ?

Arrivée dans son bureau, elle soupira et saisit son sac. Tant de choses se bousculaient dans son esprit. Evan était un client important. Le client le plus important de sa carrière. Et puis il y avait le fait qu'elle avait joué le rôle de sa fiancée et qu'elle avait couché avec lui. A plusieurs reprises.

Une bouffée de chaleur monta le long de son cou, quand elle se souvint du nombre de fois où ils avaient fait l'amour. Ils avaient réalisé tous les fantasmes d'Evan, et quelques-uns des siens, aussi.

Ils avaient été insatiables.

Elle s'était attendue à avoir plusieurs jours pour se remettre du week-end, avant d'être amenée à le revoir. Dans sa confusion, elle n'avait même pas encore parlé du match d'ouverture de la saison de base-ball à Evan.

C'était une excuse comme une autre pour déjeuner avec lui. Au moins, elle pourrait prétendre qu'il ne s'agissait que de travail.

Après un rapide signe de la main à Shelby, elle prit l'ascenseur et sortit.

Evan était devant l'immeuble, une main sur la portière ouverte de la voiture, l'autre dans sa poche. Il avait un air indéniablement arrogant. Comme si non seulement il était un homme du monde, mais qu'il le possédait.

Il lui fit signe de monter puis s'installa à côté d'elle.

— J'ai pensé que nous pourrions déjeuner dans un petit restaurant que je connais, en ville. La nourriture est excellente et le cadre très discret.

Il avait insisté sur les derniers mots, comme pour la provoquer.

Elle releva le menton et le regarda froidement. Elle espérait avoir l'air aussi imperturbable qu'elle voulait paraître.

— Es-tu là pour parler affaires, Evan ? Pourquoi es-tu venu à mon bureau aujourd'hui ?

Il serra brièvement les lèvres et l'observa avec un amusement à peine dissimulé.

— Nous avons couché ensemble, Celia. Je ne pense pas qu'un déjeuner soit scandaleux, si l'on tient compte de ce fait.

Elle serra les poings. Elle avait envie de crier sa frustration. Mais elle doutait qu'il comprendrait pourquoi c'était si important pour elle qu'il n'y ait pas le moindre soupçon de liaison entre eux. Il était le genre de personne qui ne laisserait jamais le jugement des autres gouverner sa vie. Elle, non, à l'évidence. Elle regrettait cet état de fait, mais elle ne pouvait rien y changer.

— Evan…

Elle s'interrompit, car sa voix était sur le point de se briser. Elle se sentait si stupide. Avec n'importe qui d'autre, elle n'avait aucun problème à être directe — et ferme, quand la situation l'exigeait. Mais, avec lui, elle était d'une timidité ridicule.

— Oui ? demanda-t-il.

Il arborait un sourire curieux, comme s'il trouvait la situation amusante. Cela ne fit qu'accroître sa colère.

— Nous ne pouvons pas faire cela, Evan. Ce week-end a été une énorme erreur. Je ne veux pas être de ces femmes qui disent non puis cèdent, et passer la semaine à me fustiger pour ma faiblesse. Je n'aurais jamais dû coucher avec toi. Ne te méprends pas, je ne t'en veux pas et je ne pense pas que tu m'aies manipulée pour que je couche avec toi. Je suis une grande fille, je savais très bien ce que je faisais. Mais j'ai agi de façon stupide.

Evan se contenta de la prendre dans ses bras et interrompit sa tirade par un baiser. Pas un simple baiser. C'était un baiser si fougueux, si enfiévré, qu'elle se sentit littéralement fondre dans ses bras.

Mais elle finit par trouver la force de le repousser.

— Cesse de m'embrasser !

Il lui offrit un sourire nonchalant, sensuel, qui lui fit penser à un lion assis à côté de sa proie. Apparemment, c'était elle, son déjeuner.

— Mais j'aime t'embrasser et j'essaie de ne jamais me refuser les petits plaisirs de la vie.

Elle roula des yeux.

— Oh, Evan, dit-elle avec un petit rire, sois sérieux une minute. Arrête de m'embrasser et de me toucher.

Il haussa les mains en signe de reddition.

— D'accord, d'accord, je ne te toucherai pas.

Elle croisa les mains sur sa poitrine comme pour se protéger et s'éloigna de lui autant que la banquette le lui permettait. Pourquoi avait-elle accepté ce déjeuner ?

Parce que tu es une masochiste et que tu ne peux pas lui résister.

Le reste du trajet se passa dans un silence chargé. Evan était silencieux, et elle maussade. Quand ils s'arrêtèrent enfin devant un restaurant qui promettait de servir les meilleurs fruits de mer de la côte Ouest, elle eut une moue sceptique.

— Jette d'abord un coup d'œil et ensuite tu décideras, dit Evan d'un ton amusé.

Il devenait beaucoup trop doué pour interpréter ses pensées, et cela l'ennuyait au possible, surtout qu'elle, de son côté, n'avait aucune idée de ce qu'il avait en tête. Elle redoutait de le découvrir.

Quand elle sortit de la voiture et regarda autour d'elle, elle dut lui reconnaître une chose. Pour un homme qui ne se souciait apparemment pas qu'on les voie ensemble, il avait choisi un restaurant discret, où ils n'étaient susceptibles d'être vus par personne de leur connaissance.

Il la guida vers le bâtiment en cèdre rustique. Le charme du Sud mêlé à une décoration californienne. C'était un étrange mélange qui, à sa grande surprise, fonctionnait bien.

Tous deux s'installèrent dans le coin le plus retiré, où l'éclairage était si faible qu'une petite lanterne à pétrole était posée au centre de la table.

— Je me sens comme une adolescente pour son premier rendez-vous, dit-elle d'un ton contrit quand Evan eut commandé du vin.

— Est-ce que cela ferait de moi un mufle, si je te disais de but en blanc que je compte t'avoir dans mon lit ce soir ?

Bien sûr, elle s'était doutée qu'il y avait songé, mais l'entendre le dire sans détour était plus excitant que cela ne l'aurait dû.

— Je dois retourner au travail, dit-elle dans un murmure.

— Bien entendu. Je ne comptais pas t'enlever pour l'après-midi, même si l'idée est séduisante. Je me demande si tes collègues appelleraient la police.

Elle lui lança un regard noir et s'efforça tant bien que mal de ne pas rire.

Le serveur apporta leurs plats, alors qu'elle ne se souvenait pas avoir commandé. Elle regarda son verre. Il était à moitié vide, pourtant elle ne se rappelait même pas en avoir bu la moindre gorgée. Evan était décidément nocif pour sa santé mentale.

— Evan…

Elle se tut, car elle se rendit compte que ses mots sonnaient davantage comme un gémissement plaintif que comme une protestation.

— Je vais t'envoyer une voiture, Celia. Personne n'a besoin de te voir monter dans un véhicule avec moi. Je demanderai à mon chauffeur de passer te prendre après le travail ou, si tu préfères rentrer avec ta voiture, de passer te prendre chez toi. Et demain, il te reconduira à temps pour que tu puisses te changer avant d'aller travailler.

Pourquoi ne refusait-elle pas tout de suite ? Au lieu de cela, elle se surprit à s'imaginer l'excitation que ce serait de se rendre à un rendez-vous clandestin pour retrouver son amant.

Rien que le mot *amant* provoqua un frisson en elle. Evan était un superbe spécimen de la gent masculine. C'était le partenaire le plus fantastique, le plus insatiable et le plus attentionné qu'elle ait jamais eu. La simple idée de passer la nuit avec lui la rendait folle de désir.

Elle mâcha sa nourriture sans enregistrer le goût de ce qu'elle mangeait, absente.

— Tu agis comme si c'était un crime de faire l'amour, dit-il d'une voix étrangement tendre.

S'il avait essayé de la cajoler pour lui forcer la main, elle aurait pu se montrer froide. Mais elle était sûre qu'il tentait de la rassurer et d'apaiser ses peurs.

Elle se passa la langue sur les lèvres et reporta son attention sur lui. Dans ses yeux, elle vit des corps onduler. Le sien et celui d'Evan. En rythme parfait. L'image était si belle et si plaisante qu'elle ferma les yeux pour mieux s'abandonner à ce souvenir.

— Dis oui.

Sa voix était aussi caressante que ses mains. Des frissons la parcoururent, et ses tétons se durcirent douloureusement.

— Celia.

Enfin, elle ouvrit les yeux et le fixa sans ciller.

— Oui, dit-elle d'une voix troublée.

13

Celia entra dans son bureau avec un sentiment d'anticipation exacerbé. Elle savait déjà qu'elle ne quitterait pas l'horloge des yeux de tout l'après-midi et qu'elle rentrerait chez elle dès que possible, afin de se refaire une beauté pour retrouver Evan pour leur nuit secrète.

Elle afficha un sourire coquin, aussi coquin que la soirée promettait de l'être. Cette entrevue clandestine avait le parfum de l'interdit, et elle était si excitée qu'elle avait du mal à rester en place.

Avec un soupir, elle s'enfonça dans son fauteuil, retira ses chaussures et consulta ses e-mails.

Elle gémit quand elle découvrit que de nombreux messages s'étaient accumulés depuis vendredi. Elle commença par les plus anciens et remonta la liste en en effaçant plusieurs au passage. Elle marqua d'un drapeau ceux qui requéraient une réponse détaillée et répondit à ceux qui ne nécessitaient qu'une ligne en tapant frénétiquement sur son clavier.

Elle avait presque terminé quand son regard s'arrêta sur le nom de Lucy Reese. La mère d'Evan ? Pourquoi la mère d'Evan lui enverrait-elle un message, et comment avait-elle eu son adresse ?

Un élan de culpabilité monta en elle. Lucy était gentille, et Celia détestait lui mentir. Elle détestait le mensonge en règle générale, quel que soit le motif, et encore plus quand c'était pour une raison aussi futile.

Elle prit une profonde inspiration, puis ouvrit le message. Il commençait de manière joyeuse, à l'image de son expéditrice.

Lucy répétait à quel point elle était heureuse qu'Evan et elle se soient trouvés.

Elle en eut le ventre noué.

Lucy continuait en exprimant le désir de la revoir et espérait qu'Evan l'emmènerait à Seattle bientôt.

De mieux en mieux.

Son message se terminait par un court post-scriptum disant qu'elle avait joint des photos du mariage qui lui plairaient peut-être.

Celia ouvrit les fichiers et ne put s'empêcher de sourire. Sur les clichés, pris durant la réception, Evan et elle semblaient heureux et… amoureux.

Sur l'une des photos, ils dansaient ; sur une autre, Evan la regardait avec une expression tendre ; sur la dernière, il l'embrassait. Celia avait la main posée sur son torse, et la bague étincelante contrastait avec le smoking noir d'Evan. On aurait dit qu'ils brûlaient de désir, là, au beau milieu d'une réception.

Pendant plusieurs minutes, elle se demanda si elle devait ou non répondre au message de Lucy. Cela lui semblait impoli de ne pas le faire, mais il lui était difficile de continuer cette comédie.

Finalement, elle se décida à lui écrire un bref message de remerciements, dans lequel elle précisait qu'elle était heureuse d'avoir rencontré Lucy. Elle disait la vérité, sans aborder sa relation factice avec Evan.

Rejoindre Evan en secret après le travail, cela ne pouvait assurément pas être considéré comme une vraie relation.

A cet instant, son Interphone sonna.

— Oui, Shelby ?

— Celia, une agence accepte de se charger de Noah Hart.

— Quel courage ! dit-elle en marmonnant.

— Pardon ?

— Non, rien. Peux-tu m'envoyer leurs coordonnées par e-mail pour que je puisse les faire suivre ?

— Bien sûr.

Shelby marqua une pause, puis demanda d'une voix hésitante :

— Alors, est-ce que tu vas me donner des détails croustillants sur Noah Hart ? Par exemple, me dire comment tu l'as connu, et pourquoi tu te charges de lui trouver une femme de ménage.

— Non, fit Celia d'un ton bref.

Désireuse de mettre un terme à cette conversation, elle raccrocha et espéra que Shelby ne reviendrait pas à la charge. Certes, Shelby aimait les potins, mais elle n'était pas intrusive outre mesure. Elle savait s'arrêter quand on le lui demandait.

Elle récupéra l'e-mail et le transféra à Noah. Puis elle fixa son téléphone en poussant un soupir. Noah lisait rarement ses e-mails et n'était pas intéressé par les moyens de communication modernes. Il préférait le téléphone ou, mieux, les discussions en face à face. Cela rendait ses agents fous, d'ailleurs.

Elle ferait mieux de téléphoner et de lui laisser un message.

Une fois que ce fut fait, elle se souvint qu'elle avait encore oublié de parler du match d'ouverture à Evan.

Avec tout ce qui s'était passé ce week-end, cela lui était sorti de l'esprit. Même quand elle avait fait sa présentation et sorti l'atout Noah Hart de sa manche, elle avait oublié de mentionner le match.

Evan était sans doute déjà pris, et il n'était même pas sûr qu'il soit à San Francisco ce jour-là. Le match aurait lieu la veille de la présentation officielle à l'agence, et il n'arriverait sans doute que le jour même à San Francisco.

— Idiote, idiote, idiote, dit-elle.

Serait-ce déplacé d'en parler ce soir ? Si elle voulait présenter Evan à Noah dans un cadre informel, il fallait bien qu'elle le fasse, en espérant qu'Evan n'avait pas déjà d'autres projets.

On frappa à la porte et elle leva les yeux. Brock apparut, le sourire aux lèvres.

— Nous avons prévu de nous retrouver au *Rosa Lounge* après le travail, tout à l'heure. Tu es la vedette du jour, et nous voulons fêter ton succès en buvant des tas de Martinis. Ce sera un bon moyen de nous regonfler à bloc pour la présentation de vendredi.

Son ventre se noua. La dernière chose qu'elle voulait, c'était passer une soirée agitée avec ses collègues. En temps normal, elle aurait été ravie. Les employés *Maddox* se retrouvaient régulièrement dans un bar à Martinis branché, à quelques pas de l'agence, pour fêter un succès, se consoler d'un échec, ou simplement se détendre après une journée de travail éreintante.

La dernière fête qu'ils y avaient organisée avait été donnée en l'honneur de Jason, après qu'il eut décroché le contrat Prentice. A présent, Brock rassemblait les troupes autour d'elle.

Elle ressentit une vague de plaisir et, en même temps, son cœur se serra à l'idée de manquer sa soirée avec Evan. Il penserait sans doute qu'elle était lâche, même si c'était la meilleure chose à faire.

— J'aurais adoré venir, Brock, mais j'ai déjà des projets pour la soirée. Un rendez-vous important, dit-elle après une pause. D'ailleurs, je préférerais ne pas me porter malheur avant la présentation. Rien n'est encore signé. Mais je compte bien décrocher la timbale vendredi.

— Oui, je comprends. Nous irons sans toi, alors, et appellerons cela une réunion de préparation. Ce sera une bonne excuse pour nous détendre un peu. Néanmoins, si tu obtiens le contrat, prépare-toi à la fête du siècle.

— Je te le rappellerai. Il me tarde.

— Prends soin de toi, et à demain.

Il se retourna mais se ravisa.

— Oh, Celia, si je ne te l'ai pas encore dit, merci. Tu as fait un travail extraordinaire. Je doutais de ton approche au départ, mais tu as réussi de manière éclatante.

Elle sentit son cœur s'accélérer. Elle dut faire un immense effort pour ne pas sauter de joie.

— Merci de ta confiance, dit-elle d'une voix aussi calme que possible.

Brock disparut dans le couloir, aussi ne la vit-il pas sourire comme une illuminée.

Celia quitta son bureau quinze minutes avant l'heure de sortie pour ne pas tomber sur ses collègues. Elle n'avait pas envie d'expliquer pourquoi elle ne les rejoignait pas au Rosa Lounge.

Son appartement n'était pas très éloigné. D'habitude, elle adorait conduire sa BMW, capote baissée, mais aujourd'hui elle était impatiente de rentrer, et la circulation la rendait folle.

Quand elle arriva à son appartement, elle reconnut la voiture garée devant chez elle. Elle s'arrêta à la hauteur du chauffeur et baissa sa vitre.

— Je n'en ai que pour une minute, dit-elle.

Le chauffeur lui sourit.

— Ne vous pressez pas, mademoiselle Taylor. Prenez votre temps.

Elle alla se garer sur sa place de parking puis rejoignit son appartement en hâte, pour préparer ses affaires.

Elle n'avait pas oublié la réaction d'Evan devant sa lingerie sexy et féminine. C'était son unique petit plaisir, un plaisir stupide, d'ailleurs. Sa vie sexuelle était si calme ces dernières années que personne d'autre qu'elle ne risquait de voir ses jolis dessous.

Une fois déshabillée, elle alla choisir dans sa commode son coordonné de soie le plus osé. Elle en choisit un de couleur rose. Quoi de plus féminin et de plus doux que le rose ? Même si elle avait grandi avec une horde de garçons, toute féminité n'avait pas été étouffée en elle. Puisqu'elle était rousse, elle ne pouvait se permettre de porter des vêtements roses. Mais des sous-vêtements, si.

Comme elle n'était pas sûre de retourner à son appartement avant d'aller travailler le lendemain, elle fourra une tenue dans un sac ainsi qu'une trousse de toilette et un autre coordonné couleur lavande.

Elle vérifia ses messages puis fit quelque chose qu'elle ne faisait jamais : elle éteignit son téléphone portable. Cette soirée était spéciale, et elle ne voulait pas que le travail vienne faire intrusion. Si elle devait s'accorder un fantasme, elle le vivrait à fond.

Elle rejoignit la voiture d'Evan au pas de course. Le chauffeur lui ouvrit sa portière avant de se poster derrière le volant.

Toute cette expérience était diablement excitante. Elle s'imagina être la maîtresse d'un milliardaire, discrètement escortée à bord d'une voiture privée, pour aller retrouver son amant dans un endroit secret.

Reprends-toi, Celia, se dit-elle.

Il lui faisait perdre la tête. Si elle n'y prenait garde, elle allait oublier son indépendance durement acquise et se retrouverait un jour en train de l'accueillir à la porte de leur maison, affublée d'un tablier de cuisine et de gants de four.

Bizarrement, cette image ne lui parut pas du tout déplaisante. Pendant les premières secondes, du moins. Ensuite, elle la fit rire.

Le chauffeur la regarda dans le rétroviseur, et elle tenta vaillamment de reprendre son sérieux. S'il savait les pensées absurdes qui lui venaient à l'esprit !

Si elle avait vraiment été la fille malicieuse de son fantasme, elle aurait passé un simple trench sur son coordonné de dentelle. Une fois dans la chambre d'Evan, elle aurait enlevé le manteau et guetté sa réaction.

L'idée était plus que séduisante et, si Evan lui faisait une autre invitation comme celle de ce soir, elle songerait sérieusement à la mettre en pratique.

Quelques minutes plus tard, le chauffeur s'arrêta devant le somptueux hôtel dans lequel Evan résidait quand il était à San Francisco. Un employé de l'hôtel vint aussitôt lui ouvrir sa portière et, dès qu'elle entra, un réceptionniste l'accueillit en lui tendant une clé magnétique.

— M. Reese souhaite que vous montiez directement, lui dit l'employé.

Elle rougit de la tête aux pieds. Elle savait bien quelle image elle renvoyait. Celle d'une call-girl ou d'une maîtresse cachée — précisément ce qu'elle s'était imaginé pendant le trajet.

Elle saisit la carte, murmura un merci et rejoignit un petit couloir menant directement aux ascenseurs. Heureusement, elle n'eut pas à traverser le hall. Elle avait l'impression que tout le monde savait pourquoi elle était venue.

Elle prit l'ascenseur et parvint à destination en quelques secondes. Le couloir était étrangement calme. Il n'y avait que quelques portes. Les chambres étaient sans doute immenses, conclut-elle. Celle d'Evan était située tout au bout.

Elle prit une profonde inspiration avant d'insérer sa clé dans la serrure.

Lorsqu'elle poussa la porte, elle découvrit Evan, assis dans un fauteuil. Il l'attendait, un verre à la main. Elle perçut son impatience et lut du triomphe dans son expression quand elle referma la porte.

Comme elle restait immobile, Evan posa son verre et traversa la pièce en quelques enjambées.

— Tu es venue, dit-il d'une voix cassée.

Il l'embrassa à pleine bouche.

— Croyais-tu que j'allais changer d'avis ? demanda-t-elle quand elle put enfin reprendre son souffle.

Evan avait le regard brillant et semblait avoir du mal à se contrôler.

— Si tu n'étais pas venue, j'étais prêt à aller te chercher à ton appartement.

Toutes ses inquiétudes disparurent. Rien d'autre ne comptait plus que le désir intense qu'ils ressentaient l'un pour l'autre.

— La prochaine fois, je ne viendrai pas. J'ai un fantasme avec un homme de Neandertal qui vient pour m'enlever et me ramener dans sa caverne.

Avant qu'elle puisse réagir, il la porta dans ses bras et se dirigea vers la chambre.

14

Ils n'allèrent pas plus loin que la commode. Evan la posa sur le meuble et se cala entre ses cuisses.

— J'avais juré que cette fois je te savourerais, dit-il contre sa bouche. Mais, dès l'instant où je te vois, j'en oublie mes bonnes résolutions.

Elle enroula les jambes autour de sa taille et l'attira tout contre elle.

— On t'a déjà dit que tu parlais trop ?

— Jamais, répondit-il avant de prendre avidement sa bouche.

Quand il ouvrit son chemisier d'un geste brusque pour le faire glisser sur ses épaules, son excitation monta en flèche. Il plaqua ses mains sous ses bras, l'agrippant si fort qu'elle sut qu'elle porterait les marques de ses doigts sur elle.

Il déposa une pluie de baisers le long de son cou puis mordilla le lobe de son oreille. Les frissons qui la balayèrent étaient si forts qu'elle trembla.

Il recula un peu pour la regarder.

— Tu es si belle !

Il glissa l'index sous la bretelle de son soutien-gorge et effleura la courbe de son sein.

— J'adore ce que tu portes.

Elle bomba la poitrine pour lui donner un meilleur aperçu de son décolleté.

— Tu es sans pitié, hein ? dit-il.

Un sourire aux lèvres, elle se cambra de manière aguicheuse, jusqu'à ce que ses tétons apparaissent sous la dentelle.

La tenant par la taille, il embrassa le creux de son décolleté.

Ensuite, il se mit à lécher ses seins généreux, et bientôt elle haleta de plaisir.

Les bretelles tombèrent sur ses épaules. Il tira dessus jusqu'à ce qu'un bonnet libère un sein. Aussitôt, il prit le téton ainsi dévoilé entre ses lèvres et le sentit se durcir sous sa bouche.

— Evan, murmura-t-elle en plongeant les mains dans ses cheveux.

Non sans mal, il dégrafa son soutien-gorge, puis entreprit de déboutonner son pantalon, sans jamais cesser d'embrasser son sein.

Elle se souleva un peu pour qu'il puisse faire glisser le vêtement sur ses jambes. Lorsque ce fut fait, Evan recula d'un pas et la contempla de nouveau.

Elle se sentait belle et désirable. Irrésistible, même. Evan lui donnait l'impression qu'elle était la seule femme qui comptait pour lui.

— Je ne peux pas dire que j'aie jamais rêvé de faire l'amour sur une commode, dit-il, mais je suis en train de reconsidérer la question.

Elle voulut se rapprocher de lui, de sorte qu'elle se retrouva tout au bord de la commode. A cet instant, elle le désirait tant que même la courte distance jusqu'au lit lui semblait trop grande.

Il glissa un index sous la dentelle puis, lentement, se rapprocha de son intimité la plus profonde. Lorsqu'il inséra son doigt en elle, elle recula dans un sursaut, les paupières closes, et gémit de plaisir.

La sensation de ses mains sur ses fesses pendant qu'il lui retirait son slip attisa encore le feu de son désir.

A présent, elle était nue sous son regard brûlant, à la merci de ses doigts experts. Il renouvela ses assauts jusqu'à ce qu'elle respire par saccades.

— Ce n'est pas juste, dit-elle entre deux soupirs. Toi tu es encore habillé.

Avec un petit sourire, il se dévêtit à son tour. Puis il s'agenouilla devant la commode, laissant sensuellement courir ses mains sur ses jambes.

Elle retint son souffle quand il écarta ses cuisses et posa les lèvres sur sa chair la plus intime.

— Oh…

Tout devint flou autour d'elle. Elle était submergée par une myriade de sensations exquises et enivrantes.

Il était un amant doué. Et généreux. Même quand il atteignait ses limites, il avait à cœur de la conduire à l'extase avant de satisfaire ses propres besoins.

— Evan, s'il te plaît !

Accédant à sa requête, il se redressa et l'attira vers lui jusqu'à ce qu'elle soit perchée en équilibre précaire sur le bord de la commode. Il y avait une menace sauvage dans son expression, celle d'un homme poussé trop loin trop vite, et qui luttait de toutes ses forces pour s'empêcher d'exploser.

Il s'arrêta juste assez longtemps pour dérouler un préservatif. Puis il la pénétra d'un vigoureux coup de reins.

Maintenant ses fesses dans ses mains puissantes, il alla et vint en elle, et elle ressentit chacune de ses ondulations jusqu'au tréfonds de son être.

Lorsqu'il pressa son visage contre son cou et l'embrassa tout en se cabrant contre elle, elle l'enlaça plus fort, pour qu'il n'y ait plus le moindre espace entre eux. Toujours enfoui en elle, il la souleva et recula vers le lit. Il se laissa tomber, de sorte qu'elle se retrouva sur lui.

— Chevauche-moi, dit-il d'une voix tendue.

Il avait les yeux assombris par le désir. Il serrait ses hanches si fort qu'elle ne put que se contracter autour de son sexe en érection.

— Oh, Celia, dit-il, gémissant.

Elle n'allait pas tenir longtemps ainsi. Il fallait qu'elle bouge.

Posant les paumes contre son torse, elle se redressa et commença à onduler sur lui.

Elle vit la sueur perler sur son front, et ses pupilles se dilater encore. Il l'attira plus près, pour pouvoir prendre ses seins entre ses mains. Il frotta ses tétons gorgés de désir avec ses pouces.

— Je ne peux plus résister, dit-elle dans un souffle.

— Alors, laissons-nous aller ensemble.

Il lâcha ses seins pour agripper ses hanches et accompagner chacun de ses mouvements. Le feu en elle s'embrasa. La spirale de tension monta, de plus en plus forte, jusqu'à ce qu'elle ne puisse plus lui résister.

Elle rejeta la tête en arrière et poussa un cri douloureux qui lui sembla infini. C'était la souffrance la plus exquise et la plus époustouflante de sa vie.

Il plongea les mains dans ses cheveux et l'attira vigoureusement vers lui pour prendre sa bouche. Avec frénésie, il caressa son dos, ses cheveux, son visage, comme s'il ne pouvait être rassasié d'elle et qu'il voulait mémoriser chacun de ses traits.

Puis ce fut comme si le monde s'arrêtait. La vague de plaisir déferla sur eux et s'écrasa, laissant dans son sillage des milliers de petites ondes.

Elle ne sut pas combien de temps elle resta étendue sur lui, le cœur battant. Il l'enlaçait. Il était encore enfoui en elle et se remettait lui aussi de l'orgasme dévastateur qui les avait balayés tous les deux.

Lentement, elle prit conscience qu'il caressait son dos et ses cheveux.

— Je pense que j'ai encore tout gâché, dit-il.

Elle sourit et pressa son visage contre son torse.

— Tu as tout gâché, c'est vrai. Mais je pense que j'ai tout gâché la première.

Il rit.

Rassemblant le peu d'énergie qui lui restait, elle leva la tête et s'appuya contre son torse pour le regarder dans les yeux.

Il semblait satisfait. Et rassasié, mais pas seulement sur le plan sexuel. C'était comme s'ils se connaissaient depuis toujours. Elle avait, certes, une imagination débordante mais, quand il la regardait de cette façon, en lui donnant l'impression qu'elle seule existait pour lui, il était difficile de ne pas se laisser happer par le fantasme qu'ils avaient créé.

Il effleura sa bouche du bout des doigts.

— Un sou pour tes pensées.

— Je suis presque sûre qu'un homme ne devrait jamais demander à une femme à quoi elle pense juste après l'amour, dit-elle d'un ton léger.

Elle sourit et se pencha pour l'embrasser.

— J'aime les câlins après l'amour.

Il la prit dans ses bras et roula pour qu'ils se retrouvent chacun sur le côté.

— Tu n'es pas du genre bavard, alors ?

Elle se blottit tout contre lui. Elle n'avait pas menti, elle préférait les câlins aux discussions. Quoique, à la vérité, elle adorerait mettre son âme à nu, lui dévoiler tous ses secrets, découvrir les siens. Lui dire à quel point elle l'aimait…

Elle se figea. Pendant un instant, elle ne put respirer.

Ce n'était pas comme si elle venait de tomber amoureuse. Non, c'était un processus qui avait commencé depuis un moment, sans doute. Mais elle ne l'avait pas admis. Elle ne l'avait même pas pensé, encore moins dit à voix haute.

Et pourtant, le sentiment était bien là, dans l'ombre, attendant le moment où elle le laisserait entrer dans sa conscience. Elle avait pourtant réussi — ou du moins l'avait-elle cru — à garder une distance émotionnelle.

Elle aimait Evan.

Etrangement, cette idée lui serra le cœur. Le fait de prendre conscience que l'on était amoureux n'était-il pas censé être accompagné d'un feu d'artifice, d'une fanfare, d'un frisson enivrant ? N'était-ce pas censé être la plus belle chose au monde ?

Alors pourquoi éprouvait-elle le besoin soudain de courir vers la salle de bains, le cœur au bord des lèvres ?

— Nous avons deux options.

Elle cligna des yeux et revint à l'instant présent.

— Quelles options ? demanda-t-elle d'une voix rauque d'émotion.

— Je peux te nourrir. Ou je peux te faire l'amour de nouveau, aussi passionnément que la première fois. Ou encore, nous pouvons faire une petite sieste et ensuite choisir une des deux premières options. Ou les deux. Tu vois ? Je suis facile à vivre.

Elle sourit et l'étreignit. Elle l'aimait, oui. Cela l'effrayait terriblement et, maintenant qu'elle l'avait reconnu, elle se sentait submergée par la force de son émotion. Elle avait envie de crier son amour comme une adolescente vivant ses premiers émois.

— Est-ce que je reste pour la nuit ? demanda-t-elle.

Il se redressa.

— Bien sûr. Enfin, si tu en as envie. Si tu n'as pas apporté de tenue de rechange, je peux demander à mon chauffeur de te reconduire chez toi demain matin.

— Si, j'ai apporté des vêtements. Mais, s'il me ramène au travail, je n'aurai pas de voiture. Ce serait sans doute mieux qu'il me raccompagne tout de même chez moi, pour que je prenne mon véhicule.

Il la regarda, comme s'il allait dire quelque chose, mais se ravisa. Quelle pensée lui avait traversé l'esprit ? Elle n'osait le lui demander.

— D'accord, dit-il. Je m'assurerai que la réception nous appelle assez tôt demain matin.

Incapable de résister, elle l'embrassa. Ce n'était pas un petit baiser joueur cette fois, mais un baiser chaud et profond, qui montrait la profondeur de ses sentiments.

Quand enfin elle recula, Evan avait les yeux brillants de passion. Elle décela aussi une satisfaction sur laquelle elle ne voulut pas spéculer.

— Dans ce cas, je choisis les options dans cet ordre : manger, faire l'amour de façon passionnée, et ensuite dormir, murmura-t-elle.

— Vendu.

Une demi-heure plus tard, installés sur le lit, ils avalaient le repas qu'Evan avait commandé. Elle avait enfilé un peignoir, et Evan un caleçon.

Elle mangeait avec ses doigts, sans s'embarrasser de couverts. C'était trop délicieux pour qu'elle laisse les bonnes manières gâcher son plaisir.

Ils avaient presque fini quand elle se rendit compte qu'elle n'avait pas encore abordé le sujet du match de base-ball. En arrivant tout à l'heure, elle n'avait pas osé en parler, mais maintenant elle se sentait tout à fait à l'aise.

— Parle-moi de tes projets cette semaine. Est-ce que tu retournes à Seattle en attendant notre présentation de vendredi ?

Il pencha la tête et l'étudia intensément.

— Cela dépend.

— De quoi ?

— Du fait que j'aie une raison de rester ou non.

Il n'aurait pas pu être plus clair. Tout à coup, elle eut la gorge sèche et elle avala une gorgée d'eau.

— Je comptais t'inviter au match d'ouverture des Tide. J'ai de bonnes places. Est-ce que cela te tente ?

Il sembla un peu surpris, et, pendant un instant, elle se demanda si elle avait dépassé les limites.

Mais bien vite il sourit. Un sourire sincère et chaleureux qui la rassura.

— J'en serais ravi. Jeudi soir, c'est ça ?

— Oui. Je pourrais passer te prendre.

Elle crut voir briller une lueur triomphante dans son regard, qu'elle ne put s'expliquer.

— Donne-moi l'heure, et je serai prêt.

— Le match commence à 19 heures, alors je serai là vers 17 h 30.

— Il me tarde.

Les choses se mettaient parfaitement en place. Elle emmènerait Evan au match et ensuite elle lui présenterait Noah. Le lendemain, elle ferait une présentation sensationnelle. Et le contrat serait à elle. Elle ne pouvait envisager aucune autre issue.

Golden Gate et Athos Koteas étaient peut-être des concurrents acharnés, mais ils n'avaient pas Noah Hart et ils n'avaient certainement pas ses idées. Des idées qui seraient parfaites pour Evan et sa société, elle en était sûre.

Evan essuya une miette au coin de sa bouche. Ils avaient tous deux quasiment fini leur assiette. Et, à la façon dont Evan la regardait, elle devina ce qu'il avait prévu pour le dessert.

— Donne-moi deux minutes pour débarrasser, ensuite nous pourrons passer à l'option deux. Mais je pense que l'option sieste devrait être reportée de façon significative.

— Ah ? Reportée à quel point ?

— De beaucoup, dit-il d'une voix suave. Je suis en train de me dire que l'option deux pourrait être subdivisée en plusieurs sous-options.

En guise de réponse, elle ouvrit son peignoir et se retrouva nue sur le lit.

15

Celia se gara dans un des parkings réservés du stade et coupa le moteur.

— Prêt ? dit-elle en se tournant vers Evan.

Il regarda par le pare-brise et put constater qu'ils étaient tout près de l'entrée du stade.

— Eh bien ! Tu dois avoir de vraiment bonnes places.

— Je te l'avais dit, répondit-elle en souriant.

Lorsqu'ils sortirent, Celia ouvrit la voie. En temps normal, elle serait passée par l'entrée des joueurs, mais elle ne voulait pas donner d'indices pour l'instant, aussi se dirigèrent-ils vers la porte principale, comme tout le monde.

Elle était impatiente de voir sa réaction, quand il verrait qu'ils étaient placés juste derrière le marbre.

Quelques minutes plus tard, ils arrivèrent dans les gradins situés juste au-dessus de la quatrième base. Un placeur les mena vers leur bloc de sièges, et Celia prit place dans la quatrième rangée.

— Je suis impressionné ! dit Evan, étonné, en s'asseyant à côté d'elle. Comment as-tu fait pour avoir ces places ? Elles ont dû te coûter une petite fortune. Sans parler du fait que tout était complet. Je le sais parce que j'ai essayé d'avoir des billets.

— J'ai des relations, dit-elle fièrement.

Il la regarda avec curiosité.

— Je commence à avoir l'impression que c'est vrai.

Ils se calèrent dans leurs sièges pendant que le terrain était humidifié et préparé avant le début du match.

Evan se détendit et enfila ses lunettes de soleil. Le temps

était particulièrement ensoleillé, et il n'y avait pas un nuage à l'horizon. C'était une journée idéale pour jouer au base-ball.

En digne drogué du travail qu'il était, il observa les fans installés dans les gradins, pour voir lesquels portaient des vêtements griffés Reese. Si Celia avait vu juste, bientôt, la grande majorité des gens voudraient porter sa ligne de vêtements de sport.

Il se retourna quand il entendit Celia parler à un vendeur de hot dogs. Elle jeta un regard vers Evan.

— Tu veux quelque chose ?

— Comme toi.

Il saisit son portefeuille pour régler la note, mais le vendeur d'âge respectable agita la main.

— Notre Cece ne paie pas.

Evan, totalement perplexe, observa le badinage entre Celia et le vendeur. Ils discutaient des statistiques, des joueurs à surveiller pour la saison à venir, et de la saison précédente, qui avait vu les Tide finir à un seul match du leader de la division.

— Ils vont remporter le championnat cette année, lui disait Celia, rassurante. Noah est en grande forme. Il ne faisait que s'échauffer l'année dernière.

Le vendeur hocha la tête avec enthousiasme.

— Je crois que vous avez raison, mademoiselle Cece. Quand il a été prêt, la saison s'est terminée.

— Oh, j'en oublie mes bonnes manières, dit-elle en se retournant vers Evan. Pardonnez-moi. Evan, voici Henry Dockett. Il travaille dans le stade depuis sa construction, il y a trente ans. Il sait tout sur tout ici. Henry, voici Evan Reese.

Evan serra la main du vieil homme, dont le visage s'éclaira.

— Vous êtes l'Evan Reese de *Reese Enterprises ?*

— Lui-même, dit-il en souriant.

Henry hocha la tête d'un air approbateur.

— C'est l'endroit où il vous faut être, alors. Mlle Cece vous fera passer un bon moment.

Quelqu'un appela Henry, et le vieux monsieur s'excusa avec un signe de tête.

— Je reviens vous voir tout à l'heure, mademoiselle Cece.

Elle sourit et le remercia pour les hot dogs.

Quand elle reprit sa place, Evan se pencha vers elle pour prendre son sandwich.

— Est-ce que tout le monde vous mange dans la main comme ça, *mademoiselle Cece* ?

Elle rougit et baissa la tête.

— Henry est un vieil ami.

Son embarras l'amusait.

— As-tu d'autres surprises en réserve pour moi aujourd'hui ?

— Peut-être bien, dit-elle, rêveuse, avant de mordre dans son hot dog.

Les Tide entrèrent sur le terrain, et le premier batteur prit place. Celia gémit sa déception en chœur avec la foule.

— Notre choix de lanceurs, c'est ce qui nous a coûté le championnat dans le passé, glissa-t-elle à Evan.

Il n'eut pas le cœur de lui dire qu'il le savait très bien.

— Cette année, ça devrait s'arranger, répondit-il.

— Oui, Soren est le meilleur. Il met du temps à se chauffer, cependant. Si nous pouvons réussir le premier tour de batte, il sera génial.

De nouveau, il sourit et s'installa confortablement pour observer le match.

Les Tide avaient remporté le match haut la main. Le spectacle avait été de grande qualité, mais ce qui avait surtout intéressé Evan, c'étaient les réactions de Celia et l'étrange attitude des Tide envers elle. Tous les joueurs qui s'étaient succédé sur le terrain l'avaient saluée. Et, quand le tour de Noah Hart était arrivé, elle avait littéralement bondi de son siège et avait enfoncé ses ongles dans le bras d'Evan, telle une mère anxieuse. Noah lui avait fait un clin d'œil appuyé, Evan en était certain.

Durant une des mi-temps, elle était allée voir des gens installés à deux blocs du leur. Evan l'avait observée pendant qu'elle serrait dans ses bras deux jeunes hommes et un vieux monsieur. Ils avaient regardé dans la direction d'Evan, puis avaient continué leur conversation avec Celia.

Quand elle avait repris place à côté de lui, il avait commencé à se demander s'il n'avait pas été plongé dans une réalité parallèle. Y avait-il quelqu'un que Celia ne connaissait pas ici ?

Quand elle lui avait offert Noah sur un plateau d'argent virtuel, il avait cru qu'elle l'avait contacté par l'entremise de son agence et qu'elle lui avait offert un contrat qu'il ne pouvait refuser. Il n'avait pas supposé qu'elle aurait de tels liens avec son équipe. Et avec Noah, en particulier.

A la fin du match, il avait commencé à avoir des pensées désagréables. Celia était-elle ou non la petite amie de Noah Hart ? Cela expliquerait certainement qu'elle ait pu convaincre Hart de le rencontrer.

Mais cela amenait aussi beaucoup d'autres questions. Se servait-elle d'Evan pour faire avancer sa carrière ? Non, impossible. Il faudrait qu'elle soit vraiment diabolique pour tromper un homme comme Noah Hart, juste pour assurer son ascension. Pourquoi même aurait-elle besoin de travailler, si elle était avec Noah Hart ? Cet homme gagnait des fortunes, même sans contrats publicitaires à un million de dollars. C'était un des joueurs de base-ball les mieux payés de la ligue.

Avant que ses pensées ne le mettent en rage, il se reprit. Il découvrirait la réponse avant la fin de la journée. D'une manière ou d'une autre. Et ensuite, il déciderait ce qu'il allait faire à propos de Celia. Et de son contrat.

Celia se leva, les joues rosies par l'excitation.

— Nous allons avoir une saison géniale. J'en suis sûre !

Il se leva à son tour, ne sachant guère ce qui allait arriver, maintenant. Rien ne s'était passé comme il l'avait prévu.

Elle lui prit la main et l'attira vers la sortie.

— Viens, dit-elle.

Mais ils ne quittèrent pas le stade. Au lieu de cela, ils descendirent vers une zone réservée. Celia sortit un pass qu'il n'avait pas encore vu, ce qui leur permit de passer le barrage de vigiles. Une autre surprise. Mais Evan découvrit bien vite qu'une surprise encore plus grande l'attendait : ils arrivèrent devant le vestiaire des joueurs, rien de moins.

Ils attendirent un bon moment. Plusieurs membres de la presse allaient et venaient. Enfin, un joueur passa la tête par la porte et sourit à Celia. C'était le receveur des Tide, Chris Davies.

Evan fut un peu ébloui. Davies était une véritable légende du base-ball, et la rumeur courait que c'était sa dernière année avant la retraite.

— Cece ! Tu aurais dû entrer. Noah est retenu par une interview, mais il voulait que tu viennes le voir.

Celia avança et embrassa le joueur sur la joue.

— Joli match, Chris. Tu es aussi en forme que jamais.

Le grand homme rougit, puis il se tourna vers Evan et l'observa d'un air suspicieux.

— Oh, Chris, je te présente Evan Reese. Evan, voici Chris Davies, le receveur vedette des Tide.

— Oui, je sais bien, dit Evan. Joli match. Je suis votre parcours depuis des années.

— Evan Reese des vêtements de sport ? demanda Chris.

— Oui.

— Cool. Venez avec moi, tous les deux. Noah devrait avoir fini maintenant.

Malgré sa richesse et son statut social, Evan était impressionné. Pénétrer dans le vestiaire des Tide, c'était le rêve de tous les petits garçons. C'étaient ce genre de rêves et son amour pour le sport qui l'avaient conduit à bâtir son empire.

Plusieurs joueurs s'arrêtèrent pour embrasser Celia sur la joue. Certains lui ébouriffèrent les cheveux, et elle leur donna des tapes affectueuses en retour.

— Cece ! Tu es là.

Evan leva les yeux et vit Noah se frayer un chemin dans la foule. Puis, à sa grande surprise, il vit Noah porter Celia et la faire tournoyer.

Il les observa, de plus en plus irrité.

— Alors, tu as vu ? dit Noah quand il la reposa à terre. Un match fantastique, non ?

Celia eut un grand sourire. Son affection pour Hart était manifeste. Un fait qui rendit Evan encore plus grincheux. Contrat ou non, il avait bien envie d'envoyer son poing dans la figure de la star.

— J'ai vu, bien sûr. Tu étais génial, comme toujours.

— J'ai besoin d'une douche rapide. Vous pouvez m'attendre

là-bas tous les deux, dit-il en désignant un coin à l'abri du chaos du vestiaire. Je n'en ai pas pour longtemps.

— Nous t'attendrons. Prends ton temps.

Noah lui secoua les cheveux de manière affectueuse, puis se dirigea vers les douches.

Evan ouvrit la bouche pour lui poser une question et secoua la tête. Il attendrait.

Celia le conduisit dans la salle adjacente et s'assit sur un canapé de cuir.

— Cet espace est réservé aux entraîneurs et aux familles, dit-elle quand il s'assit sur un fauteuil face à elle. Aucun journaliste ne viendra ici.

— Tu sais que j'ai une centaine de questions à poser, Cece, dit-il sèchement.

Elle rougit d'un air un peu coupable.

— D'accord, peut-être que je suis coupable d'avoir voulu te faire la surprise. Je veux dire, j'aurais pu te prévenir, mais ça n'aurait pas été drôle.

— La seule question à laquelle je veux une réponse maintenant, c'est : est-ce que tu sors avec Noah Hart ?

Il la vit ouvrir de grands yeux. Elle était choquée, et il sut à cet instant que, quoi qu'il ait supposé — même pour de bonnes raisons —, il avait tout faux.

— C'était une hypothèse sensée, dit-il pour se justifier avant qu'elle puisse parler.

— Evan, Noah est mon…

Ils furent interrompus par les trois hommes que Celia était allée voir dans les gradins pendant le match.

— Cece, chérie, dit le vieil homme en la prenant dans ses bras.

Les deux autres observèrent Evan d'un air méfiant.

— Tu nous présentes, Cece ? demanda le plus grand des deux.

— Bien sûr, dit-elle en enroulant son bras autour de celui du vieux monsieur. Evan, je te présente ma famille. Voici mon père, Carl, et mes deux frères, Adam et Dalton. Les garçons, voici Evan Reese. Il possède *Reese Enterprises*. Je l'ai amené avec moi pour qu'il rencontre Noah.

Evan aurait pu jurer qu'elle avait dit cette dernière phrase de manière appuyée. Il se détendit et salua les trois hommes. Tous les trois lui serrèrent la main avec une poigne plus qu'énergique. Comme s'ils voulaient le faire grimacer. Un test viril typique, auquel il était habitué. Il serra leur main avec tout autant de force et récolta des regards empreints d'un respect réticent.

— Très heureux de vous rencontrer, monsieur, dit-il au père de Celia.

— Est-ce à cause de vous que ma Cece travaille si dur ?

Evan regarda Celia puis son père, et retour. Elle ferma les yeux, l'air inquiet, et secoua la tête. Ce fut alors qu'il se souvint de ce qu'elle lui avait dit. Pour son père et ses frères, sa seule ambition aurait dû se limiter à être jolie. Apparemment, ils n'étaient pas ravis qu'elle ait une carrière.

— Je crains que oui, monsieur. J'aimerais vous dire que je le regrette, mais Celia est un des esprits les plus brillants que j'aie rencontrés. Elle va superviser toute ma campagne publicitaire. Je pense que grâce à elle, dans un an ou deux, *Reese Enterprises* ne sera pas simplement un des leaders de l'habillement sportif, mais le leader *indiscuté*.

Ses deux frères regardèrent Celia avec un intérêt renouvelé, tandis qu'elle le fixait, stupéfaite. Il crut même voir des larmes au coin de ses yeux. Alors, il lui sourit et lui tendit la main. A sa grande surprise, elle l'accepta sans protester et enroula fermement les doigts autour des siens.

— Si vous venez voir Noah pour les affaires, nous allons filer, dit son père. Celia, est-ce que tu pourras venir au déjeuner de dimanche, ou est-ce que tu seras de nouveau occupée ?

— Non, je serai là, dit-elle en se mettant sur la pointe des pieds pour l'embrasser sur la joue. Pardon pour le week-end dernier. J'ai eu un empêchement imprévu.

Evan comprit que c'était lui, l'empêchement imprévu. S'il était navré qu'elle ait raté une réunion de famille importante, il ne regrettait pas du tout la façon dont leur week-end à Catalina s'était déroulé.

— J'ai été content de vous rencontrer tous, dit Evan, sincère.

Le père de Celia hocha la tête et lui serra la main avant de quitter la pièce.

— Intéressante famille, ajouta-t-il quand ils furent partis.

— Je les aime profondément, mais ils sont assez insupportables.

— Il est évident qu'ils t'aiment beaucoup.

— Oui, dit-elle en souriant, et je les adore moi aussi. Avec leurs défauts et leurs qualités.

Un instant plus tard, Noah Hart arriva d'un pas nonchalant dans la pièce et étreignit de nouveau Celia. Puis il se tourna vers Evan.

— Alors, c'est lui, la vedette ? demanda-t-il.

— Je dirais que c'est vous, la vedette, si vous acceptez de représenter ma nouvelle ligne de vêtements de sports, dit Evan.

— Evan, j'aimerais te présenter mon frère. Noah Hart. Noah, voici Evan Reese, fondateur de *Reese Enterprises*.

Evan les regarda d'un air sceptique. Son frère ? Tout devenait clair à présent. Mais pourquoi ne portaient-ils pas le même nom de famille ? A sa connaissance, Celia n'était pas mariée, ou alors, elle lui avait caché un autre secret.

Ses interrogations devaient se lire sur son visage, car Noah sourit et passa un bras autour des épaules de Celia.

— Cece a eu un père biologique différent — et une mère biologique différente, aussi. C'est une longue histoire mais, pour résumer, mon père a épousé la mère de Celia quand Cece était bébé. Mes frères et moi avons contribué à l'élever, surtout que sa mère est morte quand Cece était très jeune. D'où le nom de Taylor.

Evan s'éclaircit la gorge. On venait de lui offrir une occasion unique, et il était plus intéressé par le fait de découvrir les secrets de Celia que par son potentiel contrat avec Noah Hart.

— Je me suis dit que ce serait bien qu'Evan et toi alliez dîner pour parler affaires, dit Celia.

— Et toi ? demanda Evan d'un ton brusque.

Il ne s'était pas attendu à ce que Celia le laisse seul avec Noah. D'ailleurs, il n'avait pas cru rencontrer Noah si tôt. Soudain, sa nuit espérée avec Celia ne sembla plus si réaliste.

— J'ai d'autres projets, dit-elle d'un ton léger. D'ailleurs, cette partie du dossier ne me concerne pas. Noah et vous avez besoin de discuter chiffres. Je ne ferais que vous encombrer.

Noah haussa les épaules et regarda Evan.

— Vous aimez les barbecues ?

— J'adore.

— Bien. Je connais un endroit génial pas loin d'ici.

— C'est moi qui l'ai conduit jusqu'ici, Noah, tu devras le ramener chez lui. C'est d'accord ? demanda Celia.

Elle se tourna vers Evan.

— Je te vois demain. A 9 heures, chez *Maddox*.

— Je peux dire à mon chauffeur de venir me chercher, répondit Evan. Ce n'est pas un problème.

Il jeta un regard noir à Celia. Elle était en train de le laisser en plan. Il avait cru qu'elle avait trouvé une excuse pour le voir en dehors d'un décor professionnel, mais cela n'avait été qu'une réunion de travail déguisée.

Il s'occuperait d'elle plus tard. Pour l'instant, il avait une star du base-ball à courtiser et il ne laisserait certainement pas son irritation envers Celia interférer.

16

Dans la salle de conférences de *Maddox*, Celia faisait les cent pas. Bien qu'elle ait passé en revue chaque détail de sa présentation, elle était nerveuse. Les téléviseurs diffusaient des spots créés avec le concours de ses collègues. Le service graphique avait réalisé différentes affiches, déployées tout autour de la salle.

En quinze minutes, tous les membres de son équipe s'étaient rassemblés autour d'elle. La tension était palpable, tout comme l'excitation. Ash l'avait félicitée pour avoir décroché le plus gros client de *Maddox* à ce jour, et les autres avaient été prompts à se joindre à lui. Il n'y avait encore rien de signé, mais ils semblaient tous convaincus qu'après cette matinée *Reese Enterprises* figurerait à leur tableau de chasse. Elle espérait de tout cœur qu'ils avaient raison.

La veille au soir, Noah l'avait appelée après son long dîner avec Evan. Après le barbecue, ils étaient allés boire des bières et avaient passé la soirée comme deux vieux camarades d'université.

Evan lui avait fait une offre extrêmement alléchante, une offre qui avait surpris même Noah, pourtant blasé. Les deux hommes devaient se rencontrer plus tard avec leurs avocats respectifs pour finaliser les détails, mais Noah avait donné son accord de principe.

— Bon, nous avons cinq minutes, dit Celia. Installons-nous et préparons-nous à épater Evan Reese.

Ils prirent place autour de la table. Brock lui sourit, pouces levés, avant de s'asseoir à côté d'Ella. Jason se mit à côté d'Ash.

Quelques secondes plus tard, Ash reçut un coup de fil et sortit de la salle pour prendre l'appel, l'air soucieux.

Juste après qu'il fut sorti, Shelby annonça dans l'Interphone l'arrivée d'Evan.

— Dois-je le faire entrer ? demanda-t-elle.

Celia prit une profonde inspiration et regarda ses collègues avant de répondre :

— Fais-le entrer, Shelby.

A cet instant, Ash revint dans la salle et annonça :

— Désolé, mais j'ai une urgence. Je dois partir tout de suite. J'espère n'en avoir que pour quelques jours. Je vous tiens au courant.

Il sortit sous le regard stupéfait de tout le monde. Celia interrogea Brock du regard, qui haussa les épaules et lui fit signe de poursuivre. Quels que soient les ennuis d'Ash, cela devrait attendre. Cette réunion était trop importante pour se laisser distraire.

Lorsque Evan arriva, Celia alla l'accueillir et lui tendit la main. Au lieu de la serrer brièvement comme elle s'y attendait, il fit glisser ses doigts sur sa paume un peu trop longtemps à son goût. Elle retira sa main et se retourna pour le présenter à l'assemblée.

L'exposé se déroula sans anicroche. Chaque membre de l'équipe exécuta parfaitement son rôle et, à la fin, Brock s'adossa à sa chaise avec un air très satisfait.

Celia était convaincue, comme tous dans la salle, qu'Evan signerait avec *Maddox*. Il serait fou de ne pas le faire.

Les lumières se rallumèrent après la diffusion du dernier spot.

— Cela conclut notre présentation, dit-elle. J'espère que nous vous avons convaincu de notre engagement envers vous et votre société.

Sans rien dire, il la fixa longuement, les mains en V devant lui. Puis il hocha la tête.

— Je suis très impressionné, dit-il enfin. Je n'ai qu'une question : quand pouvons-nous commencer ?

*
* *

Le *Rosa Lounge* était bondé de gens venus prendre un verre après le travail, mais dans l'arrière-salle il *n'y avait que des employés de Maddox. Tous étaient* venus fêter le plus grand succès de l'agence.

Celia était heureuse de sa réussite, mais elle ne pouvait dissiper son angoisse concernant sa relation avec Evan. Elle l'avait évité la veille, l'abandonnant littéralement aux mains de Noah. Elle l'avait évité également après la présentation, alors qu'il avait voulu l'emmener déjeuner pour fêter leur future collaboration.

Brock demanda à tout le monde de lever sa coupe de champagne. Il porta un toast à la réussite de Celia, et les acclamations fusèrent.

Même si elle souriait, elle ne pensait qu'à une chose, être avec Evan. Ce qui était un grave problème.

— Pour une fille qui est la vedette de *Madd Comm*, tu ne sembles pas très heureuse.

Celia se tourna vers Ella, qui l'avait rejointe. Elle tenta de sourire puis, consciente qu'elle ne réussirait pas à donner le change, poussa un soupir.

— Ça se voit tant que ça ?

— Probablement pas. Je doute que les autres fassent vraiment attention. Mais tu semblais… ailleurs.

— Je suis dans le pétrin, Ella. Je ne sais pas quoi faire.

Ella posa le bras autour de ses épaules dans un geste réconfortant.

— Ça ne peut pas être si terrible.

— J'ai une liaison avec Evan Reese.

Ella se raidit.

— Ah ! Tu as peut-être raison, dans ce cas.

Celia remarqua le regard mélancolique qu'Ella risqua vers Brock, en pleine discussion avec Jason Reagert. Quand il se retourna, il regarda Ella avec une expression étrange. C'était comme si Ella lui appartenait. Bizarre.

— Je n'avais rien prévu, dit-elle à Ella. Je ne suis pas naïve, je savais que ce n'était pas une bonne idée. J'ai gardé le secret et je suis en train de devenir folle. Je m'inquiète qu'on puisse nous voir ensemble, et que les gens tirent des conclusions hâtives. Je suis fatiguée de me cacher. Le pire, c'est que je suis amoureuse d'Evan.

— Oh, ma pauvre !

Ella l'entraîna à l'écart.

— Il faut que tu sois honnête et que tu cesses de te cacher, Celia. Sinon, cela va te détruire, dit-elle sans détour.

Ella semblait si sincère que Celia se demanda si elle ne parlait pas d'expérience. Etait-il possible qu'Ella ait une aventure secrète avec Brock ? A en juger par les regards qu'ils avaient échangés, il y avait une vraie alchimie entre eux.

Elle avait bien envie de poser la question, mais elle ne voulait pas blesser Ella. Et puis son amie n'avait peut-être pas envie d'en parler.

— Merci, Ella. Je sais que tu as raison. Je dois juste trouver la manière de régler cette situation. Rien que d'y penser, j'en ai un mal de tête.

— D'abord, tu devrais profiter de ton moment de gloire, déclara Ella avec bienveillance. C'est ta soirée, et tu as travaillé dur pour cela. Va t'amuser.

— D'accord, d'accord, maman, dit-elle, déjà plus légère. Je prendrais bien un autre verre, si tu m'accompagnes.

Elles se dirigèrent vers le bar pour une nouvelle tournée. Celia eut droit à une autre série de toasts, de tapes dans le dos et de félicitations enjouées. Ella avait raison, c'était sa soirée. Et elle comptait bien profiter de chaque minute.

Le taxi s'arrêta devant l'appartement de Celia. Elle tendit quelques billets au chauffeur pour régler sa note. Même si elle était loin d'être ivre, elle n'avait pas voulu prendre le risque de conduire pour rentrer du *Rosa Lounge*.

Il était tard, mais pas trop, et elle était encore tout excitée par la fête.

Quand le taxi s'éloigna, elle découvrit qu'Evan était juste devant chez elle. Appuyé contre son véhicule, il l'observait. Lorsqu'il s'avança vers elle, elle resta immobile, comme hypnotisée.

— Tu as fait la fête ? demanda-t-il avec un petit sourire.

— Oui, après le travail. J'ai pris un taxi pour ne pas avoir à conduire.

— Tu aurais dû me téléphoner. Je t'aurais envoyé mon chauffeur.

— Je ne pense pas que cela aurait été du meilleur effet, si l'homme avec qui je viens de décrocher un contrat m'avait envoyé sa voiture.

Il la regarda, l'air neutre, comme s'il ne voyait pas où était le problème.

— Tu m'invites ? demanda-t-il.

Comme si elle pouvait refuser.

Il régla son pas sur le sien tandis qu'ils se dirigeaient vers son appartement. Dès qu'elle eut refermé la porte derrière eux, il la prit dans ses bras.

C'était insensé. Dès qu'il la touchait, elle perdait tout contrôle sur ses sens.

— As-tu la moindre idée à quel point j'étais excité en te regardant prendre le contrôle de cette présentation ce matin ? dit-il entre deux baisers. Tu étais extraordinaire. Je n'avais qu'une envie, t'attirer dans un placard et te faire sauvagement l'amour.

Il semblait toujours savoir exactement quoi dire pour annihiler toute résistance de sa part.

Il lui retira ses vêtements avant même qu'ils n'arrivent dans sa chambre. Comment il avait su où la pièce se trouvait, elle l'ignorait. Peut-être que tous les hommes avaient un instinct naturel qui leur permettait de savoir où était le lit le plus proche.

Ils firent l'amour vite, et fort.

Malgré toutes leurs bonnes intentions, la première fois s'avérait toujours urgente et incontrôlée. Avec lui, elle vivait une passion insensée, irrationnelle, et follement érotique.

Elle aimait Evan, au-delà de la raison.

Elle resta allongée sous lui, le tenant fort pendant qu'il reprenait son souffle. Heureusement qu'ils étaient étendus sur le lit, car elle était si faible qu'elle aurait été incapable de bouger.

Enfin, Evan roula sur le dos avec un gémissement.

— Chaque fois, je te le jure, je veux y aller en douceur et te faire l'amour avec toute la délicatesse dont je suis capable.

Mais, lorsque je te vois, mes hormones s'emballent, et je suis comme un adolescent sous stéroïdes.

— Tu ne m'as pas entendue me plaindre, n'est-ce pas ? répondit-elle en riant.

Il lui embrassa le haut du front.

— Et je t'en suis extrêmement reconnaissant.

Elle s'agita dans ses bras.

— Est-ce que tu retournes à Seattle pour le week-end ?

Elle sentit les mains d'Evan se figer sur elle.

— Il n'y a aucune raison de ne pas afficher notre relation à présent, Celia. C'est fini, tu as le contrat.

Elle inspira.

— Pour répondre à ta question, oui, je dois retourner à Seattle et régler certaines choses. Je compte passer beaucoup plus de temps à San Francisco dans les prochains mois et je dois prendre des dispositions.

Elle sentit son cœur cogner dans sa poitrine. Comptait-il rester à San Francisco pour être près d'elle ?

Elle était encore mal à l'aise concernant leur liaison. Pour elle, il était encore un peu trop tôt pour l'afficher au grand jour.

— Je reviens lundi après-midi. Je veux passer la soirée avec toi. Dîner. Danser. Tu pourras rester à l'hôtel, et mon chauffeur te ramènera au bureau mardi.

Elle adorait quand il se montrait exigeant. Elle aimait qu'on planifie les événements dans les moindres détails, et Evan avait certainement tout prévu pour qu'elle reste avec lui, à son hôtel, pour ce qui serait indéniablement une nuit de sexe inoubliable.

— Quand pars-tu ? demanda-t-elle calmement.

— Demain, à la première heure.

Elle s'appuya sur un coude pour le regarder en face.

— Alors, que fais-tu encore ici ?

Il la fit rouler dans ses bras de sorte qu'elle se retrouva sous lui de nouveau.

— Je pourrai dormir dans l'avion.

Elle fit semblant de consulter une montre invisible.

— Il te reste six heures. Que comptes-tu en faire ?

— Je vais te montrer à quel point je suis doué dans la gestion de mon temps, dit-il avant de prendre possession de ses lèvres.

17

Après avoir passé son dimanche à esquiver les questions curieuses de ses frères concernant Evan, Celia était soulagée de retourner au travail. Elle n'était pas encore prête à avouer, même à sa famille, qu'Evan et elle entretenaient une relation autre que professionnelle. Ses frères savaient ce qui s'était passé à New York et ils penseraient qu'elle était imprudente. Elle les adorait pour leur loyauté indéfectible et pour leur absolue foi en elle. Voilà pourquoi elle était réticente à confesser une relation avec Evan. Cela ne ferait que les inquiéter, même si Evan et elle connaissaient la vérité.

Elle était en retard, à cause d'un départ tardif et d'un embouteillage d'une bonne heure. Quand elle arriva devant l'ascenseur, il n'était pas loin de midi, et son humeur était au plus bas.

Dès qu'elle vit Shelby, elle sut que quelque chose n'allait pas. La réceptionniste, d'habitude joviale, la regarda avec un air qui ressemblait de façon suspecte à de la pitié et baissa rapidement les yeux.

Celia n'avait pas envie de savoir quel était le problème, aussi esquiva-t-elle les habituelles banalités pour rejoindre le sanctuaire de son bureau. A sa grande surprise, Ella l'y attendait.

— Bonjour, Ella, dit Celia en posant son porte-documents sur le bureau.

Ella semblait tendue, comme si elle redoutait de lui parler. Elle tenait dans sa main ce qui ressemblait à un journal ou à un magazine.

— Celia, il y a quelque chose qu'il faut que tu voies. Tout le monde l'a déjà lu. J'ai essayé de te téléphoner, mais je n'arrivais pas à te joindre, ni chez toi ni sur ton portable.

Celia eut le ventre noué. Tout cela ne lui disait rien qui vaille.

Ella posa le journal sur le bureau, et Celia constata que c'était un journal à scandale.

— Ella, ne me dis pas que tu lis ce genre de torchons ?

— Regarde-le, Celia.

Ella pointa son index sur une photo et le titre. Lorsque Celia posa les yeux sur la page, elle se sentit blêmir. Elle dut agripper le bord du bureau pour ne pas chanceler.

C'étaient des photos d'elle et Evan, au mariage de Mitchell. Les mêmes photos que celles que la mère d'Evan lui avait envoyées par e-mail. Sur l'une d'elles, ils dansaient et riaient. Sur l'autre, Evan l'embrassait. Elle avait la main posée sur son torse, et l'énorme diamant à son annulaire ne laissait pas de doute sur la nature de leur relation.

La manchette se brouilla devant ses yeux, mais Celia en saisit l'essentiel. Etait-ce une coïncidence si Evan avait supposément signé un contrat avec *Maddox Communications*, l'agence qui employait sa fiancée ? Telle était en substance la question insidieuse posée par le gros titre.

Elle parcourut l'article en diagonale, mais elle fut vite trop furieuse pour continuer à lire les insinuations déshonorantes à son sujet.

— Ce n'est pas tout, dit Ella d'un ton grave.

Elle contourna le bureau et agita la souris de son ordinateur. Après avoir ouvert le navigateur internet, elle alla sur un site pour publicitaires qui hébergeait un blog et un forum, essentiellement consultés par des professionnels de la publicité. Dans le dernier billet du blog, la photo d'Evan embrassant Celia était postée, avec l'annonce qu'Evan choisissait *Maddox Communications*. Le sous-titre était court et direct et énonçait clairement la façon dont, selon eux, Celia avait décroché le marché.

Elle s'enfonça dans son fauteuil, sonnée. Elle était absolument sidérée par ce qu'elle venait de lire.

— Ella, que vais-je faire ? dit-elle d'une voix brisée.

Ella pressa son épaule pour la réconforter, mais son expression indiquait qu'elle ne savait pas plus qu'elle comment gérer la situation.

— Alors tout le monde au bureau est au courant ? demanda Celia douloureusement. Qu'en pensent-ils ?

— Eh bien, Ash est toujours absent, j'ignore s'il est au courant. Je sais que Jason et Brock ont vu l'article, parce que j'étais avec eux. Jason n'avait pas grand-chose à dire, mais Brock était furieux.

— Contre moi ?

— Je ne saurais dire, pour être honnête. Mais j'en doute. Ce n'est pas le genre à se mettre en colère avant d'entendre les différentes versions des faits. D'ailleurs, tu as décroché le contrat. La façon dont tu y es parvenue ne devrait pas compter pour lui.

— Tu as sans doute raison. Mais ça compte pour *moi.*

— Je suis navrée, Celia. Vraiment navrée.

Celia cacha son visage entre ses mains.

— J'ai agi de manière stupide, Ella. Et maintenant, je dois en payer le prix.

Quand elle entendit quelqu'un s'éclaircir la gorge, elle leva les yeux. C'était Brock, qui la regardait avec un air indéchiffrable.

— Ella, voulez-vous bien nous laisser une minute, Celia et moi ?

— Bien sûr, dit Ella avant de s'en aller.

Celia sentait des larmes chaudes lui piquer les yeux. Son contrôle sur ses émotions ne tenait qu'à un fil.

— Tu as envie de parler ? demanda Brock.

Ce fut la question fatale. Si Brock avait été irrité, ou indifférent, elle aurait pu s'en sortir, mais cette simple question eut raison d'elle.

Les épaules tremblantes, elle baissa la tête avant de fondre en larmes. Elle ne voulait pas pleurer devant son patron, mais elle était soudain incapable de contenir plus longtemps toute la pression de ces dernières semaines.

Brock ne dit rien. Il resta là, simplement, et lui laissa le temps de se reprendre. Quand elle leva de nouveau les yeux vers lui, il s'assit face à elle et attendit qu'elle parle.

— Les apparences sont trompeuses, dit-elle en essuyant ses larmes.

Il jeta un regard vers le journal.

— Eh bien, on dirait que tu portais une bague de fiançailles et que tu ne la portes plus.

Avec un soupir, elle expliqua toute l'histoire sur son voyage à Catalina avec Evan. Elle laissa de côté les détails sentimentaux qu'elle avait partagés avec Ella. Brock était, après tout, son patron, et c'était un homme. Il n'avait pas besoin de savoir qu'elle était bêtement tombée amoureuse d'un homme avec qui elle allait travailler pendant une longue période.

Où avait-elle eu la tête ? Cette liaison compliquait les choses. Et s'ils rompaient ? Evan se sentirait-il mal à l'aise de continuer sa relation professionnelle avec *Maddox* ? Changerait-il d'agence, même ?

Il y avait un million de raisons pour lesquelles elle n'aurait jamais dû commencer une liaison avec Evan, et pourtant elle n'avait tenu compte d'aucun signal d'avertissement.

— J'ai entendu quand Ella a dit que la façon dont tu as obtenu ce contrat ne devrait pas compter. En effet, ça ne compte pas pour moi. Ce ne sont pas mes affaires, à moins que tu n'aies outrepassé la loi ou fait quelque chose pour nuire à la réputation de *Maddox*. Or, je ne pense pas que tu sois dans ce cas. Si je m'inquiète, c'est uniquement pour toi. Je sais à quel point tu as été dévastée par ta mésaventure à New York.

Ses larmes avaient cessé de couler.

— Je le pensais quand je t'ai dit que tu avais mon soutien, poursuivit-il. Ça n'a pas changé. Je vais m'assurer de mettre un terme à toute spéculation au bureau, mais je ne peux pas contrôler ce que les gens pensent ou disent hors de ces murs. Ce ne sera pas facile pour toi dans les prochains jours, mais sache que *Maddox Communications* est avec toi.

— Merci, Brock, dit-elle d'une voix tremblante. Cela représente beaucoup pour moi.

— Tu sais qui aurait pu faire ça ? demanda Brock.

Elle observa les photos et réfléchit.

— Ces photos étaient sur mon ordinateur professionnel. C'est la mère d'Evan qui me les a envoyées. Je ne pense pas que l'ex-fiancée d'Evan me porte dans son cœur, mais Mitchell et elle sont partis en lune de miel juste après le mariage, alors ils n'ont encore vu aucune photo. Et je vois mal la mère d'Evan faire cela pour me discréditer. Elle était trop ravie de nos supposées fiançailles.

Brock étouffa un juron.

— Es-tu sûre que c'est le seul ordinateur sur lequel tu les aies stockées ?

Elle le dévisagea.

— Tu ne crois tout de même pas que… Non, personne ici ne ferait une chose pareille !

— Je l'ignore, mais j'en aurai le cœur net, dit-il d'un ton brusque.

Il se dirigea vers la porte et ajouta par-dessus son épaule :

— Ne te laisse pas atteindre, Celia. J'ai le sentiment que la personne qui a fait ça voulait que tu sois affectée. Tu as fait un travail formidable avec cette campagne. Personne ne peut te retirer cela, sauf si tu les laisses faire.

Lorsqu'il sortit, elle se sentait un tout petit peu mieux.

Elle était censée retrouver Evan dans quelques heures à peine. Leur soirée était déjà planifiée. Ils devaient passer la nuit à l'hôtel d'Evan, et son chauffeur la reconduirait au bureau le lendemain. Elle avait déjà des réserves sur tout cela, mais à présent cette perspective l'angoissait.

Qui avait envoyé ces photos ? Pourquoi quelqu'un se résoudrait-il à de telles extrémités pour la discréditer ?

L'idée qu'un de ses collègues soit responsable lui donnait la nausée. Si cela se révélait vrai, elle ne pourrait pas travailler ici une minute de plus. Elle devait chasser cette hypothèse de son esprit, sinon elle allait devenir folle.

Elle en était déjà au point où elle ne voulait même plus sortir de son bureau. Elle ne pouvait affronter le regard de tous ceux qui avaient vu ce fichu article.

Elle posa la tête sur le bureau et tenta d'ignorer la douleur qui lui martelait le crâne.

Elle savait ce qu'elle devait faire, et cela lui faisait beaucoup plus de mal que ces fichues photos. Mais elle n'avait pas travaillé dur pour reconstruire sa réputation et sa carrière pour voir le fruit de son labeur détruit à cause d'une seule liaison.

Le reste de la journée, elle resta cloîtrée dans son bureau.

Elle parla seulement à Shelby au téléphone, pour lui dire qu'elle ne prendrait aucun appel de la journée.

A 17 heures, elle se posta à la fenêtre et regarda ses collègues quitter l'immeuble. Elle attendit exprès que tout le monde soit parti avant de sortir de son bureau.

Il était bien plus de 19 heures à présent, mais elle descendit les six étages à pied, au cas où un retardataire serait dans l'ascenseur. Elle était pathétique, et lâche, mais elle s'en moquait. Elle affronterait le monde plus tard, quand elle aurait retrouvé un semblant de maîtrise de ses émotions.

Elle roula jusque chez elle, oscillant entre la colère et les larmes. Quand elle arriva à destination, elle était mentalement épuisée.

Pour couronner le tout, Evan l'attendait devant la porte. Il semblait à la fois contrarié et inquiet.

— Où étais-tu passée ? dit-il en un cri du cœur. Je me suis fait du souci. Nous devions nous retrouver ici il y a plus d'une heure.

Elle ne put même pas soutenir son regard pendant qu'elle insérait sa clé dans la serrure. Elle entra dans l'appartement et se laissa envahir par l'obscurité.

— Celia, qu'est-ce qui ne va pas ?

Lorsqu'il alluma la lumière, elle grimaça. Il lui agrippa le bras et lui releva le menton.

— Qu'est-ce qui se passe ? Tu as pleuré ?

Elle ferma les yeux et tenta de se dégager, en vain.

— Parle-moi, enfin !

— Il faut que nous cessions de nous voir durant quelque temps, dit-elle d'une voix ferme. D'accord ? Il faut que les choses se calment. La situation est insensée. Ma vie est insensée.

Il lâcha son bras et recula d'un pas.

— Tu veux bien me redire cela ? En termes plus clairs ?

Il y avait de la méfiance dans son regard, et elle sut que ce ne serait pas facile de lui faire entendre raison. Evan se fichait de l'opinion des gens. Il ne se laissait pas influencer par le jugement d'autrui. Une fois de plus, elle regretta de ne pas être comme lui.

Au lieu de lui répondre, elle fouilla dans son sac pour retrouver le maudit journal et le plaqua dans sa main, comme si c'était une explication suffisante. Et ça l'était, d'une certaine façon.

Il regarda le journal, puis reporta son attention sur elle.

— Alors ? Quel est le problème ?

Elle savait qu'il réagirait de cette façon. Elle le savait, et cela la rendait folle. Elle avait envie de hurler, mais si elle faisait cela elle passerait pour une folle hystérique, et plus jamais il ne prendrait ses inquiétudes au sérieux.

— Ce n'est pas tout, dit-elle sèchement. Un site de publicitaires a repris l'article sur son blog, avec un petit commentaire prétentieux laissant entendre que j'ai obtenu le contrat en couchant avec toi.

Il la regarda d'un air absent.

— Je ne vois toujours pas où est le problème et je ne vois certainement pas pourquoi ce serait une raison de ne plus nous voir.

Elle serra les dents.

— Tu n'arrives pas à comprendre. Eh bien moi si, Evan. C'est de ma carrière qu'il s'agit. De ma réputation. Qui est en miettes à présent, si je puis ajouter. Tout le monde dans le milieu l'a vu. Tout le monde sait, ou pense savoir comment je t'ai fait signer chez *Maddox*. Peu importe que ce soit vrai ou non. C'est ce que tout le monde pense. L'annonce de notre collaboration va paraître dans *Advertising Media*. Juste après ces photos. Tu sais de quoi j'aurai l'air ?

Elle s'interrompit le temps de réprimer le fichu sanglot qui montait dans sa gorge.

— Comment suis-je censée procéder avec mon prochain client ? Si le client est un homme et qu'il attend de moi les mêmes faveurs que celles que je t'ai accordées ? Peut-être qu'il acceptera de signer avec *Maddox* si je couche avec lui.

— Je le réduirai en bouillie, dit-il, menaçant.

— Tu ne peux pas être toujours là pour me défendre. C'est ce que j'essaie de te dire. La meilleure chose que tu puisses faire pour moi, c'est de te mettre en retrait, le temps que les choses se tassent.

Il sembla d'abord déconcerté, mais bien vite son regard se fit dur et froid.

— C’est ce que tu veux, Celia ? Ce que tu veux vraiment ?

Elle eut peur de répondre, étant donné la terrible expression sur son visage. Mais elle se refusa à mentir.

— Oui, dit-elle tout bas.

Il se fendit d’un sourire ironique.

— Je ne serai la relation honteuse de personne, Celia. Je suis fatigué de me cacher comme si nous avions une liaison derrière le dos de nos conjoints. J’ai fait l’erreur d’accepter cela. Je ne le ferai plus jamais.

— Evan, s’il te plaît, tu te trompes. J’ai juste besoin de plus de temps.

— Non, Celia, je ne me trompe pas. Je ne figure pas en premier sur la liste de tes priorités, c’est évident. Ni même en deuxième ou en troisième position. Il y a tout un tas de choses qui comptent plus que moi à tes yeux. Je me fiche de savoir qui est au courant de notre liaison. Et je ne continuerai certainement pas une relation avec quelqu’un qui se soucie tant de l’opinion des autres.

Il tourna les talons et se dirigea vers la porte. Avant de sortir, il se retourna.

— Si tu changes d’avis, ne prends pas la peine de revenir vers moi, même en rampant. Pour toi, je ne suis bon qu’à une chose, manifestement.

La porte claqua, et Celia eut l’impression que son cœur se brisait en mille morceaux. Elle fixa la porte, engourdie, s’attendant à ce qu’Evan revienne pour lui dire qu’ils trouveraient une solution, et qu’il l’attendrait.

Les minutes passèrent.

Lorsque, enfin, elle comprit qu’il ne reviendrait pas, elle en eut la nausée. Non seulement elle avait perdu sa réputation, et peut-être sa carrière, mais elle avait perdu le seul homme qu’elle aimait suffisamment pour avoir tout risqué pour lui.

18

Mardi matin, Celia se comporta lâchement et appela Brock pour le prévenir qu'elle prenait des vacances pour le reste de la semaine. Il lui répondit d'abord que ce n'était pas en se cachant qu'elle résoudrait ses problèmes mais, après avoir entendu sa voix dévastée, il ne discuta pas la question plus avant.

Elle passa le reste de la journée à se morfondre, partagée entre la peine et la colère.

Mercredi, elle prit quelques affaires et se rendit dans le seul endroit où elle pourrait panser ses blessures en paix. Chez son père.

En un regard, il comprit et la prit dans ses bras. Le réconfort de son foyer ne lui avait jamais semblé aussi bon.

Son père lui prépara un énorme petit déjeuner car, selon lui, il n'y avait rien qui ne puisse être consolé par un bon repas.

Tout le temps qu'elle mangea, il resta assis à côté d'elle, mangeant en silence lui aussi. Il ne la questionna pas et n'exigea pas d'explications. C'était ce qu'elle aimait le plus chez lui. Il ne s'ingérait jamais dans la vie de ses enfants. Il n'en avait pas besoin. Il attendait simplement qu'ils viennent à lui, et ensuite il remuait ciel et terre pour leur venir en aide.

Malheureusement, cette fois, il ne pourrait rien faire pour elle.

Elle passa l'après-midi sur le canapé, à regarder la télévision avec lui. Il la dorlota et lui confectionna même ses cookies préférés.

Quand le soir tomba, elle sut que son père avait appelé ses frères au téléphone car ils vinrent les uns après les autres, pour prendre soin d'elle. Ou, du moins, ce fut le cas pour Adam et Dalton.

Noah, le dernier arrivé, exigea aussitôt de savoir ce qui s'était produit. Elle fondit en larmes, ce qui poussa Adam, Dalton et son père à le menacer de bannissement pour l'avoir fait pleurer.

— Enfin, papa, ce n'est pas moi qui l'ai mise dans cet état. Quelqu'un lui a fait du mal, mais ce n'est certainement pas moi ! dit Noah. Personne ne lui a demandé ce qui se passait ?

— Nous attendions, répliqua son père d'un ton bourru.

— Quoi ? répondit Noah d'une voix exaspérée. Qu'elle pleure ?

Elle s'essuya les yeux. Elle savait que ses frères détestaient quand elle pleurait. Surtout Noah.

Il se tourna vers elle et s'adoucit quand il vit les signes de sa détresse. Il s'assit sur le canapé à côté d'elle.

— Cela n'a rien à voir avec Evan Reese, n'est-ce pas ?

Malgré sa détermination à ne pas pleurer, la question de Noah provoqua une autre montée de larmes.

— Ah, bravo, Noah ! dit Adam en grommelant.

— On t'a déjà dit que tes connaissances en psychologie féminine laissaient à désirer ? renchérit Dalton.

Ignorant leurs piques, Noah posa le bras sur ses épaules et la serra contre lui.

— Que s'est-il passé, Cece ?

— Oh, Noah, c'était affreux ! Un journal a publié d'horribles photos, et un blog a dit des choses terribles. Ma carrière est fichue. Ma réputation est en miettes, et Evan ne veut plus me voir, parce que je lui ai demandé de se mettre en retrait jusqu'à ce que les choses se tassent. Il pense que je le considère comme une relation honteuse et il déteste ça. Et il me déteste.

Elle appuya les paumes contre ses paupières.

— Est-ce que vous avez compris quelque chose, vous autres ? demanda Adam.

Dalton et son père échangèrent des regards dubitatifs.

Noah soupira.

— Peut-être que tu devrais commencer par nous expliquer ce qu'il y avait dans ce journal et dans ce blog, et nous dire pourquoi ta carrière et ta réputation sont en miettes.

— C'est une longue histoire, dit-elle, la voix voilée de larmes.

— Nous avons toute la nuit, répliqua Dalton.

Elle soupira et, de nouveau, raconta toute l'histoire, sans

omettre aucun détail. Sauf concernant sa liaison avec Evan. Ses frères avaient eu du mal à voir leur petite sœur autrement que comme leur petite sœur, et leur parler de sa vie sexuelle ne ferait que les rendre malades. Pire, ils iraient sans doute voir Evan avec une des battes de base-ball de Noah.

— C'est fou, dit Adam.

Dalton hocha la tête. Noah, qui savait ce que la mauvaise presse pouvait faire à une carrière et à une réputation, resta silencieux. L'inquiétude brillait dans ses yeux quand elle arriva à l'explication de l'article et du blog.

— C'est répugnant, dit Noah.

— A qui le dis-tu, répondit-elle.

— Mais qu'est-ce qu'Evan vient faire dans cette histoire ? demanda son père. Je veux dire, il semble qu'il manque une grande pièce du puzzle. Tu faisais semblant d'être sa fiancée, puis ce journal publie des choses à votre sujet, et tu dis qu'il était en colère parce qu'il pense que tu as honte de lui. Est-ce que j'ai manqué un épisode ?

— Je suis amoureuse de lui, papa, dit-elle, avouant enfin. Et maintenant, il me déteste.

Les quatre hommes en furent bouche bée.

Un silence pesant envahit la pièce, et elle regretta son aveu. L'amour, c'était un sujet de filles, et aucun de ces hommes ne semblait savoir quoi dire ni quoi faire.

— Ecoutez, je vous aime tous énormément. Je ne sais pas ce que je ferais sans vous. Mais je ne m'attends pas à ce que vous régliez la situation pour moi. J'ai trente ans et je ne suis plus une petite fille. Je vais trouver une solution. J'avais juste besoin de venir ici pour panser mes blessures et me ressourcer.

Adam fronça les sourcils.

— Tu es de la famille, Cece, dit Adam. Je me fiche de l'âge que tu as.

Dalton eut un hochement de tête approbateur. Noah se contenta de serrer sa main et enjoignit à ses frères de se taire.

— Tu seras toujours ma petite fille, et leur petite sœur, dit son père de sa voix légèrement rocailleuse. Cela ne changera pas, même si tu es allée à l'université, que tu as eu un bon diplôme et que tu as un travail épuisant qui en plus te fait souffrir.

Elle n'aimait pas la tournure que la conversation prenait.

— Nous t'aimons et nous serons toujours là pour toi. Est-ce compris ?

— Oui, papa.

— A présent, dit-il, viens me faire un câlin. On dirait que tu as eu une semaine éprouvante.

Elle se leva avec difficulté et se jeta dans les bras de son père.

— Je t'aime, papa, murmura-t-elle contre sa chemise.

— Je t'aime, Cece. N'oublie jamais cela. A présent, dis-m'en plus sur cet Evan, pour que je sache si je dois envoyer tes frères lui donner une bonne correction.

Les employés d'Evan l'évitaient. Il ne pouvait guère leur en vouloir. Depuis son retour à Seattle, deux jours plus tôt, il agissait comme un ours blessé.

Il s'était repassé sa dernière conversation avec Celia en boucle. Et il n'arrivait pas à oublier Celia, même en essayant de toutes ses forces.

C'était sa faute. Il n'aurait pas dû chercher à la séduire. Elle avait été hésitante dès le départ, et il avait ignoré tous les signaux d'avertissement. Jamais auparavant, il n'avait eu de relation sérieuse avec une femme pour qui il n'était pas une priorité. Et il n'allait certainement pas s'engager avec une femme qui accordait plus d'importance à ce que les gens pensaient d'elle qu'à sa relation avec lui.

Quand on frappa à sa porte, il fut contrarié. Une secrétaire passa la tête dans l'embrasure et brandit une enveloppe devant elle, tel un bouclier.

— Cela vient d'arriver pour vous, monsieur.

— Apportez-moi ça, dit-il en lui faisant signe d'entrer.

Elle avança d'un pas rapide et posa l'enveloppe sur le bureau avant de sortir promptement.

Avec un soupir, il jeta un coup d'œil à l'enveloppe. C'était un pli ordinaire, portant le nom d'une société de San Francisco dont il n'avait encore jamais entendu parler. Il était barré de la mention « très urgent ».

Lorsqu'il ouvrit l'enveloppe, il fut surpris de constater qu'elle ne contenait qu'un journal. Rien d'autre. Pas de lettre, pas d'explication. Le journal était plié à une page spécifique. A sa grande surprise, il découvrit une photo de Celia. Elle semblait différente. Plus jeune, peut-être ? Et elle paraissait terrifiée sur le cliché. Elle avait une main tendue vers l'objectif, comme si elle ne voulait pas qu'on la photographie.

Intrigué, il parcourut l'article.

Quand il eut terminé sa lecture, il était si contrarié qu'il dut le relire plus attentivement.

La photo était en effet celle d'une Celia plus jeune, qui datait de l'époque où elle avait travaillé à New York. Elle avait obtenu un poste dans une agence de publicité prestigieuse, une année après la fin de ses études. Comme elle avait accompli un travail impressionnant, elle avait été rapidement promue au poste de cadre dirigeant — elle avait été préférée à d'autres cadres présents depuis plus longtemps qu'elle.

Une relation avec le P.-D.G. de l'agence avait été rapidement révélée, et Celia avait été citée durant la procédure de divorce entre le P.-D.G. et son épouse. En disgrâce, Celia avait fui New York pour regagner San Francisco, où elle avait accepté un poste chez *Maddox Communications*, agence plus petite mais en pleine expansion.

Il se concentra sur un passage en particulier.

Il y a à peine une semaine, des photos intimes de Celia Taylor en compagnie du milliardaire Evan Reese sont apparues dans un autre article, le lendemain du jour où Reese aurait signé un contrat de plusieurs millions de dollars avec Maddox.

L'article continuait en vilipendant Celia et, avec elle, *Maddox Communications*.

C'était si répugnant qu'il en eut la nausée.

Son regard se posa sur le dernier numéro d'*Advertising Media*. On le lui avait livré ce matin. C'était exactement comme Celia l'avait dit. L'annonce de sa collaboration avec *Maddox* aurait dû être flatteuse mais elle était entachée par ces photos.

Il prit le journal et le regarda de près. Il était impossible que Celia ait fait ce dont on l'avait accusée. Il ne connaissait pas Celia depuis longtemps, mais il savait bien qu'elle n'aurait jamais fait une chose pareille. Et, si d'aventure elle avait bien eu une relation avec ce salaud, ce n'était certainement pas pour obtenir une promotion.

Il avait envie de tuer quelqu'un. De préférence, la personne qui avait lancé cette campagne de calomnies. Personne ne ferait impunément du mal à la femme qu'il aimait.

Soudain, le souffle lui manqua.

La femme qu'il *aimait* ?

Certes, il appréciait Celia. Il l'aimait beaucoup. Elle était belle, sexy, et pleine de vie. C'était une amante extraordinaire, et il appréciait sa compagnie. Mais de là à parler d'amour ?

Son ventre se noua.

Comment pouvait-il être aussi stupide quand il s'agissait de sa vie personnelle ? Il aurait dû savoir plus tôt qu'il était tombé amoureux.

Comment avait-il pu atteindre trente-huit ans sans jamais tomber amoureux ? Il ne s'était jamais posé la question jusqu'à maintenant. Il n'était pas sûr de l'apprécier, d'ailleurs.

L'amour était un sentiment incommode et compliqué. On ne pouvait pas le programmer dans un emploi du temps, et il ne suivait jamais les règles. Or, Evan aimait les règles. Et les emplois du temps.

Pourtant, il fallait se rendre à l'évidence, il était fou amoureux de Celia.

Voilà pourquoi il était d'une humeur si massacrante.

Il regarda de nouveau l'article et sentit son cœur se serrer. Il s'était montré très injuste envers Celia.

Il avait réagi comme un enfant capricieux à qui on aurait repris son jouet préféré. Celia avait voulu mettre leur relation en suspens, et lui avait eu l'impression qu'elle le repoussait. Il s'était comporté comme un mufle.

Alors qu'elle avait besoin de lui, et de son soutien, il lui avait dit d'aller au diable. Pire, il lui avait précisé de ne pas prendre la peine de revenir vers lui en rampant si elle changeait d'avis.

Bon sang, il lui avait dit des choses vraiment horribles ! Si quelqu'un devait ramper dans cette histoire, c'était lui. Et il le ferait. Dans la boue, ou sur des éclats de verre si nécessaire.

Le visage baigné de larmes de Celia lui revint douloureusement à l'esprit. Ses collègues avaient vu les photos. Tout le monde dans la profession les avait vues, sans doute. Et ils en avaient tiré des conclusions très erronées, probablement.

Depuis le début, il s'était montré égoïste et exigeant. Il n'avait pas réfléchi un seul instant à la façon dont leur relation pouvait affecter Celia. Il n'avait été question que de lui. De ses désirs, de ses besoins. Il se fichait que quiconque sache qu'ils étaient amants, mais pas elle. Et elle avait une bonne raison pour cela.

Il aurait dû être à ses côtés et la soutenir. Alors que le monde entier semblait avoir tourné le dos à Celia, où était-il ? Loin, en train de lécher ses blessures, pendant qu'elle affrontait le monde seule.

Mais tout cela allait changer.

Car il avait une femme à reconquérir.

19

Installée dans le jardin de son père, Celia sirotait son chocolat en admirant l'océan. Elle avait toujours adoré la vue. La maison était perchée sur une falaise, bien que située à une bonne distance de la pente rocheuse.

Enfant, après avoir lu des histoires de glissements de terrain, elle avait été persuadée qu'un jour la maison s'enfoncerait dans l'océan. Ses frères lui avaient dit qu'il était bien plus probable qu'elle s'effondre à cause d'un tremblement de terre. Ils avaient toujours aimé la tourmenter gentiment.

Ici, elle était au calme. Elle se demanda une fois de plus pourquoi elle avait été si impatiente de partir autrefois. Certes, ses proches pouvaient être parfois étouffants, mais ils l'aimaient et feraient n'importe quoi pour elle. Elle n'aurait pas dû les fuir, mais plutôt s'accrocher à eux et ne jamais les abandonner.

Plus jamais elle ne partirait si loin d'eux. Elle n'avait plus envie de découvrir le monde. Son monde, c'était ici. Chez elle. Là où vivait sa famille.

Elle entendit les baies coulissantes s'ouvrir. C'était Noah. Elle se tourna sur sa chaise pour le saluer, mais se figea devant son air sombre.

Il vint s'agenouiller près d'elle et lui tendit un journal.

— J'ai pensé ne pas te montrer ça, mais je sais que si on disait ce genre de choses sur moi je voudrais être au courant.

Une vague d'appréhension monta en elle. Puis l'inquiétude fit place à la colère. Elle empoigna le journal d'un geste déterminé.

Là, noir sur blanc, elle découvrit un récit détaillé de tout ce qui s'était passé à New York. Cela avait l'apparence d'un article sérieux, annonçant le contrat passé entre *Reese Enterprises* et *Maddox Communications*, mais c'était une campagne de calomnies, purement et simplement.

La suite de l'« article » détaillait sa carrière mouvementée jusqu'à ce jour et laissait clairement entendre qu'elle avait une liaison avec Evan.

Rien n'était laissé à l'imagination. Tout ce qu'elle s'était efforcée si durement de dépasser était étalé avec une précision insupportable.

Elle aurait dû être en colère. Folle de rage, même. Mais elle se sentait simplement… résignée.

Pourtant, en voyant le regard inquiet de son frère, elle eut une révélation.

Il y aurait toujours quelque chose. Evan avait eu raison d'être en colère parce qu'elle avait accordé plus d'importance à ce que les autres pensaient qu'à ce que *lui* pensait d'elle.

Tant que les gens qu'elle aimait connaissaient la vérité, elle ne devrait pas prêter attention à l'opinion d'étrangers. Brock avait foi en elle et en ses compétences. Elle avait le soutien de son agence. Sa famille lui portait un amour inconditionnel. Evan, manifestement, se fichait qu'on apprenne leur liaison, alors pourquoi devrait-elle s'en soucier ?

Pour la première fois depuis bien longtemps, elle regarda sa vie avec un sentiment de profonde gratitude. Pendant trop longtemps, elle avait été dirigée par des forces extérieures. Son envie de se libérer de l'emprise protectrice de sa famille. Son besoin d'échapper au scandale de New York et de prouver sa valeur à tous.

La seule personne à qui elle avait prouvé quoi que ce soit, c'était elle-même. Tous les autres avaient toujours su quel genre de personne elle était.

— Oh, Noah, j'ai été si stupide ! murmura-t-elle.

Il pencha la tête, l'air déconcerté.

Elle lui donna un baiser sur la joue.

— Merci.

Il semblait toujours aussi dérouté.

— De quoi ?

— De m'avoir ouvert les yeux. J'ai été aveugle à ce qui était devant moi tout ce temps.

Il afficha un sourire espiègle.

— D'accord. Fais-moi une faveur, la prochaine fois qu'Adam et Dalton me casseront les pieds, rappelle-leur que je t'ai ouvert les yeux. Même si je ne sais pas ce que ça veut dire.

Elle sourit.

— Ce que ça veut dire, c'est que je n'essaierai plus de plaire aux autres. Je ne me soucierai plus de ce qu'ils pensent de moi. Les seules personnes au monde qui comptent ont déjà une très haute opinion de moi. Cela me suffit.

— Ne laisse pas ces ordures t'atteindre, Cece. Tu as raison. Nous t'aimons plus que tout, et rien de ce que les gens insinuent ne changera ça. De plus, je sais bien que la fille que j'ai vue grandir n'est pas une garce manipulatrice prête à tout pour gravir les échelons.

— Merci, Noah, dit-elle en le serrant dans ses bras. Tu ne sais pas à quel point ton soutien compte pour moi.

— Alors, et Evan dans tout ça ?

Elle pinça les lèvres.

— Il m'a dit de ne pas prendre la peine de revenir en rampant si je changeais d'avis. Eh bien, dommage pour lui. J'ai fait une erreur, mais ce n'est pas la fin du monde. Tout le monde peut se tromper. Il était en colère, et je suis certaine qu'il ne pensait pas la moitié de ce qu'il disait. Je vais faire en sorte qu'il m'écoute. Ensuite, je vais prendre mon courage à deux mains et lui dire que je l'aime. Et j'espère de tout cœur que cela ne le fera pas fuir.

— S'il le fait, alors c'est un idiot qui ne te mérite pas. Entendu ?

Elle regarda sa tenue froissée. Ses cheveux devaient être dans un sale état. Elle avait passé ces trois derniers jours à se morfondre.

— Je ferais mieux d'aller prendre une douche. Ensuite, j'irai faire des excuses.

Noah se releva et l'aida à se lever à son tour.

— Bonne chance, dit-il avant de déposer un baiser sur son front.

Elle retourna à l'intérieur, bien décidée à aller trouver Evan au plus vite.

*
* *

Tout en prenant sa douche, Celia élabora un petit discours dans sa tête, ce qui lui prit un certain temps.

Après avoir enfilé un peignoir et enroulé une serviette autour de ses cheveux, elle se dirigea vers la cuisine. Elle avait besoin d'avaler quelque chose et de prévenir son père qu'elle repartait dans une heure.

Alors qu'elle passait devant le salon, elle faillit défaillir. Là, sur le canapé, Evan était assis. Noah et son père ne semblaient pas être dans les parages.

— Oh, non, murmura-t-elle. Non, non, non.

Ce n'était pas censé se passer ainsi. Evan ne devait pas la voir dans cette tenue !

Elle tourna les talons, avec l'intention de courir dans sa chambre et de ne revenir que quand elle serait présentable. Mais, avant qu'elle ait fait trois pas, Evan l'attrapa par le bras.

— Non, Celia, ne t'en va pas. S'il te plaît, dit-il en l'attirant dans ses bras.

Elle gémit de frustration.

— Bon sang, Evan, tu as tout gâché ! Je voulais être présentable pour te faire des excuses. Regarde-moi, je suis en peignoir et j'ai une serviette sur la tête. Et je ne suis même pas maquillée.

Ce ne fut qu'à cet instant qu'elle prit la pleine mesure de la situation. Que faisait-il ici ? Chez son père ? Comment avait-il su qu'elle était là et, surtout, pourquoi avait-il pris la peine de se déplacer ?

— Je me fiche de ton allure, dit-il en riant. J'ai besoin de te parler. En ce qui me concerne, je ne t'ai jamais trouvé aussi belle qu'à cet instant.

Elle le regarda d'un air méfiant.

— Que fais-tu ici, Evan ? Comment m'as-tu retrouvée ? J'étais sur le point d'aller te voir.

— Alors, c'est aussi bien que je sois venu, fit-il doucement.

Il la conduisit dans le salon.

— Viens t'asseoir, Celia. S'il te plaît. J'ai tant de choses à te dire.

— Moi aussi, répondit-elle dans un murmure.

Elle le laissa l'entraîner vers le canapé, même si elle était encore gênée d'être nue sous son peignoir et coiffée d'une serviette mouillée.

Mais, quand elle le regarda, elle oublia ces détails. Tout ce qu'elle savait, c'était qu'elle aimait Evan et qu'elle ferait n'importe quoi pour arranger les choses entre eux.

— Je suis navrée, dit-elle d'une voix tremblante.

Il appuya un doigt contre ses lèvres.

— Chut ! Je ne veux pas entendre ce mot sur tes lèvres. C'est moi qui suis navré. J'ai été un goujat. Je t'ai dit des choses méprisables.

Elle ouvrit de grands yeux et sentit les larmes monter, une fois de plus. Comme si elle n'avait pas suffisamment pleuré ces derniers jours !

— D'abord, je veux te parler de cela.

Il sortit une coupure de presse de sa poche.

Elle se figea, saisie par la peur. C'était l'article que Noah lui avait montré.

— Rassure-toi, dit-il. Je ne crois pas un mot de tout cela. Mais c'est une part importante de ton passé, à l'évidence. Cette histoire t'a fait du mal et a affecté une bonne partie de notre relation. Je veux que tu me racontes ta version des faits.

Elle se tordit nerveusement les mains avant de se lancer.

— Quand j'ai quitté l'université, je voulais conquérir le monde. J'ai déménagé à New York. J'adorais cette ville, si grande et si animée, et j'étais heureuse d'être loin de chez moi, et de ma famille. A cette époque, il était important pour moi de voler de mes propres ailes. Ce que j'ai pu être stupide.

— Nous éprouvons tous un jour le besoin de quitter le nid familial.

— Peut-être. En tout cas, je visais une grande carrière. J'ai obtenu un emploi dans une agence prestigieuse et j'ai travaillé comme une folle pour gravir les échelons aussi rapidement que possible. J'étais douée et je le savais. Alors, quand j'ai eu ma promotion, cela n'a pas été une surprise pour moi. Certaines personnes, qui étaient là depuis plus longtemps que moi, ont été vertes de jalousie, mais je savais que je méritais ce poste.

A présent, elle allait aborder la partie la plus pénible de l'histoire.

— Un jour, mon patron m'a appelée dans son bureau, pour me féliciter, et il m'a fait savoir ce qu'il attendait en échange de la promotion qu'il venait de m'accorder.

— Le fils de chien ! dit Evan, les dents serrées.

— J'étais horrifiée. Je dois l'avouer, j'étais naïve, parce que je n'avais rien vu venir. Je ne savais même pas comment réagir, hormis le fait de décliner son offre. J'ai été assez bête pour croire que l'histoire s'arrêterait là.

Il lui prit la main.

— Je me suis noyée dans le travail, convaincue que si je travaillais plus dur j'obtiendrais d'autres contrats, et qu'il me laisserait tranquille. Un soir que je travaillais tard, il est passé voir comment j'allais.

Le souvenir lui donnait encore des sueurs froides.

— Il m'a fait des avances et a commencé à m'embrasser malgré mes protestations. Il m'aurait sans doute violée si sa femme n'était pas arrivée à l'improviste. Je pense qu'elle savait ce qui se passait, mais qu'elle s'en moquait. Elle avait trouvé le moyen de divorcer en faisant payer à son mari tout le mal qu'il lui avait fait durant son mariage.

Elle déglutit.

— On m'a appelée « l'autre femme ». Je ne pouvais pas me défendre. Aux yeux de tous, j'étais une femme qui avait couché pour arriver au sommet et qui avait ensuite détruit le mariage de son patron. Tu peux me croire, personne ne voulait travailler avec moi après cela. Alors j'ai démissionné et je suis revenue au bercail. Brock m'a donné une chance, et la suite, tu la connais.

Il ferma les yeux et étouffa un juron.

— J'ai été si injuste envers toi, Celia. Tu as essayé de me dire maintes fois comment notre relation pouvait t'affecter, toi et ta carrière, mais je refusais de t'écouter. J'ai été égoïste et j'ai cru que je pouvais te suffire. Quel idiot j'ai été ! Je n'étais même pas à tes côtés quand tu as dû affronter ce nouveau scandale. J'aurais dû être avec toi, pour crier au monde que tu étais ma fiancée, et que j'en étais sacrément fier. Au lieu de cela, je me suis comporté comme un enfant gâté.

Il prit ses mains dans les siennes et les porta à ses lèvres.

— Je suis désolé. J'espère que tu me laisseras me rattraper. J'aurais aimé que tu me racontes tout cela plus tôt, peut-être que je t'aurais mieux comprise. Mais, à ta décharge, je ne t'ai donné aucune raison de me faire confiance. A partir de maintenant, cela va changer. Je veux que tu fasses partie de ma vie et je ferai tout ce qu'il faut pour cela.

Elle fut totalement abasourdie.

— Qu'est-ce que tu dis ?

— Je dis que je t'aime. Je suis désolé. Je veux que tu m'accordes une autre chance. C'est moi qui suis en train de ramper, pour te supplier de me pardonner. Jamais plus je ne t'abandonnerai, Celia. Et je me chargerai personnellement de tous ceux qui murmureront ne serait-ce qu'un mot déplacé sur toi.

Elle eut soudain la gorge nouée et la bouche sèche. Le monde sembla vaciller autour d'elle.

— Mais j'allais venir m'excuser, dit-elle d'une voix brisée par l'émotion. J'avais tort, Evan. J'ai accordé bien trop d'importance à ce que les autres pensaient. Tant que j'ai le soutien de ceux qui m'aiment et me respectent, peu importe ce que les autres pensent. C'est moi qui devrais ramper. J'ai été horrible avec toi.

— Non, non, mon amour, dit-il en la serrant dans ses bras. Ne rampe jamais. Jamais. Oublie ce que je t'ai dit, s'il te plaît. Tu n'as pas été horrible. Ton monde a été anéanti, et j'aurais dû être celui vers qui tu pouvais te tourner, celui qui te réconforterait et te comprendrait. Or je n'ai même pas essayé de comprendre. J'étais furieux et je t'ai abandonnée. Je t'en prie, pardonne-moi. Je t'aime.

— Oh, Evan, je t'aime aussi ! A la folie. Je te pardonne, tant que tu me pardonnes aussi.

Son visage s'illumina.

— Tu m'aimes vraiment ? Ce ne sont pas que des paroles ?

En guise de réponse, elle enroula les bras autour de son cou et mit tout son amour dans le baiser qu'elle lui donna.

— Comment m'as-tu retrouvée ?

Il reprit son sérieux et la laissa glisser au sol.

— J'ai peut-être déboulé chez *Maddox Communications* comme un forcené et proféré des menaces pour qu'on me dise où tu étais. J'avais déjà essayé ton appartement, ton téléphone portable. J'ai même appelé l'agent de Noah, parce que je n'arrivais pas à joindre Noah non plus.

Elle rit.

— Tu as menacé mes collègues ? Et tu as appelé l'agent de Noah ?

— Eh bien, j'ai en effet menacé de retirer mon contrat si je n'obtenais pas certaines réponses. Disons que toute l'équipe a développé un intérêt soudain pour ton escapade. Quelqu'un a trouvé le numéro d'Adam et lui a laissé un message. Nous avons attendu une éternité pour qu'il rappelle. Quand il nous a dit que tu étais là, je suis venu aussitôt.

Elle secoua la tête en souriant.

— Tu le pensais ? dit-il doucement. Est-ce que tu m'aimes vraiment ? Assez pour supporter mes manières d'ours et l'exigence de mon caractère ? Assez pour m'épouser ?

Elle prit une profonde inspiration tandis que les larmes lui montaient aux yeux.

— Je pense que je peux te tolérer, dit-elle d'un ton taquin. Si, de ton côté, tu peux tolérer le fait que je ne sais absolument pas cuisiner. Je ne t'accueillerai sans doute jamais avec un tablier et je dois avouer que l'idée d'avoir des enfants me fait très peur.

— Je pense que je peux composer avec ça. Alors ? Est-ce que tu vas m'épouser ? Et mettre fin à mon tourment ?

— Tu ne vois pas d'objection à ce que je garde mon travail ? J'ai lutté trop dur et j'ai passé trop de temps à venir à bout de mon obsession du jugement des autres pour arrêter maintenant.

Il lui caressa la joue.

— Tu ne peux pas démissionner, puisque tu t'occupes de toute ma publicité. Je serais ruiné en un an, sans toi. Et puis je suis bien trop fier de toi pour vouloir te brider.

— Je t'aime, Evan. Et, oui, j'accepte de t'épouser.

Il lui donna un long et doux baiser.

— Je t'aime aussi.

Il sortit de sa poche une bague qu'elle connaissait déjà. Il lui prit la main et la glissa sur son annulaire.

— Je l'ai gardée sur moi depuis que tu l'as posée dans ma main. Tu ne peux pas imaginer la tristesse que j'ai ressentie quand tu me l'as rendue ce soir-là. Promets-moi que tu ne l'enlèveras plus jamais.

Elle contempla le diamant brillant à travers le brouillard de ses larmes. Puis elle leva le visage vers Evan. Il y avait tant d'amour dans son regard qu'elle se sentit chanceler.

— Plus jamais, je te le promets. Cette fois, nos fiançailles sont bel et bien réelles.